신앙고백 해설서 시리즈 02

NOTES ON The CANONS OF DORT

도르트 신경 해설

클라렌스 바우만 지음
손정원 옮김

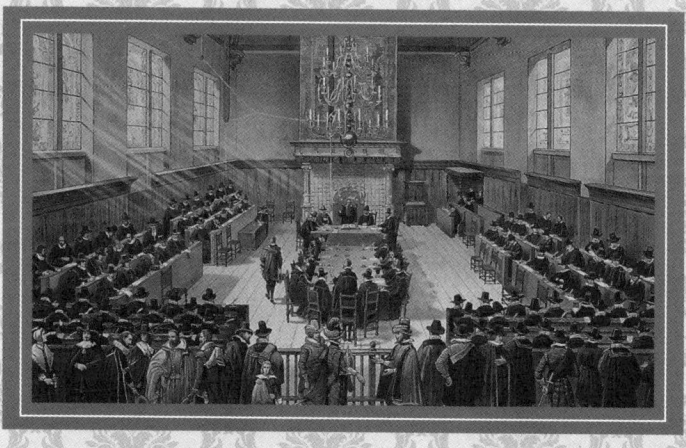

CLARENCE BOUWMAN

솔로몬

머리말

✦

　도르트 총회 때에 모인 형제들은 현실의 삶을 살아가는 사람들이었습니다. 필자와 독자 여러분처럼, 그들은 매일 아침 마다 바지에 한 다리를 먼저 넣고 다음으로 다른 다리를 집어넣으면서 하루를 시작하는 그런 사람들이었습니다. 그들은 날마다의 삶의 도전에 직면하여, 오늘 우리가 날마다 직면하는 다음과 같은 질문과 동일한 질문으로 고민했습니다. 곧 나의 죄가 정말로 용서받았는가? 지극히 높으시고 거룩하신 하나님께서 참으로 나를 기뻐하시는가? 십자가에서 이루신 그리스도의 사역이 실제적으로 나에게 어떻게 작용하는가? 미래에 대한 유혹이 너무나 강해서 내가 나의 하나님으로부터 멀어지지 않을까? 나의 병약한 아기가 구원을 받을까, 아니면 지옥에 갈까? 이런 질문들과 많은 문제들이 더욱 압박이 되었던 이유는, 수많은 교사들이 하나님께서는 그런 난처한 질문들에 대해 정해진 답을 주시지 않으신다고 하면서 그런 문제들은 자신, 자기 자신의 뜻, 자기 자신의 노력, 자기 자신의 행동에 달려 있다고 주장했기 때문입니다.

　날마다 이 형제들은 기도하면서 이런 매우 실제적인 질문들에 대한 하나님의 답변을 찾기 위해서 성경을 펼쳐서 열심히 살펴보았습니다. 그들은 조심스럽게, 그리고 겸손하게 하나님의 말씀을 들었습니다. 그런 후에 그들은 동일한 조심스러움과 겸손으로 하나님이 성경에서 자신들에게 말씀하신 것에 대해 들은 것을 수집하여 정리하였습니다. 그들은 몇 달 동안 토론하고 노력하여 마무리를 한 후에, 자신들이 성경에서 발견한 해답들을 교회들의 유익을 위하여 사용하기 위해서 출판했습니다. 그들의 해답들은 도르트 신경으로 우리에게 알려져 있는 문서로 작성되었습니다. 수세기가 지나고 여러 가지 교회의 투쟁을 거치면서, 조상들의 이 신앙고백이 이 세상의 삶 속에서 가장 어렵고 압박을 가하는 몇 가지 문제들에 대해 주님께서 하나님의 백성에게 약속하신 바를 정확하게 반영하고 있음이 입증되었습니다.

그래서 우리는 오늘 그들이 찾은 답변들을 우리의 입술에 두어, 우리에게 엄청난 안위와 위로를 주는 하나님의 약속들을 우리를 위해 고백할 수 있습니다. 이 약속들은 하나님께서 전적으로 타락한 사람을 무조건적으로 선택하셨고, 생명으로 선택된 각각의 모든 죄인들 _{그들이 은혜를 원하든 원치 않든 간에!} 의 유익을 위해 예수 그리스도를 통해 속죄라는 하나님의 엄청난 선물을 주시며, 지옥의 공격이나 육체의 연약함이 오래 전 십자가에서 택자들을 위해 성취한 그리스도의 사역을 무효화시킬 수 없도록 하기 위해 택자들을 강력하게 돌보시겠다는 하나님의 영광스러운 약속입니다. 수많은 변화 속에 있는 세상에서, 유일한 안전을 제공해 주는 것은 하나님의 약속의 확고부동한 확실성입니다.

이 책은 필자가 켈름스캇 자유개혁교회에서 1997년 교과과정에서 신앙고백 후의 공부반 Post-Confession class 을 가르치는 특권을 누렸던 결과물입니다. 이전에 벨직 신앙고백 교육과정에서와 마찬가지로 Johana vanderPlas 는 내가 말한 것을 종이노트에 깨끗이 정리하여 읽을 수 있는 형식으로 만들어 주었습니다. Jo, 이 일에 헌신해 준 당신께 감사드립니다!

여러 사람들이 이 작품을 출판하는 데 여러 가지 면에서 도움을 주었습니다. Jack & Jenny vanDongen, Jeanette teWierik, Troy Stronach, Frances Janssen에게, 그들의 헌신에 깊이 감사드립니다!

   마지막으로 필자는 이 해설서가 정확하게 도르트 신경 해설서라는 점을 언급합니다. 비록 필자가 이 교회의 신앙고백을 정확하게 설명하려고 노력했지만 필자는 이 책의 한계를 인정합니다. 그러나 필자는 주님께서 당신의 백성을 위로하시고 당신의 놀라운 약속을 더 잘 이해하게 하시는 데 이 해설서를 사용해 주실 것을 간절히 열망하고 기도합니다. 주님의 이름이 영광 받으소서, 지금, 그리고 영원히!

1998년 4월 21일
클라렌스 바우만 C. Bouwman

한국어판 저자 서문

하나님의 말씀은 민족의 경계를 구별하지 않습니다. 사탄의 공격도 또한 민족의 경계를 구별하지 않습니다. 주님께서는 오랜 세월 전에 수많은 유럽인들의 마음속에 하나님의 말씀으로 능력 있게 역사하셔서, 많은 유럽인들이 하나님의 위대하심과 죄인들을 이해하시는 당신의 놀라운 긍휼에 대한 높은 뜻을 받아들이게 하셨습니다. 악한 자는 하나님의 사역을 파괴시키기 위해서 공격했습니다. 아르미니우스의 잘못들이 하나님에 대한 고견을 대신하게 됨을 통해 많은 사람들이 인간의 경험을 더 내세우는 견해를 가지게 되었습니다. 도르트 신경은 그런 공격에 대한 교회의 응답이었습니다.

지난 수 십 년 동안 주님께서는 한국에서 능력 있게 역사하셔서, 많은 사람들이 오직 은혜를 통해 죄인들을 구원하신 하나님의 위대하심과 주권을 믿게 하셨습니다. 예상컨대, 사탄은 한국 기독교인들로 하여금 인류가 전적으로 타락하지 않았고, 하나님의 구원 사역은 이전부터 가르쳐 온 것처럼 그렇게 위대하지 않다고 확신하도록 하기 위해서 노력을 다할 것입니다. 하나님의 말씀이 변하지 않는 것처럼, 오늘 한국에 있는 예수 그리스도의 교회가 그들의 상황에서 유럽의 형제자매들이 4세기 전에 성경에서 찾아낸 진리를 반복하는 것은 가치 있는 일입니다.

필자는 몇 년 전에 주 하나님께서 당신이 어떤 분이시고 우리가 어떠한지에 대해 계시한 것을 이해하도록, 필자가 봉사하고 있는 교회의 회원들을 돕기 위해서 도르트 신경 해설서를 만들었습니다. 이제 이 해설서가 한국어로 나오게 된 것에 대해 주님께 무한히 감사드립니다. 필자는 이 기회에 이 책을 한국어로 번역해 주신 손정원 형제에게 감사드립니다.

필자는 주님께서 이 사역에 풍성하게 복 주시어 한국에서 많은 사람들이 유익을 얻고 하나님께서 더욱더 영광 받으시어 하나님의 이름이 모든 이름 위에 뛰어나게 되시기를 간절히 소망하며 기도드립니다.

2004년 10월

클라렌스 바우만^{C. Bouwman}

역자 서언

　한국교회들 중 이른바 보수교단들은 "우리는 칼빈주의를 고백하는 교회들이다."라고 주장합니다. 특별히 칼빈주의 5대 교리를 고백한다고 주장합니다. 그런데 불행히도 한국교회들은 이 칼빈주의 5대 교리의 원래 내용을 담은 도르트 신경을 거의 소개하지 않고 또 가르치지도 않고 있습니다. 과거에도 그러했고, 지금도 여전히 그러합니다. 1600년대에 아르미니우스주의자들에 대항하여 유럽의 교회들이 신앙의 진리를 방어하고 성경의 참된 교리를 세웠던 도르트 신경이 한국교회에서 제대로 가르쳐지지 않고 있는 것은 안타까운 일입니다.

　역자는 신언개혁교회를 새롭게 개척하여 목회하면서, 개혁교회의 교리표준 중 세 번째인 이 도르트 신경을 성도들에게 가르치려고 이미 번역된 도르트 신경이 있는지 찾아보았지만 찾을 수 없었을 뿐만 아니라, 도르트 신경에 대한 해설서는 더더욱 찾을 수 없었습니다.

　그래서 역자는 도르트 신경의 영어판을 다시 번역하여 공부하면서 도르트 신경에 대한 해설서를 찾던 중에 인터넷상에서 서 호주 켈름스캇 자유개혁교회를 목회하고 계신 바우만 형제의 홈페이지를 알게 되었고, 거기에서 그의 도르트 신경 해설서를 발견하게 되었습니다. 역자는 화란개혁교회 유산을 그대로 반영하고 있는 그의 도르트 신경 해설서를 번역하여 그동안 역자가 목회하고 있는 신언개혁교회의 성도들과 함께 공부하였습니다. 그렇게 공부한 내용이 한 권의 책이 되었습니다.

역자는 그동안 번역하여 성도들과 함께 공부했던 이 보화와 같은 번역서를 그대로 묻어 둘 수 없어서 호주에 있는 이 책의 저자인 바우만 형제에게 이 책을 한국어로 번역하여 출판할 수 있도록 허락해 달라고 요청하였습니다. 바우만 형제는 쾌히 역자가 이 번역서를 출판하도록 허락해 주셨고, 한국어판 서문까지 작성하여 보내주셨습니다. 그래서 역자는 한국교회 역사상 처음으로 '도르트 신경 해설서'를 번역하여 출판하는 영광을 차지하게 되었습니다. 이 기회에 역자는 '도르트 신경 해설서'의 한국어판을 내도록 허락해 주신 이 책의 저자 바우만 형제에게 깊은 감사를 드립니다. 그의 도르트 신경에 대한 명쾌하고 쉬운 해설의 내용과 교회를 사랑하는 마음이 한국교회 성도들에게 이 책을 통해 그대로 전해지기를 바랍니다. 역자는 저자의 강의를 그대로 전달하기 위해서 이 역서의 용어를 문어체가 아니라 구어체로 번역했습니다. 그것은 본서가 처음 강의되었던 교리 문답반의 분위기를 조금 더 생생하게 전달하고 싶어서입니다. 이 역서를 읽는 독자들 역시 교리 문답반에 앉아서 저자로부터 직접 이 강의를 듣는 자세로 이 책을 읽어주시기 바랍니다. 또한 도르트 신경의 전문을 가지고 있지 않은 한국교회 독자들을 위하여 각 조항의 처음과 이 책의 마지막에 원서에는 기록되어 있지 않았지만 도르트 신경 내용을 순서대로 옮겼습니다. 이 도르트 신경의 번역이 독자들에게 도움이 되기를 바랍니다.

마지막으로, 이 번역서의 내용들을 여러모로 교정해 주신 신언개혁교회 자매들에게 감사드립니다. 그 외에도 여러모로 이 역서를 출판하도록 도와주신 모든 분들께 감사드립니다.

하지만 이 역서의 번역상의 모든 잘못은 부족한 역자의 책임입니다. 역자는 번역상의 문제로 인한 모든 지적들을 달게 받고 나중에 수정판에서는 더 좋은 번역서를 내겠습니다. 아무쪼록 칼빈주의 5대 교리의 원래 내용을 해설한 이 번역서가 칼빈주의 5대 교리를 고백하는 한국교회 성도들에게 많이 읽히기를 바랍니다. 칼빈주의 5대 교리를 고백하는 모든 성도들에게 일독을 권합니다. 하나님께서 한국교회를 더욱더 올바르고 신실하게 세우시는 데 이 역서를 사용해 주시기를 기도드립니다. 모든 영광을 하나님께 돌립니다!

2005년 4월

손 정 원

개정판의 역자 서언

·❖·

도르트 신경 해설서의 한국어판 번역본의 초판을 출판한지도 벌써 2년이 훨씬 넘었습니다. 그동안 한국에서 개혁주의 신앙을 배우려는 많은 성도들이 이 책을 구입해 주었습니다. 그런데 초판이 크기가 크고 무거워서 불편함을 호소하는 독자들이 종종 있었습니다.

그래서 새로운 개정판에서는 이 문제들을 해결하기 위해 신국판의 사이즈로 줄이고, 초판에서 도르트 신경 전문을 부록으로 책의 마지막에 넣었던 것을 뺐습니다. 그렇게 함으로, 책의 무게와 책값을 줄였습니다. 아울러 초판에서의 많은 결점들을 보완하였습니다.

그동안 '도르트 신경 해설서'를 구입하여 읽고 후원해 주신 독자들에게 감사드립니다. 좀 더 작은 사이즈, 좀 더 줄어든 분량, 좀 더 휴대하기 편한 도르트 신경 해설서도 더욱 더 많이 읽어주시기를 바랍니다.

아르미니우스주의의 생각이 만연해 있는 한국교회 가운데서 이 책이 제 기능을 다 발휘할 수 있도록 하나님께서 복 주시기를 기도합니다. 다시 한 번 이 책의 번역을 허락해 주신 바우만 목사에게 감사드립니다.

또한 개정판을 새롭게 편집하고 수정해 주신 신언개혁교회 자매들에게 감사드립니다.

다시 한 번 하나님께서 이 책을 많은 아르미니우스주의의 생각을 가진 성도들이 올바른 신앙으로 돌아오게 하는 데 사용해 주시길 기도합니다.

2007년 8월

손 정 원

도르트 신경 해설서 한국어판의 재판에 대한 저자 서문

도르트 신경은 거의 400년 전 도르트 총회에서 신실한 신자들에 의해 작성되고 채택되었습니다. 저는 도르트 신경 해설서를 20년 전 인도양의 동쪽 해안에 위치한 교회에서 사역하면서 그곳의 신자들을 위해 준비했었습니다. 언제 어떤 방식으로 이 책이 한국의 손정원 목사님께 발견되었는지 모르겠지만 시간과 공간을 거슬러 2005년 이 도르트 신경 해설은 손정원 목사의 교회 공동체의 유익을 위해 한국어로 번역, 출판 되었었습니다.

십년이 더 흘러, 그 한국어판 도르트 신경 해설서가 더 많은 독자들에게 읽혀질 수 있도록 재 출판되게 되었습니다. 17세기에 처음 출판된 문서를 수십 년 전 저 멀리 호주에서 해설한 책이 어떻게 오늘날 한국에서 유용하게 쓰일 수 있는지 저는 경이로울 뿐입니다. 그저 사단이 주의 교회를 공격하는 것은 시간과 문화를 초월해 전혀 새로운 일이 아니고, 우리 삶의 어려운 질문들에 대한 하나님의 답변도 또한 시공간을 넘어서도 변하지 않았다는 의미겠지요. 특히 후자는 우리가 하나님의 멋진 세상의 어디에, 언제 서 있던지 자신감과 낙관을 우리 기독교인들에게 심어줍니다.

저의 연약함 가운데서 저술된 이 해설서가 한국의 주의 백성들에게 축복과 격려의 원천이 되기를 간절히 기도합니다. 이 해설서의 재판을 주관한 손정원 목사님과 출판을 결정한 솔로몬 출판사에 깊은 감사를 드립니다.

2016년 9월
캐나다의 스미스빌Smithville에서
클라렌스 바우만Clarence Bouwman

차 례

머리말 · 4
한국어판 저자 서문 · 7
역자 서언 · 9
개정판의 역자 서언 · 12
도르트 신경 해설서 한국어판의 재판에 대한 저자 서문 · 12

서론

1. 역사적 배경 · 23
2. 야콥 아르미니우스 · 35
3. 항의자들의 다섯 가지 조항 · 39
4. 도르트 신경의 배경신학 · 43

제1장 하나님의 선택과 유기

서론 · 59
1조 모든 인류는 하나님 앞에서 정죄 받아야 마땅합니다 · 61
2조 하나님의 아들을 보내심 · 67
3조 복음의 설교 · 71
4조 이중의 결과 · 75
5조 불신앙의 원인, 믿음의 원천 · 77

6조 하나님의 영원하신 작정 · 83
7조 제한된 선택 · 89
8조 선택에 대한 하나의 작정 · 93
9조 선택은 미리 아신 믿음에 근거하지 않습니다 · 99
10조 선택은 하나님의 선하신 기쁨에 근거 합니다 · 101
11조 변하지 않는 선택 · 103
12조 선택의 확신 · 105
13조 이 확신의 가치 · 113
14조 선택이 가르쳐져야 하는 방식 · 117
15조 유기가 기술 되었습니다 · 121
16조 유기의 교리에 대한 반응 · 127
17조 유아 때에 죽은 신자들의 자녀들 · 139
18조 항의하지 말고 찬양 하십시오 · 147

제2장 그리스도의 죽으심과 그 사역을 통한 사람의 구속

서론 · 153
1조 하나님의 공의가 요구하는 형벌 · 157
2조 그리스도께서 이루신 만족하게 하심 · 161
3조 그리스도의 죽으심의 무한한 가치 · 167
4조 그리스도의 죽으심이 무한한 가치가 있는 이유 · 171
5조 복음의 보편적인 선포 · 175
6조 일부 사람들이 믿지 않는 이유 · 179
7조 다른 일부 사람들이 믿는 이유 · 185
8조 그리스도의 죽으심이 갖는 효력 · 191
9조 하나님의 경영의 성취 · 199

제3장과 제4장 사람의 타락, 하나님께로 회심, 그 회심이 이루어지는 방식

1조 타락의 결과 · 207

2조 타락의 확장 · 219

3조 사람의 전적 무능력 · 225

4조 본성의 빛은 불충분합니다 · 229

5조 율법의 불충분함 · 235

6조 복음의 필요 · 239

7조 복음이 일부 사람들에게는 전해지고 다른 사람들에게는
    전해지지 않은 이유 · 243

8조 복음을 통한 진정한 부르심 · 247

9조 부르심을 받은 일부 사람들이 나아오지 않는 이유 · 253

10조 부르심을 받은 다른 사람들이 나아오는 이유 · 257

11조 하나님께서 회심을 일으키시는 방법 · 261

12조 중생은 오직 하나님의 사역입니다 · 271

13조 중생은 오직 하나님의 사역입니다 · 277

14조 믿음이 하나님의 선물이 되는 방식 · 279

15조 하나님의 분에 넘치는 은혜에 대한 그리스도인의 태도 · 285

16조 사람의 의지는 제거되지 않고 살아 있습니다 · 297

17조 방편의 사용 · 311

제5장 성도의 견인

서론 · 325

1조 중생한 사람이라도 자기 속에 거하는 죄에서 해방된 것은 아닙니다 · 329

2조 날마다 연약함으로 인해 범하는 죄들 · 337

3조 하나님께서는 당신 자신의 소유를 보존하십니다 · 343

4조 성도들도 심각한 죄에 빠질 수 있습니다 · 351

5조 그런 심각한 죄의 결과 · 359

6조 하나님께서는 당신의 택한 자들이 잃어버린 바 되는 것을 허용하지 않으십니다 · 365

7조 하나님께서는 택자들을 다시 새롭게 하사 회개하게 하십니다 · 375

8조 삼위일체 하나님의 은혜는 보존 됩니다 · 383

9조 이 보존하심에 대한 확신 · 393

10조 이 확신의 근거 · 399

11조 이 확신을 항상 느낄 수 있는 것은 아닙니다 · 407

12조 이 확신은 자기만족으로 인도하지 않습니다 · 417

13조 이 확신은 무관심으로 인도하지 않습니다 · 423

14조 방편의 사용이 포함됩니다 · 431

15조 이 교리는 사탄에게 미움을 받으나 교회에게 사랑을 받습니다 · 437

결론 · 443
부록 · 448

제1장

서론

1

역사적 배경

✦

도르트 신경은 '1618-1619년에 열린 도르트^{Dort}개혁교회 총회가 채택한 교리의 진술'입니다.^{찬송가 p.531 1)} 네델란드의 '도르트^{Dort}'란 도시에서 개최된 이 총회는 1618년 11월 13일에 시작하여 1619년 5월 29일까지 계속되었습니다. 그러면 약 380년이 지난 1997년에 호주인인 우리가 왜 수 백년을 거슬러 올라가서 네델란드 총회의 결정을 공부해서 알아야 합니까? 오늘 우리에게도 여전히 적실하다고 할 수 있는 그 내용이 무엇입니까? 차라리 오늘날 이슈가 되고 있는 것들을 공부하고, 오늘날의 문제들에 대한 오늘날의 해답을 찾는 것이 훨씬 유익이 되지 않겠습니까? 지난 세기 유럽인들이 작성한 이 도르트 신경에 대해 공부하는 것은 포스트모더니즘과 기술 문화 시대인 오늘의 시대에 헛된 노력이 아닙니까?

전도서 1:9, 10에서 전도자는 이렇게 말씀합니다. "이미 있던 것이 후에 다시 있겠고 이미 한 일을 후에 다시 할지라 해 아래에는 새 것이 없나니 무엇을 가리켜 이르기를 보라 이것이 새 것이라 할 것이 있으

---

1) 역주: 이 책에서의 모든 인용은 Premier Printing(Winnipeg, Canada)에 의해 출판된 '찬송가'의 페이지입니다.

1 · 역사적 배경　23

랴 우리가 있기 오래 전 세대들에도 이미 있었느니라"

오늘날 21세기에 우리의 주의를 요청하는 동일한 문제들이 17세기에 조상들이 부지런히 지키려고 했던 문제들과 유사하게 나타납니다. 따라서 조상들이 이러한 문제를 다루면서 도달했던 해답들은 오늘날 해답을 찾는 우리들에게 분명히 유익합니다. 또한 오래 전에 이에 대한 조상들의 답이 성경에 근거하여 주어진 것이라면, 우리도 지난 시대의 조상들의 답을 오늘도 여전히 사용해야 합니다.

벨직 신앙고백은 심한 박해의 상황 가운데서 1561년에 완성되었습니다. 그 시대에 개혁한다는 것은 '값싸게' 얻을 수 있는 쉬운 일이 아니었습니다. 어떤 사람이 개혁하기로 선택하는 것은 자신의 신앙을 위하여 자신의 생명을 포기할 준비를 하는 것입니다. 1567년에 귀도 드 브레(Guido de Bres)는 개혁자가 되기를 원했고 자신의 개혁 신앙을 포기하기를 거절했기 때문에 교수형에 처해졌습니다.

개혁자들은 로마 카톨릭 압제자들과 스페인 군주의 손에서 많은 고난을 받았습니다. 그러나 로마 카톨릭 압제자들에게 저항하고 스페인 사람들을 전복시키려고 시도한 사람들은 개혁자들만이 아니라 자유주의자들(혹은 자유사상가들)도 그러했습니다. 자유주의자들은 반드시 정치적 의미에서가 아니라 특별히 **영적** 의미에서 자유를 신봉했습니다. 그들은 사람을 선한 존재로 생각하는 자아개념을 받아들였습니다. 죄에 관한 한, 그들은 비록 사람이 죄를 범했을지라도 죄 가운데 죽지는 않았다고 믿었습니다. 죄악 된다는 것은 우리가 사람의 행위의 한 부분을 묘사하는 방식이지 사람의 본성을 묘사하는 것이 아니라고 주장하였습니다. 사람은 선하고 자기 자신의 뜻에 따라 선(善)을 선택할 수 있는 것이 그 자신 안에 있다고 하였습니다.

1572년 네덜란드는 스페인의 압제와 계속되는 박해로부터 약간 자유롭게 되었습니다. 이로 인해 개혁교회 생활에 성장이 있었습니다. 이제 신자들은 개인으로든 집단으로든 더 이상 숨지 않았습니다. 그래서 교회들이 공개적으로 설립되었습니다. 우리는 이때부터 교회 질서가 발전되고 지역적이고 국가적인 총회들이 소집된 사실을 주목합니다. 다음 해부터는 대체로 개혁교회들에게 있어서 순조로운 시기였습니다. 그러나 개혁신앙을 받아들인 모든 사람들이 교리적 문제에 있어서 같은 마음이었을 것이라고 추론하는 것은 잘못입니다.

실제로, 그 시대에는 두 종류의 개혁교회가 있었습니다. 즉 칼빈주의 개혁교회^{칼빈주의를 지지하는 사람들}와 아르미니우스주의 개혁교회^{오늘날 우리가 알고 있는 바와 같이, 그때 아르미니우스는 아직 어린 소년이었고, 사람들의 생각에 영향을 미치지 못했습니다. 이 용어는 단순히 그 분파에 꼬리표를 붙여서 그들을 떠올릴 수 있는 어떤 특색을 부여하고자 한 입니다}가 있었습니다. 아르미니우스주의의 뒤에 붙여진 개혁교회^{reformed}라는 말은 사실 합당하지 않습니다. 왜냐하면 실제로 그들은 전혀 '개혁교회'가 아니었기 때문입니다.

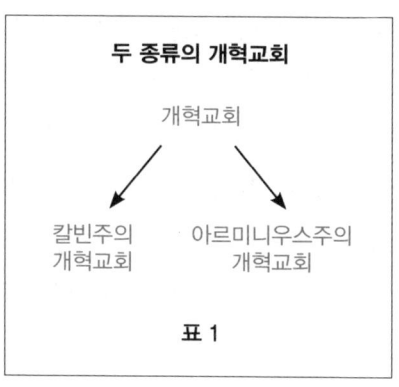

표 1

칼빈주의 개혁교회

칼빈주의자들은 성경이 영감 된 하나님의 말씀이라고 이해했습니다. 그러므로 성경은 신뢰할 수 있는 것이며, 삶의 모든 면에서 최종적인 권위로 간주되는 것입니다. 성경을 하나님의 말씀으로 존중하면 이 성경에 도전하지 않고 ^{칼빈주의자들이 말하는 것처럼} 겸손히 받아들이고 순종하게 됩니다. 만일 우리가 성경을 믿는다면, 우리는 또한 성경이 말하는 것에 반응할 수 있습니다. ^{신앙고백들} 이 신앙고백들이 성경이 말하는 것에 기초해 있기 때문에, 사람들은 또한 신앙고백을 동일하게 지지합니다. 그래서 칼빈주의 개혁교회 사람들은 직분자들에게 신앙고백을 지지한다는 약속의 표시로 동의서^{Form of Subscription}에 서명할 것을 요구합니다.

아르미니우스주의 개혁교회

한편, 아르미니우스주의 개혁교회는 성경의 절대적인 권위에 복종하지 않습니다. 그들이 성경의 그런 고귀한 위치에 대해 ^{그리고 더 넓게는 신앙고백이 성경에 대해 반응하는 것이므로 신앙고백에 대해서도} 인정하기를 거부하는 이유는 사람에 대해 긍정적으로 인식하기 때문입니다. 그들은 사람이 타락하여서 스스로 진리를 알 수 없고, 스스로 올바르고 선한 것을 발견할 수 없다는 개념이 칼빈주의 개혁교회의 입장이라는 것을 바르게 이해하고 있습니다. 자아를 죄 가운데 죽은 것으로 보는 것은^{엡2:1} 아르미니우스주의 개혁교회 사람들이 아주 싫어하는 것입니다. 자아에 대해 그런 신앙고백을 한다는 것은 사람의 지성과 마음이 죽지 않았다고 하는 그들의 신앙에 도전하는 것이기 때문에, 아르미니우스주의 개혁교회에게는 불쾌한 일인 것입니다. 그들은 사람이 타락하지 않았으므로 스스로 모든 것에 대해 판단하여 진리에 이를 수 있다는 생각을 신성시합니다. 사람이 선을 행할지 악을 행할지, 믿을지 믿지 않을지에 대해서 결정할 수 있다는 것입니다. 성경은 사람에게 도움을 줄 수 있고, 사람은 스스로 성경을 가지고 열심히 노력해야 하지만, 본질적인 것은 사람이 자신의 지성을 사용하여 진리를 이해하는 데 이른다는 것입니다.

분명히 모든 사람들이 스스로 모든 것을 생각한다면, 진리의 내용이 무엇인지에 있어서도 많은 다른 결론에 이르게 될 것이고, **관용**으로써만 이 많은 다른 결론들을 조정할 수 있게 될 것입니다.

여기에서 우리는, 놀라운 일은 아니지만, 화란에서의 교회 생활에 있어서 긴장을 불러일으킨 두 가지 근본적으로 다른 사상의 흐름이 있다는 사실을 발견합니다. 아르미니우스주의 개혁교회의 사상에서는 개혁교회의 신앙의 핵심이 제거되어 버렸습니다. 벨직 신앙고백 15조에서 교회들이 함께 고백했던 것을 아르미니우스주의 개혁교회가 부인한 것입니다.

"우리는 아담의 불순종으로 원죄가 전체 인류에게 완전히 퍼졌다는 사실을 믿습니다. 원죄는 인간 본성의 전적인 타락과 심지어 모태에 있는 유아에게까지 미치는, 부모를 통하여 물려받은 악입니다. 근원으로서 원죄는 인간 안에 있는 모든 종류의 죄를 만들어냅니다. 그러므로 원죄는 하나님의 보시기에 너무나 악하고 혐오스러워서 인류를 정죄하시기에 충분하게 합니다. 원죄는 심지어 세례로도 도말하거나 근절할 수 없습니다. 왜냐하면 죄가 물이 솟구쳐 나오는 것처럼 이 무서운 근원으로부터 계속해서 흘러나오기 때문입니다… ."

그러나 만일 사람들이 전적으로 타락하지 않았다면, 또한 구원도 전적으로 하나님께 의존할 필요가 없습니다. 그래서 또한 벨직 신앙고백 16조와도 충돌이 일어납니다.

"우리는 아담의 모든 후손들이 첫 사람의 범죄로 영원한 죽음과 파멸로 던져졌고, 하나님께서는 당신 자신을 자비로우시고 공의로우신 분으로 나타내셨음을 믿습니다. 자비로우심은 하나님께서 영원하시고 변치 아니하시는 경영 가운데서 그들의 행위를 고려하지 않으시고, 당신의 선한 즐거움으로 인하여 예수 그리스도 우리 주 안에서 선택하신 자들을 이 영원한 죽음으로부터 구출하시고 구원하심에 있습니다. 공의로우심은 그 밖의 다른 사람들을 그들 스스로 빠져든 타락과 영원한 죽음에 **버려두심**에 있습니다."

또한 만일 구원이 전적으로 하나님께 의존하는 것이 아니라면, 만일 사람이 그렇게 죽은 상태이기에 스스로는 아무것도 기여할 수 없는 것이 사실이 아니라면, 그때 21조에서 고백한 그리스도의 사역의 위치도 마찬가지로 공격받게 됩니다.

"…그리스도께서는 우리의 위치에서 당신 자신을 당신의 아버지 앞에 내어주시고, 당신의 완전한 만족하게 하심으로 하나님의 진노를 만족시키시고, 십자가 나무 위에서 당신 자신을 바치셨고, 그곳에서 그분은 우리의 죄를 제거하시기 위해서 당신의 보배로운 피를 흘리셨습니다…. 그분은 범죄자 중 하나로 헤아림을 입었습니다… 그분은 불의한 자를 대신하여 의인으로서 죽으셨습니다…."

하나님께서 무가치한 자들에게 한량없이 주시는 오직 은혜로 구원받는다는 교리를 사랑하는 자들에게 있어서, 아르미니우스주의 개혁교회가 지지하는 입장은 그 자체로 복음의 핵심을 공격하는 것입니다. 그 공격은 위대한 종교개혁이 얻은 성과들을 파괴시키는 사탄의 공격입니다. 이 두 진영이 충돌하는 것은 당연합니다.

교회 – 정치적 투쟁

그러나 그 투쟁은 사람의 본성에 대해, 또 그로 인해 구원이 전적으로 하나님께로부터 오는지에 대해 어떤 생각을 갖고 있는가 하는 문제와만 관련된 것이 아니었습니다. 아르미니우스주의 개혁교회는 벨직 신앙고백 27조에 있는 교회에 대한 고백을 무너뜨리는 개념을 받아들입니다. 27조에서는, 교회는 "참된 기독 신자들" 곧 회원들로 구성된다고 말하고 있습니다. 따라서 직분자들은 예수 그리스도의 이름으로 교중을 다스리는 자로 그 회원 가운데서 선택됩니다.

아르미니우스주의 개혁교회는 교회를 포함하여 그 나라 안에서 일어나는 모든 일을 정부가 주관해야 한다고 주장합니다. 정부가 임금을 주는 공무원인 목사를 통해 교회를 다스려야 한다는 것입니다. 정부가 교회를 다스림에 있어서 장로들과 집사들이 관여할 수 있는 약간의 여지도 없었습니다. 그 결과로 화란 교회 역사에서 이 시기에 교회들은 많았지만 집사들과 장로들이 거의 없었던 것을 볼 수 있으며, 그나마 거기 있던 장로들과 집사들은 그저 시중드는 사람들일 뿐이었습니다. 즉 그들은 목사를 섬기고 목사는 정부를 섬긴 것입니다. 이런 교회 정치 구조에서는 총회를 개최할 수 있는 여지가 없었고, 교중의 모임을 개최할 수 있는 여지도 없었습니다. 회원들은 교회가 아니었습니다. 실제로 목사가 교회였습니다. 목사가 있는 곳에 교회가 있었습니다.

그렇다면 그 시대에 빈 설교단이 어떻게 채워졌겠습니까? 교중이 선호하는 것과 관계없이 빈 설교단을 채우기 위해 어느 목사를 임명할 것인지에 대해서는 정부가 최종적인 결정을 하였습니다. 1590년대 이후부터 1610년대까지 화란은 자유주의자인 올덴바르네펠트(Oldenbarnevelt)라는 사람이 이끄는 정부가 다스렸습니다. 그 역시 사람들이 본질적으로 선하고 자유의지를 가지고 있어 선악을 결정할 수 있다는 생각을 받아들였습니다. 따라서 이런 경향을 가진 정부가 아르미니우스주의 개혁교회와 함께 일했다는 것은 그리 놀라운 일이 아닙니다. 칼빈주의 개혁교회 사람들을 내쫓으려고 함께 노력한 아르미니우스주의 개혁교회 사람들과 정부 사이에는 혈연관계가 있었습니다. 이는 교회 안에서 정치 투쟁이 절정에 달했음을 보여줍니다.

아르미니우스주의 개혁교회와 함께 그 시대의 정부는 교회들이 교회들 간의 교리적 차이점을 다루기 위해 총회를 소집하는 것을 허용하지 않았습니다. 그들이 주장하기를, 그 이유는 정부가 교회의 모든 문제에 대해 최종적인 권세가 있기 때문이라고 했습니다. 그러므로 1586년부터 1618년 사이에는 총회가 없었습니다. 그러나 칼빈주의 개혁교회는 정부가 교회 문제들에 간섭하는 것이 비성경적이라고 생각하고 총회를 개최할 수 있게 해 달라고 계속해서 요청했습니다.

결국 총회가 개최되었고, 그 총회는 교리적인 문제들만이 아니라 교회의 조직, 곧 교회 정치 문제도 다루었습니다. 심지어 도르트 총회는 더 나아가서 오늘 우리가 여전히 사용하고 있는 도르트 교회질서를 완성하였습니다. 도르트 교회질서에서는 교회의 사안들에 대한 책무가 교회 자체에게 주어짐을 분명히 확정하고 있습니다.

"야웨께서 우리 편에 계시지 아니하셨더라면…"

교권 제도로부터 교회를 자유롭게 하신 주님의 손길을 묘사하기 위해서 1944년 자유의 시기에 사용했던 시 124편은 또한 주님께서 개혁교회 역사의 초기 단계에 당신의 교회에게 행하신 일을 묘사하는 데에도 매우 적절합니다. 시 124편을 읽어봅시다. "사람들이 우리를 치러 일어날 때에 여호와께서 우리 편에 계시지 아니하셨더라면 그 때에 그들의 노여움이 우리에게 맹렬하여 우리를 산 채로 삼켰을 것이며 … 우리를 내주어 그들의 이에 씹히지 아니하게 하신 여호와를 찬송할지로다 우리의 영혼이 사냥꾼의 올무에서 벗어난 새 같이 되었나니 올무가 끊어지므로 우리가 벗어났도다 우리의 도움은 천지를 지으신 여호와의 이름에 있도다" 시 124:2, 3, 6-8

종교개혁은 1517년에 유럽에서 마틴 루터Martin Luther가 비텐베르그Wittenberg 교회의 문에 95개 조항을 붙임으로 시작되었습니다. 종교개혁의 핵심은 오직 은혜로 구원받는다, 즉 구원은 하나님의 선물이고 인간의 행위가 아니라엡 2장는 교리입니다. 종교개혁은 퍼져나가서 화란에도 영향을 미쳤고 칼빈주의가 광범위하게 받아들여졌습니다. 그러나 모든 사람들이 오직 은혜로 구원받는다는 교리를 받아들인 것이 아니며, 사탄은 일부 사람들로 하여금 이 구원의 교리를 조금도 받아들이지 않게 했습니다. 16세기의 마지막 20년과 17세기의 첫 20년에 일어난 사건은 사탄이 하나님께서 네덜란드와 유럽 전역에서 행하신 사역을 어떻게 허물기로 결심했는지를 분명하게 보여 줍니다. 인본주의의 영향을 받은 아르미니우스주의 개혁교회는 네덜란드에서 종교개혁의 유익을 제거해 버리려고 했습니다. 그리고 그들은 거의 그럴 뻔 하였습니다. 인간적으로 말하면, 이 40년 동안의 상황으로 보아 그때는 화란에 교회가 없었다고 해야 할 것입니다. 그런 압제로부터 벗어난 것은 진실로 하나님의 은혜로 말미암은 기적이라고 말할 수밖에 없습니다. 올덴바르네펠트는 사실상의 독재자로서 화란을 통치했습니다. 그는 인간의 전적 타락을 강하게 반대했기 때문에 그 교리를 받아들이는 사람을 박해하려고 계획하기까지 했던 것입니다. 1617년에 칼빈주의 개혁교회는 죽음의 형벌을 받지 않았다는 사실만 제외하고 귀도 드 브레의 시대와 동일한 방식으로 박해를 받았습니다. 한 사람의 신앙은 그 사람의 직업, 그 사람의 땅, 그 사람의 위로를 잃게 만들었습니다. 1617년에 개혁을 한다는 것은 참으로 값싸게 얻을 수 있는 일이 아니었습니다. 아르미니우스주의 개혁교회와 자유주의적인 올덴바르네펠트의 정부의 연합된 힘을 통해 사탄은 칼빈주의 개혁교회들 곧 예수 그리스도의 교회들의 '목을 조른' 것입니다. 개혁교회의 신앙은 확실히 '삼킴을 당할' 지경에까지 이르렀습니다.

올덴바르네펠트Oldenbarnevelt를 통한 사탄의 공격 / 마우리쯔Mauritz를 통한 하나님의 구원

우리 하나님께서 행하신 일이 얼마나 놀라운지 주목하십시오! 하나님의 손이 마우리쯔Mauritz라는 이름을 가진 통치자가 화란을 다스리도록 준비하셨습니다. 마우리쯔는 종교적인 일이 아닌 군대의 일을 하도록 보내진 사람이었습니다. 그러나 그는 명목상 개혁교회 신자였고, 교회에 다녔습니다. 헤이그Hague에서 그가 출석한 교회는 네 명의 목사들이 봉사했고, 그들 중 한 명은 위텐보가르트Utenbogaart였습니다. 위텐보가르트는 '궁정 설교자'였는데, 우리는 왕족들이 그의 감독 하에 있었다고 볼 수 있을 것입니다. 그는 아르미니우스주의 개혁교회의 사상, 즉 사람이 죄 가운데 죽지 않았고, 하나님께서 자비롭게 자신에게 베푸신 구원을 받아들이는 선택을 자유롭게 할 수 있는 능력이 그 사람에게 있다는 사상을 성실하게 가르쳤습니다.

주님께서는 마우리쯔 공公이 처음에 칼빈주의 개혁교회를 동정하고 나중에는 칼빈주의 개혁교회의 사상을 받아들이도록 그를 움직이시기 위해서 올덴바르네펠트의 강압 통치를 사용하셨습니다. 마우리쯔는 올덴바르네펠트가 내린 칼빈주의 개혁교회에 대한 처분이 부당하다고 생각하였고, 칼빈주의자들의 격려로 마침내 그들과 함께 교회에 다녔습니다. 그는 개혁교회의 신앙을 방어하겠다고 맹세했으며, 이제 '개혁reformed'이란 말을 통하여 깨달은 바를 명백히 밝혔습니다. 이번에는 올덴바르네펠트가 화란의 모든 칼빈주의 교회들을 제거하기 위해 필사적으로 군인을 모으고 용병들을 고용하도록 부추기고, 이에 화란이 시민전쟁에 휘말리게 될 것이라고 인식한 마우리쯔는 행동을 취했습니다. 그는 올덴바르네펠트와 그의 추종자들을 감옥에 가두고 올덴바르네펠트를 교수형에 처했습니다. 이로써 자유주의자들과 아르미니우스주의 개혁교회의 정치 세력이 무너졌으며, 칼빈주의 개혁교회는 깊은 안도의 숨을 내쉬게 되었습니다. 그리스도의 교회에 대한 사탄의 압박이 무너지면서, 그들이 받은 핍박도 순식간에 막을 내렸습니다. 이것은 다름 아닌 교회에 대한 사탄의 공격에 직면하여 당신의 교회를 보존하시는 하나님의 선물이었습니다.

게다가 마우리쯔는 교회가 오랫동안 요구해 왔던 총회를 마침내 개최하게 하였습니다. 그 총회는 1618년 11월 13일부터 개최되었습니다. 우리는 이 총회를 주님의 사역이라는 관점에서 보아야 합니다. 만일 그가 이러한 난국에 대처하지 않았다면, 오늘 화란에는 교회가 없었을 것입니다. 그리고 하나님께서 네덜란드에서 하신 사역을 상속받은 우리도 오늘날 칼빈주의 개혁교회가 되지 않았을 것입니다. 400년 전에 이미 **하나님께서는 내가** 오늘 개혁되기를 원하시어, 그 목적을 위하여 사건들을 인도하셨습니다.

【 더 읽기 권하는 책 】

1) Faber, J., Meijerink, H.J., Trimp, C. & Zomer, G. (1979).

2) *The Bride's Treasure*. Launceston, Tasmania: Publication Organisation of the Free Reformed Churches of Australia.

3) Munneke, J.F. *Het Historisch Fundament*.

2

야콥 아르미니우스
Jacob Arminius

서론

도르트 총회에서 모든 토론의 중심에는 1560년에 태어난 야콥 아르미니우스라는 사람이 있습니다. 그는 14살 때 고아가 되었고, 한 개혁교회 목사가 그를 받아들였습니다. 그 목사는 아르미니우스가 16세 되던 해인 1576년에 그를 레이덴^{Leyden} 대학에 보냈습니다. 이 대학은 1575년에 카스퍼 코올하스^{Casper Koolhaas}가 문을 열었고, 또한 이 대학의 주임 교수가 되었습니다. 그도 또한 사람이 선하다는 개념을 받아들이는 자유주의적인 인물이었습니다. 그는 인간의 자유 교리를 방어하였고, 구원을 받기 위해서는 하나님의 은혜가 필요하다는 것에 대해 의문을 제기했습니다. 그는 자신의 이견^{異見}을 교리적인 주제만이 아니라 교회정치 문제에도 드러내었으며, 예상대로 아르미니우스는 이러한 자기 교수의 가르침에 영향을 받았습니다.

1587년에 아르미니우스는 암스테르담에서 상당히 큰 개혁교회의 목사가 되었습니다. 아르미니우스는 피터 프란키우스^{Peter Plancius}라는 또 다른 목사와 함께 사역했습니다. 아르미니우스가 뛰어난 사람이었으므로, 당회는 코오른하르트Coornhart라는 사람의 사상에 대해 평가해 달라고 요청했습니다. 코오른하르트는 사람이 타락하지 않았고 선하며, 자기 자신의 자유의지로 옳고 그른 것을 분별할 수 있으며, 사람이 하나님의 은혜를 필요로 한다는 것은 의문스럽다고 주장하는 명백한 자유주의자였습니다. 아르미니우스는 당회에 제출한 보고서에서 코오른하르트가 사람의 자유의지, 타락, 하나님의 은혜에 대해 생각하는 것이 옳다고 결론을 맺었습니다.

이 보고서로 인해 프란키우스는 아르미니우스를 꾸짖고 반박했습니다. 벨직 신앙고백 15조의 고백에 근거하여 프란키우스는 아르미니우스의 결론이 잘못되었고 비성경적이라는 것을 설명하려 했습니다. 벨직 신앙고백 15조는 "우리는 아담의 불순종으로 원죄가 온 인류에게 완전히 퍼졌다는 사실을 믿습니다. 원죄는 인간 본성의 전적인 타락과 심지어 모태에 있는 유아에게까지 미치는, 부모를 통하여 물려받은 악입니다. 근원으로서 원죄는 인간 안에 있는 모든 종류의 죄를 만들어 냅니다."라고 고백합니다. 마찬가지로 하이델베르크 교리문답에서도 "그러면 우리가 부패하여서 전적으로 어떤 선도 행할 수 없고, 모든 악을 행하려는 성향을 지니고 있습니까?"라고 하는 질문에 대한 답은 강조하여 "그렇습니다! 우리가 하나님의 영으로 거듭나지 않으면 정말로 그러합니다."라는 것입니다. 하이델베르크 교리문답 3주일 8문답 아르미니우스는 프란키우스에게 어떻게 반응했을까요? 아르미니우스는 자신이 벨직 신앙고백에 동의하고 있으며, 그 신앙고백에 따를 것을 고백한다. 비록 그가 벨직 신앙고백에서 몇 가지를 변화시켜서 받아들일지라도고 말했습니다. 프란키우스는 아르미니우스를 꼼짝 못하게 만드는 데 실패했습니다. 왜냐하면 아르미니우스는 속임에 있어서 천재였기 때문입니다. 그래서 그 일은 수년 동안 계속 진행되었습니다.

　1603년까지 전염병이 화란 전체를 휩쓸었습니다. 레이덴 대학의 세 교수 중 두 명이 죽었고, 아르미니우스가 그들 중 한 명의 자리를 대신하였습니다. 그 대학에 남아 있던 호마루스Gomarus는 아르미니우스가 교수로 임명되는 것을 원하지 않았습니다. 그러나 정부 당국은 호마루스가 아르미니우스와 토론 후에 아르미니우스가 어떻게 잘못되었는지를 증명할 수 없다면 호마루스의 말을 들을 수 없다고 했습니다. 이런 호마루스의 경험은 프란키우스의 경험과 다르지 않았습니다. 호마루스는 어떤 잘못을 찾아내서 아르미니우스를 꼼짝 못하게 만들지 못했습니다. 아르미니우스는 신앙고백에 동의한다고 표명했습니다. 그러나 이렇게 했음에도 불구하고 아르미니우스는 공개적인 활동을 피했습니다. 레이덴에서 그는 사적으로 학생들을 가르쳤습니다. 그는 학생들이 자기 강의 노트를 출판하는 것을 허락하지 않았지만, 학생들이 배운 것을 토론하는 것까지 가로막을 수는 없었습니다. 호마루스는 아르미니우스가 학생들에게 무엇을 가르치고 있는지를 알게 된 후에 다시 한 번 아르미니우스에게 도전했습니다. 이때 그는 정부가 임명한 재판관들 앞에서 그렇게 했습니다. 재판관들이 내린 결론은 호마루스가 아르미니우스를 더 관용해야 한다는 것이었습니다.

　아르미니우스는 1609년에 죽었지만, 아르미니우스의 가르침은 그를 따라 무덤 속으로 들어가지 않았습니다. 그러므로 그의 죽음은 평화가 회복되었다는 것을 의미하지 않았습니다. 왜냐하면 그는 미래에 목사가 될 사람들을 6년 동안 가르쳤기 때문입니다. 에피스코피우스Episcopius가 아르미니우스가 떠난 레이덴 대학의 빈자리를 채웠습니다. 그는 아르미니우스가 떠난 곳에서 계속해서 일했습니다. 그래서 투쟁이 계속되었습니다.

【 더 읽기 권하는 책 】

앞에서 언급했던 것과 동일한 책들을 보십시오.

항의자들의 다섯가지 조항

1조

우리는 **하나님**께서 영원하시고 불변하신 작정에 의해서, 타락한 인류 중에서 그리스도 안에 있는 자들, 곧 성령의 은혜로 당신의 아들 예수 그리스도를 믿고 이 믿음을 보존하고 끝까지 믿음의 순종을 할 자들을 그리스도를 위하여 또 그리스도를 통하여 구원하실 것과, 반면에 그리스도로부터 떠나서 완고하고 믿지 않는 자들을 죄 가운데 그대로 두시고 진노와 정죄 아래 버려두실 것을 세상의 기초가 놓이기 전에 당신의 아들 예수 그리스도 안에서 결정하셨다고 믿습니다. 이것은 "아들을 믿는 자는 영생이 있고 아들을 순종치 아니하는 자는 영생을 보지 못하고 도리어 하나님의 진노가 그 위에 머물러 있느니라."라고 하는 요 3:36의 거룩한 복음의 말씀과 또한 그 외에 여러 성경구절들에 따른 것입니다.

2조

우리는 이에 따라서, 예수 그리스도 세상의 구주께서 전체 인류와 모든 개개인을 위하여 죽으셨으며, 그리하여 십자가의 죽음을 통해 모든 사람들을 위한 화해와 죄의 용서를 얻으셨지만 그 누구도 실제로 믿는 자 외에는 죄의 용서를 누릴 수 없다고 믿습니다. 이것은 하나님이 세상을 이처럼 사랑하사 독생자를 주셨으니 이는 저를 믿는 자마다 멸망치 않고 영생을 얻게 하려 하심이니라."라고 하는 거룩한 복음의 말씀에 따른 것입니다. 또한 "저는 우리 죄를 위한 화목 제물이니 우리만 위할 뿐 아니요 온 세상의 죄를 위하심이라."라고 하신 요일 2:2의 말씀에 따른 것이기도 합니다.

3조

우리는 사람이 스스로 구원에 이르는 믿음을 가지지도 않으며, 배교와 죄 가운데서는 스스로 생각해 낼 수 없기에 진실로 선한 그 어떤 일도 이를테면 구원에 이르는 믿음 하지도 않고 하려고도 않는다는 것을 믿습니다. 그러나 또한 사람이 바르게 이해하고 묵상하며 진실로 선한 일을 하고 또 하려고 하기 위해서는 하나님께서 그리스도 안에서 성령을 통하여 그를 거듭나게 하셔서 이해와 감정과 의지와 모든 능력이 새롭게 됨이 필요하다는 것을 믿습니다. 이는 "나를 떠나서는 너희가 아무것도 할 수 없음이라."라고 하는 요 15:5의 그리스도의 말씀에 따른 것입니다.

4조

우리는, 중생한 사람이 이 선을 행하거나 돕는 깨달음과 그에 따른 협력하는 은혜가 없이는 선을 행하는 것과 악으로 향하는 모든 유혹들에 저항하는 일을 생각하지도 행하지도 못하며 하려고도 할 수 없는 한, 이 하나님의 은혜가 모든 선한 일들의 시작과 진행 그리고 마침도 된다는 것과, 그러므로 생각할 수 있는 모든 선한 사역들과 행위들이 그리스도 안에 있는 하나님의 은혜에 돌려져야 한다는 것을 믿습니다. 그러나 이런 은혜의 방식과 연관하여 이 은혜는 저항할 수 있습니다. 왜냐하면 행7장과 다른 많은 곳에서 중생한 자들이 성령을 저항했다는 많은 사실들이 기록되어 있기 때문입니다.

5조

우리는 예수 그리스도께로 연합하고 그로 인해 생명을 주시는 성령께 참여한 사람들이 사탄과 죄와 세상과 자신의 육신에 대항하여 싸울 충분한 힘이 있고 승리를 얻을 것이라는 사실을 믿습니다. 잘 알려진 대로, 이 승리는 성령의 도우시는 은혜를 통해 얻게 되며, 그리스도께서는 성령을 통하여 모든 유혹 가운데서 그들을 도우시고 손을 펴시며, 오직 그들이 싸울 준비가 되어 있고 그분의 도움을 갈망하며 게으르지 않을 때만 그들을 보존해 주시어, 그들이 사탄의 꾀임이나 권세로 인해 타락하지 않게 하시며, 요 10장에서 "아무도 내 손에서 그들을 빼앗아갈 수 없다."라고 하신 그리스도의 말씀에 따라 그리스도의 손으로부터 빼앗기지 않게 하실 것입니다.

그러나 그들의 태만함으로 그리스도 안에서 자신들이 처음 가졌던 삶의 원리에서 떨어져 나갈 수도 있는지, 세상으로 다시 돌아갈 수도 있는지, 한 번 주어졌던 순수한 교리에서 떠날 수도 있는지, 선한 양심을 상실하고 은혜를 무시하게 될 수도 있는지 하는 것은 먼저 성경을 가지고 주의 깊게 판단한 후에 충만한 확신을 가지고 이를 가르칠 수 있을 것입니다.

4

도르트신경의 배경 신학

※

1618-1619년에 개혁교회 안에서 아르미니우스주의^{Arminianism}의 영향력이 커져가는 것과 연관하여 도르트 총회가 개최되었습니다. 그러나 '아르미니우스주의'로 우리에게 알려진 이 이단은 전혀 새로운 것이 아닙니다.

인간의 본성: 그것은 선한가? 병들어 있는가? 아니면 전적으로 타락했는가?

주후 354년에 두 사람이 태어났는데, 이 두 사람은 예수 그리스도의 교회에 엄청난 영향력을 미쳤습니다. 그들은 펠라기우스^{Pelagius}와 어거스틴^{Augustine}이었습니다. 그들은 다음 세 가지 교리적 문제에 대한 폭넓은 반대 의견으로 인하여 그들의 생애 후반기에 만나게 됩니다.

1. 인간의 본성
2. 사람은 은혜를 필요로 함
3. 하나님의 주권

이 두 사람의 서로 반대되는 사상 체계 사이에 있는 근본적인 차이점은 인간 본성에 대한 그들의 견해가 서로 철저하게 대립된다는 데에 있습니다. 중심적인 질문은 '사람이 선한가? 그렇지 않은가?' 하는 것입니다. 이 질문에 어떻게 대답하는가 하는 것은, 그가 사람이 은혜를 필요로 한다는 것에 관해 무엇을 믿는지, 그리고 하나님의 주권에 대해 무엇을 고백하는지를 결정합니다. 어느 정도까지 하나님의 은혜가 필요합니까? 한 사람이 인간의 전적 타락과 그 결과로 오는 하나님의 은혜에 대한 인간의 전적인 의존에 대해 논쟁하는 그 순간에 그 사람은 하나님의 주권에 대해 논쟁하는 것입니다. 만일 사람이 자유의지로 자기 자신의 구원에 대한 주도권을 가질 수 있고, 자신이 구원받을 것인지 아닌지를 스스로 결정할 수 있다면, 그때 인간의 구원에 있어서 하나님의 역할이 인간의 결정과 행동에 의해서 제한됨으로 하나님의 주권은 제한됩니다.

펠라기우스 Pelagius

펠라기우스는 다음과 같은 사실을 믿었습니다.

- 하나님은 선하지도 악하지도 않은 '중립적인' 존재로 아담을 창조하셨습니다. 아담은 자신이 선하게 행하든지 악하게 행하든지 선택할 수 있는 위치에 있었습니다. 아담은 자유의지를 가지고 있었고, 그래서 아담은 선과 악 둘 중 하나를 선택할 능력을 가지고 있었습니다.

- 펠라기우스는 하나님께서 아담을 죽을 수밖에 없는 존재로 창조하

셨고, '죽음'은 단순히 창조의 한 부분이라고 가르쳤습니다. 달리 말하면, 펠라기우스는 죽음이 죄의 삯이 **아니라**고 믿었다는 말입니다.

- 아담은 죄를 선택하여 악을 행했습니다. 이 선택의 결과로 아담이 죄악 되고 타락하게 되거나 죄 가운데 죽게 된 것이 아니라 죄인이 되었습니다. 그러나 아담이 죄에 빠진 후에도 자유의지를 소유하고 있어서 여전히 악을 행하는 것으로부터 돌아와서 선을 행할 수 있었습니다. 그렇다 하더라도 일단 아담이 금지된 실과에서 죄를 맛보았다면, 그것을 자제하기는 더욱 어렵습니다. 창 6:5에서 "그 마음의 생각의 모든 계획즉 모든 사고 배후에 있는 모든 생각과 모든 상상이 항상 악할 뿐이다."라고 진술한 것과는 반대로, 펠라기우스는 아담의 마음이 부패하지 않았으며, 만일 그가 죄악 된 행동에서 떠나기를 원했다면 떠날 수 있었다고 가르쳤습니다.

- 아담이 죄를 선택했을 때, 그는 오직 **자기 자신**만 상처를 입었고 그 후손들은 상처를 입지 않았습니다. 아담의 타락은 아담 혼자만의 타락이며, 그의 후손들은 그와 함께 타락하지 않았습니다. 그러므로 어느 누구도 원죄를 짊어지지 않으며, 그 누구도 타락하지 않았습니다. 아담의 후손들은 아담이 창조되었던 그 방식대로 즉 중립적인 상태로 남아 있습니다. 사람들이 죄를 범한 이유에 대해서, 펠라기우스는 후손들이 잘못된 모범을 따랐기 때문에 죄를 범하는 것이며, 죄를 범하는 것은 습관적이 될 수 있다고 추론했습니다. 결과적으로 사람들은 죄를 범합니다. 그러나 펠라기우스는 후손들이 중립적인 지성과 마음을 가지고 순결하고 무죄한 상태로 태어나고 그들이 잘못된 모범에 전혀 노출되지 않는다면 죄를 모르고 자라는 것이 가능하다고 생각했습니다.

- 사람에게 하나님의 은혜가 필요하다는 사실에 대해서, 펠라기우스는 사람이 구원받기 위해서는 하나님의 은혜가 필요하지 않고, 사람이 스스로 구원받을지 안 받을지를 선택할 수 있다고 생각했습니다.

어거스틴^{Augustine}

어거스틴은 성경이 다음과 같은 사실을 가르친다고 믿었습니다.

- 하나님께서 아담을 **선하게** 창조하셨습니다. 아담은 중립적^{선하지도 악하지도 않은}이지 않고, 즉 선한 존재나 악한 존재를 선택할 위치에 있지 않고 **선했고** 선을 **행**할 수 있었습니다. 아담의 자유의지에 관한 한, 선하게 창조된 아담은 선을 행하든지 악을 행하든지 할 수 있었습니다. 즉 아담은 죄를 범할 수 있었습니다. 에덴동산에 선과 악을 알게 하는 나무를 두심으로써 하나님께서 아담을 시험대 앞에 두신 것입니다.

- 아담은 죽을 수밖에 없는 운명으로 창조되지 않았습니다. 아담은 죄를 범하지 않으면 죽지 않을 것입니다. 달리 말하면, 죽음은 죄의 삯입니다.

- 아담이 죄에 빠졌을 때 그는 선한 존재에서 악한 존재로 바뀌었습니다. 그는 단순히 죄인이 된 것이 아니라 죄악 되고 죄 가운데 죽고 타락하였습니다. 스스로 타락하게 된 아담은 선을 행하는 존재로 돌아갈 수 있는 수단을 갖고 있지 않았습니다. 자기 자신을 사탄의 편

에 둔 아담은 하나님께서 그를 사탄으로부터 당신 자신께로 데려오지 않으셨다면 영원히 잃어버린 바 된 상태로 있었을 것입니다. 하나님께로 돌아가기 위해서 아담은 전적으로 하나님의 은혜에 **의존해야** 했습니다.

- 아담이 죄에 빠짐으로 그의 모든 후손들도 죄에 빠졌습니다. 아담이 죄에 빠졌을 때 모든 인류는 아담 안에 참여했습니다. 그래서 모든 인류는 원죄의 오염에 의해 영향을 받았습니다. 다시 말하면 모든 사람들은 그들의 선함을 잃어 버렸고, 죄 가운데 타락하여 죽게 되었습니다. 더욱이 모든 사람들은 그들 스스로 죄에 빠진 것에 대한 책임을 가지고 있으며, 따라서 그들 각각은 원죄의 죄책을 가지고 있습니다.

- 따라서 구원받기 위해서 아담과 **모든** 사람들은 하나님의 은혜를 필요로 합니다. 우리 모두는 모든 면에서 하나님께 **전적으로 의존합니다.** 나는 전적으로 나의 구원에 기여하는 바가 아무것도 없습니다.

- 구원을 위하여 하나님께 전적으로 의존해야 한다고 인정하는 것은 하나님의 주권을 인정하는 것을 함축하고 있습니다. 오직 구원받도록 하나님께서 정하신 자들만 구원받습니다. 내가 하나님께 의존적이기 때문에 하나님께서 나를 구원하기로 선택하지 않으시면, 또 나에 대하여 결정을 내리지 않으시면 나에게는 구원이 없습니다.

반#펠라기우스주의 SEMI_PELAGIANISM

펠라기우스는 자기 가르침을 로마에서 제시했고, 이로 인해 주후 409년에 어거스틴의 반대에 부딪쳤습니다. 주후 431년에 에베소 총회는 공식적으로 펠라기우스의 가르침을 이단으로 정죄하였고, 어거스틴의 입장을 성경적으로 정확한 것으로 지지했습니다. 이 일로 주님의 교회가 다시 한 번 바른 길로 되돌아왔습니다. 그러나 사탄은 그 문제를 그대로 두는 것에 만족하지 않았습니다. 비록 사람들은 펠라기우스의 가르침이 옳다고 동의하지는 않았을지라도, 어거스틴의 가르침도 너무 극단적이라고 생각했습니다. 펠라기우스는 인간 본성에 대해 너무 긍정적으로 본다고 정죄를 받은 반면에, 어거스틴은 너무 부정적으로 보았습니다. 그래서 타협을 모색하게 되었고, 결국 '반#펠라기우스주의'라고 알려진 신학으로 이어졌습니다.

앞에서 언급한 세 가지 요점에 대해서 반#펠라기우스주의는 다음과 같이 입장을 정하였습니다.

- **인간의 본성**은 선하지도 않고 악하지도 않고 병들어 있습니다. 병든 사람이 하고 싶은 대로 할 수 없는 것처럼 죄에 빠진 사람의 능력은 제한되어 있습니다. 인간의 자유의지는 남아 있지만, 타락으로 인해 연약합니다. 따라서 인간은 여전히 도움을 요청하기로, 또 도움을 받기로 결정했습니다.

- **사람은 은혜를 필요로 함:** 비록 반#펠라기우스주의가 인간에게 하나님의 은혜가 필요하다고 믿을지라도 _{왜냐하면 인간은 심하게 병들어서 도움을 필요로 하기 때문이다.} 그들이 말하는 인간은 자유의지로 스스로 하나님의

> **타협**
>
> | 펠라기우스주의 | 어거스틴주의 |
> |---|---|
> | 사람에 대해 너무 긍정적: 하나님이 필요하지 않다. | 사람에 대해 너무 부정적: 하나님께 전적으로 의존한다. |
>
> **반펠라기우스주의**
> 중간의 입장
>
> 표 2

은혜를 원하는지를 결정할 수 있습니다. 펠라기우스는 구원이 전적으로 인간 자신의 행위에 달려 있다고 가르쳤고, 어거스틴은 구원이 전적으로 하나님의 은혜로 주어지는 것이라고 가르친 반면에, 반 펠라기우스주의는 구원이 하나님과 인간 양자의 노력이 결합하여 주어진다고 가르쳤습니다. 반#펠라기우스주의에 따르면, '구원=하나님의 은혜+인간이 은혜를 받아들임'이라고 말합니다. 인간이 하나님과 협력하기로 결정하고 하나님께서 자신에게 주시는 은혜를 받아들일 때만 인간은 구원받을 수 있습니다.

- **하나님의 주권:** 반#펠라기우스주의는 인간이 하나님과 협력할지 안 할지를 결정한다는 점에서 하나님의 주권을 제한합니다. 하나님께서 제공하시는 구원이 인간에 의해서 거절되어서 공허하게 하나님께로 돌아갑니다. 비록 하나님께서 누군가를 구원하시기를 원할지라도, 하나님께서는 그 사람이 그 구원에 관심을 가지고 하나님을 받아들일 때만 그 사람을 구원하실 수 있는 것입니다.

시간이 지나면서 반#펠라기우스주의 교리는 로마 카톨릭 교회의 공식적인 신학이 되었고, 심지어 오늘날도 여전히 그러합니다.

반#펠라기우스주의에 대한 개혁자들의 반응

하나님께서는 은혜로 마틴 루터와 존 칼빈 같은 그런 개혁자들을 당신의 교회에 보내주셨습니다. 이 사람들은 하나님께서 주신 성경을 읽고 교부들의 저서를 연구하다가 인간의 본성과 하나님의 은혜와 하나님의 주권에 대한 로마 카톨릭 교회의 공식적인 교리가 잘못되었다는 결론에 이르게 되었습니다. 이런 교리적인 문제들에 대해 로마 카톨릭 교회들과 논쟁을 하면서 개혁자들은 본질적으로 반#펠라기우스주의를 반대했습니다. 그렇게 함으로써 개혁자들은 어거스틴 주의로 돌아갔습니다.

개혁자들은 이 논쟁점들에 대한 자신들의 입장을 신앙고백서들에서 나타내었습니다. 이 논쟁점에 대한 개혁자들의 생각을 정리하는 가장 쉬운 방법은 하이델베르크 교리문답에 주목하는 것입니다.

• **인간의 본성:** 하이델베르크 교리문답1563년에 출판됨에는 성경이 인간 본성에 대해 가르치는 바에 대한 개혁자들의 입장이 잘 요약되어 있습니다. 하이델베르크 교리문답 3주일 6문답에서는 "하나님께서 사람을 선하게 창조하셨습니다."라고 말합니다. 즉 하나님께서 인간을 펠라기우스가 가르치는 것처럼 중립적으로 창조하신 것이 아니라 어거스틴이 가르치는 것처럼 선하게 창조하셨다는 것입니다. 또한 7문답에서는 "그렇다면 사람의 타락한 본성은 어디로부터 왔습니까?"라고 합니다. 이 질문은 일반적인 부패, 즉 전체 인간이 선하지 않다는 것을 인정합니다. 이 질문의 답은 이러합니다. "우리

의 첫 조상 아담과 하와가 낙원에서 타락하고 불순종한 데서 왔습니다. 그때 낙원에서 우리의 본성이 부패하여, 우리는 모두 죄 중에 잉태되고, 출생했습니다." 이 고백은 아주 명백하게 펠라기우스주의에 반대하는 어거스틴 주의입니다. 펠라기우스에 따르면 아담만 죄에 빠졌다고 합니다. 그러나 어거스틴 주의와 종교개혁 신학에서는 우리 모두가 아담 안에서 범죄 했고 그 결과로 우리 본성이 타락하게 되었다고 가르칩니다. 8문답에서는 인간의 타락 정도를 상세히 설명합니다. "그러면 우리가 부패하여서 전적으로 어떤 선도 행할 수 없고, 모든 악을 행하는 성향을 지니고 있습니까?" 펠라기우스는 "인간은 기본적으로 선하고 자유의지로 선을 행하기로 선택할 수 있습니다."라고 부정적으로 답을 했을 것입니다. 반¼펠라기우스주의자들은 "인간은 타락했지만 전적으로 어떤 선도 행할 수 없을 정도로 타락하지는 않았습니다. 인간은 병들었습니다."라고 대답했을 것입니다. 그러나 우리 교리문답은 어거스틴이 가르친 것과 일치되게 "그렇습니다."라고 답합니다. 인간은 그 본성이 전적으로 부패하였기 때문에 어떤 선도 행할 수 없고 모든 악을 행하려는 성향을 지니고 있습니다. 실제로 하이델베르크 교리문답에서는 "사람이 타락하여서 하나님께서 당신의 성령을 통하여 역사하시지 않으시면 어떤 선도 행할 수 없습니다."라고 말합니다.

- **사람은 은혜를 필요로 함:** 하이델베르크 교리문답 23주일 60문답에서는 "당신은 어떻게 하나님 앞에서 의롭게 됩니까?"라고 질문합니다. 펠라기우스는 "나는 나의 자유의지로 선을 행하기로 결정할 수 있고, 그렇게 해서 의롭게 됩니다."라고 대답했을 것입니다. 어거스틴과 개혁자들은 "오직 예수 그리스도를 믿는 참된 믿음으

로 의롭게 됩니다."라고 답했습니다. 반[#]펠라기우스주의자들은 사람이 참된 믿음으로 의롭게 된다는 것에 대해서는 논박하지는 않을 것입니다. 그러나 사람이 먼저 이 믿음을 원하는지를 결정해야 한다고 할 것입니다. 달리 말하면, 칭의는 참된 믿음에 의해서만이 아니라 자유의지로 얻게 된다는 것입니다. 즉 구원=하나님의 은혜+사람이 이 은혜를 받아들임이라는 것입니다. 그러나 여기서 개혁자들이 채택한 어거스틴의 언어는 병듦이 아니라 죽음이란 언어입니다. 인간은 "슬프게도 하나님의 모든 계명에 거슬러 심각하게 죄를 범하였고 아직도 모든 악으로 향하는 성향이 있습니다." 죽은 사람은 아무것도 할 수 없고 의도할 수 없는 것처럼, 믿음은 사람이 선택할 수 없는 것입니다. 그러므로 계속해서 60문의 답에서 "하나님께서는 여전히 나의 어떤 공로도 없이, 오직 은혜로 그리스도의 완전한 만족하게 하심과 의로움과 거룩하심을 나에게 전가시켜 주셨습니다."라고 합니다. 내가 요구한 것이 아니라 하나님께서 그리스도께 속한 것을 나에게 전가시켜 주신 것입니다. 하나님께서는 그리스도께서 행하신 일을 취하사 그 일을 나의 공로로 삼으셨습니다. 곧 그리스도의 의를 나의 공로로 여겨주신 것입니다. 펠라기우스주의와 반#펠라기우스주의가 가르친 것과 반대로, 교리문답은 내가 본성으로 죽었기 때문에 나는 **전적으로** 하나님의 은혜에 의존한다고 가르칩니다.

• **하나님의 주권:** 하이델베르크 교리문답 제 23주일 60문답에서는 다음과 같은 말로 구원에 있어서 하나님의 주권을 고백합니다. "하나님께서는 …오직 은혜로 … 나에게 전가시켜 주셨습니다." 우리는, 사람이 전적으로 타락하였고, 그 결과로 구원을 위하여 하나님의 은혜에만 의존한다고 고백할 때, 이 사실을 고백할 수 있습니다.

하나님은 하나님이십니다. 그러므로 하나님의 구원 사역은 구원 받을 것인지 혹은 아닌지에 대한 사람의 결정에 제한되지 않습니다. "하나님께서는 그리스도의 완전한 만족하게 하심과 의로움과 거룩하심을 나에게 전가시켜 주셨습니다." 하나님께서 먼저 나에게 이 은혜의 선물을 받을 것인지 묻지 않으십니다.

이 교리는 칼빈주의^{Calvinism}라는 용어로 알려져 있습니다.

"… 해 아래는 새 것이 없나니…"
: 소시니우스주의와 아르미니우스주의 = 펠라기우스주의와 반펠라기우스주의

인간 본성, 하나님의 은혜, 구원사역 가운데서 하나님의 주권에 대한 개혁자들의 설교는 모든 사람들에 의해서 받아들여진 것이 아닙니다. 소시니우스^{Socinius}라는 사람은 어거스틴 주의로 돌아가는 것을 좋아하지 않았습니다. 그는 아담이 중립적으로 창조 되었고 $^{선하지도\ 악하지도\ 않다}$ 아담이 범죄 했을 때 오직 아담만 그 죄에 영향을 받았다고 믿었습니다. 아담의 모든 후손들은 중립적으로 태어났고 선악을 선택할 수 있다고 그는 주장했습니다. 이것은 명백하게 지난 약 1000년 동안 교회가 반대해 온 펠라기우스주의로 돌아가는 것입니다. 소시니우스는 칼빈주의^{어거스틴주의}를 대신하여 소시니우스주의^{펠라기우스주의}를 두었습니다.

그러나 이제 다시 지난 세기에 그러했던 것처럼, 소시니우스주의는 인간의 본성에 대해 지나치게 긍정적으로 기록되었습니다. 반면에, 칼빈주의는 지나치게 부정적이고, 지나치게 저주하고 우울하게 만드는 것으로 보입니다. 결과적인 타협은 실제로 반 펠라기우스주의로 돌아가는 것입니다. 야콥 아르미니우스는 특별히 개혁교회들 가운데서

다시 반#펠라기우스주의를 부활시키는 책임을 감당했습니다.

그래서 1618-1619년의 총회에서 종교개혁의 교회는 본질적으로 다시 한 번 모든 면에서 반#펠라기우스주의를 다루었습니다.

오늘날에도 적절한 주제인가?

어떤 이들은 약 380년 전에 개최된 총회와 연관된 이 문제를 1997년에 다루는 것이 적실한가를 물을 것입니다. 그러나 교회 역사를 공부해 보면, 이단들이 생기고 사라지고 새로운 이단이 등장하는 것뿐만 아니라 이단들이 자꾸 겉모습을 바꾸고 등장하는 것을 볼 수 있습니다. 도르트 총회가 어떻게 아르미니우스주의에 대항하여 개혁신학을 방어하려고 도르트 신경을 만들었는지를 공부하는 것은, 단지 역사적인 관심에 불과한 것이 아니라 오히려 오늘 우리가 그리스도인으로 살기 위해서 투쟁하는 일에 확고하게 도움이 되는 것입니다. 반 펠라기우스주의자로 알려진 사람들이 주장하는 인간 본성에 대한 타협안은 오늘 기독교 세계에서 광범위하게 받아들여지고 있습니다. 인간에 대한 사회의 낙천적인 관점은 어거스틴의 사상^{우리 신앙고백의 칼빈주의}을 경멸하도록 사회를 고무시키고 있습니다. 그 결과로 우리 주변의 많은 그리스도인들이 인간의 본성에 대해 반 펠라기우스의 입장을 취해 왔습니다. 예를 들면, 최근 미국의 한 조사에서 인터뷰한 그리스도인 중 ^{그들은 스스로를 "복음적"이라고 했다} 84%가 구원의 문제에 있어서 "하나님은 스스로 돕는 자를 돕는다."라고 하는 말에 동의했습니다. 그리고 77%가 인간이 기본적으로 선하다고 믿었습니다.[2] 우리 주변의 그리스도인 세계

---

2) See Michael S Horton, "What Still Keeps Us Apart?" in Roman Catholicism: Evangelical Protestants Analyze what Divides and Unites us, ed: John Armstrong(Chicago: Moody Press, 1994), pg 263f.

타협	
소시니안주의=펠라기우스주의	**칼빈주의=어거스틴주의**
사람에 대해 너무 긍정적: 하나님이 필요하지 않다.	사람에 대해 너무 부정적: 하나님께 전적으로 의존한다.
아르미니우스주의=반펠라기우스주의	
중간의 입장	표 3

로부터 오는 이런 압력에 직면하여 도르트 신경을 공부하는 것은 아르미니우스주의^{반 펠라기우스주의}와 개혁신학을 구별하는 데 도움이 될 것입니다.

제1장

하나님의 선택과 유기

서론

110년에 아르미니우스의 추종자들은 아르미니우스의 가르침에 근거하여 신앙의 다섯 가지 조항 혹은 진술을 편집했습니다.[3] 이 다섯 항목은 이 책의 33-36페이지를 보세요. 그 후에 이 다섯 조항은 1618-1619년에 도르트 총회에서 검토되었습니다. 도르트 총회는 개혁적이고 성경적인 자세로, 항의자들의 이 다섯 조항에서 제기된 교리적 문제들과 연관하여 오늘 우리가 도르트 신경이라고 부르는 신앙고백서를 공식적으로 천명했습니다. 항의자들이 진술한 첫 번째 조항이 인간의 구원에 관한 하나님의 영원한 작정에 대한 것이므로, 도르트 신경의 Ⅱ장은 하나님의 영원하신 작정에 대한 성경적 가르침을 제시합니다. 따라서 이 첫 번째 교리의 제목은 '하나님의 선택과 유기'라고 붙여졌습니다.

아르미니우스주의들은 1조^{그리고 그들 입장의 잘못은 다음과 같은 핵심 단어들이 제시된 것을 볼 때 분명히 알 수 있습니다.}에서 "우리는 영원하시고… 작정에 의해서 …하나님께서 …믿고 …견디게 될 …자들을 …구원하실 것을 …결정하셨다는 것을 믿습니다."라고 말했습니다. 아르미니우스주의들은 이렇게 말함

---

[3] 이 다섯 항목은 이 책의 33-36페이지를 보세요.

으로 본질적으로, 창세전에 하나님께서 당신을 믿을 자들을 보시기 위해서 미래를 들여다보시고, 그런 다음에 그런 특별한 사람들을 구원하실 것을 결정하셨다고 말한 것입니다. 따라서 사람의 구원은 다음 순서로 진행됩니다. 1. 사람이 믿고 그 다음으로 2. 하나님께서 믿는 자를 구원하십니다. 한 사람이 믿게 될 때를 미리 보신 하나님께서 구원을 위하여 그 사람을 선택합니다. 아르미니우스주의자들은 "우리는 하나님께서 믿고 견디게 될 자들을 구원하실 것을 결정하셨다고 믿습니다."라고 말합니다. 여기서 문제가 되는 것은 **선택이 무엇인가** 하는 것입니다. 아르미니우스주의자들은 선택이 **누가** 구원을 받는가가 아니라 **어떻게** 구원받는가에 대한 하나님의 작정이라고 말합니다. 하나님께서 구원을 받아들일 자 톰(Tom) 혹은 딕 혹은 해리를 선택하시는 것이 아니라 구원의 조건, 곧 믿음을 선택하셨고, 하나님께서 톰(Tom)이나 딕(Dick)이 믿게 될 때를 미리 보시기 때문에, 그들은 자동적으로 구원에 포함되는 것이라고 말하는 것입니다.

그러므로 우리 조상들은 먼저 선택을 정의하는 것이 필요하다는 사실을 인식했습니다. 그러나 6조까지는 선택이 논의되고 있지 않습니다. 첫 다섯 항에서는 정말로 선택이 무엇인지를 충분히 인식하기 위하여 이해할 필요가 있는 몇 가지 예비적인 것을 다루고 있습니다.

1조

모든 인류는 하나님 앞에서
정죄 받아야 마땅합니다

❖

사도의 말씀에 따르면, 모든 사람이 아담 안에서 죄를 범하여 저주 아래 놓이게 되었고, 영원한 죽음을 당해야 마땅하기 때문에 롬 5:12 하나님께서는 모든 사람을 죄 가운데, 그리고 저주 아래 버려두시고 그 죄 때문에 정죄하는 것이 당신의 뜻이라고 할지라도, 어느 누구도 하나님께서 행하시는 일을 불공평하다고 할 수 사도의 말씀은 이러합니다. **온 세상으로 하나님의 심판 아래에 있게 하려 함이라. 모든 사람이 죄를 범하였으매 하나님의 영광에 이르지 못하더니** 롬 3:19,23. **죄의 삯은 사망이요** 롬 6:23. [4]

하나님께서 아담을 창조하셨을 때, 하나님께서 아담과 언약을 설립하셨습니다. 아담은 하나님의 자녀가 되고, 하나님께서는 그의 아버지가 되실 것이라고 약속하셨습니다. 하나님께서 아담을 에덴동산에 두시고 아담에게 필요한 모든 것을 공급해 주셨습니다. 하나님께서는

---

[4] 역주: 이 책의 영어판에는 도르트 신경의 내용이 나오지 않지만(그들은 이미 도르트 신경을 잘 알고 있고 그들의 찬송가에 도르트 신경이 포함되어 있기 때문에), 도르트 신경을 잘 모르는 한국의 독자들을 위하여 역자가 각 조항의 해설 앞부분에 임의로 추가했습니다.

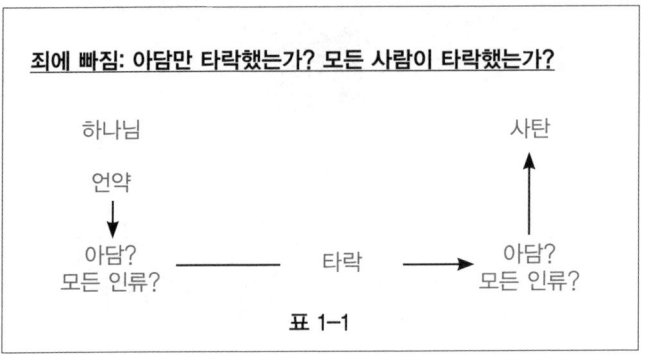

표 1-1

아담을 위한 하나님이 되셨습니다. 죄에 빠짐으로, 아담은 하나님과 이 언약을 깨뜨리고, 그 대신에 사탄의 편에 연합하는 것을 선택 했습니다.^{표1-1}

1조에서는 이제 하나님 편에서 사탄의 편으로 간 **사람** 모두에 대해 묻습니다. 아담^{과 하와} 만입니까? 아니면 모든 인류입니까? 아담만 불순종하고 언약을 깨뜨렸습니까? 아니면 전체 인류가 불순종하고 언약을 깨뜨렸습니까? 결국 아담과 하와만 동산에 있었고, 이 두 사람이 금지된 나무의 열매를 먹음으로써 죄를 지었고, 사탄의 진영에 이르게 되었습니다. 아담과 하와는 죄에 빠진 후에 자녀를 낳았는데, 이 자녀들도 또한 부모들의 죄로 인하여 사탄의 편에 있게 되었습니다. 결정적인 질문은 아담의 자녀들은 자신이 사탄 편에 있게 된 것에 대한 책임이 있는가 하는 것입니다. 만일 자녀들에게 책임을 지울 수 없다면, 그들에게 하나님의 진노가 머무는 것이 옳습니까? 하나님께서 그들을 사탄의 편에 남겨두신 것은 부당한 것이 아닙니까?

예를 들면, 어느 누구도 내 자녀들이 호주에 산다는 사실에 대해 나의 자녀에게 잘못을 물을 수 없습니다. 잘못은 ^{만일 여기서 누군가가 잘못을 굳이 말한다면} 나에게 있습니다. 왜냐하면 내가 이 땅으로 이주했기 때문입니다.

자녀들은 내가 결정한 '결과를 겪고 있는' 것입니다. 죄에 빠짐에 대해서도 동일하게 말할 수 있지 않겠습니까? 아담과 하와 뒤에 오는 세대는 하나님께 불순종하고 사탄에게 연합한 자기 조상들의 잘못된 판단으로 인한 결정의 희생자들이 아닙니까?

성경에 따르면 누가 죄를 범했습니까? 하나님께서는 개인으로서 아담과 언약을 맺으신 것이 아니라 인류의 머리로서 아담과 언약을 맺으셨습니다. 이것은 하나님께서 아담과 하와을 창조셨을 때, 즉시로 생육하고 번성하여 땅에 충만하라고 명령하셨다는 사실에서 증거 됩니다. 창1:28 하나님께서 개인 아담에게만 관심을 가지신 것이 아니라 이 한 사람 아담으로부터 나올 모든 자손에게 관심을 가지셨습니다. 하나님의 언약은 아담과 하와과만 맺은 것이 아니라 아담 뒤에 올 모든 후손과도 맺은 것입니다.

하나님께서 전체로써 **모든** 인류와 언약을 맺으셨기 때문에, 낙원에서의 아담의 범죄는 전체 인류에게 영향을 미치고 전체 인류의 책임입니다. 한 국가의 머리수상, 왕 등가 다른 국가에게 전쟁을 선언하는 행동은 수상만 그 국가에서 전쟁에 책임이 있는 것이 아니라 전체로서 그 국가가 책임이 있고, 따라서 전체 국가가 원수의 공격 대상이 됩니다. 이와 같이, 하나님을 떠나서 사탄의 편으로 가기로 한 아담의 결정은 그 죄를 범한 책임이 전체 인류에게 있습니다. 롬 5:12에서 우리는 "…한 사람으로 말미암아 죄가 세상에 들어오고 죄로 말미암아 사망이 왔나니 이와 같이 모든 사람이 죄를 지었으므로 사망이 모든 사람에게 이르렀느니라."는 말씀을 읽습니다. 이 구절에서 바울은 창 3장에서 아담이 죄를 지은 것을 지적합니다. 그러나 바울은 아담만 처음에 범죄자였던 것이 아니라 모든 인류가 죄를 지었다고 말합니다. 모든 사람들이 하나님 편에 있었고, 처음에 아담과 맺은 하나님의 언약 안에 포함되어 있었고, 모든 사람들이 하나님께로부터 사탄에게로 돌아섰습니다. 모든 사람들이 아담이 죄를 범한 결과로 고통 받는다고 피상적으로 말하는 것은 충분하지 않습니다. 그렇습니다. 모든 사람들이 아담의 죄에 **참여했습니다.**

또한 롬 5장에서 바울은 우리가 아담과 연합한 것과 우리가 그리스도와 연합한 것 사이의 병행을 이끌어냅니다. "그런즉 한 범죄로 많은 사람이 정죄에 이른 것같이 의의 한 행동으로 말미암아 많은 사람이 의롭다 하심을 받아 생명에 이르렀느니라. 한 사람의 순종치 아니함으로 많은 사람이 죄인된 것같이 한 사람의 순종하심으로 많은 사람이 의인이 되리라."롬 5:18,19 우리가 우리 언약의 머리인 아담과 연합한 것이 아담이 죄를 지었을 때 우리가 그의 정죄에 참여자가 된 것처럼, 그리스도와 연합한 우리는 단순히 그리스도의 죽음과 부활의 결과를 즐기는 것이 아니라 그리스도와 **함께** 죽고 부활하고 그리스도의 의에 참여합니다. 그리스도께서 우리를 대신하여 죽으셨을 뿐만 아니라 우리도 그리스도의 죽으심에 **참여합니다.** 바울은 롬 6:3-5에서 이렇게 말합니다. "무릇 그리스도 예수와 합하여 세례를 받은 우리는 그의 죽으심과 합하여 세례 받은 줄을 알지 못하느냐? 그러므로 우리가 그의 죽으심과 합하여 세례를 받음으로 그와 함께 장사되었나니 이는 아버지의 영광으로 말미암아 그리스도를 죽은 자 가운데서 살리심과 같이 우리로 또한 새 생명 가운데서 행하게 하려 함이니라. 만일 우리가 그의 죽으심과 같은 모양으로 연합한 자가 되었으면 또한 그의 부활과 같은 모양으로 연합한 자도 되리라." 내가 그리스도와 연합했다는 것은 그리스도께서 죽으셨을 때 내가 죽었고, 그리스도께서 부활하셨을 때 내가 부활했고, 그리스도께서 사셨기 때문에 내가 산다는 것을 의미합니다. 그리스도의 사역은 나의 유익을 위하여 기록되었습니다. 만일 내가 아담의 타락에 연루되어 있다는 것을 부인한다면, 더 나아가서 나는 그리스도의 구원하시는 사역에 내가 참여한다는 것을 부인할 수밖에 없습니다.

만일 아담이 범죄 했을 때 모든 인류가 죄를 범했다면, 결과적으로 우리는 모두 **우리 자신의 선택으로** 사탄의 편에 연합한 것입니다. 우리가 사탄 편에 빠지게 된 것은 우리가 어떻게 할 수 없었던 어떤 특별한 사건 때문이 아니라 순전히 **우리의 선택** 때문입니다. **우리가** 죄에 빠져든 것입니다. 우리는 그 방식을 이해할 수 없습니다.[5] 그러나 하나님께서 우리가 받아들여야 한다고 말씀하셨기 때문에, 우리는 하나님께서 말씀하신 것을 받아들입니다. 이 문제에 대한 하나님의 말씀은 최종적인 것입니다. 그래서 우리는 우리가 하나님의 진노, 곧 하나님의 심판을 받아 마땅하다는 사실도 받아들입니다. 만일 하나님께서 우리에게 당신의 진노를 쏟아 부으신다 해도, 우리는 하나님께서 불공정하다고 비난할 근거가 없습니다. 이 개념은 우리 조상들이 아르미니우스주의에 반대하여 1조에서 제시한 논의를 우리가 이해하는 데 결정적인 것입니다. 1조에서 우리는 다음과 같은 고백을 읽을 수 있습니다. "모든 사람이 아담 안에서 죄를 범하여 저주 아래 놓이게 되었고, 영원한 죽음을 당해야 마땅하기 때문에,^{롬 5:12} 하나님께서 모든 사람을 죄 가운데, 그리고 저주 아래 버려두시고 그 죄 때문에 정죄하는 것이 당신의 뜻이라고 할지라도, 어느 누구도 하나님께서 행하시는 일을 불공평하다고 할 수 없습니다." 개혁 신앙에서 기본적인 개념은 내가 나 자신의 잘못으로 죄인이 되었고, 그 결과로 하나님의 심판을 받아 마땅하다는 것입니다.

---

5) 우리가 타락에서 아담과 우리의 연루를 생각하는 방식에 대한 자료를 더 보려는 독자들은 나의 '벨직 신앙고백해설' 15조에 언급되어 있는 것을 보십시오.

2조

하나님의 아들을 보내심

❖

그러나 이런 가운데서 하나님의 사랑이 나타난 바 되었으니 요일 4:9 하나님께서 당신의 독생자를 세상에 보내셔서, 그를 믿는 사람마다 멸망치 않고 영생을 얻게 하셨습니다. 요 3:16

어느 누구도 하나님께 자신을 구원해 달라고 요청하지 않았습니다. 아담과 하와가 타락한 후에, 우리는 창 3:8에서 하나님께서 이 **죄인들에게** 찾아오셨다는 말씀을 읽습니다. 사람의 타락에도 불구하고, 하나님께서 주권적으로 그리고 자비롭게도 **다시** 사람에게 찾아오셨습니다. 하나님께서 계속해서 에덴동산에서 아담과 하와에게 찾아오신 사건은 아담과 하와가 하나님께서 오시는 소리를 인식했다는 사실로 인해 더 강조됩니다. 즉 그들은 하나님의 도착과 현존에 친숙했다는 것입니다. 아담과 하와가 타락한 그 날 저녁에, 그들은 하나님께서 오시는 소리를 듣고 반응하여 **숨었고,** 하나님을 **원하지** 않았습니다. "그들 아담과 하와이 그 날 바람이 불 때 동산에 거니시는 여호와 하나님의 소리를 듣고 아담과 그 아내가 여호와 하나님의 낯을 피하여 동산 나무 사이에 숨은지라." 사람 편에서 하나님을 만나기를 꺼렸고, 분명히 하나님께 도와 달라고 외치지 않았습니다.

그 다음 구절창 3:9에서는 하나님께서 그때 행하신 일을 우리에게 말해 줍니다. "그때 여호와 하나님이 아담을 부르시며 그에게 이르시되 네가 어디 있느냐?" **야웨 하나님께서 부르셨습니다.** 하나님께서 무한하신 자비 가운데서 타락한 사람에게 오셨습니다. **하나님께서** 이 타락한 사람을 구원하시기를 원하셨습니다. 그러므로 우리는 벨직 신앙고백 17조에서 다음과 같이 고백합니다. "우리는 은혜로우신 하나님께서 사람이 이렇게 스스로 육체적이고 영적인 죽음에 빠져서, 전적으로 비참하게 된 것을 보셨을 때, 당신의 놀라운 지혜와 선하심으로 당신께로부터 두려워 떨면서 도망칠 때 그 사람을 찾으신다는 것을 믿습니다." 이 고백은 도르트 신경 I 장 2조에 있는 바로 그 고백입니다. 아담과 하와가 하나님께 가지 않고 하나님께서 그들에게 오신 것처럼, 우리는 하나님께로부터 도망가지만 하나님께서는 우리에게 찾아오십니다. 창 3장으로부터 이 증거벨직 신앙고백 17조에서 반향 됨는 아르미니우스주의를 강력하게 정죄하는 것입니다.

우리는 요 3:16에서 구원은 하나님의 주권적이고 은혜로운 선물이라는 것을 배웁니다. "하나님이 세상타락해 버린을 이처럼 사랑하사 독생자를 주셨으니 이는 그를 믿는 자마다 멸망하지 않고 영생을 얻게 하려 하심이라." 구원은 **우리가 요구하는 것**이 아니라 **하나님께서 주시는 것**입니다. 우리는 요일 4:9, 10에서 아들을 **보내신** 분이 **하나님**이라는 말씀을 읽습니다. 하나님께서 행하셨습니다. 즉 하나님께서 우리를 사랑하시어 당신의 아들을 보내주셨습니다. "하나님의 사랑이 우리에게 이렇게 나타 난 바 되었으니 하나님이 자기의 독생자를 세상에 보내심은 저로 말미암아 우리를 살리려 하심이라. 사랑은 여기 있으니 우리가 하나님을 사랑한 것이 아니요 오직 하나님이 우리를 사랑하사 우리 죄를 속하기 위하여 화목 제물로 그 아들을 보내셨음이라." 2조에서 "그러나 이런 가운데서 하나님의 사랑이 나타 난 바 되었으니 하나님께서 당신의 독생자를 세상에 보내시어…" 라고 고백할 때 이는 성경을 **투명합니다.**

우리가 1조와 2조를 가까이에 두고 이 대조되는 내용에 주목해 보면, 우리는 그 조항들이 드러내는 능력 있는 복음을 보게 됩니다. 사람은 자기 자신의 잘못으로 타락했습니다. 그러나 하나님의 반응은 우리와 같은 사람을 위하여 당신의 아들을 값없이 내어주신 것입니다. 우리는 죄인들이지만 구원이 우리를 위하여 값없이 준비된 것입니다. 우리 구원의 하나님께서 얼마나 놀랍고 자비로우십니까!

복음의 설교

✧

하나님께서는 자비롭게도 사람들이 믿도록 하기 위하여, 당신이 원하시는 때에, 그리고 당신이 원하시는 사람들에게 이 가장 즐거운 소식을 전하는 사자를 보내 주십니다.^{사 52:7} 이 사자들의 사역으로, 사람들은 회개와 십자가에 못 박히신 그리스도를 믿는 신앙으로 부름 받습니다.^{고전 1:23,24} **그런즉 그들이 믿지 아니하는 이를 어찌 부르리요 듣지도 못한 이를 어찌 믿으리요 전파하는 자가 없이 어찌 들으리요 보내심을 받지 아니하였으면 어찌 전파하리요 기록된 바 아름답도다 좋은 소식을 전하는 자들의 발이여 함과 같으니라**^{롬 10:14, 15}

2조는 구원을 받기 위해서는 믿는 것이 필요하다는 언급으로 끝납니다. "…하나님께서 당신의 독생자를 세상에 보내셔서, 그를 믿는 사람마다 멸망치 않고 영생을 얻게 하셨습니다." 구원받기 위해서 사탄 편에 있는 사람들은 **믿음**이 필요합니다. 그러면 이 믿음은 어디로부터 오는 것입니까? "성령께로부터 옵니다. 성령께서는 복음의 설교로 우리 마음에 믿음을 일으키시며…"^{하이델베르크 교리문답 제 25주일 65문답.} 3조에서 인용한 롬 10:14, 15에서도 믿음의 근원에 대해 말합니다. "…그런즉 그들이 믿지 아니하는 이를 어찌 부르리요 듣지도 못한 이를 어찌 믿으리요 전파하는 자가 없이 어찌 들으리요 보내심을 받지 아니하였으면 어찌 전파하리요 기록된 바 아름답도다 좋은 소식을 전하는 자들의 발이여 함과 같으니라…" 믿음은 설교를 통하여 생깁니다. 한 사람이 믿음에 이르기 위해서는 복음을 **듣는 것**이 필요합니다. 하나님께서 구원을 제공하기 위해서 당신의 아들을 보내셨을 뿐 아니라 '당신께서 원하시는 때에 원하시는 사람들을' 위해서 설교자들을 보내십니다.

하나님의 복음이 설교될 때와 장소와 설교를 들을 사람을 결정하시는 분이 하나님이시라는 사실은 우리가 행 16장을 읽을 때 생생하게 볼 수 있습니다. 브루기아와 갈라디아에서 바울은 북쪽으로 가서 아시아에서 설교하기를 원했습니다. 그러나 그는 성령님께 그렇게 하도록 허락을 받지 못했습니다. "성령이 아시아에서 말씀을 전하지 못하게 하시거늘 브루기아와 갈라디아 땅으로 다녀갔다."[행 16:6] 성령께서 바울을 어떻게 저지하셨는지는 우리에게 계시된 것이 없습니다. 우리는 성령께서 날씨로, 정치적 환경으로, 혹은 건강을 안 좋게 하여서 바울을 저지하셨는지 알 수 없습니다. 어떤 방식이었든 관계없이 바울은 복음을 설교하러 북쪽으로 가지 않았다고 결론을 맺고 있습니다. 그래서 바울은 계속해서 서쪽으로 여행을 했습니다. 바울이 드로아에 갔을 때, 하나님께서 환상이라는 방식으로 바울에게 서쪽으로 더 가야 한다, 즉 마게도냐로 가야 한다는 사실을 분명히 해 주셨습니다. "바울이 그 환상을 보았을 때 우리가 곧 마게도냐로 떠나기를 힘쓰니 이는 하나님이 저 사람들에게 복음을 전하라고 우리를 부르신 줄로 인정함이러라."[행 16:10] 그래서 바울은 물을 건너서 마게도냐 지역으로 가서 빌립보 성에 이르게 되었습니다.

하나님께서 왜 바울이 비두니아로 가는 길을 막으시고 빌립보로 바울을 인도하셨을까요? 하나님께서는 루디아를 구원하기 원하셨기 때문입니다. "두아디라 시에 있는 자색 옷감 장사로서 하나님을 섬기는 루디아라 하는 한 여자가 말을 듣고 있을 때 주께서 그 마음을 열어 바울의 말을 따르게 하신지라."^{행 16:14} 하나님의 작정에 의해서 루디아는 믿음에 이르게 되어야 할 필요가 있었습니다. 그러므로 하나님의 작정에 의해서 루디아는 사도의 설교를 들어야 할 필요가 있었고, 그래서 하나님께서 바울이 비두니아로 가는 길을 닫으셨습니다. 복음을 들을 자가 누구입니까? 3조에서 고백하고 있는 것처럼, **하나님께서** "당신이 원하시는 때에, 그리고 당신이 원하시는 사람들에게" 당신의 종을 보내십니다. 그렇다고 이 말은 복음이 절대로 비두니아로 갈 수 없다는 뜻이 아닙니다. 여기서 강조점은 하나님께서 복음이 가야 한다고 결정하신 곳마다, 하나님께서 정하신 시간에 복음이 전해질 것이라는 뜻입니다.

　이 진리는 주목할 만한 사실을 깨닫게 해 줍니다. **우리는** 왜 설교를 받아들여야 합니까? 우리가 이것을 특별한 환경 탓으로 돌려야 합니까? 그렇지 않습니다. **하나님**께서는 선택하신 사람들에게, 그분만이 홀로 정하신 시간에만, 선택하신 종들을 통하여 말씀을 보내십니다. 하나님께서 루디아에게 관심을 가지셨기 때문에 루디아가 복음을 듣고 마음에 새겼던 것처럼, 나에게도 마찬가지입니다. 내가 설교를 듣고 마음에 새기는 것은 하나님께서 나에게 관심을 가지시고 나를 돌봐 주신다는 증거입니다. 하나님께서는 **당신 자신의** 주권적인 방식과 때에 나에게도 복음이 이르게 하셨습니다. **하나님께서** 택하신 사람들이 있는 곳마다 복음을 보내신다는 사실을 아는 것은 큰 위로가 됩니다.

　우리 조상들은 3조를 가지고 아르미니우스주의의 특별한 잘못을 반박했습니다. 그 잘못은 Ⅰ장에 첨가된 〈잘못들에 대한 반박 9〉에 기록되어 있습니다. 그 아르미니우스주의자들의 잘못은 "하나님께서는 오직 당신의 뜻의 선하신 기쁨 때문만이 아니라, 한 사람이 복음이 설교되는 것을 듣지 못한 다른 사람보다 더 낫고, 더 가치 있는 사람이기 때문에, 다른 사람이 아닌 그 사람에게 복음을 보내신 것이다."라고 주장하는 것입니다. 우리 조상들은 이 주장을 성경에 반대되는 것으로 보고 거부했습니다. 왜냐하면 성경에서는 하나님께서 사람의 공로 때문이 아니라 당신의 선하신 기쁨 때문에 **값없이** 선택하신다고 가르치기 때문입니다. 그래서 우리 조상들은 모세가 이스라엘 백성들에게 한 다음의 말씀을 인용 합니다.[신 10:14, 15] "하늘과 모든 하늘의 하늘과 땅과 그 위의 만물은 본래 네 하나님 여호와께 속한 것이로되 여호와께서 오직 네 조상들을 기뻐하시고 그들을 사랑하사 그들의 후손인 너희를 만민 중에서 택하셨음이 오늘과 같으니라." 비록 하나님께서 친히 세상 어떤 족속이라도 고르실 수 있었지만, 주권적으로 오직 이스라엘만 택하시기를 기뻐하신 것은 하나님 당신의 선하신 기쁨 때문입니다. 유사하게, 그리스도께서도 유대인들에게 이렇게 말씀하셨습니다.[마 11:21] "화 있을진저 고라신아 화 있을진저 벳새다야 너희에게 행한 모든 권능을 두로와 시돈에서 행하였더라면 그들이 벌써 베옷을 입고 재에 앉아 회개하였으리라." 고라신과 벳세다, 예수님께서 설교하셨던 이 두 도성은 예수님의 설교를 거절한 반면에, 이방인의 도성인 시돈과 두로는 [예수님이 말씀하시기를] 만일 예수님이 설교하고 그곳에서 사역했다면 믿었을 것입니다. 비록 더 나은 사람들이 있을지라도, 하나님께서는 주권적으로 그리스도께서 두로와 시돈으로 가지 않으시고 고라신과 벳세다로 가도록 결정하셨습니다.

이중의 결과

◈

하나님의 진노가 이 복음을 믿지 않는 모든 사람들 위에 머무를 것입니다.요 3:36 그러나 이 복음을 받고 참되고 살아있는 믿음으로 구주 예수를 받아들이는 모든 사람들은 구주 예수로 인하여 하나님의 진노와 파멸로부터 구원을 받고 영생을 얻게 됩니다.막 16:16; 롬 10:9

주님께서는 자신이 선택하신 청중에게 복음이 설교되게 하셨습니다. 이 설교는 이중의 결과를 낳습니다. 즉 믿음으로 나아옴으로써 반응하는 사람들이 있고, 불신앙으로 반응하는 사람들이 있습니다. 불신앙으로 반응하는 사람들 위에 하나님의 진노가 **머무를 것입니다.** 여기에서 '머무르다'는 말은 중요합니다.

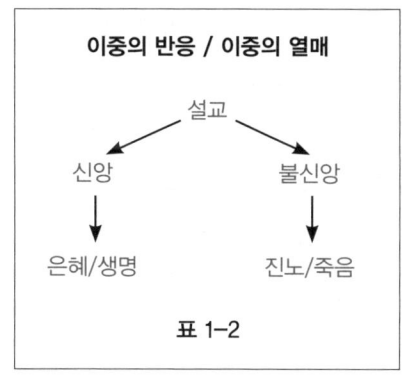

우리가 죄에 빠짐과 함께 인류는 사탄 편에 연합했고, 그 결과로 우

리는 우리 자신을 하나님의 진노와 심판 아래 두었습니다. 만일 우리가 구원의 복음을 거부한다면 그 심판이 이 세상과 오는 세상에서 **머물러 있습니다.** 하이델베르크 교리문답 4주일 동시에 우리는 복음 설교에 대해 불신앙으로 반응하는 자들이 더 무거운 심판을 받을 것이라는 사실을 주목할 필요가 있습니다. 왜냐하면 그들은 복음을 들었기 때문입니다. "알지 못하고 맞을 일을 행한 종은 적게 맞으리라 무릇 많이 받은 자에게는 많이 찾을 것이요 많이 맡은 자에게는 많이 달라 할 것이니라"눅12:48. 반면에, 믿음에 이른 자들은 하나님으로부터 전가에 의해서 죄 용서의 선물을 받습니다. 즉 그들의 죗값은 그리스도께서 십자가에서 당신의 죽음으로써 하나님의 진노를 만족시키신 것으로 대신하게 되는 것입니다. 그리스도께서 진노를 받으심으로 내가 자비를 받게 되었습니다.

　복음 설교에 대한 각 사람의 반응은 그에 따른 결과를 낳습니다. 즉 믿음의 반응은 생명을 얻게 되고, 불신앙의 반응은 영원한 죽음에 이르게 합니다. 우리가 요 3:16에서 "그를 믿는 자마다 멸망치 않고 영생을 얻으리라."라고 읽고 있는 것과 같습니다. 주님의 말씀은 결코 공허하게 돌아오지 않습니다. 하나님의 말씀을 설교하는 것은 "예 혹은 아니오"라는 반응을 요구합니다. 이 둘 모두가 반응입니다. 하나님의 말씀은 항상 하나님께서 행하려고 정하신 일을 성취합니다. 우리는 감히 말씀을 설교하는 것의 열매로써 믿음과 거부 둘 다를 볼 수 있을 것입니다.

5조

불신앙의 원인, 믿음의 원천

다른 모든 죄들과 마찬가지로 이 불신앙의 원인과 책임은 하나님께 있지 않고, 인간 그 자신에게 있습니다.^{히 4:6} 그러나 다음의 말씀과 같이, 예수 그리스도를 믿는 믿음과 그분을 통한 구원은 하나님께서 값없이 주신 선물입니다. **너희는 그 은혜에 의하여 믿음으로 말미암아 구원을 받았으니 이것이 너희에게서 난 것이 아니요 하나님의 선물이라.**^{엡 2:8} **그리스도를 위하여 너희에게 은혜를 주신 것은 다만 그를 믿을 뿐 아니라 또한 그를 위하여 고난도 받게 하려 하심이라.**^{빌 1:29}

4조에서는, 어떤 사람은 설교에 대해 받아들임과 믿음으로 반응하고, 다른 사람은 거부와 불신앙으로 반응한다고 고백합니다. 그러면 불신앙과 믿음의 원인은 무엇입니까?

1) 불신앙의 원인

성경에서는 불신앙으로 반응하는 사람은 오직 자신에게만 잘못이 있다고 가르칩니다. 불신앙의 원인은 그 사람 자신에게 있습니다. **나는 죄에 빠졌습니다. 비록 하나님께서 나로 말씀을 듣게 하시고 믿음**

으로 그 말씀에 반응할 수 있게 하셨을지라도, 내가 스스로 그렇게 행하지 않은 것입니다. 우리가 하이델베르크 교리문답 4주일 9문답에서 다음과 같이 고백하는 바와 같습니다. "그러면 하나님께서 사람이 할 수 없는 것을 율법에서 요구하심으로 사람에게 불의하게 행하시는 것이 아닙니까? 아닙니다. 왜냐하면 하나님이 율법의 요구를 행할 수 있도록 사람을 창조하셨기 때문입니다. 그러나 사람은 사탄의 꾐에 빠져 고의적인 불순종함으로 자기 자신과 그의 모든 후손도 이런 선물들을 잃게 되었습니다." 만일 내가 불신앙으로 설교에 반응한다면, 나 자신이 그렇게 한 것입니다. 나는 다른 사람에게 탓을 돌리거나 하나님을 비난할 수 없습니다. 오직 나 자신이 잘못한 것입니다.

성경에서는 인간이 믿지 않으려고 하는 마음에 대해 명확히 말합니다.

사 30:9

"…대저 이는 패역한 백성이요 거짓말 하는 자식들이요 여호와의 법을 듣기 싫어하는 자식들이라." 이 말씀에서 우리는 _{미래에} 듣지 않게 될 백성이 아니라 듣기를 **원하지** 않는 백성에 대해 읽습니다. 불신앙은 듣기 싫어하는 것일 뿐입니다. 이사야는 15절에서 계속해서 말합니다. "주 여호와 이스라엘의 거룩하신 이가 이같이 말씀하시되 너희가 돌이켜 조용히 있어야 구원을 얻을 것이요 잠잠하고 신뢰하여야 힘을 얻을 것이거늘 너희가 원하지 아니하고." 여기서도 불신앙은 원치 아니함의 문제입니다. 불신앙은 말씀이 모호하다거나 특별한 정치적, 혹은 가정적 환경의 탓으로 돌릴 수 없습니다. 그렇습니다. 믿는 것에 대한 책임은 각 개인에게 있습니다.

눅 13:34

"예루살렘아 예루살렘아 선지자들을 죽이고 네게 파송된 자들을 돌로 치는 자여 암탉이 제 새끼를 날개 아래에 모음 같이 내가 너희의 자녀를 모으려 한 일이 몇 번이냐 그러나 너희가 원하지 아니하였도다."

요 5:39,40

예수님께서 유대인들에게 이렇게 말씀하셨습니다. "너희가 성경에서 영생을 얻는 줄 생각하고 성경을 연구하거니와 이 성경이 곧 내게 대하여 증언하는 것이니라 그러나 너희가 영생을 얻기 위하여 내게 오기를 원하지 아니하는도다." 즉 성령께서 유대인들 가운데서 역사하시지 않으신 것이 아니라 유대인들이 믿기를 **원치 않은** 것입니다. 즉 유대인들이 믿지 않은 것은 그들 **자신의** 책임입니다.

이 성경구절들이 우리에게 지적하는 것은, 누군가가 믿기를 거부하는 것은 그 사람 **자신의** 잘못이라는 것입니다. 자신의 환경이야 어떻든 간에, 믿지 않을 결심을 한다는 것은 항상 믿고 싶지 않다는 것입니다. 불신앙은 "내가 믿을 수 없다."는 문제가 아니라 "내가 믿기를 원치 않는다."고 하는 문제입니다.

그렇다면 우리가 출 11:10에서 하나님께서 바로의 마음을 강퍅하게 하셨다는 말씀을 읽을 때 그 말씀은 우리가 거의 이해하기 어렵다고 생각될 수 있습니다. 롬 9:18에서도 우리는 "… 그런즉 하나님께서 하고자 하시는 자를 긍휼히 여기시고 하고자 하시는 자를 완악하게 하시느니라."라는 말씀을 읽습니다. 그렇다면 바로가 마음을 강퍅하게 한 것에 대한 잘못이 누구에게 있습니까? 하나님입니까? 바로입니까? 우리는 하나님께서 바로를 심판하신 것을 압니다. 그러나 잘못은 오직 바로에게 있습니다. 우리 모두와 함께 바로는 죄에 빠져서 오직 악한 일만 행하기를 원했습니다. 어떤 사람들은 하나님께서 바로의 마음속에 악이 마음대로 지배하게 하셔서 바로가 당신의 백성을 가게 하려고 하시는 하나님께 저항했다고 말하기도 할 것입니다. 그러나 어찌되었든 우리는 궁극적으로 하나님의 주권과 인간의 책임 사이의 긴장을 이해할 수 없을 것입니다. 이 문제는 우리가 다만 "아멘"이라고 말할 수밖에 없는 것입니다.

2) 믿음의 원천

믿음에 대한 신뢰는 자신에게 있는 것이 아니라 **하나님**께 있습니다. 엡 2:1, 4, 5에서 에베소 성도들과 전체 모든 인류는 인간이 죄에 빠짐의 결과로 죽은 것으로 묘사됩니다. "그는 허물과 죄로 죽었던 너희를 살리셨도다 긍휼이 풍성하신 하나님이 우리를 사랑하신 그 큰 사랑을 인하여 허물로 죽은 우리를 그리스도와 함께 살리셨고 (너희는 은혜로 구원을 받은 것이라)…" 바울은 하나님께서 죽었던 자들에게 행하신 놀라운 일에 대해 계속해서 기록합니다. "그리스도와 함께 살리셨고 너희가 은혜로 구원을 얻은 것이라." 이 사실을 바울은 8절에서 반복합니다. "너희는 그 은혜에 의하여 믿음으로 말미암아 구원을 받았으니 이것은 너희에게서 난 것이 아니요 하나님의 선물이라." 이 구절에서는 믿음이 하나님의 선물이라고 합니다. 그러므로 내가 하나님 말씀의 설교를 듣고 믿음에 이르게 되었을 때, 나는 다만 무릎을 꿇고 이 큰 선물을 주신 하나님께 감사하는 것이 합당합니다. **하나님**께서 믿음을 일으키셨습니다. 불신앙의 원인은 나 자신에게 있고, 믿음의 원천은 하나님께 있습니다. 나의 믿음에 대한 모든 신뢰는 오직 하나님께 있습니다.

결론

1조에서는 나 자신과 전체 인류에 대한 쓸쓸한 그림이 그려져 있습니다. _{사람에 대한 아르미니우스의 긍정적인 개념에 직면하여} 이 고백을 한 후에, 우리 조상들은 **하나님께** 주목합니다. 하나님께서 우리에게 오시어 우리를 구원하기 위해 찾으십니다. 심지어 우리가 하나님을 원하지 않을 때도 말입니다. 우리가 구원받도록 하기 위해서 하나님께서 당신의 아들을 보내시고,^{2조} 구원의 복음을 선포하도록 하기 위해서 설교자들을 보내십니다.^{3조} 이 설교에 대한 두 가지 반응, 곧 불신앙 혹은 믿음이 있습니다.^{4조} 불신앙의 원인은 사람이 믿기를 원치 않는 것인 반면에 _{여기에 또한 1조에서 고백했던 타락이 있다.} 믿음의 원천은 **하나님**께서 택자들에게 값없이 주시는 은혜로운 선물입니다.^{5조} 2-5조에서는 **하나님**께서 행하신 일을 강조하는데, 이는 단순히 개혁적 사고의 특성이 아니라 **그 근본이 되는** 것입니다. **하나님**께 초점을 맞추어야 합니다. 왜냐하면 구원과 그 구원을 얻는 방편인 믿음은 **하나님**의 값없이 주시는 선물이기 때문에 _{고의적인 불순종으로 죄에 빠진 사람들에게} 모든 찬양은 하나님께 드려져야 합니다.

더욱이 **하나님**께서 열심히 일하신다는 사실을 아는 것은 큰 안정감을 줍니다. 나는 시 138:8에서 주님께서 내 안에서 처음 시작하신 사역을 완성하신다는 말씀을 읽습니다. "여호와께서 나를 위하여 보상해 주시리이다 여호와여 주의 인자하심이 영원하오니 주의 손으로 지으신 것을 버리지 마옵소서." 하나님께서 나의 삶 속에서 열심히 일하십니다. 하나님께서 말씀의 설교를 나에게 보내십니다. 왜냐하면 하나님께서 내 안에서 시작하신 구원 사역을 완성하시려고 하시기 때문입니다. 하나님께서 구원을 **시작하십니다.** 하나님께서 당신의 아들을 보내십니다. 하나님께서 구원을 계속하십니다. 즉 하나님께서 설교자들을 보내시고, 그 설교자들을 사용하여 내 안에서 믿음을 일으키십니다. 또한 하나님께서 나로 믿음 안에서 인내하게 하시고 궁극적인 영화에 이르게 하십니다. 모든 찬양을 하나님께 돌립시다!

6조

하나님의 영원하신 작정

✧

하나님께서는 때를 맞춰 일부 사람들에게 믿음의 선물을 주시고, 다른 사람들에게는 믿음의 선물을 주시지 않으시는데, 이는 영원하신 작정으로부터 진행하십니다.^{행 13:48; 벧전 2:8} 왜냐하면 하나님께서는 영원으로부터 당신의 모든 사역을 아시고 당신의 뜻의 경륜에 따라 모든 일을 성취하시기 때문입니다.^{엡 1:11} 택자들이 제아무리 완고하다고 할지라도 이 작정에 따라 하나님께서는 은혜롭게 그들의 마음을 부드럽게 하시어 믿도록 해 주십니다. 그러나 하나님께서는 택하지 않은 자들을 공정한 판단으로 그들 자신의 사악함과 완고함 가운데 내버려 두십니다. 특별히 여기에서 심오하고 자비로우심이 드러나고, 동시에 정죄 받아 마땅한 사람들 사이에 공정한 구별, 즉 하나님의 말씀에서 계시된 선택과 유기의 작정이 나타납니다. 비록 사악하고 불순하고 변하기 쉬운 사람들이 이 작정을 그들 자신의 파멸로 왜곡시킬지라도, 이 작정은 거룩하고 하나님을 경외하는 영혼들에게는 말할 수 없는 위로입니다.

1-5조에서 하나님의 작정은 최전방에 놓여 있었습니다. ^{도표 1을 보세요} 잃어버린 자들에게 구주를 보내신 분이 바로 하나님이십니다. 잃어버린 자들에게 말씀을 설교하도록 하신 분이 바로 **하나님**이십니다. 잃어버린 자들 안에서 믿음을 일으키신 분이 바로 하나님이십니다. 6조에

1조	하나님께서는 누군가를 구원하도록 강요받지 않으신다.
2조	하나님께서는 구주를 보내셨다.
3조	하나님께서는 복음 설교자들을 보내신다.
4조	하나님께서 믿음을 일으키신다.

도표 1

서는 이 모든 행동이 하나님의 작정에 근거한다고 말합니다.

성경에서는 이 작정을 하나님의 **주권**을 반영하는 것으로 묘사하고 있습니다. 이 하나님의 작정은 포괄적인 것이고, 하나님께서는 이 작정으로 일어나게 될 모든 일들을 결정하셨습니다. 창 45:5에서 요셉은 자기 형제들에게 말할 때 하나님의 주권을 고백했습니다. "당신들이 나를 이 곳에 팔았다고 해서 근심하지 마소서 한탄하지 마소서 하나님이 생명을 구원하시려고 나를 당신들보다 먼저 보내셨나이다." 요셉은 자기 형제들이 자기를 구덩이에 빠뜨려서 미디안 상인에게 팔리게 한 사실을 알고 있었습니다. 그러나 요셉은 이렇게 행하신 분이 바로 **하나님**이셨다고 말했습니다. 왜냐하면 형제들 사이의 질투와 노예 시장에서 거래를 포함한 모든 일을 주관하는 것은 바로 하나님의 주권이기 때문입니다.

이와 유사하게, 하나님께서는 앗수르그 시대의 세상의 권세와 산헤립 왕에 대해 이사야 선지자를 통하여 다음과 같이 말씀하셨습니다. "앗수르 사람은 화 있을진저 그는 내 진노의 막대기요 그 손의 몽둥이는 내 분노라 내가 그를 보내어 경건하지 아니한 나라를 치게 하며 내가 그에게 명령하여 나를 노하게 한 백성을 쳐서 탈취하며 노략하게 하며 또 그들을 길거리의 진흙 같이 짓밟게 하려 하거니와 그의 뜻은 이같지 아니하며 그의 마음의 생각도 이같지 아니하고 다만 그의 마음은 허다

한 나라를 파괴하며 멸절하려 하는도다"사 10:5-7 산헤립과 그의 군대는 하나님께서 그들이 행하도록 정하신 것만 행할 수 있는, 하나님의 주권적인 손 안에 들린 도구일 뿐이었습니다. 비록 하나님의 주권이 산헤립 시대의 보도 자료에 언급되지 않았을지라도, 이는 마치 오늘날 클린턴 대통령 같은 세상의 지도자들에 대한 보도 기사에 하나님의 주권이 언급되어 있지 않은 것과 같은데, 성경에 따르면 모든 왕들과 세상의 통치자들은 단지 하나님의 주권적인 손 안에 들린 도구에 불과합니다.

또한 행 2:22, 23에서 사도 바울은 예수님에 대해 유대인들에게 다음과 같이 말했습니다. "이스라엘 사람들아 이 말을 들으라 너희도 아는 바와 같이 하나님께서 나사렛 예수로 큰 권능과 기사와 표적을 너희 가운데서 베푸사 너희 앞에서 그를 증언하셨느니라 그가 하나님께서 정하신 뜻과 미리 아신 대로 내준 바 되었거늘 너희가 법 없는 자들의 손을 빌려 못 박아 죽였으나." 하나님께서 유대인들이 예수를 십자가에 못 박아 죽이도록 정하셨습니다. 유대인들은 하나님의 손 안에 있는 도구였습니다.

그렇다면 하나님께서 노예 시장에서 일어날 일, 세상 정치에서 일어날 일, 거부당하심과 십자가에 못 박히심을 작정하셨다면, 구원받게 될 자를 결정하지 않으셨겠습니까? 하나님께서 주권적이시라는 사실은 구원받게 될 자를 결정하신 분이 바로 **하나님**이시라는 것입니다. 만일 내 구원이 내게 달려 있다고 주장한다면, 그때 나는 하나님의 주권에 대한 개념을 훼손시키는 것입니다. 나는 하이델베르크 교리문답 10주일의 말씀으로 하나님의 주권, 혹은 섭리에 대해 다음과 같이 이해한다고 고백합니다.

> "하나님의 섭리는 하나님의 전능하심과 현재하는 능력으로 마치 당신의 손으로 천지만물을 붙드시고 다스리시어, 나뭇잎과 풀잎, 비와 가뭄, 풍년과 흉년, 양식과 음료, 건강과 질병, 부와 가난, 이 모든 것을 사실상 우연히 오게 하시는 것이 아니라 당신의 아버지 같은 손길로부터 오게 하시는 것입니다."

만일 이 고백이 내가 삶 속에서 일어나는 크고 작은 일들에 대해 고백하는 것이라면, 더욱 나는 믿음과 구원에 관계된 문제는 **하나님**의 아버지 같은 손길로 온다고 고백해야만 합니다. 반대로, 내가 구원이 하나님의 작정 문제라는 사실에 도전한다면, 그때 나는 사실상 오늘 삶의 크고 작은 일에 있어서 하나님은 주권적이라고 올바르게 믿는 바에 도전하는 것입니다. 교회가 도르트 신경에서 하나님의 작정에 대해 고백하는 것을 문제 삼는다는 것은 또한 본질적으로 교회가 하이델베르크 교리문답 10주일에서 하나님의 주권에 대해 고백하는 것에 이의를 제기하는 것이기도 합니다.

하나님께서 구원받을 자를 정하셨다는 사실은 성경, 예를 들면 엡 1:11과 같은 구절에서 가르치고 있습니다. 사도는 성령에 감동되어서 다음과 같이 기록합니다. "모든 일을 그의 뜻의 결정대로 일하시는 이의 계획을 따라 우리가 예정을 입어 그 안에서 기업이 되었으니…" 이 구절에서도 구원은 하나님의 뜻, 하나님의 작정의 문제라는 것이 강조됩니다. 하나님께서 이 작정을 세상이 창조되기 전에 이미 설립해 놓으셨습니다. 4절에서는 이렇게 말합니다. "곧 창세 전에 그리스도 안에서 우리를 택하사" 즉 하나님께서는 잃은 죄인들 중 누구를 당신에게로 돌아오게 할 것인지 창세 전에 결정하셨습니다.

그렇습니다. 하나님께서 창세전에 이미 나를 보시고 내가 구원받을

것을 결정하셨다는 것입니다! 6
조에서 다음과 같이 고백할 때
그것은 엡 1:11을 반향하고 있
습니다. "하나님께서는 때를 맞
춰 일부 사람들에게 믿음의 선
물을 주시고, 다른 사람들에게
는 믿음의 선물을 주시지 않으

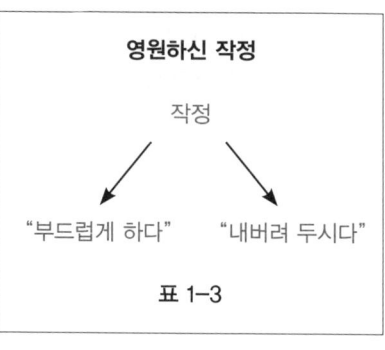

시는데, 이는 영원하신 작정으로부터 진행하십니다." 하나님께서는
당신께서 구원하실 자를 결정하셨고, 당신께서 이 세상과 사회 속에서
이 작정이 실현되게 하십니다. 하나님의 작정에 근거해서 하나님께서
는 일부 사람들의 마음은 부드럽게 하시지만 다른 사람들은 내버려 두
십니다. 또한 6조에서는 이렇게 말합니다. "택자들이 제아무리 완고하
다고 할지라도 이 작정에 따라 하나님께서는 은혜롭게 그들의 마음을
부드럽게 하시어 믿도록 해 주십니다. 그러나 하나님께서는 택하지 않
은 자들을 공정한 판단으로 그들 자신의 사악함과 완고함 가운데 내버
려 두십니다."

하나님께서 이처럼 부드럽게 하시거나 내버려 두시는 방식은 이 6
조에 설명되어 있지 않고, 다음 조항에서 다시 다루게 됩니다. 6조에
서의 초점은 **하나님의 작정**, 특별히 **하나님께서** 이 작정을 드러내신다
는 사실입니다. 하나님께서 작정을 드러내심도 또한 하나님의 주권적
인 요소입니다. 일부 사람들은 믿음에 이르고 ^{마음을 부드럽게 함} 다른 일부
사람들은 믿음에 이르지 **못한다.** ^{마음을 강팍하게 함} 는 것은 하나님께서 역
사하신다는 증거입니다.

하나님께서 열심히 일하신다는 지식은 예정과 선택을 활기찬 개념
으로 만들어 줍니다. 6조의 말을 사용하여 표현하면, "이 작정은 거룩

하고 하나님을 경외하는 영혼들에게는 말할 수 없는 위로입니다." **하나님**은 열심히 일하십니다! 오래 전에 하나님께서는 구원할 자들을 결정하셨고, 바로 지금은 그 오래 전에 결정하신 계획을 완전하게 실행하시기 위해 열심히 일하십니다. 또한 하나님께서 그렇게 행하심으로 **나의** 구원이 이루어집니다. 이 사실은 정말로 '말할 수 없는 위로'를 제공합니다.

 사람들은 선택과 유기의 교리에 대해 깊이 사색합니다. 그러나 우리는 선택과 유기의 교리가 단순히 우리 지성을 사로잡기 위해서 우리에게 계시된 교리가 아니라 우리 영혼을 위로하기 위해서 계시된 교리라는 것을 잘 이해하는 것이 좋습니다. 우리의 구원을 위해 역사하시는 하나님이 항상 이 교리에 대한 우리의 토론에서 초점이 되어야만 합니다.

7조

제한된 선택

❖

선택은 하나님께서 세상의 기초가 놓이기 전에 원래 완전한 상태에서 그들 자신의 잘못으로 죄와 파멸로 떨어지게 된 전체 인류로부터 당신의 뜻의 주권적인 선하신 기쁨에 따라 오직 은혜로 제한된 특정한 수의 사람들 곧 다른 사람들보다 더 나은 사람이거나 가치 있는 사람이 아니라 다른 사람들과 같은 비참 가운데 있는 자들을 그리스도 안에서 구원으로 택하신 하나님의 변하지 않으시는 목적입니다. 엡 1:4, 11; 요 17:2, 12, 24 하나님께서는 또한 영원으로부터 그리스도를 중보자와 모든 택자들의 머리와 구원의 근거가 되도록 임명하셨습니다. 이렇게 하여 하나님께서는 구원받을 모든 자들을 그리스도께 주시기로 작정하셨고, 실제로 당신의 말씀과 성령을 통하여 당신의 교통으로 그들을 부르시고 끌어 들이십니다. 요 6:37, 44; 고전 1:9 하나님께서는 그들에게 그리스도를 믿는 참 믿음을 주시고, 의롭게 하시고, 거룩하게 하시고, 당신의 아들과의 교제 안에서 능력 있게 지키시고, 마지막으로 영화롭게 하십니다. 이는 하나님의 자비를 드러내고 당신의 영광스러운 은혜의 부요함을 찬양하게 하기 위함입니다. 이는 성경에 다음과 같이 기록되어 있습니다. **곧 창세 전에 그리스도 안에서 우리를 택하사 우리로 사랑 안에서 그 앞에 거룩하고 흠이 없게 하시려고 그 기쁘신 뜻대로 우리를 예정하사 예수 그리스도로 말미암아 자기의 아들들이 되게 하셨으니 이는 그가 사랑하시는 자 안에서 우리에게 거저 주시는 바 그의 은혜의 영광을 찬송하게 하려는 것이라.** 엡 1:4-6 성경 다른 곳에는 이렇게 기록되어 있습니다. **또 미리 정하신 그들을 또한 부르시**

고 부르신 그들을 또한 의롭다 하시고 의롭다 하신 그들을 또한 영화롭게 하셨느니라. 롬 8:30

　7조의 첫 문장에서 제시된 정의는 다음과 같이 요약할 수 있습니다. "선택은 하나님께서 … 제한된 특정한 수의 사람들을 그리스도 안에서 구원으로 택하신 하나님의 변하지 않으시는 목적입니다…."
　죄에 빠진 후에 사람은 본성적으로 사탄의 자녀입니다. 그러나 이 하나님께서 사람을 창조하시기 전에 변하지 않으시는 목적으로 **제한된 수의 사람들을 그리스도 안에서 구원하시기로** 결정하셨습니다. 전부가 아니라 일부 사람들만 구원받을 수 있습니다. 구원받을 그 일부 사람들은, 명단의 숫자가 변하거나 이름이 다른 이름으로 바뀔 수 있는 것이 아닙니다. 오히려 하나님께서 제한된 수의 사람을 선택하셨고, 누구를 구원하실지 택하심에 있어 분명히 셨다는 말입니다.
　7조에서는 그리스도 안에서 '선택된' 사람들에 대해 말합니다. 하나님께서 우리의 죗값을 지불하시기 위해 이 땅에 그리스도를 보내셨습니다. 비록 우리가 우리의 범죄로 인하여 하나님의 진노를 받아 마땅할지라도, 하나님께서 그리스도께 당신의 진노를 전가하시어 그리스

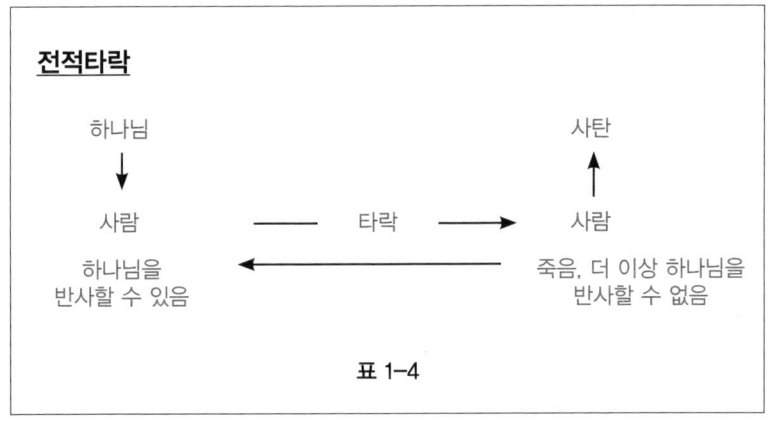

표 1-4

도께서 우리의 죗값을 지불하게 하셨습니다. 그리스도께서 우리를 위하여 죗값을 지불하셨기 때문에 우리는 그리스도 안에 속한 자가 되고, 하나님 편으로 돌아오게 되었습니다. 그리스도 안에서 우리는 의롭다고 칭해졌고 선언되었습니다. 우리가 하나님 편으로 돌아올 수 있는 유일한 길은 그리스도를 통해서입니다.

"이 닦아 둔 것 외에 능히 다른 터를 닦아 둘 자가 없으니 이 터는 곧 예수 그리스도라."^{고전 3:11} 그리스도는 구원을 위한 **유일한** 터입니다. 베드로는 산헤드린에게 예수 그리스도에 대해 행 4:12에서 이렇게 말했습니다. "다른 이로써는 구원을 받을 수 없나니 천하 사람 중에 구원을 받을 만한 다른 이름을 우리에게 주신 일이 없음이라 하였더라." 부처를 통해서 구원을 받을 수 없습니다. 선행으로도 구원을 받을 수 없습니다. 오직 그리스도를 통해서만 사람들은 구원받습니다. 그러므로 선택은 그리스도 안에 있고, "그리스도 안에서 우리를 택하셨습니다…."^{엡1:4} 이것이 7조에서 강조하고 있는 바입니다. "하나님께서는 또한 영원으로부터 그리스도를 중보자와 모든 택자들의 머리와 구원의 근거가 되도록 임명하셨습니다. 이렇게 하여 하나님께서는 구원받을 모든 자들을 그리스도께 주시기로 작정하셨고…" 하나님께서는 영원으로부터 당신께서 구원하실 자를 작정하셨을 뿐만 아니라 **그리스도 안에서** 구원하실 것입니다. 그리스도의 사역은 아버지께서 자신에게 주신 자들, 곧 택자들을 구원하시는 것입니다. 그러므로 하나님께서 택자들을 구원하시려는 당신의 작정을 실행하시기 위하여 세상에 그리스도를 보내시는 일이 필요했습니다. 하나님의 구원 사역에서 그리스도를 제거해 보십시오. 그러면 하나님의 선택은 사탄이 바라던 바와 같이 무너질 것입니다.

7조에는 길고, 더 해설이 필요한 많은 내용들이 있습니다. 그러나 7

조에서 고백하고 있는 많은 부분을 이후의 조항들에서 상세하게 기술하고 있습니다.

8조

선택에 대한 하나의 작정

이 선택에는 다양한 작정이 있지 않고 구약과 신약 모두에서 구원받을 모든 사람들에 관한 하나의 동일한 작정이 있습니다. 왜냐하면 성경에서는 하나님의 선하신 기쁨과 목적과 뜻의 경륜이 하나라고 선언하기 때문입니다.^{신 7:7; 9:6} 이 목적에 따라 하나님께서는 은혜와 영광에 이르도록, 구원과 구원의 길에 이르도록 영원으로부터 우리를 선택하셨습니다.^{엡 1:4, 5} 이 길은 하나님께서 우리로 그 가운데 걷도록 우리를 위하여 준비하신 것입니다.^{엡 2:10}

8조에서는 "구약과 신약 모두에서 구원받을 모든 사람들에 관한 하나의 동일한 작정이 있습니다."라고 고백합니다. 우리 조상들은 아르미니우스주의자들이 '선택에 대한 다양한 작정'을 믿었기 때문에, 이에 대해 한 조항을 할애할 필요가 있었습니다. 아르미니우스주의자들은 하나님께서 다양한 결정들과 작정들을 하셨다고 주장하고, 이에 따른 다양한 종류의 선택에 대해 말했습니다.

선택에 관한 다양한 작정을 말하는 아르미니우스주의자들의 잘못

아르미니우스주의자들은 하나님께서 세상의 기초가 놓이기 전에 선택의 작정을 하셨다고 믿습니다. 이것은 하나의 단순한 작정이 아니라고 아르미니우스주의자들은 말합니다. 잘못들에 대한 반박2–잘못을 보세요 아르미니우스주의자들은 "영원한 생명에 이르게 하는, 하나님께서 하신 다양한 선택이 있다."고 말합니다. 그들은 우선 크게 두 종류의 선택, 즉 일반적 혹은 무제한적 선택과 특별한 혹은 제한적 선택을 말합니다. 그 다음 단계로는 특별한 혹은 제한적 선택을, 불완전하고 폐지할 수 있고 결정적이지 않은 조건적 선택 혹은 완전하고 폐지할 수 없고 결정적이고 절대적인 선택으로 다시 나눕니다. 아래 표 1–5를 보세요.

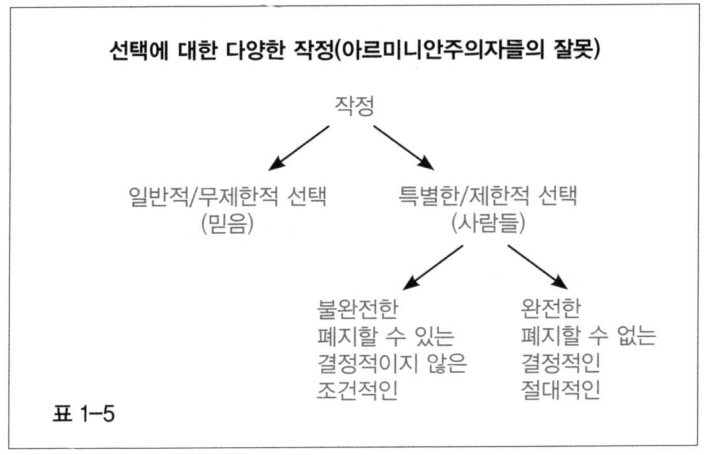

표 1–5

a. 일반적 혹은 무제한적 선택

선택에 대한 하나님의 영원하신 작정은 당신께서 구원하실 사람들에 대한 것이 아니라 아르미니우스주의자들은 그들의 잘못에서 말하기를 사람들이 사탄의 편으로부터 구원받아 하나님께로 돌아오기 위해서 충족시켜야 하는 **조건들**예를 들면, 선행들, 자질들, 재정적인 지불금액에 대한 것이라고 합니다. 하나님께서 주권적인 선하신 기쁨으로 이 조건들이 **믿음**이 되도록 결정하셨다는 것입니다. 아르미니우스주의자들은 하나님의 선택적 작정의 대상을 사람들보다 조건들로 만들어 버렸습니다. 하나님께서는 **믿음을 가진** 사람들만 구원하기로 결정하셨다는 것입니다.

b. 특별한 혹은 제한적 선택

아르미니우스주의들에게 있어서 사람의 선택이 완전할지 불완전할지, 폐지할 수 있을지 없을지 하는 것들은 사람에게 달려 있습니다. 아르미니우스주의자들은 세상의 기초가 놓이기 전에 하나님께서 믿음을 선택에 대한 기준이 되게 하시고, 미래를 보고 믿을 자를 아시고 정하셨다고 말합니다. 하나님께서 보신 이 사람들은 믿기로 결정할 것이고, 하나님께서는 선택하기로 결정하셨다고 합니다. 이것은 '미리 아신 믿음'에 근거한 선택입니다. 믿음의 조건을 충족시킬 사람들은 선택되어서 하나님의 책에 기록되었습니다.

그러나 일부 사람들은 오직 임시적으로 믿음의 조건을 충족시킬 뿐이고, 그들의 삶의 과정에서 주님을 거부하는 것으로 끝냅니다. 이런 경우에도 사람들은 여전히 선택에 대해 말하지만, 이 선택은 불완전하고, 폐지할 수 있고 예를 들면, 무효로 하거나 취소할 수 있는, 결정적이지 않고, 조건적인 선택입니다. 반면에 죽을 때까지 믿음 안에서 견인하는 자들도 있는데, 이런 사람들에 관한 한 완전하고, 폐지할 수 없고, 결정적이고, 절대적인 것으로 보이는 선택이라고 말할 수 있다고 합니다. 그들에 의하면 믿음과 믿음 안에서 견디는 것은 그 사람의 선택을 결정짓습니다.

분석

　선택에 대한 아르미니우스주의자들의 개념은 분명히 하나님의 주권에 대한 여지를 남겨두지 않고 있습니다. 아르미니우스주의자들의 추론에 따르면, 하나님께서 사람을 선택하신 것이 완전한 것일지 불완전할 것일지 하는 것은 모두 사람이 믿음 안에서 견인하는 것에 달려있습니다. 사람이 믿음 안에서 견인할지 안 할지는 사람의 결정에 달려있기 때문에, 결과적으로 그 사람이 구원받을지 안 받을지도 사람의 결정에 달린 것입니다. 어느 쪽이든 간에, **누가** 구원을 받을 것인가 하는 점에 이르면 하나님의 주권은 부적절한 것으로 내동댕이쳐집니다. 오직 하나님께서 믿음을 구원의 조건으로 정하셨을 당시의 하나님의 주권은 일반적 / 무제한적 선택에 있어서만 작용합니다. 그러나 특별한 / 제한적 선택에 있어서는, 하나님께서는 단지 사람을 기다리실 뿐입니다. 하나님께서 세상의 기초가 놓이기 전에 당신의 책에 이름들을 기록하신 행위는 하나님께서 사람이 행할 것을 미리 아신 것에 근거해서 행하신 것입니다. 이런 추론에 따르면 사람의 행위는 선택의 기초가 됩니다.

아르미니우스주의자들의 잘못들에 대한 반박

　우리 조상들은 성경이 말하는 것에 근거하여 이 아르미니우스주의 이단을 공격했습니다. 도르트 총회는 이들의 주장을 '성경에 어떤 근거도 두지 않은 인간 지성이 만든 고안물'이라고 반박 했습니다. 잘못들에 대한 반박2–반박을 보세요 "또 미리 정하신 그들을 또한 부르시고 부르신 그들을 또한 의롭다 하시고 의롭다 하신 그들을 또한 영화롭게 하셨느니라."롬

8:30는 말씀을 인용하면서, 우리 조상들은 '모든 것을 하나님과 함께 시작하고 마친다.'는 것과 그러므로 선택과 믿음에 대해서도 마찬가지라는 것을 분명히 하기를 원했습니다.

사도 바울이 계속해서 주장하는 것은, 하나님께서 어떤 사람을 선택하셨다면, 세월이 흐르는 동안 그 사람에게 설교자를 보내시어 그 사람으로 하여금 믿음에로의 부르심을 굳건하게 한다는 것입니다. 바울은 하나님께서 부르신 자들을 의롭다고 하신다고 말했습니다. _{칭의=예수님 때문에 하나님 앞에서 의롭다고 칭함} 하나님께서 당신이 시작하신 일들을 완성하실 것이라는 완전한 확신을 가지고서, 바울은 "의롭다 하신 그들을 또한 **하나님께서 영화롭게 하셨다.**"라고 과거시제로 말해 나갑니다. 비록 이 영화는 그리스도께서 다시 오실 때까지 일어나지 않겠지만 말입니다. 만일 하나님께서 선택이라는 사역을 시작하셨다면 또한 하나님께서 완성**하실** 것입니다. "여호와께서 나를 위하여 보상해 주시리이다 여호와여 주의 인자하심이 영원하오니 주의 손으로 지으신 것을 버리지 마옵소서."^{시 138:8} 이 모든 것은 결국 하나님의 주권의 문제로 귀결됩니다. 하나님께서 행하리라고 말씀하신 것을 행하십니다. 하나님은, 아르미니우스주의자들이 선택에 관하여 믿는 것처럼, 사람이 허용할 수 있는 것들만 할 수 있는 '무력한 분'이 아니십니다.

하나님께서 제한된 사람의 수를 선택하셨을 때, 하나님께서는 어떤 목적을 가지고 이렇게 하셨습니다. 우리는 엡 1:4, 5에서 이 목적을 읽을 수 있습니다. "창세전에 그리스도 안에서 우리를 택하사, 우리로 사랑 안에서 그 앞에 거룩하고 흠이 없게 하시려고 그 기쁘신 뜻대로 우리를 예정하사 예수 그리스도로 말미암아 자기의 아들들이 되게 하셨습니다."

우리를 선택하신 하나님의 목적은 현실성이 없고 불분명한 것이 아니라 정해져 있고 확실합니다. 즉 우리가 거룩하게 되는 것이 그분의 목적입니다. 주권적인 하나님께서 당신이 이루려고 시작하신 일을 이루지 않으시겠습니까? 하나님께는 선택에 관한 **하나의** 작정이 있으며, 하나님께서는 행하리라고 작정하신 일은 무엇이든지 완성하십니다.

선택은 미리 아신 믿음에 근거하지 않습니다

이 선택은 사람 안에 있는, 선택되는 데 필요한 원인 혹은 조건으로서의 미리 아신 믿음, 믿음의 순종, 거룩, 혹은 사람 안에 있는 어떤 선한 기질에 근거하는 것이 아니라, 사람들이 선택되어 믿음과 믿음의 순종과 거룩함 등등에 이르는 것입니다. 그러므로 선택은 모든 구원을 이루는 선의 원천이고, 그 선택의 열매와 효력으로써 믿음과 거룩과 다른 구원의 은사들, 그리고 최종적으로 영원한 생명 그 자체가 흘러나옵니다. 롬 8:30 사도가 말할 때 사도는 우리 때문이 아니라 **하나님께서 우리로 당신 앞에서 거룩하고 흠이 없게 하시려고 우리를 선택하셨다**고 가르칩니다. 엡 1:4

아르미니우스주의자들은 다음과 같이 주장합니다. 그들은 "특정한 사람들을 구원에 이르게 하는 불완전하고 결정적이지 않은 선택은 방금 시작했거나 잠시 동안 계속되는 믿음, 회심, 거룩함, 경건을 미리 아심으로써 이루어졌다. 그러나 완전하고 결정적인 선택은 믿음, 회심, 거룩함, 경건에 있어서 끝 날까지 계속되는 견인을 미리 아심으로 이루어졌다."라고 주장합니다. 잘못들에 대한 반박 5-잘못 달리 말하면, 사람은 선택받기 위해서 특별한 자질을 필요로 한다는 것입니다. 사람은 믿음에 이르도록 결정해야 하며 비록 그 사람이 오직 일시적으로 믿음을 가진 것이었고, 결정적인 선택만을 받은 것일지라도, 믿음을 지속하도록 해야 그래서 결국 결정적인 선택을 받아야 합니다.

　아르미니우스주의자들의 잘못을 지적하기 위해, 우리 조상들은 도르트 총회에서 성경으로부터 여러 본문들을 인용하여 **선택이 먼저이고 믿음이 두 번째**라는 것을 보여주었습니다. 행 13:48에서 우리는 다음과 같은 말씀을 읽습니다. "이방인들이 듣고 기뻐하여 하나님의 말씀을 찬송하며 영생을 주시기로 작정된 자는 다 믿더라." 이 본문에서는 믿기로 결정한 후가 아니라 **결정하기 전에** 영생을 주시기로 작정되었다고 말합니다. 먼저 하나님께서는 우리가 생명을 얻도록 정하셨고, 오직 그때만 우리가 믿을 수 있습니다. 우리는 엡 1:4에서 우리가 거룩하기 때문에 선택된 것이 아니라 우리가 거룩하게 **되도록 하기 위해서** 선택되었다고 하는 말씀을 읽습니다. 따라서 9조 마지막 문장에서 이 본문을 다음과 같이 인용합니다. "하나님께서는 우리로 우리가 거룩했기 때문이 아니라 당신 앞에서 거룩하고 흠이 없게 하시려고 우리를 선택하셨다."엡 1:4 우리는 우리가 믿었기 때문에 선택된 것이 아니라 믿기 **위해서** 선택되었습니다. 다시 한 번, 이것은 선택을 내게 달린 것으로 보는가, 하나님께 달린 것으로 보는가의 문제입니다. 성경은 하나님께서 먼저 선택하셨기 **때문에** 우리가 믿는다고 주장합니다.

10조

선택은 하나님의 선하신 기쁨에 근거 합니다

❖

    이 은혜로우신 선택의 이유는 오직 하나님의 선하신 기쁨입니다. 이 선하신 기쁨은 하나님께서 모든 가능한 조건들 중에서 사람들의 어떤 특정한 자질들과 행위들을 구원의 조건으로 선택하심에 있는 것이 아니라, 하나님께서 모든 죄인들로부터 특별한 사람들을 당신 자신의 소유로 택정하심에 있는 것입니다. 다음과 같이 성경에 기록된 바와 같습니다. **그 자식들이 아직 나지도 아니하고 무슨 선이나 악을 행하지 아니한 때에 택하심을 따라 되는 하나님의 뜻이 행위로 말미암지 않고 오직 부르시는 이로 말미암아 서게 하려 하사 리브가에게 이르시되 큰 자가 어린 자를 섬기리라 하셨나니 기록된 바 내가 야곱은 사랑하고 에서는 미워하였다 하심과 같으니라.**롬 9:11-13; 창 25:23; 말 1:2,3 그리고 다른 곳에서 이렇게 말합니다. **"영생을 주시기로 작정된 자는 다 믿더라."**행 13:48

    하나님께서는 왜 특정한 사람을 선택하십니까? 9조에서 우리가 선택된 이유가 우리 편에서의 믿음이나 거룩 때문이 아니라고 고백하고서, 이제 10조에서는 우리가 선택된 이유가 **하나님의 선하신 기쁨**이라고 고백합니다. 쉽게 말하면 이러합니다. "하나님께서 어떤 사람들을 선택하시고, 다른 사람들을 버리셨습니다. 왜냐하면 하나님께서 '그렇게 하시는 것이 좋다'고 생각하셨기 때문입니다." 우리는 엡 1:5에서 다음과 같은 말씀을 읽습니다. "그 기쁘신 뜻대로 우리를 예정하사 예수 그리스도로 말미암아 자기의 아들들이 되게 하셨습니다." 하나님께서는 가장 잘 생기거나 가장 부유하거나 가장 품위 있는 사람을 찾지 않으시고, 단순히 당신의 선하신 기쁨에 따라 선택하십니다. 10조에서는 롬 9:11-13에 있는 말씀을 인용하는데, 거기에 보면 야곱과 에서가 아직 모태에 있어 아무것도 할 수 없을 때 하나님께서 야곱과 에서에 대한 당신의 계획을 선언하셨다고 합니다. 그 자식들이 아직 나지도 아니하고 무슨 선이나 악을 행하지 아니한 때에 택하심을 따라 되는 하나님의 뜻이 행위로 말미암지 않고 오직 부르시는 이에게로 말미암아 서게 하려 하사, 리브가에게 이르시되 큰 자가 어린 자를 섬기리라 하셨거니와, 기록된 바 내가 야곱은 사랑하고 에서는 미워하였다 하심과 같으니라. 하나님께서 왜 야곱은 선택하시고 에서는 선택하지 않으셨습니까? 성경에서는 단순히 하나님께서 그렇게 하기를 원하셨기 때문이라고 말합니다.

이 개념은 사람을 겸손하게 만듭니다. 왜냐하면 이 개념은 '어찌하여 내가 믿음을 고백하게 되었는가?' 하는 개인적인 문제로 이어지기 때문입니다. 내가 믿음을 고백한 것은 나와 관련이 있었던 것이 아니라 전적으로 나와 관계하여 행해지는 것이 아무것도 없고, 주님께서 나에게 그리고 내 안에서 행하시기를 기뻐하시는 것과 관련이 있었던 것입니다. 하나님께서는 오래 전에 나에 대해 작정하신 것에 따라 나를 다루셨습니다. 이 사실은 나를 겸손하게 합니다. 나는 이웃보다 더 나은 것이 없습니다. 여기서 중요한 것은 **하나님**께서 **당신의** 영원하신 작정에 따라 내 안에서 일하신다는 것입니다. 하나님께서는 나 때문이 아니라 나 같은 사람임**에도 불구하고** 그렇게 일하십니다.

변하지 않는 선택

✦

하나님 당신께서 가장 지혜로우시고 변하지 않으시고 전지하시고 전능하신 것처럼, 하나님의 선택도 파기되거나 고쳐지거나 변경되거나 철회되거나 무효화되지 않습니다. 마찬가지로 택자들도 버림받거나 그 수가 줄어들지 않습니다. 요 6:37; 10:28

감사하게도 우리는 성경이 하나님의 **변하지 않는** 선택의 작정을 가르친다고 고백합니다. 아르미니우스주의자들에 따르면, 하나님께서는 사람이 어떻게 변하는가에 따라서 하나님의 마음도 변할 수 있다고 합니다. 그러나 이런 생각은 모든 위로를 제거해 버립니다. 왜냐하면 이런 생각은 시 102:25-28에서 하나님께서 당신 자신에 대해 다음과 같이 계시하신 말씀을 부정하는 것이기 때문입니다. "주께서 옛적에 땅의 기초를 두셨사오며 하늘도 주의 손으로 지으신 바니이다. 천지는 없어지려니와 주는 영존하시겠고 그것들은 다 옷같이 낡으리니, 의복 같이 바꾸시면 바뀌려니와 주는 여상하시고 주의 연대는 무궁하리이다. 주의 종들의 자손이 항상 있고 그 후손이 주의 앞에 굳게 서리이다 하였도다."

　하나님께서 변하지 않으시기 때문에, 하나님께서 세상의 기초가 놓이기 전에 정하신 당신의 작정도 또한 정해져 있고 변하지 않습니다. 만일 하나님의 작정이 변하는 것이 가능하다면, 내가 어찌 안정과 위로를 누릴 수 있겠습니까? 하나님께서는 내가 당신의 소유라고 말씀하시고 작정하셨습니다. 그 작정으로 인하여 하나님께서는 당신의 아들을 보내시어 나의 죄를 위하여 죽게 하시고 말씀 사역자를 내게 보내시어 내가 믿음에 이르도록 하셨습니다. 그렇다면 나를 위하여 모든 일을 행하신 그 하나님께서 나를 버리시겠습니까? 하나님께서 나에 대한 마음을 바꾸시겠습니까? 나의 죄가 제아무리 크고 엄청나고, 심지어 나의 죄악들이 다윗의 죄보다 더 크고 더 엄청나다고 할지라도 하나님께서는 변치 않으시며 앞으로도 변치 않으실 것입니다.

　나의 하나님께서 선택의 작정이라든지 그 외 모든 일에 대해서도 항상 신뢰할 수 있는 분이시라는 것을 안다면, 나는 안전하게, 그리고 위로를 누리면서 살 수 있을 것입니다. 예수님은 아버지께서 당신께 주신 택자들에 대해서 이렇게 말씀하셨습니다. "아버지께서 내게 주시는 자는 다 내게로 올 것이요 내게 오는 자는 내가 결코 내쫓지 아니하리라."요 6:37 "내 양은 내 음성을 들으며 나는 그들을 알며 그들은 나를 따르느니라 내가 그들에게 영생을 주노니 영원히 멸망하지 아니할 것이요 또 그들을 내 손에서 빼앗을 자가 없느니라 그들을 주신 내 아버지는 만물보다 크시매 아무도 아버지 손에서 빼앗을 수 없느니라 나와 아버지는 하나이니라 하신대."요 10:27-30 이 본문들은 있음직한 일이 아닌 확실한 것을 말하고 있습니다. 왜냐하면 이런 일이 **일어나도록** 영원부터 작정하신 분이 바로 **하나님**이시기 때문입니다.

12조

선택의 확신

❖

택자들은 비록 시기가 다양하고 그 정도가 다르다 할지라도 때가 되면 자신이 구원에 이르는 영원하고 변하지 않는 선택을 받았음을 확신하게 됩니다. 그러나 그들이 이 확신을 얻는 것은 하나님의 감추어져 있고 깊은 것들을 호기심으로 엿봄으로써가 아닙니다. 신 29:29; 고전 2:10,11 그들은 영적인 기쁨과 거룩한 즐거움을 가지고 자신 안에서 하나님의 말씀이 지시하는 선택의 확실한 열매들, 예를 들면 그리스도를 믿는 참된 믿음, 어린아이처럼 하나님을 경외함, 죄에 대한 경건한 슬픔, 의에 주리고 목마름 같은 것을 발견함으로써 이 확신을 얻습니다. 고후 13:5, 7, 10; 마 5:6

이전 조항들에서 우리는 성경에서 하나님께서 특정한 사람들을 생명으로 선택하셨고 다른 사람들을 버리셨다는 사실을 가르친다고 고백했습니다. 이 고백은 그저 이론적으로만 남겨둘 수 없는 것입니다. 이 고백에 따라 오는 분명한 질문은 이렇습니다. 즉 내가 어디에 해당되는가? **내가** 선택되었는가? 나는 내가 선택되었는지 **알 수 있는가?** 아르미니우스주의자들은 이 질문에 대해 부정적으로 답변합니다. 아르미니우스주의자들에 따르면, 선택의 확실성이란 **없습니다.** 아르미니우스주의자들은 "이 세상 삶 속에서 영광에 이르는 변치 않는 선택의 열매나 자각이나 확실성 같은 것이 없고, 다만 불확실한 조건에 근거한 것들만 있습니다."라고 가르칩니다. 잘못들에 대한 반박7-잘못 아르미니우스주의자들은 말하기를, 우리는 선택에 대해 말할 수 있으나 어떤 사람이 선택받았다고 반드시 확신할 수는 없다고 합니다.

우리 조상들은 이런 점과 연관하여 성경을 탐구하여, 신자가 자기 선택을 확신할 수 있다는 사실을 배웠습니다. 예를 들면, 에베소서에서 바울은 이렇게 기록합니다. "곧 창세 전에 그리스도 안에서 우리를 택하사 우리로 사랑 안에서 그 앞에 거룩하고 흠이 없게 하시려고 그 기쁘신 뜻대로 우리를 예정하사 예수 그리스도로 말미암아 자기의 아들들이 되게 하셨으니…" 바울이 '우리를', '우리로'라고 말할 때 여기서 언급한 우리가 누구입니까? 사도는 여기서 어떤 불분명한 다수를 생각한 것이 아니라 자기 자신과 자기의 편지를 받는 에베소에 있는 수신자들을 생각한 것입니다. 바울은 "하나님께서 우리를 선택하셨다."라고 확신합니다.

바울은 롬 8:15-17에서 유사한 방식으로 이렇게 말합니다. 그 구절을 읽어보면 다음과 같습니다. "너희는 다시 무서워하는 종의 영을 받지 아니하고 양자의 영을 받았으므로 우리가 아빠 아버지라고 부르짖느니라 성령이 친히 우리의 영과 더불어 우리가 하나님의 자녀인 것을 증언하시나니 자녀이면 또한 상속자 곧 하나님의 상속자요 그리스도와 함께 한 상속자니 우리가 그와 함께 영광을 받기 위하여 고난도 함께 받아야 할 것이니라." 바울 자신과 그와 함께 하는 로마교회 성도들은 하나님을 '아버지'라고 불렀습니다. 이것은 성령 하나님의 사역입니다. 또한 성령께서 바울과 로마교회 성도들의 마음속에서 역사하시어, 그들은 자신이 하나님의 자녀이고, 영생의 상속자라는 것을 확신하게 되었습니다. 바울은 자신과 로마 교회 성도들이 하나님의 자녀들이고 하나님의 후사라는 것을 매우 분명하게 확신했습니다. 곧 바울은 하나님께서 자신과 로마 교회 성도들이 영생에로 선택되었다고 확신한 것입니다. 만일 바울이 이렇게 분명하게 자기 선택을 확신했다면, 우리도 또한 우리의 선택을 확신할 수 있습니다.

그러나 내가 **어떻게** 나의 선택을 확신할 수 있습니까? 어떤 사람들은 말하기를, 한 사람이 자기 삶 속에서 자기 선택에 대해 확정하기 위해서 꿈을 꾸거나 마음 속에서 들려오는 메시지를 듣거나 어떤 성경 본문이 강력하게 말해야 한다고 주장합니다. 곧 이런 것들이 우리가 선택 받았는지 아닌지를 알 수 있는 방법이라고 합니다. 그렇지만 우리는 그들의 확신이라는 것이 경험에 근거로 하고 있음을 간파해야 합니다. 그러나 경험이 가지는 문제는, 내가 죄악 된 사람이고 나의 모든 경험이 나의 죄악 된 존재로부터 나온다는 사실입니다. 따라서 나는 이런 나의 경험에 근거하여 아무것도 세울 수 없습니다. 그러면 내가 하나님께 속해 있는지 어떻게 알 수 **있습니까**?

마 12장에서 우리는 바리새인들이 어떻게 예수님을 귀신들렸다고 비난하는지를 읽을 수 있습니다. 바리새인들의 비난에 반응하여 예수님은 성령님에 대항하는 죄를 짓는 결과를 말하면서 바리새인들에게 경고하셨습니다. 그리고 예수님은 추가해서 이렇게 말씀하셨습니다. 마 12:33-35입니다. "나무도 좋고 열매도 좋다 하든지 나무도 좋지 않고 열매도 좋지 않다 하든지 하라 그 열매로 나무를 아느니라 독사의 자식들아 너희는 악하니 어떻게 선한 말을 할 수 있느냐 이는 마음에 가득한 것을 입으로 말함이라 선한 사람은 그 쌓은 선에서 선한 것을 내고 악한 사람은 그 쌓은 악에서 악한 것을 내느니라."

그 실과로 나무를 압니다. 바리새인들은 자신들이 하나님의 백성들이라고 주장하면서도 하나님의 아들을 귀신의 왕 바알세불과 결탁한 자라고 비난했습니다. [24절] 그때 그들 자신의 마음속에 있던 것이 입으로 나온 것입니다. 만일 마음이 순수하다면 순수한 말이 입으로 나옵니다. 반대로, 만일 마음이 더럽다면 그 입에서 더러운 말을 내뱉게 됩니다. 거듭난 마음에서는 거듭나지 않은 마음에서 나오는 말을 내놓을 수 없습니다. 거듭난 사람들은 마귀의 일을 하지 않습니다. 그렇다면 내가 선택받았는지 어떻게 알 수 있습니까? 이 질문에 답하기 위해서 나는 내가 어떤 열매들을 맺고 있는지를 살펴볼 필요가 있습니다.

사도 베드로는 한 걸음 더 나아가서 이 개념을 말합니다. 베드로후서 1:4에서 사도는 이렇게 기록합니다. "이로써 그 보배롭고 지극히 큰 약속을 우리에게 주사 이 약속으로 말미암아 너희가 정욕 때문에 세상에서 썩어질 것을 피하여 신성한 성품에 참여하는 자가 되게 하려 하셨느니라…" 여기서 베드로는 우리가 받은 선택을 가리켜 약속으로 말미암아 신의 성품에 참여하는 자가 되게 하신 것으로 묘사합니다.

그러나 사도는 여기서 끝내지 않고, 계속해서 5-8절에서 이렇게 말합니다. "그러므로 너희가 더욱 힘써 너희 믿음에 덕을, 덕에 지식을, 지식에 절제를, 절제에 인내를, 인내에 경건을, 경건에 형제 우애를, 형제 우애에 사랑을 더하라 이런 것이 너희에게 있어 흡족한즉 너희로 우리 주 예수 그리스도를 알기에 게으르지 않고 열매 없는 자가 되지 않게 하려니와 …"

여기서 베드로는 이런 일들을 추구함에 있어서 부지런하라고 자기 독자들을 격려합니다. 왜냐하면 그들은 믿음의 열매를 내어야 하고, 그렇게 함으로 자신이 주님께 속한 자라는 증거를 제시할 수 있기 때문입니다. 만일 어떤 사람이 이런 열매를 맺는다면 그 사람은 결과적으로 자기 선택을 확신하게 됩니다. "그러므로 형제들아 더욱 힘써 너

희 부르심과 택하심을 굳게 하라 너희가 이것을 행한즉 언제든지 실족하지 아니하리라."10절

우리의 선택을 굳게 한다는 것은 선택을 명확하게 하고, 굳건하게 하고, 외적 확신이 되게 한다는 뜻입니다. 우리가 어떻게 이렇게 행할 수 있습니까? 우리 자신의 삶 속에서 주님을 믿는 믿음의 성장을 살핌으로써 그렇게 할 수 있습니다.

우리는 12조에서 이러한 요소가 반영된 것을 볼 수 있습니다. "택자들은… 때가 되면 자신이 구원에 이르는 영원하고 변하지 않는 선택을 받았음을 확신하게 됩니다. … 영적인 기쁨과 거룩한 즐거움을 가지고 자신 안에서 하나님의 말씀이 지시하는 선택의 확실한 열매들, 예를 들면 그리스도를 믿는 참된 믿음, 어린아이처럼 하나님을 경외함, 죄에 대한 경건한 슬픔, 의에 주리고 목마름 같은 것을 발견함으로써 이 확신을 얻습니다."

젊은 남자는 자신이 한 여자를 사랑하는지 어떻게 알 수 있습니까? 그 남자가 그 여자에게서 받은 편지를 어떻게 하는가 하는 것은 확실히 무엇인가를 말해줍니다. 그 남자가 그 편지를 읽지 않고 쓰레기통에 던져 넣는다면, 그렇게 한다는 것은 그 여자에 대해 자기가 어떤 마음인지를 잘 드러내는 것입니다! 마찬가지로 그 편지를 떼어 열어 읽어본다는 것 또한 말하는 바가 있습니다. 왜냐하면 마음속에 있는 것은 감추어질 수 없기 때문입니다.

마찬가지로 내가 만일 주님을 사랑한다면 나는 하나님의 말씀을 열심히 공부해야 합니다. 나는 주님께서 나의 죗값을 지불해 주시려고 예수 그리스도를 이 땅에 보내셔서 죽게 하신 그 사역을 사랑합니다. 그렇다면 나는 내 안에서 무엇을 봅니까? 나는 죄 가운데 기뻐하고 있습니까? 아니면 죄를 저항하고 있습니까? 나의 죄가 나를 괴롭힙니

까? 아니면 하나님께 범죄 하는 것에 대해 무감각합니까? 내가 맺는 열매, 바로 그것이 내 마음 속에 믿음이 있는지 없는지를 드러냅니다. 하나님께서는 유기된 자들 마음속에 믿음으로 역사하시지 않습니다.

내가 선택받았는지 아닌지 어떻게 알 수 있습니까? 적어도 나는 내 삶을 압니다. 그러므로 나는 나 자신에게 먼저 물어야 합니다. "나는 어떤 종류의 나무인가? 나에게 동기를 부여해 주는 것이 무엇인가? 무엇이 나를 '움직이게' 하는가? 나는 하나님을 사랑하는가? 만일 내가 죄를 짓는다면, 그 죄가 나를 괴롭히는가? 나는 하나님의 말씀을 열심히 배우고 있는가?" 내가 선택받은 것이 선택의 열매로써 나의 삶 속에서 증거 되어야 합니다.

이것은 모든 사람이 동일한 분량으로 동일하게 확신할 수 있다는 말은 아닙니다. 12조의 첫 문장에서 우리는 "택자 들은 비록 시기가 다양하고 그 정도가 다르다 할지라도 때가 되면 자신이 영원하고 변하지 않는 구원으로 선택된 것을 확신하게 됩니다."라는 글귀를 읽습니다. 한 사람은 다른 사람과 같지 않습니다. 각 사람은 성격과 능력, 그리고 주 안에서 자라는 것에 있어서도 서로 다릅니다. 어떤 사람은 18살에 성숙할 수 있는 반면에, 다른 사람은 30살이 되어서도 아직 성숙해야 할 것이 많을 수도 있습니다. 동일한 것이 믿음에도 적용됩니다. 30살인 사람이 50살인 사람보다 더 믿음 안에서 성숙할 수 있습니다. 모든 다른 환경 가운데 있는 서로 다른 모든 사람들은 자신의 선택을 확신하는 정도에 있어서도 서로 다릅니다. 그러나 원리는 동일합니다.

나무는 그 열매로 압니다. 나는 **내가** 맺은 열매를 살펴보아야 합니다. 나는 경건한 열매를 맺고 있습니까? 아니면 나쁜 열매를 맺고 있습니까? 그러나 나는 다른 사람들을 살펴보고 비교한 것에 근거하여 결론을 내려서는 안 됩니다. 나는 나 자신을 살펴보고, 하나님께서 **내**

마음 속에서 행하신 사역에 초점을 맞추어야 합니다. 그래서 나는 내가 맺은 열매가 무엇인지를 보기 위해서 나 자신을 살펴야 합니다. 나는 믿음을 발견하고 있습니까? 아니면 불신앙을 발견하고 있습니까? 내가 말하고 행동하는 것이 중생한 마음을 반영하고 있습니까? 아니면 중생하지 않은 마음을 반영하고 있습니까? 내가 맺는 열매가 어떤 종류입니까? '사과입니까? 아니면 오렌지입니까?'

그러나 우리는 두 가지 사실을 깨달아야 합니다. 첫 번째로, 하나님께서는 당신 백성들을 이 세상에서 완전하게 하시지 않았습니다. 따라서 우리는 우리 자신이 완전한 열매를 맺을 수 있다고 생각하지 않아야 합니다. 만일 우리가 완전한 열매를 맺을 수 있다고 생각한다면, 우리는 결코 우리의 선택을 확신할 수 없을 것입니다. 우리가 맺은 열매는 항상 우리의 죄악 됨을 반영할 것입니다. 왜냐하면 우리는 여전히 죄악 되기 때문입니다. 우리가 맺는 열매는 성장이 안 되고 손상될 것입니다. 그러나 우리는 여전히 그 열매가 사과인지 오렌지인지, 하늘로부터 온 열매인지 지옥으로부터 온 열매인지 말할 수 있습니다. 죄가 남아 있음에도 불구하고, 원리는 분명합니다. 우리는 그 열매로 나무를 압니다.

두 번째로, 12조에서는 택자들이 '확신하게 된다.'고 고백합니다. 사람은 수동적이고 하나님은 능동적입니다. 우리가 맺는 열매는 하나님의 사역이며, 확신도 또한 하나님께서 일으키십니다. 하나님께서는 우리로 하여금 기준을 달리하여 우리 삶 속에서 일하신 선택의 열매들로부터 결과들을 이끌어내게 하십니다.

13조

이 확신의 가치

❖

하나님의 자녀들이 이 선택을 깨닫고 확신할 때, 그들은 날마다 하나님 앞에서 겸손하고, 하나님의 깊은 자비를 찬양하며, 자기 자신을 정결하게 하고, 자신을 먼저 지극히 사랑하신 분을 열렬하게 사랑해야 할 더 큰 이유를 가지게 됩니다.요일 3:3;4:19 그러므로 이 선택의 교리와 그 교리를 숙고하는 것이 택자들로 하여금 하나님의 계명들을 지키는 일을 게을리 하고 거짓된 안정을 추구하게 만든다고 하는 것은 잘못된 생각입니다. 하나님의 공정한 심판 안에서 이런 일은 선택의 은혜를 경솔하게 생각하는 사람들에게 또는 이 교리에 대해 빈둥거리며 대담하게 조잘거리지만 택자들의 길로 걷기를 거부하는 자들에게 일어납니다.

1조에서는 내가 어떻게 선택되었는지를 알 수 있는 방법을 설명한 반면에, 13조에서는 내가 왜 이 선택을 알아야 하는지 그 이유를 설명합니다. 선택되었다는 사실을 알고 확신하기 위해서 나는 무엇을 해야 합니까? 아르미니우스주의자들은 선택에 대한 확신이 신자의 삶으로부터 근신하는 삶에 필요한 촉매제를 제거함으로써, "어차피 내가 선택받았다면, 내 맘대로 살겠다!"라고 하는 태도를 자극한다고 추론합니다. 그러나 우리 조상들은 성경에서 읽은 것에 근거하여서 이런 추론을 거부했습니다. 예수님께서는 나무는 그 열매로 안다고 말씀하셨습니다. 만일 하나님께서 그 사람을 선택하셨기 때문에 그 사람의 마음이 변했다면, 그때 그 사람은 더 이상 악한 열매를 맺지 않고 좋은 열매를 맺을 것입니다.

그러므로 우리 조상들은 13조에서 이렇게 기록합니다. "하나님의 자녀들이 이 선택을 깨닫고 확신할 때, 그들은 날마다 하나님 앞에서 겸손하고, 하나님의 깊은 자비를 찬양하며, 자기 자신을 정결하게 하고, 자신을 먼저 지극히 사랑하신 분을 열렬하게 사랑해야 할 더 큰 이유를 가지게 됩니다."

이 선택을 깨닫고 확신할 때 신자는 오만하거나 자랑하거나 다른 사람을 경멸할 여지가 없고, 오히려 하나님 앞에서 겸손해야 할 이유들만을 갖게 됩니다. 이로 인해 신자는 겸손한 마음으로 "하나님께서 어찌 **나** 같은 사람을 선택할 수 있을까?"라고 묻게 됩니다. 하나님께서 나를 선택하셨다는 이 놀라운 일은 나로 하여금 하나님을 경배하고 나를 구원하신 하나님을 찬양하도록 고무시킵니다. 또한 그 일은, 나로 하여금 악과 모든 육신의 일로부터 나 자신을 정결하게 하도록 자극합니다. 나는 내 맘대로 즐기면서 살지 않고 주님을 사랑함으로써 반응합니다.

요일 4:19에서는 하나님을 사랑하는 것이 하나님께서 우리를 먼저 사랑하신 것의 열매라고 말합니다. "우리가 사랑함은 그가 먼저 우리를 사랑하셨음이라." 선택은 하나님께서 나를 먼저 사랑하신 것입니다. 그리고 그 다음으로 나는 하나님을 사랑함으로 이에 대해 반응하는 것입니다. 요일 3:3에서 읽을 수 있는 것처럼 신자의 행동은 항상 하나님의 행동을 따르는 것입니다. "주를 향하여 이 소망을 가진 자마다 그의 깨끗하심과 같이 자기를 깨끗하게 하느니라."

그렇습니다. 이 선택의 가치는 나로 하여금 단정치 못하게 방종하도록 만드는 데에 있는 것이 아닙니다. 만일 내가 나의 선택을 확신한다면, 나는 선택을 가치 있고 값진 것으로 여겨서 더욱더 열심을 다하여 하나님께 감사하는 열매를 맺고, 나의 주님과 구주를 위하여 부지런히 살기 위해서 노력할 것입니다.

이 내용은 우리가 하이델베르크 교리문답 24주일 64문답에서 읽을 수 있는 것과 동일한 것입니다. 하이델베르크 교리문답 24주일 64문답을 읽어보면 이러합니다. "이런 가르침은 사람들을 무관심하고 사악하게 만들지 않겠습니까? 그렇지 않습니다. 참된 믿음으로 그리스도께 접붙여진 사람들이 감사의 열매를 맺지 않는 것은 불가능합니다."

이 선택을 확신하고 믿음의 열매를 맺는 것은 하나님께서 선택하신 자들의 삶 속에서 나타나는 필연적인 결과들입니다. 그러므로 우리는 13조에서 다음과 같이 고백하는 것을 읽습니다. "그러므로 이 선택의 교리와 그 교리를 숙고하는 것이 택자들로 하여금 하나님의 계명들을 지키는 일을 게을리 하고 거짓된 안정을 추구하게 만든다고 하는 것은 잘못된 생각입니다."

거짓된 안정

그리스도의 교회 안에는 위선자들도 있습니다. 벨직 신앙고백 29조를 보시오. 이런 위선자들은 자신의 선택을 강력하게 확신하고 심지어 자신들이 오랫동안 교회에 다녔고 직분자로 봉사했고 많은 사람들에게 존경을 받았다는 등등의 사실에 근거하여 많은 것을 내세웁니다. 그러나 이런 것들은 그 자체로 선택의 증거가 아닙니다. 12조에서 언급된 선택의 열매는 확고합니다. '그리스도를 믿는 참된 믿음, 어린아이처럼 하나님을 경외함, 죄에 대한 경건한 슬픔, 의에 주리고 목마름 같은 것'이 없다면, 제아무리 교회에 오래 다니고 교회에서 봉사에 있어서 특별한 일을 한 사람일지라도, 선택을 확신할 권리가 없습니다.

눅 6:24-26의 말씀은 편안하고 만족하고 거짓된 안정을 추구하는 사람에게도 경고합니다. 거기에 보면 구주께서 이스라엘 백성들, 언약 백성들, 어쩌면 백성들 중에서 부유하다고 평가 받고 말해지는 높은 지도자들에게 말씀하셨습니다. 예수님께서 그들에게 다음과 같이 화^{woe}를 선언하셨습니다. "그러나 화 있을진저 너희 부요한 자여 너희는 너희의 위로를 이미 받았도다 화 있을진저 너희 지금 배부른 자여 너희는 주리리로다 화 있을진저 너희 지금 웃는 자여 너희가 애통하며 울리로다 모든 사람이 너희를 칭찬하면 화가 있도다 그들의 조상들이 거짓 선지자들에게 이와 같이 하였느니라."

여기서 요점은 이런 것입니다. 우리 각자가 맺은 **열매**를 보아야 한다는 것입니다. 바로 내가 나 자신을 살펴보아야 한다는 것입니다. 나의 선택에 대한 확신은 다른 사람이 나에 대해 말하는 것에 달려있지 않습니다. 왜냐하면 다른 사람이 나에 대해 말하는 것은 나의 선택을 증명하지 못하기 때문입니다. 나는 무슨 **열매**를 맺고 있습니까? 나는 "문제없어!"라고 생각하거나, 감사와 겸손의 태도, 열심히 하나님을 사랑함, 하나님을 경외함, 내가 범한 죄로 인한 슬픔과는 반대되게 나가고 있지 않습니까? 나는 하나님께서 나를 위해 행하신 일에 놀라고 그로 인해 하나님을 찬양하고 있습니까?

14조

선택이 가르쳐져야 하는 방식

❖

하나님의 가장 지혜로우신 경륜에 따라 이 하나님의 선택 교리를 선지자들이 설교하였고, 그리스도께서 친히 설교하셨고, 사도들이 설교했고, 신약뿐만 아니라 구약 시대에도 이 선택의 교리가 성경에 기록되었습니다. 그러므로 만약 지극히 존귀하신 분의 길을 호기심으로 엿보는 것이 아니라욥 36:23–26; 롬 11:33;12:3; 고전 4:6 경건하고 거룩한 자세로 분별의 영을 가지고 가르친다면, 하나님의 가장 거룩하신 이름의 영광을 위해 그리고 그의 백성들에게 살아있는 위로를 주기 위해 오늘도 이 교리는 하나님의 교회 안에서 때와 장소를 적절히 하여 가르쳐져야 합니다.행 20:27 이 교리는 특별히 교회를 위해서 의도된 것입니다.

때때로 우리는 선택의 교리를 그럴듯하게 얼버무리거나, '너무 이해하기 어려운 것'으로 만들려는 유혹을 받습니다. 어떤 사람은 선택에 대한 확신, 거짓된 안정, 선택의 열매에 관해 말하는 것이 불편하게 느껴지기 시작할 수도 있습니다. 왜냐하면 이런 고백은 그들에게 다음과 같이 질문하게 하기 때문입니다. "**내게** 맞는 것이 어디에 있는가? 내가 좋아하는 것이 어디에 있는가?" 우리는 살짝 이 선택의 페이지를 넘어가서 더 '위로'가 되는 것, 예를 들면, 하나님의 사랑과 같은 것을 말하고 싶은 유혹을 받습니다. 따라서 14조를 보충함으로써 우리 조상들은 먼저 우리가 선택에 대해 말할 수 **있는지 없는지에** 대한 질문에 열심히 답을 하고 있습니다. 그들은 하나님께서 친히 성경에서 말씀하신 것에 근거하여 '그렇다'고 강력하게 답을 합니다. 그래서 그들은 이렇게 기록했습니다. "하나님의 가장 지혜로우신 경륜에 따라 이 하나님의 선택 교리를 선지자들이 설교하였고, 그리스도께서 친히 설교하셨고, 사도들이 설교했고, 신약뿐만 아니라 구약 시대에도 이 선택의 교리가 성경에 기록되었습니다."

만일 하나님께서 이 선택의 교리를 계시하셨다면, 내가 이 교리를 너무 어렵다고 말함으로써 무시해버리거나 별로 중요하지 않다고 말하지 않아야 합니다. 오직 우리가 참된 믿음으로만 구원받을 수 있다는 사실을 확고히 하면서, 하이델베르크 교리문답 7주일 22문답은 계속해서 이렇게 말하고 있습니다. "그러면 그리스도인들은 무엇을 믿어야 합니까? 복음 안에서 우리에게 약속하신 모든 것을 믿어야 합니다. 그 복음은 보편적이고 확실한 기독교인이 믿는 믿음의 조항들을 요약해서 우리에게 가르치는 것입니다." 그러므로 만일 하나님께서 복음 안에서 이 선택의 교리를 계시하셨다면 나의 태도는 분명해야 합니다.

그리스도인들은 하나님께서 계시하신 모든 것을 믿어야 하므로 그 모든 것을 부지런히 배워야 합니다. 하나님께서 복음 안에서 약속하신 모든 것은 기독교 신앙의 조항들에 요약되어 있습니다. 그러나 비록 사도신경이 천사들, 언약, 선택에 대한 교리를 포함하고 있지 않을지라도 내가 이 교리들을 믿고 연구하는 것에 있어서 변명의 여지가 없습니다. 제아무리 이 교리들이 어려울지라도 말입니다.

이 교리들은 하나님의 계시에 속한 한 부분이고, 누구도 이런 교리들을 지나칠 수 없습니다. "오늘도 이 교리는 하나님의 교회 안에서 때와 장소를 적절히 하여 가르쳐져야 합니다. 이 교리는 특별히 교회를 위해 의도된 것입니다… "선택에 대해 설교하는 것은 모든 말씀 사역자들의 의무이고, 하나님께서 선택에 대해 계시하신 것을 믿고 열심히 배우는 것은 모든 하나님의 자녀들의 의무입니다.

그러면 **어떻게** 이 선택의 교리가 가르쳐져야 합니까? 내가 이 선택의 교리를 어떻게 열심히 배워야 합니까? "그러므로 …이 교리는 …지극히 존귀하신 분의 길을 호기심으로 엿보는 것이 아니라 경건하고 거룩한 방식으로 분별의 영을 가지고 …가르쳐져야 하는데, 이는 하나님의 가장 거룩하신 이름의 영광을 위해, 그리고 하나님의 백성들에게 살아있는 위로를 주기 위해서입니다."

이 선택의 교리에 대한 많은 부분이 인간의 이해를 넘어섭니다. 하나님께서는 말씀에서 당신의 길이 우리의 길보다 높다고 하시고[사 55:9] 비밀한 것은 하나님께 속한 것이라[신 29:29]고 말씀하시지 않았습니까? 나는 하나님과 그분의 계시를 내가 완벽하게 이해할 수 있는 깔끔하고 논리 정연한 지식들로 제한하려고 해서는 안 됩니다. 그러므로 우리 조항은 '지극히 존귀하신 분의 길을 호기심으로 엿보는 것'에 대해 경고합니다. 내가 비록 이해하지 못할지라도 신뢰하는 마음으로 단순히 믿어야만 하는 것들이 있습니다. 그러므로 우리가 하나님의 선택에 대한 주제를 배우고 토론함에 있어서 겸손한 마음이 필요합니다. 동시에, 연약한 형제자매들이 자신들의 선택을 의심하지 않게 하려면 신중해야 합니다. 선택은 다른 사람들이 그들의 삶 속에서 믿음의 열매를 증거 하지 못한다고 해서 유기되었다고 판단하는 교만함이나 무감각함으로 가르쳐져서는 안 됩니다. 선택은 '때와 장소를 적절히 하여' 가르쳐져야 합니다. 즉 그 사람의 믿음의 성숙 정도를 고려하여 가르쳐져야 합니다.

우리가 선택의 교리를 가르치고 공부하는 첫 번째 동기는 '하나님의 지극히 거룩하신 이름에 영광을 돌리는 것'이어야 합니다. 선택은 우리로 하여금 하나님을 **찬양**하도록 만듭니다. 하나님께서는 실제로 죄인들을 당신의 자녀로 선택하셨습니다. 그렇습니다. 심지어 나 같은 죄인도 말입니다. 선택은 전적으로 무가치한 자들에 대한 하나님의 무한하신 은혜를 지적합니다. 그러므로 선택은 우리로 하여금 **하나님**께서 행하신 사역에 주의를 기울이게 합니다. 그러므로 우리가 이 선택의 교리를 가르치고 배우는 두 번째 동기는 '하나님의 백성들에게 살아있는 위로를 주기 위해서'입니다. 하나님께서 일하시는 그곳에 하나님의 자녀들을 위한 위로가 있습니다.

15조

유기가 기술 되었습니다

특별히 성경에서 모든 사람들이 선택받은 것이 아니라 일부 사람들은 선택받지 못하고 하나님의 영원하신 선택에서 제외되었다는 사실을 선언할 때에, 성경은 이 영원하고 값없이 주시는 은혜인 우리의 선택에 대해 우리에게 설명해 주고 권고합니다.^{롬 9:22; 벧전 2:8} 하나님께서는 당신의 가장 자유로우시고 가장 공의로우시고 흠 없으시고 변치 않으시는 선하신 기쁨으로, 버림받은 자들이 스스로 자기 잘못으로 인해 빠지게 된 공통의 비참함에 머물러 있게 하시고, 그들에게 구원하는 믿음과 회심의 은혜를 제공하지 않으시기로 작정하셨다고 선언하십니다. 하나님께서는 자기 자신의 길을 다니고^{행 14:16} 하나님의 심판 아래 있는 이 사람들을 그들의 불신앙뿐만 아니라 그들의 다른 모든 죄 때문에 하나님의 공의를 나타내도록 하기 위해서 최종적으로 정죄하시고, 그들이 영원히 심판받았다고 선언하십니다. 이는 유기의 작정입니다. 이 유기는 하나님을 죄의 조성자로 만들지 않으며 ^{그런 생각은 모독적인 것입니다!} 하나님을 크고 흠이 없으시며 공의로운 심판주와 보수자로 선언하는 것입니다.

이 15조의 표제에 '유기'라는 단어는 우리로 하여금 '이제 우리가 새로운 주제를 시작하려고 하는구나!'라고 생각하게 해 줍니다. 그러나 그렇지는 않습니다. 이 조항에서는 시작하는 문장에서 일부 사람들이 선택되지 않았다는 사실을 기억시킴으로써 우리로 하여금 선택받은 일부 사람들에게 주신 하나님의 은혜가 더욱 놀랍다는 것에 주목하게 합니다. "성경에서 모든 사람들이 선택받은 것이 아니라 일부 사람들은 선택받지 못하고 하나님의 영원하신 선택에서 제외되었다는 사실을 선언할 때에, 성경은 이 영원하고 값없이 주시는 은혜로운 우리의 선택에 대해 우리에게 설명해 주고 권고합니다." 하나님께서 일부 사람들을 선택하셨고, 또 나를 선택하셨다는 사실은, 일부 다른 사람들이 사탄에게 머물러 있어 유기되었다는 것을 알게 됨으로써 더욱더 놀라운 일이 됩니다. 나는 다른 사람들보다 더 나은 것이 없습니다. 그러나 하나님께서 나를 선택하셨습니다. 이 얼마나 기적적이고 놀라운 일입니까! 유기는 내가 선택받게 되었다는 것이 얼마나 놀라운 일인지를 돋보이게 하는 것입니다.

오랜 세월 동안 많은 사람들이 유기라는 주제로 인하여 하나님을 냉정하고 딱딱하고 잔인한 분으로 생각하였습니다. 그들은 묻기를, "하나님께서 어떻게 일부 가난하고 죄 없는 사람들을 취하여 지옥에 떨어뜨리실 수 있는가?"라고 합니다.표1-6 그러나 이렇게 말하는 것은 잘못

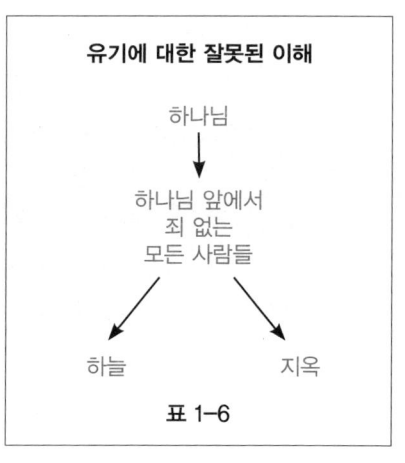

표 1-6

된 것이고, 성경이 선택과 유기에 대해 말하는 바를 엉뚱하게 묘사고 있을 뿐입니다. 왜냐하면 이런 생각에 깔려있는 전제는 모든 사람들이 하나님 앞에서 중립적이고 죄가 없다는 것이기 때문입니다. 만일 모든 사람이 정말로 하나님 앞에서 죄가 없다면, 유기의 교리는 하나님의

이름을 전혀 높이지 못하는 것이 됩니다. 그러나 성경에서는 모든 사람이 저주받은 자라고 말합니다. 모든 사람은 하나님의 진노 아래 있고, 모든 사람은 죄 가운데 죽었으며, 그 결과로 모든 사람은 하나님의 심판을 받아 마땅합니다. **우리** 전체 인류는 자신을 사탄의 진영에 두고 있습니다. 아래 표1-7을 보십시오.

선택은 하나님께서 에덴동산에서 고의적으로 하나님을 떠나서 사탄의 호의를 받아들인 일부 사람들을 선택하여 당신 편으로 돌아오게 하신 것입니다. 그 반면에, 유기는 하나님께서 지옥으로 **보내신 것**이 아니라 그들이 스스로 빠져든 비참에 **머물러 있게 하는 것**입니다. "하나님께서는 가장 자유로우시고 가장 공의로우시고 흠 없으시고 변치 않으시는 선하신 기쁨으로 버림받은 자들이 스스로 자기 잘못으로 인해 빠지게 된 공통의 비참함에 머물러 있게 하시고 그들에게 구원하는 믿음과 회심의 은혜를 제공하지 않으시기로 작정하셨다고 선언하십니다." 하나님께서는 당신의 선한 기쁨 가운데서 그들을 버려두십니다. 이것이 바로 유기입니다.

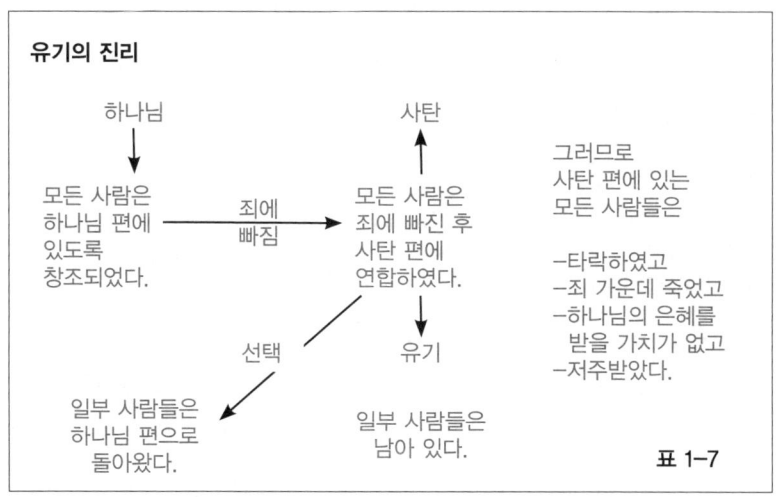

표 1-7

우리는 계 13:8에서 "죽임을 당한 어린 양의 생명책에 창세 이후로 이름이 기록되지 못하고 이 땅에 사는 자들은 다 그 짐승에게 경배하리라."는 말씀을 읽습니다. 짐승(마귀를 징하는 짐승)을 경배하는 자들은 버림받은 자들이고, 그들의 이름은 주님의 책, 곧 생명책에 기록되지 **않았습니다.** 그들의 이름이 어떤 저주받을 자들의 이름을 기록한 책에 기록되어 있다는 말이 아니라 그들이 버려져 있다는 것입니다. 즉 그들이 스스로의 잘못으로 빠지게 된 그대로 버려져 있다는 말입니다.

일부 사람들이 유기되었다는 것과 누가 유기될 것인가 하는 것 모두가 하나님의 영원하신 작정의 한 부분입니다. 우리는 베드로전서 2:8에서 이런 말씀을 읽을 수 있습니다. "또한 부딪치는 돌과 걸려 넘어지게 하는 바위가 되었다 하였느니라 그들이 말씀을 순종하지 아니하므로 넘어지나니 이는 그들을 이렇게 정하신 것이라." 버림받은 자들이 복음을 듣게 될 수도 있을 것입니다. 정말로 베드로가 서신을 기록하고 있는 대상인 이 사람들은 복음을 **들었던** 자들입니다. 그러나 베드로는 그들이 "그리스도를 실족케 했다."라고 추가합니다. 그들은 믿지 않았습니다. 그들은 복음을 대적했습니다. 그들이 복음을 거부한다고 해서 하나님께서는 깜짝 놀라거나 실망하지 않으십니다. 왜냐하면 하나님께서는 오래 전에 그들이 믿지 않도록 결정하셨기 때문입니다. 또한 하나님의 주권에 대해 말하는 6조를 보세요.

하나님께서는 구원으로 선택하시는 영원하신 작정에서 그들을 버려두셨습니다. 유사하게 롬 9:22-23에서는 택자들과 유기자들에 대해 언급할 때 두 종류의 그릇에 대해 말합니다. 우리는 이 롬 9장의 문맥에서 하나님께서 버리신 자들, 곧 유기자들에 대해 '멸하기로 준비된 진노의 그릇'이라고 언급하고 있고, 택자들에 대해 '영광 받기로 예비하신 바 긍휼의 그릇'이라고 언급하고 있는 것을 보게 됩니다. 하나님께서는 미리 구원받을 자와 구원받지 않을 자, 곧 버림받을 자를 결정하셨습니다.

아르미니우스주의자들은 하나님께서 믿을 때를 미리 아신 자들^{미리 아신 믿음}을 구원으로 선택하시고, 믿지 않을 때를 미리 아신 자들^{미리 아신 불신앙}을 버리셨다고 말합니다. 성경에 근거하여 우리 조상들은 이 견해를 잘못된 것으로 반박했습니다. 하나님께서는 믿을 때를 미리 아셨기 때문에 그 사람을 선택하신 것이 아니며, 하나님께서는 믿지 않을 때를 미리 아셨기 때문에 그 사람을 버리시고 지옥에 그대로 두신 것이 아닙니다. 선택 혹은 유기가 그 사람이 믿느냐 믿지 않느냐에 달려 있다면 선택과 유기에 대한 하나님의 작정은 사람에게 의존하는 것이 될 것입니다. 즉 하나님께서 사람의 결정에 의존하는 것이 됩니다.

그러나 그렇지 않습니다. 하나님께서는 당신의 선하신 기쁨 때문에 구원하실 자를 선택하시고 동시에 버릴 자^{= 그 사람이 스스로 자신을 둔 거기에 그대로 두신다}를 선택하십니다. 일부 사람들이 구원받는다는 사실은 오직 하나님께 달려 있고, 하나님의 선하신 기쁨입니다. 하나님께서 다른 사람들을 버리셨다는 사실도 또한 하나님의 선하신 기쁨입니다. **모든 사람**은 사탄 편으로 갔습니다. 어떤 사람이 하늘에 있게 된 것은 하나님의 **은혜**입니다. 유기자들이 지옥에 있게 되는 것은 그들의 잘못된 행동, 즉 원래의 타락한 죄와 날마다의 죄 둘 다에 대한 하나님의 공의로운 심판입니다.

"하나님께서는 자기 자신의 길을 다니고^{행 14:16} 하나님의 심판 아래 있는 이 사람들을 그들의 불신앙뿐만 아니라 그들의 다른 모든 죄 때문에 하나님의 공의를 나타내도록 하기 위해서 최종적으로 정죄하시고 영원히 심판받았다고 선언하십니다. 이는 유기의 작정입니다. 이 유기는 하나님을 죄의 조성자로 만드는 것이 아니라.^{이런 생각은 모독적인 것입}

니다! 하나님을 크고 흠이 없으시고 공의로운 심판주과 보수자로 선언하는 것입니다." 모든 인류가 그러했듯이 유기자들은 타락하였고 스스로 불신앙에 빠졌습니다. 그러므로 하나님께서는 그들이 마땅한 보응을 받는다고 말씀하십니다.

스스로 선택의 열매를 아는 자들은 믿지 않는 사람을 경멸하지 않아야 합니다. 나는 가룟 유다보다 나은 것이 없습니다. 내가 하늘로 가도록 허락받은 것은 순전히 **하나님**께서 행하신 사역입니다. 성경에서 선택과 유기에 대해 말하는 것은 우리가 스스로 선하다고 느끼도록 의도된 것이 아니라 우리가 하나님을 더욱더 찬양하게 합니다. 이렇게 행하신 분은 하나님이십니다. 하나님께서 일부 사람들을 그들 자신이 선택한 비참으로부터 구원하기로 선택하셨습니다. 내 이웃 대신 나를 선택하신 분은 바로 내가 믿는 하나님이십니다! 나는 하나님께서 나에게 행하신 일을 깨달음으로 그런 하나님께 깊은 감사와 영원한 찬양을 돌려드릴 뿐입니다.

16조

유기의 교리에 대한 반응

일부 사람들은 그들 자신에게서 아직 그리스도를 믿는 산 믿음, 마음의 확고한 확신, 양심의 평강, 아이처럼 순종하는 열심, 그리스도를 통하여 하나님을 자랑하는 것을 분명하게 발견하지 못합니다.^{약 2:26; 고후 1:12; 롬 5:11; 빌 3:3} 그럼에도 불구하고, 그들은 하나님께서 우리 안에서 이 일들을 행하시리라 약속하신 방편을 사용합니다. 그들은 유기가 언급될 때 불안해하지 않아야 하며, 자신을 유기자들로 간주하지도 말아야 합니다. 오히려 그들은 이 방편들을 열심히 계속해서 사용하고 열정적으로 더 풍성한 은혜의 때를 바라며 경외와 겸손함으로 고대해야 합니다. 또 어떤 사람들은 하나님께로 돌아서고 오직 하나님만을 기뻐하고 사망의 몸으로부터 구원받기를 간절히 바랍니다.^{롬 7:24} 그러나 그들은 경건과 믿음의 길에서 자신들이 사모하는 지점에까지 이를 수 없습니다. 그들은 유기의 교리에 대해 조금도 두려워할 필요가 없습니다. 왜냐하면 자비로우신 하나님께서 꺼져가는 심지를 끄지 않으시고 상한 갈대를 꺾지 않으시겠다고 약속하셨기 때문입니다.^{사 42:3; 마 12:20} 그러나 또 다른 사람들은 하나님과 구주 예수 그리스도를 무시하고 세상의 염려와 육신의 정욕에 자기 자신을 전적으로 내어줍니다.^{마 13:22} 그들에게 있어서 이 유기의 교리는 그들이 하나님께로 진지하게 돌아서지 않는 한 마땅히 두려운 것입니다.^{히 12:29}

도르트 총회 때에 우리 조상들은 7-11조를 통해, 하나님께서는 당신의 선하신 기쁨으로 인해 선택에 관련하여 하나이시고 변하지 않는 작정을 하셨다고 고백했습니다. 12-13조에서는 선택에 대한 신자의 확신에 대한 중요한 고백을 계속하였는데, "택자들은 비록 시기가 다양하고 그 정도가 다르다 할지라도 때가 되면 자신이 영원하고 변하지 않는 구원으로 선택된 것을 확신하게 됩니다."로 시작합니다.

신자들은 "영적인 기쁨과 거룩한 즐거움을 가지고 자신 안에서 하나님의 말씀이 지시하는 선택의 확실한 열매들, 예를 들면 그리스도를 믿는 참된 믿음, 어린아이처럼 하나님을 경외함, 죄에 대한 경건한 슬픔, 의에 주리고 목마름 같은 것을 발견함으로써 이 확신을 얻습니다." 이 확신은 신자들에게 가장 가치 있는 것입니다. 왜냐하면 신자들은 이 확신으로 인하여 하나님 앞에서 겸손하게 되고, 하나님의 자비를 찬양하고, 죄에 대항하여 투쟁하고 하나님께서 자신들에게 먼저 보여주신 사랑에 반응하여 열정적으로 하나님을 사랑하게 되기 때문입니다. 15조에서는 하나님께서 다른 사람들을 버리시고[유기] 그들을 비참에 그대로 두시고 당신의 공의로운 심판 아래 있게 하신 사실을 주목함으로써, 우리가 선택받은 것이 얼마나 놀라운 일인지를 가르쳐 줍니다.

유기에 대한 이러한 언급은 사람을 불안하게 만듭니다. 특별히 일부 사람들을 버리기로 하신 하나님의 영원하신 작정은 사람들로 하여금 하나님이 나를 버리신 것은 아닌지 의심하게 만듭니다. 이런 생각은 많은 염려를 하게 합니다. 이런 이유로 우리 조상들은 유기의 교리에 대해 언급함으로 목회적 요소들을 말하려고 한 조항을 할애했습니다. 조상들은 목회적 방식으로 사람들에게 다가가면서, 믿음 안에서 성장이나 선택에 관한 의심과 의문들을 어떻게 다룰 것인지에 대해 지침을 제공했습니다.

16조에서는 유기의 교리에 대한 세 가지 다른 반응을 말하고 있습니다.

1) 자신 안에서 선택의 열매를 분명히 분별하지 못하는 사람들
2) 자신이 바라고 투쟁하는 경건과 믿음의 정도에 도달할 수 없는 사람들
3) 하나님을 무시하고 죄 가운데 사는 사람들

▶ 반응 1

"일부 사람들은 그들 자신에게서 아직 그리스도를 믿는 산 믿음, 마음의 확고한 확신, 양심의 평강, 아이처럼 순종하는 열심, 그리스도를 통하여 하나님을 자랑하는 것을 분명하게 발견하지 못합니다.^{약 2:26; 고후 1:12; 롬 5:11; 빌 3:3} 그럼에도 불구하고, 그들은 하나님께서 우리 안에서 이 일들을 행하시리라 약속하신 방편을 사용합니다."

이런 사람들은 주님을 섬기기를 원하고, 또 주님을 섬기기도 합니다. 그러나 자신의 선택에 대해 확신하려 할 때, 그들은 확신하지 못합니다. 그들은 자신을 볼 때 자신 안에 충분히 산 믿음이 있다는 것을 발견하지 못합니다. 이런 사람들은 더 열심을 내기를 원하고 자신들이 삶 속에서 충분히 하나님을 찬양하지 않고 있다고 생각합니다. 그래서 그들의 마음속에 의심이 생깁니다. "나는 선택받았는가? 나는 정말로 유기자들에 속하지 않은 걸까?" 이런 사람들은 자신들이 정말로 선택받았다는 증거를 볼 수 있을 때까지 불확실하고 불안하게 살아갑니다. 우리는 자기를 살핌과 같은 것을 말해 보기도 합니다. 우리는 또한 스스로 "나는 하나님께 충분히 열심을 가지고 있는가?" "나는 하나님과

화평한가?"라고 질문할 수 있습니다.

도르트 총회에서 우리 조상들은 자신들의 선택에 대한 의심과 투쟁하는 신자들을 뛰어난 감각으로 다루고 있습니다. 은혜의 방편을 사용하지만 선택의 열매를 만족스럽게 보지 못하는 자들에 대한 조상들의 조언은 그들이 죄에 대해, 사탄에 대해 항복하고는 "나는 정말로 버림받았다."고 결론을 내리지 않아야 한다는 것입니다. 그 대신에 우리 조상들은 "그들은 이 방편 들을 열심히 계속해서 사용하고 열정적으로 더 풍성한 은혜의 때를 바라며 경외와 겸손함으로 고대해야 합니다."라고 권고합니다.

여기서 요점은 성령께서 믿음을 일으키시고 강화시키기 위해서 특별한 방편들을 사용하시기를 기뻐하신다는 것입니다. 믿음은 복음의 설교를 통하여 생긴다고 사도 바울은 롬 10:14-17에서 말합니다. 하이델베르크 교리문답 25주일 65문답을 보세요. 따라서 우리 조상들은 V장 14조에서 하나님께서 다음과 같은 방편들을 사용하신 것에 대해 계시하셨다고 고백합니다. "하나님께서 복음 설교로 우리 안에서 이 은혜의 사역을 시작하기를 기뻐하신 것처럼, 하나님께서는 당신의 말씀을 듣고 읽음으로, 말씀을 묵상함으로, 말씀의 권면과 위협과 약속으로, 성례의 사용으로 이 은혜의 사역을 유지하시고 계속하시고 완성하십니다." 이 은혜의 방편들을 사용하는 자들은 성장할 것입니다.

믿음이 식물처럼 성장하여 열매를 맺기 위해서는 시간이 필요하다는 것을 염두에 두는 것이 중요합니다. 믿음으로 나아온 어느 누구도 한순간에는 열매를 맺지 못합니다. 게다가 한 식물의 품종이 다른 식물의 품종보다 더 빨리 열매를 맺을 수 있는 것처럼 각각 다른 사람들은 그들의 삶 속에서 다른 시간에 주 안에서 성숙에 이르게 됩니다. 믿음의 성장에는 과정이 있습니다. 식물처럼 믿음은 재배와 육성이 필요합니다. 따라서 자기의 선택에 대해 의심하는 자들에 대한 우리 조상들의 충고는 "계속해서 하나님께서 주신 방편들을 사용하라."라는 것입니다. 즉 "하나님의 말씀을 붙들고 연구하고 묵상하라."라는 것입니다. 하나님께서 당신의 때에 열매를 주실 것입니다.

하나님께서는 당신의 말씀 안에서 당신의 때에 당신께서 하신 일들의 결과를 말씀을 통하여 우리로 확신하게 하십니다. 사도 바울은 빌립보서에서 자기 독자들을 성도들1:1, 곧 신자들, 하나님께서 당신에게로 돌아오게 하시기 위해서 사탄의 편에서 구출하신 하나님의 선택된 자들로 선언하십니다. 이 성도들에 대해 바울은 3절과 6절에서 이렇게 말합니다. "내가 너희를 생각할 때마다 나의 하나님께 감사하며 … 너희 안에서 착한 일을 시작하신 이가 그리스도 예수의 날까지 이루실 줄을 우리는 확신하노라." 이 말씀을 읽는 우리는 빌립보 성도들이 모두 스스로 그리스도인이라고 확신하는 완전한 신자들이었을 것이라고 생각합니까? 정말 그들은 완전에 이른 신자들입니까? 그렇지 않습니다. 오늘 우리처럼 그들도 역시 죄인들이었고 우리보다 더 하나님의 은혜를 필요로 하였습니다. 그래서 그들을 격려하기 위해서 바울은 하나님께서는 시작하신 일은 무엇이든지 완성하신다고 말합니다. 하나님께서는 어떤 사람도 중도에서 떨어지게 하지 않으십니다. 하나님께서 빌립보 성도들에게 복음을 가지고 오셨고, 그들 안에 복음을 들으려고 열심히 바라는 마음을 주셨습니다. 즉 믿음을 일으키셨습니다. 하나님께서는 당신이 시작하신 사역을 계속하시고 그 위에 세우시고 당신의 때에 믿음의 열매가 자라게 하십니다. 하나님께서 시작하신 일은 하나님께서 완성**하실 것입니다.** 시 138:8을 보십시오. "여호와께서 나를 위하여 보상해 주시리이다 여호와여 주의 인자하심이 영원하오니 주의 손으로 지으신 것을 버리지 마옵소서"

주님께서는 사 14:32에서도 동일한 확신을 당신의 자녀들에게 주십니다. 블레셋의 사신들에게 대한 주님의 대답은 "그 나라 사신들에게 어떻게 대답하겠느냐 여호와께서 시온을 세우셨으니 그의 백성의 곤고한 자들이 그 안에서 피난하리라 할 것이니라."라고 하는 말씀입니다. 여기서 '곤고한'이란 말은 심령이 가난하고 약하고 작은 자들에 대한 언급입니다. 그들은 시온에서 피난처를 발견할 것입니다. 누구나 자신이 주님께 속한다고 말할 수 있기 전에는 누구도 주 안에서 기둥 혹은 거장일 필요는 없습니다.

▶ 반응 2

"또 어떤 사람들은 하나님께로 돌아서고 오직 하나님만을 기뻐하고 사망의 몸으로부터 구원받기를 간절히 바랍니다.^{롬 7:24} 그러나 그들은 경건과 믿음의 길에서 자신들이 사모하는 지점에까지 이를 수 없습니다."

우리 모두는 날마다의 삶에서 죄와 싸우지만 더 악한 경향으로 기울어져 갑니다. 예를 들면 말을 함부로 하고, 도적질하려는 충동이 생기고, 성적 본능으로 인해 죄를 범하는 등등의 죄들을 범하게 됩니다. 우리는 거듭 우리를 낙망하게 만드는 동일한 죄에 빠지게 됩니다. 우리에게 끈질기게 계속해서 붙어 다니는 죄가 우리를 엄청나게 괴롭게 합니다. 우리는 '나'라고 불러야 하는 그 사람을 별로 좋아하지 않습니다. 우리는 우리 가운데 죄가 너무 많은 것을 보지만, 죄에 대해 승리하는 증거는 거의 보지 못합니다. 우리는 "정말로 내가 선택받았는가?" 의심하게 됩니다. 의심이 소리 없이 서서히 기어들어 옵니다.

바울이 롬 7장에서 자기 자신에 대해, 그리고 죄와 싸우는 자기 싸움에 대해 묘사할 때 우리는 마치 바울이 우리 입에서 나오는 말과 같은 말을 하고 있는 것처럼 보입니다. 바울은 주님의 사도이고, 주께로부터 새로운 마음을 받았고, 다시 태어났고, 성령으로 변화되었습니다. 그러나 그런 바울이 동료 성도들^{성령으로 변화된 사람들}에게 자기 자신에 대해 이렇게 말했습니다. "나는 육신에 속하여 죄 아래 팔렸도다."^{14절} '육신'^{Carnal}이란 말은 육체^{flesh}로 됨, 죄악 된 인간, 죄의 유혹에서 벗어날 수 없음을 의미합니다.

"내가 행하는 것을 내가 알지 못하노니 곧 내가 원하는 것은 행하지 아니하고 도리어 미워하는 것을 행함이라."^{15절} 자신이 죄의 종노릇하고 있다는 사실을 아는 것은 사도에게 괴로운 일이었습니다. "내 속 곧 내 육신에 선한 것이 거하지 아니하는 줄을 아노니 원함은 내게 있으나 선을 행하는 것은 없노라 내가 원하는 바 선은 행하지 아니하고 도리어 원하지 아니하는 바 악을 행하는도다."^{18, 19절} 우리는 사도의 좌절을 느끼게 됩니다. "내 지체 속에서 한 다른 법이 내 마음의 법과 싸워 내 지체 속에 있는 죄의 법으로 나를 사로잡는 것을 보는도다."^{23절} 바울은 자기 안에서 '마음으로는 하나님의 법을 섬기기를 원하는데 육신으로는 죄의 법을 섬기기를 원하는' 격렬한 전쟁이 있다는 것을 알았습니다.

바울은 자신의 절망을 부르짖었습니다. "오호라 나는 곤고한 사람이로다 이 사망의 몸에서 누가 나를 건져내랴?"^{24절} 여기에 대한 답은 하나뿐입니다. 예수 그리스도의 피 안에 구속이 있다! 이 구주께서 오늘 당신의 피로써 죄를 용서해 주시고, 내일 당신의 성령을 통하여 죄인들을 전적으로 새롭게 하십니다. 24절에서 바울이 '사망의 몸'이라고 언급한 방식을 16조에서 발견할 수 있습니다. 죄와의 계속되는 ^{그리고 결과는 분명히 무익한} 싸움을 싸우는 신자들은 바울처럼 "이 사망의 몸에서 누가 나를 건져내랴?"라고 외칩니다. 이 신자들은 피하기를 원합니다. 그들은 구원받기를 원합니다. 그들은 거듭 죄에 빠지기를 원하지 않습니다.

 신자이고 하나님께 택함 받은 자이며 사탄의 편에서 구출되어 하나님 편으로 옮겨진 자인 바울은 자기 자신을 가리켜 선을 행하기를 원하지만 행할 수 없는 죄악 된 사람으로 묘사하고 있습니다. 우리도 바울과 다르지 않습니다. 그렇다면 우리에게 여전히 죄가 있다는 것이 우리가 유기되었다는 의미입니까? 그렇지 않습니다! "가장 거룩한 사람이라 해도 이생에서는 이 순종의 작은 시작만 할 수 있을 뿐입니다."
하이델베르크 교리문답 44주일 114문과 병행 증거 본문들.

 나는 죄에 저항하려고 정말 갖은 노력을 다 합니다. 그럼에도 불구하고 나는 실패합니다. 이 사실이 나를 괴롭히고 나에게 상처를 줍니까? 그렇습니다. 정말로 그렇습니다. 내가 실패했다는 사실에 놀라야 합니까? 그렇지 않습니다. 주님께서는 당신의 백성을 변화시켜서 그들의 마음을 새롭게 하셨지만, 아직 그들을 완전하게 하시지는 않으셨습니다. 한동안 나는 싸워야 합니다. 나는 죄를 범할 때 놀랄 필요가 없습니다. 내가 죄에 빠졌다는 사실을 가지고 내가 주님께 속하지 않았다는 식으로 결론짓지 말아야 합니다.

 '주의 만찬 예식서'^{찬송가}에서도 또한 신자의 삶 속에 존재하는 이 매우 실제적이고 반복적으로 실패하는 죄와의 투쟁에 대해 말합니다. 우리 주님의 성찬에 참여하기 전에, 우리는 우리 자신을 살펴야 하고, 우리가 우리의 죄악으로 인해 하나님 앞에서 겸손해지고 있는지, 그리스도께서 우리를 위하여 획득하신 죄의 용서를 믿는지, 우리가 하나님께 감사하며 섬기는 삶을 살기 위해 투쟁하고 있는지 아닌지를 생각함으로써 자기 자신을 살필 것을 요청합니다.

주의 만찬 예식서에서는 계속해서 이렇게 말합니다. "하나님께서는 이렇게 살피는 모든 이들을 확실히 은혜로 용납하실 것이며, 우리 주 예수 그리스도의 만찬에 참여하기에 합당한 자로 여기실 것입니다. 그러나 마음속에 이런 증거를 느끼지 않는 자들은 자신들에게 임하는 심판을 먹고 마시는 것입니다. 그러므로 그리스도와 사도 바울의 명령을 따라서, 우리는 다음과 같은 부끄러운 죄를 범하고 있음을 스스로 아는 자들에게 주님의 상에 참여하지 말 것을 권하며, 그들이 그리스도의 나라에 차지할 자리가 없음을 선언합니다. …" 그리고 이 후에 하나님의 십계명에 근거한 죄의 목록들이 열거됩니다.

우리가 이 죄의 목록을 읽을 때 우리는 이 예식서에서 언급하는 죄를 범했다고 정직하게 인정할 수밖에 없습니다. 그래서 그 결과 우리는 예식서에서 나오는 "우리는 다음과 같은 부끄러운 죄를 범하고 있음을 스스로 아는 자들에게 주님의 상에 참여하지 말 것을 권하며, 그들이 그리스도의 나라에 차지할 자리가 없음을 선언합니다.…"라고 하는 말을 우리 자신에게 비춰 볼 수밖에 없습니다. 특별히 마지막 말은 우리를 너무나 불안하게 합니다. '결국 나는 책망 받아야 한다.…' 여기에 16조에서 우리 조상들이 언급된 것과 동일한 의심이 있습니다.

그러나 동일한 '주의 만찬 기념 예식서'는 우리를 실망하고 의심하도록 그냥 놓아두지 않습니다. 예식서에서는 이렇게 말합니다. "이 모든 죄인의 목록들은 단 하나의 범죄도 없는 자만이 주님의 성찬에 나아갈 수 있는 것처럼 심령이 찔려 있는 신자들에게조차 모든 용기를 빼앗으려고 제시된 것은 아닙니다. 오히려 우리는 우리가 스스로 완전하며 의롭다는 것을 시위할 목적으로 이 만찬에 나아가지는 않습니다. 도리어 우리는 우리의 생명을 우리 밖에 있는 예수 그리스도 안에서 찾습니다. 그렇게 함으로 우리는 우리가 스스로 죽었다는 것을 인정하는 것입니다. 우리는 또한 우리 안에 여전히 많은 죄와 결점이 있음을 깨닫습니다. 우리의 신앙은 완전하지 않으며, 우리는 하나님이 요구하신 열심대로 하나님을 섬기지 않습니다. 우리는 날마다 신앙의 연약함과 육신의 악한 정욕과 더불어 투쟁해야 합니다."

우리의 죄와 믿음의 결핍이 정말로 우리를 힘들게 합니다! 우리는 정말로 이 싸움에서 벗어나고 싶어 합니다! 그러나 하나님께서 이 세상에서 그렇게 해 주시지 않는 것은 은혜입니다. 우리는 여기 이 땅 위에서 날마다 살아가는 동안 우리 육신의 연약함을 감수해야 합니다. "그러나 우리는 성령의 은혜로 인하여 이 결점들을 슬퍼하고 우리의 불신앙에 대항하여 싸우며 하나님의 모든 계명에 따라 살기를 원합니다." 심지어 우리는 죄에 대한 슬픔에서도 우리의 죄악됨을 보게 됩니다. 왜냐하면 우리는 완전한 슬픔을 토해낼 수 없기 때문입니다. 심지어 이런 점에서 우리는 하나님께서 우리에게 바라시는 의의 작은 시작을 할 뿐입니다. 그럼에도 불구하고 우리는 죄에 대해 슬퍼해야 합니다. 따라서 우리는 이 예식서의 다음 말씀으로 위로를 받습니다. "그러므로 우리는 아직도 우리 속에 남아 있는 우리의 뜻에 대항하는 어떤 죄나 연약함도 하나님이 우리를 은혜로 용납하시고 이 하늘의 음식과 음료에 합당하게 참여할 것으로부터 우리를 막을 수 없다는 것을 분명하게 확신할 수 있습니다."

나는 유기된 자입니까? 나는 나의 죄가 많고 동일한 죄를 반복해서 짓는다는 것을 압니다. 그러나 하나님의 은혜로 나는 나의 죄를 슬퍼합니다. 그러나 나의 슬픔이 얼마나 불완전한가! 내가 선택되었는지 유기되었는지 어떻게 확실히 알 수 있습니까? "택자들은… 영적인 기쁨과 거룩한 즐거움을 가지고 자신 안에서 하나님의 말씀이 지시하는 선택의 확실한 열매들, 예를 들면 그리스도를 믿는 참된 믿음, 어린아이처럼 하나님을 경외함, 죄에 대한 경건한 슬픔, 의에 주리고 목마름 같은 것을 발견함으로써 이 확신을 얻습니다."[12조] 죄가 나의 삶 속에서 실체로 남아 있다는 것은 사실입니다. 그러나 하나님께서 나로 죄에 대해 슬퍼하도록 내 안에서 역사하십니다. 만일 하나님께서 내 안에서 시작하셨다면, 하나님께서는 영원히 신실하기 때문에 시작하신 일을 계속하실 것입니다. 하나님께서는 영원히 신실하십니다. 하나님께서는 계속하실 것입니다. 따라서 우리 조상들은 자신들이 사모하는 경건과 믿음의 길에 이를 수 없다는 사실로 인해 용기를 잃은 사람들에게 다음과 같이 격려합니다. "심지어 그들은 유기의 교리에 대해서 [반응 1의 사람들] 보다 덜 두려워해도 됩니다. 왜냐하면 자비로우신 하나님께서 꺼져가는 심지를 끄지 않으시고 상한 갈대를 꺾지 않으시겠다고 약속하셨기 때문입니다."[사 42:3을 보시오.]

▶ 반응 3

"또 다른 사람들은 하나님과 구주 예수 그리스도를 무시하고 세상의 염려와 육신의 정욕에 자기 자신을 전적으로 내어줍니다."

여기서 '다른' 사람들은 교회 밖의 사람들을 언급하는 것이 아니라 교회 안에 있는 사람을 언급하는 것입니다. 우리는 벨직 신앙고백 29조에서 교회 안에도 위선자들이 있다고 고백했습니다. [마13장에서 씨 뿌리는 자와 씨들에 대한 예수님의 비유를 보세요] 이런 사람들도 또한 선택과 유기에 대해 들었습니다. 유기에 대한 언급은 그들 가운데서 죄책감을 유발시키고, 이것은 나쁜 일이 아닙니다. 왜냐하면 이것은 하나님께서 여전히 기회를 주시는 동안 죄로부터 회개하라는 경고이기 때문입니다. 그런 회개는 분명히 필요합니다. 왜냐하면 살아계신 하나님의 손에 빠지는 일은 두려운 일이기 때문입니다.^{히 10:31} 우리 조상들도 다음과 같이 말했습니다. "그들에게 있어서 이 유기의 교리는 그들이 하나님께로 진지하게 돌아서지 않는 한 마땅히 두려운 것입니다."

모든 신자들에게 도전을 주는 유기의 교리

우리 모두는 유기의 교리를 듣고 도전을 받습니다. 나는 하나님 안에서 성장하기 위해서 하나님께서 나에게 주신 방편인 하나님의 거룩한 말씀을 부지런히 사용해야 한다는 것을 압니다. 나의 죄와 불완전함이 여전히 많이 남아 있을지라도, 이 유기의 교리는 이로 인해 내가 좌절해야 된다는 뜻이 아니라는 것을 알게 하므로 위로와 확신을 이끌어내도록 나에게 도전을 줍니다. 하나님께서 친히 내가 죄에 대해 슬퍼하도록 내 안에서 역사하십니다. 이 죄에 대한 슬픔이 존재한다는 것이 바로 하나님께서 나를 선택하신 열매입니다.

유아 때에 죽은 신자들의 자녀들

❖

우리는 하나님의 말씀을 가지고 하나님의 뜻에 대해 판단해야 하는데, 그 말씀에서는 신자의 자녀들이 본성으로가 아니라 은혜 언약으로 인하여 거룩하고, 그 언약 안에서 자기 부모들에게 포함된다고 말합니다.^{창 17:7; 사 59:21; 행 2:39; 고전 7:14} 그러므로 하나님을 경외하는 부모들은 하나님께서 유아 때에 이 세상에서 불러가신 자기 자녀들의 선택과 구원을 의심하지 않아야 합니다.

1조에서는 유기의 교리에 대해 신자들이 얼마나 성숙하게 반응하는가에 대한 문제를 다루었습니다. 또한 우리 조상들은 자신의 자녀들이 유아시기에 죽는다면 그들의 구원 여부에 대한 문제에 주목할 필요가 있음을 알았습니다. 그 문제를 다룰 필요가 있었다는 사실은 1618-1619년 도르트 총회 당시에 유아 사망률이 전반적으로 높은 편이었다는 것과도 관련해서 설명할 수 있습니다. 오늘 우리 사회에서는 유아 사망률이 아주 낮은 편이지만, 오늘 우리도 또한 우리 자녀들이 유아 때에 죽게 된다면 그들이 어디로 가는지를 알고 싶어할 것입니다.

아르미니우스주의자들은 하나님께서 미리 아신 믿음에 근거하여 어떤 이는 구원으로 선택하시고 다른 사람들은 미리 아신 불신앙에 근거하여 지옥으로 가도록 정하셨다고 말합니다. 하지만 유아들은 믿거나 믿지 않을 수 없으며, 너무 어려서 이것 혹은 저것을 선택할 수 없습니다. 그래서 아르미니우스주의자들은 하나님께서는 자비로운 분이니까 죽은 아이들 모두에게 구원을 허락하신다고 말했습니다. 따라서 유아들은 '자동적으로' 구원받지만 어른들의 운명은 믿을지 안 믿을지에 대한 그들 자신의 선택으로 결정됩니다.

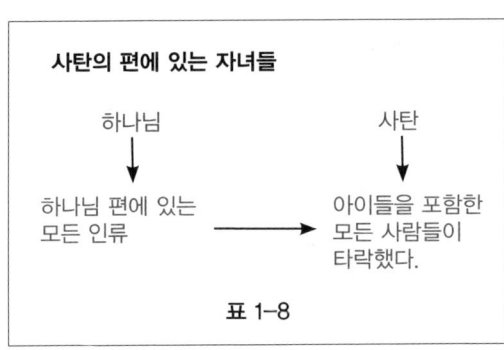

조상들은 주님께서 아이들의 처지에 대해 말씀하신 것을 찾기 위해서 성경으로 돌아갔습니다. 성경은 아담이 죄에 빠졌을 때에 전체 인류가 타락하여 사탄 편에 연합하였다고 말합니다. 롬 5:12에서 "그러므로 한 사람으로 말미암아 죄가 세상에 들어오고 죄로 말미암아 사망이 들어왔나니 이와 같이 모든 사람이 죄를 지었으므로 사망이 모든 사람에게 이르렀느니라."라고 말할 때, 창 3장에서 죄에 빠졌던 일에 대해 언급합니다. 이 본문에서는 아담이 죄를 범했을 때 나도 죄를 범했고, 우리 모두가 죄를 범했다고 말합니다. 만일 이 본문에서 주장하는 것처럼 내가 아담과 함께 타락했다면, 그때 나의 자녀들도 또한 아담과 함께 타락한 것입니다.

우리가 이해할 수 없는 방식으로 전체 인류가 아담과 함께 범죄 했습니다. 그래서 전체 인류는 하나님 앞에서 유죄 선고를 받았습니다. 이 사실은 어느 시대이건 어른들에게만 참된 것이 아니라 아이들에게도 마찬가지로 참된 것입니다. 그래서 나이나 능력이나 족속이나 세상의 어떤 장소에 있든지 관계없이 주님의 진노가 모든 사람들에게 머물게 되었습니다.

주님께서 자손들을 구별 하십니다

그러므로 모든 자녀들은 본성상 진노의 자식들입니다. 우리는 누군가가 구원받는다고 믿을 수 있습니까? 만일 그렇다면 어떤 근거로 그럴 수 있습니까? 도르트 총회에서 우리 조상들은 성경으로부터 주님께서 신자의 자녀들을 구별하신다는 것, 즉 다른 자녀와 달리 신자의 자녀를 다루신다는 사실을 이해했습니다. 신자의 자녀들은 하나님께 속하지만 불신자의 자녀들은 하나님께 속하지 않습니다. 우리 조상들은 우리가 창 17:7에서 읽을 수 있는 하나님의 말씀에 근거하여 이런 결론을 내렸습니다. 창 17:7에서 주님께서는 아브라함에게 이렇게 말씀하셨습니다. "내가 내 언약을 나와 너 및 네 대대 후손 사이에 세워서 영원한 언약을 삼고 너와 네 후손의 하나님이 되리라."

이 구절에서 하나님께서 아브라함에 대해 말씀하신 것은 무엇이든지 동일하게 아브라함의 후손에 대해서도 말씀하신 것입니다. 하나님께서는 아브라함의 하나님이 되실 것이라고 약속하셨으며, 동일하게 아브라함의 후손의 하나님이 되실 것이라고도 약속하셨습니다. 그것은 "네 대대 후손의 하나님이 되리라."라는 말씀의 요점입니다. 그래서 하나님께서는 아브라함의 이웃의 후손들을 보는 것과는 달리 아브라함의 후손들을 보았습니다. 그것은 곧 하나님께서 아브라함의 후손들을 구별하셨다는 것입니다. 하나님께서는 한 가정의 후손들을 당신의 소유라고 주장하시고, 다른 가정의 다른 후손들에 대해서는 그렇게 주장하지 않으셨습니다.

우리는 행 2장에서 오순절의 절기를 기념하기 위해서 예루살렘에 함께 모인 유대인 청중들에게 설교한 베드로의 오순절 설교를 읽을 수 있습니다. 우리는 22절을 보면 베드로가 특별한 그룹의 사람들, 즉 이스라엘 사람들, 하나님의 언약 백성들에게 선언하는 것이 나옵니다. 특별히 이 이스라엘 사람들에게 베드로는 이렇게 말합니다. 39절입니다. "이 약속은 너희와 너희 자녀와 모든 먼 데 사람 곧 주 우리 하나님이 얼마든지 부르시는 자들에게 하신 것이라 하고." 이 약속은 헬라인의 자녀들이나 애굽인의 자녀들이 아니라 이스라엘 사람들의 자녀들에게 주신 것입니다. '그리고 너희 자녀에게'

바울은 고전 7:14에서 고린도 성도들에게 이렇게 말합니다. "믿지 아니하는 남편이 아내로 말미암아 거룩하게 되고 믿지 아니하는 아내가 남편으로 말미암아 거룩하게 되나니 그렇지 아니하면 너희 자녀도 깨끗하지 못하니라 그러나 이제 거룩하니라." **이 자녀들이 믿는 부모의 자녀들이라는 사실**은 이 자녀들이 하나님께 특별하다는 것을 말합니다. 사도는 말하기를, 그 자녀들은 **거룩하다**고 했습니다.

다른 한편으로, 불신자들의 자녀들은 "깨끗하지 못합니다."^{고전 7:14} 이 불신자의 자녀들이 하나님께 속하지 않는다는 것은 에베소 성도들에게 보낸 바울의 서신에서도 지적되고 있습니다. "그러므로 생각하라. 너희는 그 때에 육체로 이방인이요, 손으로 육체에 행한 할례당이라 칭하는 자들에게 무할례당이라 칭함을 받는 자들이라. 그 때에 너희는 그리스도 밖에 있었고 이스라엘 나라 밖의 사람이라 약속의 언약들에 대하여 외인이요, 세상에서 소망이 없고 하나님도 없는 자이더니…" 따라서 이 에베소 성도들은 어렸을 때에는 하나님의 백성이 아니었고, "약속의 언약들에 대하여 외인이었습니다." 그러나 나중에 주님께서 그들에게 믿음을 주셨고 그때부터 그들^{그리고 그들의 자녀들도 또한 그러합니}

다, 창 17:7; 행 11:14, 16:15, 29이하, 18:8은 "더 이상 외인도 아니요 자손도 아니요 오직 성도들과 동일한 시민이요, 하나님의 권속이 되었습니다."19절

그래서 하나님께서는 신자들의 자녀들과 불신자들의 자녀들을 구별하십니다. 하나님께서는 신자들과, 또 그들에게 주신 자녀들과 언약을 맺으셨습니다. 하나님께서는 이 자녀들을 당신의 소유라고 주장하십니다. 불신자인 내 이웃의 자녀들은 하나님께 속하지 않습니다. 그래서 그들의 자녀들은 깨끗하지 못합니다.

신자들은 유아 때에 죽은 자녀들의 선택을 의심하지 않아야 합니다.

앞에서 제시한 성경본문에 근거하여 우리 조상들은 하나님께서 믿는 부모의 자녀들을 당신의 소유라고 주장하신다고 결론을 맺었습니다. 그러므로 우리 조상들은 17조에서 하나님의 말씀에서는 "신자의 자녀들이 본성으로가 아니라 은혜 언약으로 인하여 거룩하고, 그 언약 안에서 자기 부모들에게 포함된다고 말합니다."라고 기록했습니다. 그러므로 만일 믿는 부모의 자녀가 죽었다면, 성경이 말하는 권위에 근거하여 그 부모는 하나님의 약속이 자기 자녀에게도 이루어졌다는 사실을 믿어야 할 것입니다. "그러므로 하나님을 경외하는 부모들은 하나님께서 유아 때에 이 세상에서 불러 가신 자기 자녀들의 선택과 구원을 의심하지 않아야 합니다."

믿는 부모들은 하나님께서 세례의 성례에서 표하시고 인치심으로 자기 자녀들에게 주신 부요한 약속으로 인해 감동합니다. 하나님께서 신실하게 당신의 말씀 안에서 당신 자신을 계시하셨다면, 그 하나님께서 유아 때에 죽은 자기 자녀들의 영원한 운명을 의심하여 위로를 상

실하도록 믿는 부모들을 버려두시겠습니까? 하나님께서 신실하시다면 그렇게 하실 리 없습니다. 하나님께서는 세례로 자녀들에게 아버지가 되시고 "자녀들이 유익하도록 모든 선한 것을 주시고 악한 것을 선으로 바꾸어 주실 것이라."라고 약속하셨습니다. 이 자녀들도 또한 성자 하나님의 피를 통한 죄의 용서와 성령 하나님에 의한 중생을 약속받았습니다. 그렇다면 하나님께서 질병 혹은 사고를 자녀들이 영원히 지옥으로 떨어지는 도구로 사용하시겠습니까? 우리가 섬기는 하나님이 이런 분입니까? 그렇지 않습니다. 신자의 자녀들에게 하신 하나님의 약속은 공허한 약속이 아닙니다. 하나님께서는 항상 당신의 말씀대로 행하십니다.

이것이 바로 다윗이 간음한 후에 다윗과 밧세바 사이에 태어난 아이가 죽었을 때 다윗을 위로하신 하나님의 약속 안에 있던 믿음입니다. 다윗은 아이가 죽었을 때 이런 말을 했습니다. "다윗이 땅에서 일어나 몸을 씻고 기름을 바르고 의복을 갈아입고 여호와의 전에 들어가서 경배하고 왕궁으로 돌아와 명령하여 음식을 그 앞에 차리게 하고 먹은지라 그의 신하들이 그에게 이르되 아이가 살았을 때에는 그를 위하여 금식하고 우시더니 죽은 후에는 일어나서 잡수시니 이 일이 어찌 됨이니이까 하니 이르되 아이가 살았을 때에 내가 금식하고 운 것은 혹시 여호와께서 나를 불쌍히 여기사 아이를 살려 주실는지 누가 알까 생각함이거니와 지금은 죽었으니 내가 어찌 금식하랴 내가 다시 돌아오게 할 수 있느냐 나는 그에게로 가려니와 그는 내게로 돌아오지 아니하리라 하니라." 삼하 12:20-23

우리는 자녀가 죽으면 슬퍼합니다. 그러나 다윗은 자기 아이가 죽었을 때 금식을 중지했습니다. 그렇게 함으로써 다윗은 하나님께서 이 아이를 당신께로 데려가셨다는 자기 확신을 표현했습니다. 달리 말하면 다윗은 소망 없는 자처럼 슬퍼하지 않았습니다. 또 다윗이 한 말을 보면, 그가 하나님께서 자기 아이를 당신께로 취하셨다고 확신하고 있음을 알 수 있습니다. "나는 그에게로 가려니와 그는 내게로 돌아오지 아니하리라 하니라"[23절] 다윗은 어디로 갑니까? 다윗은 신자이고 자신이 죽으면 주님과 함께 하기 위해서 주께로 가야 한다는 것을 알고 있습니다. 바로 그곳에 주님께서 다윗 자신보다 먼저 아이를 데려가신 것입니다.

신자의 자녀들은 하나님께 속해 있습니다. 이 사실은 자녀들의 탄생 후만이 아니라 탄생 전에도 확실합니다. 또한 주님께서는 모태를 통하여서도 당신의 교회를 모으십니다. 신생아실 유아용 침대에서 죽은 자녀들도 주님의 소유입니다. 아직 태어나지 않은 자녀들이나 모태에서 자라다가 석 달 만에 죽은 자녀도 주님의 소유입니다. 이 지식에는 하나님을 경외하는 부모를 위한 분명하고 매우 부요한 위로가 포함되어 있습니다.

18조

항의하지 말고 찬양 하십시오

❖

우리는 이 분에 넘치는 선택의 은혜와 공의로운 유기의 엄격함에 대해 불평하는 자들욥 4:34-37에게 다음과 같은 사도의 말씀으로 항변합니다. **이 사람아 네가 누구이기에 감히 하나님께 반문하느냐?**롬 9:20 **내 것을 가지고 내 뜻대로 할 것이 아니냐?**마 20:15 고 하시는 우리 주님의 말씀으로 항변할 수 있습니다.

오히려 우리는 이 신비에 대해 경건한 찬양으로 사도와 함께 이렇게 외쳐야 합니다. 깊도다! 하나님의 지혜와 지식의 부요함이여, 그의 판단은 측량치 못할 것이며, 그의 길은 찾지 못할 것이로다! 누가 주의 마음을 알았느뇨? 누가 그의 모사가 되었느뇨? 누가 주께 먼저 드려서 갚으심을 받겠느뇨? 이는 만물이 주에게서 나오고, 주로 말미암고, 주에게로 돌아감이라. 영광이 그에게 세세에 있으리로다. 아멘.

성경에서 분명히 가르치고 있는 바를 조롱하는 자들에게 대항하여 우리 조상들은 이 마지막 조항을 기록했습니다. 성경에서 선택과 유기의 교리를 가르치신 분은 **주님 자신**이십니다. 그러므로 우리는 18조에서 이렇게 고백합니다. "우리는 이 분에 넘치는 선택의 은혜와 공의로운 유기의 엄격함에 대해 불평하는 자들에게 다음과 같은 사도의 말씀으로 항변합니다. 이 사람아, 네가 뉘기에 감히 하나님을 힐문하느뇨?" 다시 말하면, "너는 네가 누구라고 생각하느냐?"입니다. 이 질문에 대해 내가 할 수 있는 유일하고 참된 답변은 "나는 사람일 뿐입니다. 죄악 된 한 인간일 뿐입니다."

여기에서 나는 주님께서 선택과 유기에 대해 계시하신 것에 대해 내 편에서 가장 먼저 보여야 할 합당한 반응이 하나님 앞에서 깊은 겸손을 보이는 것이라고 고백합니다. 자녀들과 소유물, 건강을 잃고 하나님 앞에 의문을 제기한 욥은 하나님께서 자신에게 변론을 요구하신 것을 알게 됩니다. "트집 잡는 자가 전능자와 다투겠느냐 하나님을 탓하는 자는 대답할지니라 욥이 여호와께 대답하여 이르되 보소서 나는 비천하오니 무엇이라 주께 대답하리이까 손으로 내 입을 가릴 뿐이로소이다 내가 한 번 말하였사온즉 다시는 더 대답하지 아니하겠나이다."욥 40:2-5 이 욥의 태도는 내가 선택과 유기의 교리에 대해 들을 때에도 동일하게 하나님 앞에서 취해야 할 태도입니다. 그 태도는 겸손입니다.

만일 일부 사람들을 택하시고 다른 사람들을 버리시는 것이 주님께서 기뻐하시는 일이라면 내가 불평할 수 있겠습니까? 그럴 수 없습니다. 바울은 "이 사람아 네가 누구이기에 감히 하나님께 반문하느냐?"라고 말합니다. 롬 9:20 이하 나는 겸손해야 하고, 그 겸손으로부터 찬양이 흘러나와야 합니다. "주여, 당신께서 당신 자신을 위하여 사람들을 선택하시고, 심지어 나 같은 자도 선택하셨는데, 이는 내가 헤아릴 수 없는 것입니다! 참으로 당신은 하나님이십니다."

우리는 롬 11:33-36에서 읽을 수 있는 사도 바울의 말로 다음과 같이 말할 수밖에 없습니다. "깊도다 하나님의 지혜와 지식의 풍성함이여, 그의 판단은 헤아리지 못할 것이며 그의 길은 찾지 못할 것이로다 누가 주의 마음을 알았느냐 누가 그의 모사가 되었느냐 누가 주께 먼저 드려서 갚으심을 받겠느냐 이는 만물이 주에게서 나오고 주로 말미암고 주에게로 돌아감이라 그에게 영광이 세세에 있을지어다 아멘."

제2장

그리스도의 죽으심과
그 사역을 통한 사람의 구속

서론

도르트 신경 2장에서는 교리의 새로운 측면, 즉 그리스도의 죽으심과 그 결과로 얻게 된 우리의 구속에 초점을 맞춥니다. 도르트 총회에서 우리 조상들이 왜 그리스도의 죽으심에 한 장을 할애할 필요가 있었는지를 알기 위해서 우리는 아르미니우스주의자들의 가르침으로 돌아가 볼 필요가 있습니다. 아르미니우스주의자들은 그리스도께서 죄를 위하여 죽으셨다는 사실을 믿습니다. 그러나 그들의 가르침은 그리스도의 죽으심이 정말로 성취하신 것을 공허하게 만들었습니다. 그리스도의 죽으심에 대한 아르미니우스주의자들의 가르침을 분석해 보면, 그리스도의 죽으심이 개혁교회 사람들에게 가치가 있는 것만큼 아르미니우스주의자들에게도 동일한 가치가 있는 것이 아니라는 사실이 증명됩니다.

그리스도의 죽으심에 대한 아르미니우스주의의 가르침

아르미니우스주의자들의 가르침에 따르면, 사람이 타락한 후에 주 하나님께서 사람이 구원받기 위해서 이루어야 할 조건들을 정하셨다고 합니다. 그들은 말하기를, 이 조건들은 구약의 율법에 대한 순종이라고 합니다. 오직 하나님의 율법에 대한 순종을 통해서만 사람은 영원한 생명을 얻는다는 것입니다. 그러나 아르미니우스주의자들은 말하기를, 주님께서 이 조건들이 사람에게 너무 지나친 것이라는 사실을 깨달으셨다는 것입니다. 다시 말하면, 하나님께서 사람이 넘을 수 없는 수준으로 정하셨다는 사실을 깨달으셨다는 것입니다. 곧 하나님께서 '곤경에 빠졌다.'는 사실을 깨달으셨다는 것입니다. 왜냐하면 하나님께서는 공의를 요구하시기 때문입니다. 사람이 죄에 빠졌고, 하나님께서는 사람을 심판하지 않은 상태로 두실 수 없었습니다. 하나님께서 공의를 요구하셨으므로 공의가 획득되어야 합니다. 그러나 사람은 공의를 획득할 수 없었습니다. 그래서 사람뿐만 아니라 하나님도 당황하게 되었다는 것입니다.

그래서 하나님께서 죄의 문제를 해결하기 위해서 이 땅에 당신의 독생자를 보내셨다는 것입니다. 즉 이 말은 그리스도께서 죗값을 지불하기 위해서 오신 것이 아니라 하나님의 공의를 만족시켜서 하나님께서 사람과 함께 다시 출발하게 하려고 오셨다는 것입니다. 만일 그리스도께서 옛 조건들의 요구들(율법에 대한 순종)을 만족시키실 수 있다면, 그때 하나님의 공의가 만족될 것이고, 하나님께서는 사람이 구원받기 위해서 이루어야 할 새로운 조건들을 제시할 수 있다는 것입니다. 그리스도께서 성공적으로 하나님의 공의를 만족시키셨고, 그리스도의 죽으심이 하나님께서 구약의 조건들을 없애는 것을 가능하게 했으며, 그로 인해 하나님께서는 새로운 조건들을 가지고 다시 출발하는 것에 있어서 자유로워지셨습니다. 하나님께서 선택하신 이 새로운 조건은 믿음이라는 것입니다. 그래서 우리가 오늘 구원받기 위해서는 믿음이 필요하다고 하였습니다. 왜냐하면 타락한 사람은 죄 가운데 죽지 않았고 병들었기 때문에 믿음은 우리가 다룰 수 없는 수준이 아니라는 것입니다(3장을 보세요). 병든 사람도 여전히 믿을 수 있다는 것입니다.

따라서 아르미니우스주의자들에 따르면, 그리스도의 죽으심은 우리의 죗값을 지불하는 것이 아닙니다. 그리스도의 죽으심은 하나님께서 사람에게 요구하시는 수준을 꽤 낮추는 것을 가능하게 한 것뿐입니다. 이제 하나님께서 가능한 수준(믿음)을 정해 주셨으므로, 만일 우리가 구원받기를 원한다면 나머지를 해야 합니다. 즉 우리는 믿어야 하는 것입니다. 이 구도에서 보면, 분명히 신약의 하나님은 구약의 하나님보다 상당히 더 자비롭게 보일 것입니다.

[찬송가] 548페이지에도 나와 있듯이, 조상들은 잘못들에 대한 반박 2의 잘못에서 이 아르미니우스주의자들의 가르침을 요약합니다. 거기 요약된 아르미니우스주의자들의 가르침에 따르면, 그리스도께서 죽으신 목적이 **"다만 성부 하나님으로 하여금 사람과 은혜 언약이든 행위 언약이든 간에 당신이 기뻐하시는 언약을 한 번 더 세울 수 있는 권리를 얻도록 하는 것일 뿐이었습니다."** 잘못들에 대한 반박 2—잘못 라고 합니다. 달리 말하면 그리스도께서 죽으심으로 인해 아버지께서는 사람을 위한 새로운 조건들을 정할 수 있는 기회를 가질 수 있었다는 것입니다. 또한 그리스도께서는 오직 성부께서 "다시 사람과 교제하시고 당신의 원하시는 새로운 조건들을 정하기 위한 권위와 완전한 뜻만을 획득하셨습니다." 잘못들에 대한 반박 3—잘못 여기에서 우리는 또한 그리스도께서 옛 조건들을 만족시키심으로써 하나님께서는 더 이상 옛 조건들에 매여 있지 않으시고 새로운 조건들을 정하실 수 있게 되었다는 동일한 사고를 발견합니다. 이 새로운 조건들은 "하나님께서 율법에 대한 완전한 순종의 요구를 폐지하시고, 믿음을 율법에 대한 순종으로 간주하시며, 믿음의 순종이 비록 불완전할지라도 율법에 대한 완전한 순종으

로 간주하신다는 사실에 있습니다." 잘못들에 대한 반박 4–잘못

　1600년대 초 수십 년 동안, 그리스도께서 죽으심에 대한 아르미니우스주의자들의 가르침은 교회의 강단에서 가르쳐졌습니다. 우리는 이 가르침이 신실한 자들 가운데 많은 불안을 일으켰다는 것을 이해할 만합니다. 그러므로 도르트 총회에서 조상들은 교회 의자에 앉아 있는 사람들이 그리스도께서 죽으심의 목적에 대해 듣는 것에 대해 생각할 때 이 아르미니우스주의자들의 이단적인 가르침을 바로 잡아야 할 필요가 있다는 것을 알았습니다. 그러므로 도르트 신경 Ⅱ장은 그리스도의 죽으심과 사람의 구속에 대한 성경적 진리를 기록하기 위해 우리 조상들이 노력한 결과로 작성한 것입니다.

1조

하나님의 공의가 요구하는 형벌

하나님께서는 한없이 자비로우실 뿐만 아니라 한없이 공의로우십니다. 출 34:6,7: 롬 5:16; 갈 3:10 또한 하나님께서 친히 당신의 말씀에 계시하신 것처럼, 하나님의 공의는 하나님의 무한하신 위엄에 대항하여 우리가 범한 죄들이 이 세대뿐만 아니라 오는 세대에 몸과 영혼, 둘 다 심판받아야 할 것을 요구합니다. 하나님의 공의가 만족되지 않는다면 우리는 이 형벌을 피할 수 없습니다.

조상들은 맨 먼저 하나님의 공의에 대한 조항을 기술함으로써 아르미니우스주의자들의 가르침에 대한 반박을 시작했습니다. 성경에서는 하나님께서 자비로우실 뿐만 아니라 공의로우시다고 가르칩니다. 이 하나님의 공의를 이해하기 위해서 우리는 에덴동산으로 우리의 생각을 돌려야 할 필요가 있습니다.

창 2장을 보면, 우리는 하나님께서 사람을 창조하시어 에덴동산에 두시면서 그 동산을 돌보고 지키라고 명령하셨습니다. 하나님께서는 에덴동산을 선물로 주시고, 사람을 그 동산에 두시고, 곧바로 약속과 요구가 포함된 언약을 사람과 맺으셨습니다. 여호와 하나님이 그 사람에게 명하여 르시되 동산 각종 나무의 열매는 네가 임의로 먹되 선악을 알게 하는 나무의 열매는 먹지 말라 네가 먹는 날에는 반드시 죽으리라 하시니라."창 2:16,17 여기서 약속은 만일 사람이 선과 악의 지식 나무의 실과를 먹는다면 죽을 것이나, 만일 사람이 선과 악의 지식 나무의 실과를 먹지 않는다면 살 것이라는

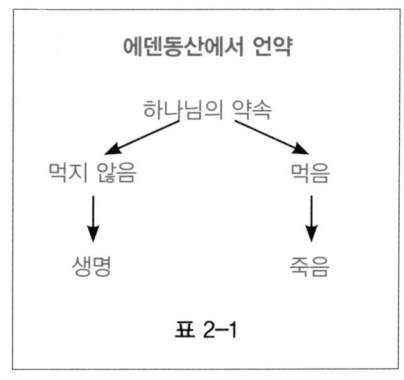

표 2-1

것입니다. 그러므로 하나님께서 사람에게 요구하신 것은 그 나무의 실과를 먹지 말라는 것이었습니다.

그렇다면 아담이 했던 일은 무엇입니까? 그리고 아담 안에서 우리 모두가 한 일은 무엇입니까? 1장 1조를 보시오 우리는 하나님의 요구를 이루지 못하고 금지된 나무의 실과를 먹었습니다. 만일 너희가 먹으면 죽을 것이라고 하나님께서 약속하셨다면 이 범죄는 하나님께서 너그럽게 눈감아 주실 수 있는 그런 것이 아닙니다. 우리는 하나님의 언약을 배반했습니다. 그래서 하나님께서는 우리에게 두 번째 기회를 주시기 위해서 책임을 면제해 주시지도 않으며, 주실 수도 없었습니다. 만일 하나님께서 창 2:17에서 하신 약속을 무시하시는 반응을 보이셨다면 그 하나님은 어떤 분이시겠습니까? 우리는 그분을 환경에 따라 변하시는 그런 변덕스러운 하나님으로 볼 수밖에 없지 않겠습니까? 그러나 성경은 하나님이 **변치 않으시는** 하나님이시라고 주장합니다. "하나님은 사람이 아니시니 거짓말을 하지 않으시고 인생이 아니시니 후회가 없으시도다 어찌 그 말씀하신 바를 행하지 않으시며 하신 말씀을 실행하지 않으시랴?"민 23:19 "이스라엘의 지존자는 거짓이나 변개함이 없으시니 그는 사람이 아니시므로 결코 변개하지 않으심이니이다

하니."삼상 15:29 "우리는 미쁨이 없을지라도 주는 항상 미쁘시니 자기를 부인하실 수 없으시리라."딤후 2:13 에덴동산에서 우리는 신실하지 못했습니다. 그러나 변하지 않으시는 하나님께서는 여전히 **신실하십니다.** 그래서 사람은 죽어야 합니다. 왜냐하면 하나님께서 그렇게 말씀하셨기 때문입니다. "하나님께서는 공의로우심으로 지극히 높으신 하나님의 권위에 대항하는 죄에 대해 가장 심한 형벌, 곧 몸과 영혼의 영원한 형벌을 받게 하십니다." 하이델베르크 교리문답 4주일 11문답 만일 하나님께서 변하지 않으신다면 그때 사람이 기대할 수 있는 모든 것은 죽음과 하나님의 저주뿐입니다. 하나님께서는 변하지 않으시기에, 하나님께서 약속하신 형벌은 사람에게 주어질 것입니다. 즉 하나님의 공의는 만족되어야만 합니다.

우리는 모두 죽음과 친근합니다. 우리는 일반적으로 사람의 심장이 멈출 때 사람이 육체적으로 죽은 것이라고 이해합니다. 그러나 하나님께서 죽음에 대해 말씀하실 때 하나님께서는 육체적인 죽음뿐만 아니라 **영적 죽음**에 대해서도 말씀하신 것입니다. 죽음이 정말로 의미하는 바 깊은 요소로서의 영적 죽음은 하나님으로부터 버림받는 것을 의미합니다. 흑암 가운데서 십자가에 달리신 예수께서는 하나님께서 당신을 버리신 것을 아시고 "나의 하나님, 나의 하나님, 어찌하여 나를 버리셨나이까 하는 뜻이라?" 라고 외치셨습니다. 마 27:46 하나님께 버림받는 것, **그것이** 곧 죽음입니다. 그것은 하나님의 공의가 요구하는 바입니다. 그 후에 그리스도께서는 "당신의 영혼을 내어 놓으셨습니다." 즉 그리스도께서 육체적으로 죽으신 것입니다. 마 27:50

조상들은 1조에서 이러한 내용들을 가지고 반박을 시작했습니다. 사람이 죄에 빠졌습니다. 하나님의 공의는 사람이 죗값을 지불하든지 멸망당하든지 할 것을 요구합니다. 사람은 하나님의 공의를 만족시켜 드려서 자기 죄를 용서 받든지 아니면 죽어야 했습니다. 둘 중의 하나입니다. 따라서 1조의 결론적인 말에서 "하나님의 공의가 만족되지 않는다면 우리는 이 형벌을 피할 수 없습니다."라고 합니다.

우리는 공의를 두려운 어떤 것, 사기를 꺾고 우울하게 하는 것으로 이해합니다. 그러나 하나님의 공의는 위로를 말해 줄 뿐만 아니라 인내할 소망을 줍니다. 왜냐하면 하나님께서 이사야 선지자의 입을 통하여 이렇게 말씀하셨기 때문입니다. "시온은 공평^{공의}으로 구속함을 받고…"^{사 1:27} 하나님께서는 당신의 공의를 죄인들의 구속과 연결시키실 뿐만 아니라 구원의 길과 연결시키십니다.

2조

그리스도께서 이루신 만족하게 하심

그러나 우리 스스로는 이 만족하게 하심을 이룰 수 없고, 하나님의 진노로부터 자유롭게 될 수 없습니다. 그러므로 하나님께서는 무한하신 자비로써 당신의 독생자를 우리의 보증으로 주셨습니다.요 3:16 이 독생자께서 우리를 위하여, 또 우리를 대신하여 십자가에서 죄를 담당하시고 저주를 받으심으로써 우리를 대신하여 만족하게 하심을 이루셨습니다.롬 5:8; 고후 5:21; 갈 3:13

1조에서 하나님의 공의는 우리가 우리 죄의 값을 지불하든지 그 죄 때문에 멸망당하든지 할 것을 요구한다는 사실을 설정해 놓고, 이제 2조에서는 우리가 이 죄의 값을 지불할 수 없다는 사실을 말하고 있습니다. "그러나 우리 스스로는 이 속죄를 이룰 수 없고, 하나님의 진노로부터 자유롭게 될 수 없습니다." 이 조항에서는 우리가 이 죗값을 지불할 수 없는 이유에 대해 상세히 설명하지 않습니다. 이에 대해 도르트 신경 Ⅲ장에서 더 상세히 설명합니다. 그러므로 여기서는 하이델베르크 교리문답 5주일 13문답을 고백하는 것으로 충분할 것입니다. 그 고백은 다음과 같습니다. "우리가 스스로 이 값을 치를 수 있습니까? 결코 할 수 없습니다. 이와 반대로 우리는 날마다 우리의 죄를 더욱더 증가시킵니다." 우리는 너무나 죄악 되어 우리가 하나님께 진 빚을 다 갚을 수 없습니다.

그러나 우리 스스로는 이 속죄를 이룰 수 없고, 하나님의 진노로부터 자유롭게 될 수 없습니다." 이 조항에서는 우리가 이 죗값을 지불할 수 없는 이유에 대해 상세히 설명하지 않습니다. 이에 대해 도르트 신경 Ⅲ장에서 더 상세히 설명합니다. 그러므로 여기서는 하이델베르크 교리문답 5주일 13문답을 고백하는 것으로 충분할 것입니다. 그 고백은 다음과 같습니다. "우리가 스스로 이 값을 치를 수 있습니까? 결코 할 수 없습니다. 이와 반대로 우리는 날마다 우리의 죄를 더욱더 증가시킵니다." 우리는 너무나 죄악 되어 우리가 하나님께 진 빚을 다 갚을 수 없습니다.

그러나 하나님께서는 사람이 이 빚을 지고 있도록 내버려두지 않으시고, 친히 사람의 빚을 없애주시기 위해서 당신의 아들을 죽도록 내어주셨습니다. 이 하나님의 놀라운 사역을 생각해 보십시오! 하나님께서 에덴동산에서 우리와 언약을 맺으셨습니다. 그러나 우리는 하나님을 선택하지 않고 사탄을 선택했습니다. 우리는 죄에 빠졌고, 우리 자신을 사탄 편에 두었습니다. 그 후로 하나님의 공의가 우리를 위협하게 되었습니다. 우리는 우리의 죗값을 지불하든지, 혹은 그 죄 때문에 멸망당하든지 하는 방법 외에 다른

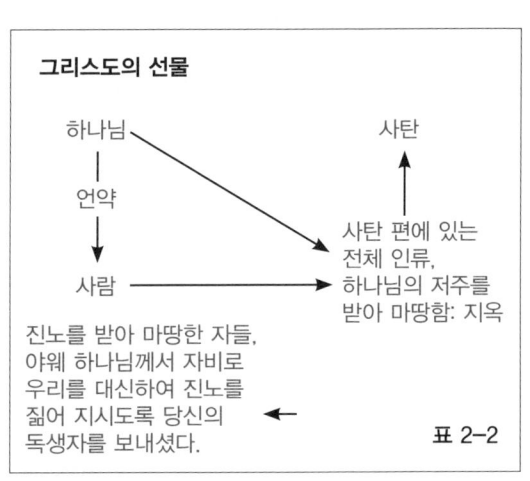

표 2-2

선택의 여지가 없었습니다. 우리는 그 죗값을 지불할 수 없었습니다. 그래서 지옥은 우리가 받아야 할 운명이었습니다. 그러나 하나님께서는 자비로우셨습니다. 하나님께서는 **우리를 위하여** 당신의 독생자를 죽음에 내어주시었고, 그래서 우리가 살 수 있게 되었습니다. 그리스도께서는 우리의 **보증**Surety이 되셨습니다. 보증 오늘날 영어에서 Guarantor=보증인 이신 그리스도께서 우리의 빚을 떠맡으시어 우리의 빚을 갚으시겠다고 보증하셨습니다.

대속의 복음

'보증인'surety or guarantor 은 우리를 대신하여 빚을 갚겠다고 서명하는 사람입니다. 그래서 은행은 우리가 빌린 돈을 약속된 시간에 갚지 못하는 경우에 우리의 보증인에게 그 돈을 지불하라고 요구할 수 있습니다. 하나님 앞에서 '보증인'의 개념은 성경에서 우리에게 가르쳐 주고 있는 것입니다. 욥은 하나님께 이렇게 기도합니다. "청컨대 보증물을 주시고, 친히 나의 보주가 되옵소서." 당신과 함께 보증을 나에게 주소서=KLV 욥 17:3 이와 같이 다윗도 주님께 기도했습니다. "주의 종을 보증하사 복을 얻게 하시고 교만한 자들이 나를 박해하지 못하게 하소서."시 119:122 하나님께서 보증을 약속하셨다는 것은 구약의 희생 제사로도 분명히 드러나고 있습니다.

이스라엘 백성들이 죄를 범하면 자기의 죄의 값을 지불할 동물들을 끌고 성막으로 가야했습니다. 그러나 그들이 동물을 희생 제사로 드리기 전에 그들은 동물의 머리 위에 손을 올리는데, 이 행동은 그들의 죄가 동물에게로 전가되었음을 상징하는 것이었습니다. 희생 제사로 드려지는 동물의 피는 십자가에서 **그 어린양**의 피로 그들의 죗값이 지불

될 것에 대한 보증으로 사용되었습니다. 우리는 히 7:22에서 이에 대해 읽습니다. "이와 같이 예수는 더 좋은 언약의 보증이 되셨느니라." 구약의 희생 제사는 예수님의 희생 제사를 예언합니다.

마 20:28에서 '대속물'이란 단어가 사용되었는데, 이 단어는 그리스도께서 당신의 생명을 내어 주신 대가로 우리에게 자유 혹은 구속을 얻게 해 주신 일을 설명하는 것입니다. "인자가 온 것은 섬김을 받으려 함이 아니라 도리어 섬기려 하고, 자기 목숨을 많은 사람의 대속물로 주려 함이니라."

이것은 대속의 복음입니다. 즉 그리스도께서 사람을 대신하여 의무를 이행하십니다. 바울은 고후 5:21에서 이렇게 말합니다. "하나님이 죄를 알지도 못하신 이를 우리를 대신하여 죄로 삼으신 것은 우리로 하여금 그 안에서 하나님의 의가 되게 하려 하심이라." 아르미니우스주의자들은 그리스도께서 하나님의 첫 번째 조건[역주: 율법]을 만족시키기 위해서 죽으심으로써 하나님께서 사람과 함께 새롭게 출발할 기회를 갖게 하셨다고 설교했습니다. 한편 조상들은 이런 가르침이 교회 의자에 앉아 있는 사람들의 마음속에 혼란을 일으킬 것을 생각하고 이렇게 말했습니다. "그것은 성경에서 가르치고 있는 바가 아닙니다. 성경은 그리스도께서 하나님의 공의를 만족시켜 드리기 위해서 죽으시도록 세상에 보냄 받았다고 말합니다. 그리스도께서 사람의 죗값을 지불하셨으므로 사람이 자유롭게 될 수 있었습니다." 우리는 2조에서 그 내용을 다음과 같은 말로 읽을 수 있습니다. "이 독생자께서 우리를 위하여 또 우리를 대신하여 십자가에서 죄를 담당하시고 저주를 받으심으로써 우리를 대신하여 만족하게 하심을 이루셨습니다."

'위하여'란 이 짧은 단어는 여기서 아주 중요합니다. 그리스도께서 나를 위하여 죽으셨다는 것은 그리스도께서 **내 위치에서, 혹은 나를**

대신하여 죽으셨다는 뜻입니다. 나는 지옥의 고통을 받아야 마땅합니다. 그러나 그리스도께서 대신 지옥의 고통을 받으셨습니다. 죄로 인해 하나님의 진노가 사람을 위협하며, 나도 역시 하나님의 진노를 받아 마땅합니다. 그리스도께서 죽으신 것이 하나님께서 이제 다시 나와 함께 새로 시작하시기 위해서입니까? 그렇지 않습니다! 그리스도께서 하나님의 진노와 나 사이에 당신 자신을 두심으로써 나의 위치에서, 나를 위하여, 나를 대신하여 하나님의 진노를 받으셨습니다. 그래서 나는 자유롭게 되었습니다. 그리스도께서 나의 대속물이십니다!

바울은 롬 5:6-9에서 이렇게 말했습니다. "우리가 아직 연약할 때에 기약대로 그리스도께서 경건하지 않은 자를 위하여 죽으셨도다 의인을 위하여 죽는 자가 쉽지 않고 선인을 위하여 용감히 죽는 자가 혹 거니와 우리가 아직 죄인 되었을 때에 그리스도께서

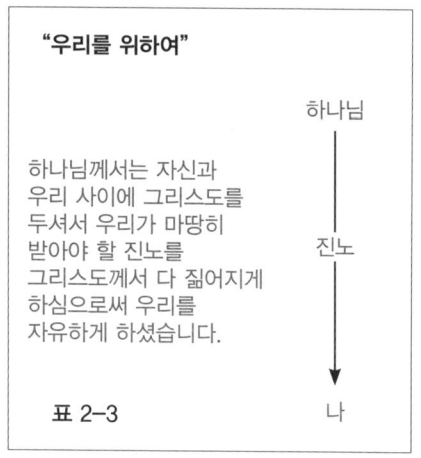

"우리를 위하여"

하나님께서는 자신과 우리 사이에 그리스도를 두셔서 우리가 마땅히 받아야 할 진노를 그리스도께서 다 짊어지게 하심으로써 우리를 자유하게 하셨습니다.

표 2-3

하나님
↓
진노
↓
나

우리를 위하여 죽으심으로 하나님께서 우리에 대한 자기의 사랑을 확증하셨느니라 그러면 이제 우리가 그의 피로 말미암아 의롭다 하심을 받았으니 더욱 그로 말미암아 진노하심에서 구원을 받을 것이니." 우리는 사탄의 편에 있는 동안 불경건하였고, 하나님의 진노가 우리를 위협합니다. 그러나 하나님께서는 바로 그 점에서 죄인들에게 주어지는 복음의 핵심, 곧 그리스도께서 불경건한 자들을 **위하여**, 그들을 대신하여 죽으셨다는 사실을 우리에게 계시하십니다. 그리스도께서 나를 **위하여** 죽으심으로 나는 의롭게 되었습니다. 이 말은 하나님께서

자비롭게도 나와 당신의 진노 사이에 그리스도를 두셨기 때문에 나에게 당신의 진노를 부으시지 않으실 것이란 뜻입니다. 그리스도께서 나를 대신하여 하나님의 진노를 모두 지셨습니다.

3조

그리스도의 죽으심의 무한한 가치

❖

이 하나님의 아들의 죽으심은 우리 죄를 위한 유일하고 가장 완전한 희생 제사와 만족하게 하심이며^{히 9:26, 28; 10:14,} 무한한 가치가 있고 전 세상의 죄를 속죄하기에 흘러넘칠 정도로 충분합니다.^{요일 2:2}

아르미니우스주의자들은 그리스도께서 죽으심으로써 하나님께서 사람이 구원받기 위해서 만족시켜야만 하는 조건들을 다시 규정하실 수 있었다고 말합니다. 이 가르침에 반대하여, 조상들은 "이 하나님의 아들의 죽으심은 우리 죄를 위한 유일하고 가장 완전한 희생 제사와 만족하게 하심이다."라고 주장했습니다. 조상들은 이 3조를 통해 그리스도의 죽음에 대해 하나님의 진노에 대한 만족, 즉 사람의 죄에 대한 속죄라고 말하는 것보다 한 걸음 더 나아가기를 원했습니다. 그리스도의 죽으심은 죗값을 지불하는 것이고, 더 나아가서 그리스도의 희생 제사는 죄를 속하기 위해서 **드려질 수 있는 유일한** 희생 제사입니다. 여기에서 조상들은 성경에서 읽은 말씀에 근거하여 단호하게 말합니다.

예수님도 또한 요 14:6에서 도마에게 확고한 어조로 말씀하셨습니다. "예수께서 이르시되 내가 곧 길이요 진리요 생명이니 나로 말미암지 않고는 아버지께로 올 자가 없느니라." 제아무리 불교도가 자기 종교 안에서 경건하다고 할지라도 그리스도를 자기 구주로 받아들이지 않고는 ㅡ그리스도를 받아들이면 그는 더 이상 불교도가 아니겠죠ㅡ 아버지께로 올 수는 없습니다. 베드로는 산헤드린에서 다음과 같이 말할 때 마찬가지로 타협할 수 없는 어조로 말했습니다. "다른 이로써는 구원을 받을 수 없나니 천하 사람 중에 구원을 받을 만한 다른 이름을 우리에게 주신 일이 없음이라 하였더라."행 4:12 달리 말하면, 베드로는 이렇게 질문한 것입니다. "당신은 구원받기 원합니까? 당신은 하나님께 진 당신의 빚을 갚기 원하십니까? 당신은 하나님의 공의를 만족시키기 원합니까? 만일 그렇다면 오직 **한** 길이 있습니다!"

타협하지 않는 이런 어조는 400년 전에 아르미니우스주의자들이 아주 싫어한 것anathema 이었고, 오늘날도 여전히 많은 사람들이 싫어하는 것입니다. 오늘 우리는 다른 사람들의 종교를 포함하여 서로 관용해야 합니다. 우리도 머지않아 그렇게 되지 않을까요? 그러나 그것은 주님께서 말씀하시는 바도 아니며, 우리 신앙고백에서 말하고 있는 바도 아닙니다.

성경과 신앙고백에서 우리는 그리스도, **오직** 그리스도만이 우리 죄를 속죄하셨다는 사실을 읽습니다. 또한 우리는 이 사실을 하이델베르크 교리문답 11주일 29문답에서 다음과 같이 보게 됩니다. "왜 하나님의 아들을 예수, 곧 구주라고 부릅니까? 왜냐하면 그분이 우리를 우리의 모든 죄에서 구원하시기 때문이며, 또한 그분 외에는 어디에서도 구원을 찾거나 발견할 수 없기 때문입니다." 불교나 나의 조상이나 나의 인종이나 내가 교회에 출석하는 것이나 나의 사회적 신분이 하나님께 대한 나의 빚을 청산해 줄 수 없습니다. 오직 그리스도만이 그 빚을 갚아주실 수 있습니다.

　3조에서는 그리스도의 희생 제사가 죄를 속할 수 있는 유일한 희생 제사이고 속죄라는 것 그 이상을 말합니다. 조상들은 또한 성경이 "그리스도의 희생 제사가 죄를 속할 수 있는 가장 완전한 희생 제사이고 만족하게 하심이다."라고 가르치고 있다는 것도 고백했습니다. 조상들은 히 9:12에서 말하는 바, 곧 "염소와 송아지의 피로 하지 아니하고 오직 자기의 피로 영원한 속죄를 이루사 단번에 성소에 들어가셨느니라."라고 하는 말씀에 근거하여 이 사실을 확고하게 말할 수 있었습니다.

　그리스도의 사역은 완성되지 않았거나 다시 행해져야 합니까? 그렇지 않습니다. 그리스도의 사역은 완전한 것이며, 가장 완벽하게 이루어진 것입니다. "이 뜻을 따라 예수 그리스도의 몸을 단번에 드리심으로 말미암아 우리가 거룩함을 얻었노라 제사장마다 매일 서서 섬기며 자주 같은 제사를 드리되 이 제사는 언제나 죄를 없게 하지 못하거니와 오직 그리스도는 죄를 위하여 한 영원한 제사를 드리시고 하나님 우편에 앉으사."히 10:10-12 가장 완전한 제사는 반복이나 추가를 요청하지 않습니다. 그리스도의 지상 사역은 종결되었고, 그래서 그리스도께서 하늘에 좌정하실 수 있습니다.

　그리스도의 죽으심은 이렇게 "무한한 가치가 있습니다." 그러므로 그리스도의 죽으심은 "전 세상의 죄를 속죄하기에 흘러넘칠 정도로 충분합니다." 그리스도의 죽으심은 오직 유대인들이나 제한된 수의 사람들만을 구원하기에 충분한 것이 아니라 '전 세계'의 **모든 사람들**을 구원하기에도 충분합니다. 모든 죄인들은 여전히 자신들에게 향한 하나님의 진노를 마땅히 받아야 하는 자들입니다. 그러나 하나님의 공의와 진노를 만족시키신 그리스도가 계시기 때문에, 모든 죄인들은 그리스도께서 획득하신 구속을 받아들이면 자유롭게 될 수 있습니다. 그리스도의 사역은 모든 사람에게 은혜를 베풀 수 있는 충분한 가치가 있습니다.

예수님께서는 요 3:16에서 이렇게 말씀하셨습니다. "하나님이 세상을 이처럼 사랑하사 독생자를 주셨으니, 이는 저를 믿는 **자마다** 멸망치 않고 영생을 얻게 하려 하심이니라." 우리는 요일 2:2에서도 동일한 말씀을 읽을 수 있습니다. "저는 우리 죄를 위한 화목 제물이니, 우리만 위할 뿐 아니요, 온 세상의 죄를 위하심이라." 또한 고후 5:15에서도 "저가 **모든** 사람을 대신하여 죽으심은…"이라고 말합니다. 물론 이 모든 본문들이 모든 사람이 구원받을 것이라는 사실을 말하는 것으로 이해되어서는 안 되지만, 이 모든 본문들은 모두 그리스도의 희생제사가 **모든 사람들에게** 유익을 **줄 수 있을 만큼** 그런 가치가 있다는 사실을 강조하고 있는 것입니다. 이것은 8조에서 더 자세히 살펴보겠습니다.

이 고백에는 신자들을 위한 엄청난 위로가 담겨 있습니다. 제아무리 나의 죄들이 악할지라도, 그리스도께서 그 죄들에 대한 모든 값을 지불하셨습니다. 그리스도께서는 나의 가장 악한 죄들을 위하여서도 충분히 고난 받으셨습니다. 그리스도께서 십자가에서 죽으신 것은 아주 가치가 있어서 **모든** 죄가 **그** 사역으로 인해 제거될 수 있습니다.

주님께서는 사 1:18에서 "여호와께서 말씀하시되 오라 우리가 서로 변론하자 너희의 죄가 주홍 같을지라도 눈과 같이 희어질 것이요 진홍 같이 붉을지라도 양털 같이 희게 되리라."라고 말씀하셨습니다. 그 어떤 죄들이 기록되어 있을지라도 그리스도께서는 나의 기록을 깨끗하게 지워주십니다. 여기에 교회 의자에 앉아 있는 성도들을 위한 따뜻한 위로가 있습니다. 확실히 성도들이 설교에서 아르미니우스주의자들의 가르침을 들을 때보다 훨씬 더 많은 위로를 얻습니다.

4조

그리스도의 죽으심이
무한한 가치가 있는 이유

◆◈◆

이 죽으심이 그런 무한한 가치가 있는 이유는 복종하신 그 분이 참되고 완전하신 거룩한 사람일 뿐만 아니라 독생하신 하나님의 아들이시고 아버지와 성령과 동일한, 영원하시고 무한하신 본질을 가지신 분이시기 때문입니다. 히 4:15; 7:26; 요일 4:9 왜냐하면 이런 조건들은 우리 구주가 되시기 위해서 필요한 것이기 때문입니다. 또한 이 죽으심이 그렇게 위대하고 가치가 있는 이유는 우리 죄로 인해 우리가 마땅히 받아야 할 하나님의 진노와 저주의 의미를 가지고 있기 때문입니다. 마 27:46

3조에서는 그리스도께서 죽으신 사실과 그 죽으심의 범위에 대해 고백한 반면, 4조에서는 그리스도께서 죽으심이 무한한 가치를 지니는 두 가지 이유를 제시합니다. 그 두 가지 이유는 다음과 같습니다.

1) 그리스도의 위격, 그리고
2) 죄에 대한 하나님의 진노.

▶ 그리스도의 위격

"이 죽으심이 그런 무한한 가치가 있는 이유는 복종하신 그분이 참되고 완전하신 거룩한 사람일 뿐만 아니라 독생 하신 하나님의 아들이시고 아버지와 성령과 동일한 영원하시고 무한하신 본질을 가지신 분이시기 때문입니다. 왜냐하면 이런 조건들은 우리 구주가 되시기 위해서 필요한 것이기 때문입니다."

그리스도께서는 한편으로 참되고 거룩하신 사람이고, 다른 한편으로는 참 하나님이십니다. 우리는 여기서 하이델베르크 교리문답 6주일에 나오는 논증을 인정합니다. 그리스도께서 참되고 의로운 사람이어야 하는 이유에 대하여 우리는 하이델베르크 교리문답 6주일 16문답에서 이렇게 고백합니다. "중보자는 분명히 참 사람이어야 합니다. 왜냐하면 하나님의 공의는 죄를 지은 동일한 인간의 본성이 죄의 값을 치르기를 요구하기 때문입니다. 중보자는 의로운 사람이어야 합니다. 왜냐하면 스스로 죄인 된 사람은 누구나 다른 사람을 대신하여 값을 지불할 수 없기 때문입니다."

이 조항에서 또 하나 강조하는 것은 그리스도께서 참 하나님이시라는 것입니다. 그리스도의 신성이 필요한 이유에 대해서 하이델베르크 교리문답 17문답에서 우리는 이렇게 고백합니다. "중보자는 그의 신적 능력으로 하나님의 진노의 짐을 그의 인성에 짊어지시며, 우리를 위하여 의와 생명을 얻어서 우리에게 되돌려주시기 위해서 참 하나님이어야 합니다." 우리 구주께서 참 하나님이시라는 그런 이유로 그분은 우리 중 "어떤 사람" 이상입니다. 따라서 그리스도의 죽음은 더 영향력이 있습니다. 우리의 죽음은 우리에게 아무것도 해주지 않습니다. 하지만 그리스도께서는 하나님의 아들이시기 때문에 그분의 죽음은 다른 사람들에게 무엇인가를 할 수 있습니다.

▶ **죄에 대한 하나님의 진노**
"또한 이 죽으심이 그렇게 위대하고 가치가 있는 이유는 우리 죄로 인해 우리가 마땅히 받아야 할 하나님의 진노와 저주의 의미를 가지고 있기 때문입니다."

오늘날 사람이 죽는 것은 그것이 하나님의 진노라는 느낌을 별로 가져다주지 않습니다. 확실히 죽음 자체는 분명히 죄의 삯이고, 하나님의 저주의 표현이며, 죄에 대한 하나님의 진노입니다. 그러나 그리스도께서 십자가에서 죽으셨을 때 하나님의 진노는 그리스도 위에 엄청난 위력으로 임했습니다. 하나님의 진노가 맹렬하여 그리스도께서 무시무시한 고난을 받으셨습니다. 그 고난은 모든 사람이 죽음에 직면하여 받는 고난보다 훨씬 더 엄청난 것이었습니다. 이 고난이 맹렬하므로 그리스도께서는 이 다가오는 고난 가운데서 고통 받으실 것을 생각하시면서 아버지께 이렇게 기도했습니다. 눅 22:42입니다. "이르시되 아버지여 만일 아버지의 뜻이거든 이 잔을 내게서 옮기시옵소서. …" 또한 "예수께서 힘쓰고 애써 더욱 간절히 기도하시니 땀이 땅에 떨어지는 핏방울 같이 되더라."라고 말합니다. 눅 22:44

하나님의 진노는 그리스도께서 십자가에 달리셨을 때 땅에 어두움이 뒤덮인 것에서 더 분명하게 드러납니다. 하나님은 빛이며, 어두움은 지옥입니다. 다시 말하면 그 땅이 어두워진 것은 하나님이 떠나신 것이며, 이는 죽음을 의미합니다. 그리스도께서 하나님께 버림받으신 것입니다. 그리스도께서는 하나님의 진노로 인해 고난 하나님으로부터의 분리 인 영적 죽음 을 받으시면서 고통 중에 이렇게 부르짖으셨습니다. "나의 하나님, 나의 하나님, 어찌하여 나를 버리셨나이까?"마 27:46 비록 하나님의 진노가 실로 엄청나다고 할지라도 예수님은 참 하나님이셨으므로 하나님의 진노를 물러가게 **하실 수도 있었습니다.** 어두움 속에서 세 시간이 지난 후에 그리스도께서는 큰 소리로 이렇게 승리의 말씀을 외치셨습니다. "이르시되 아버지 내 영혼을 아버지 손에 부탁하나이다."눅 23:46 그리고 "다 이루었다!"요 19:30 고 말씀하셨습니다. 그 후에 그분은 주권적으로 "당신의 영혼을 포기하셨습니다."요 19:30 죽음이 그리스도를 정복한 것이 아니라 그리스도께서 당신 자신을 죽음에게 내어주셨습니다. 이런 이유로 그리스도의 죽으심은 무한한 가치를 가집니다. 죽으신 분이 그저 어떤 사람이 아니라 **참 하나님이신 그리스도**이십니다. 그러므로 그리스도의 죽으심은 우리에게와 많은 사람들에게 엄청난 유익이 됩니다.

5조

복음의 보편적인 선포

❖

복음은 십자가에 못 박히신 그리스도를 믿는 사람은 누구나 멸망치 않고 영생을 얻는다고 약속합니다.^{요 3:16; 고전 1:23} 이 약속은 회개하고 믿으라는 명령^{행 2:38; 16:31}과 더불어서, 하나님께서 당신의 선하신 기쁨으로 복음을 보내시기로 하신 모든 민족과 모든 사람들에게 차별이나 예외 없이 선포되고 공포되어야 합니다. ^{마 28:19}

그리스도의 죽으심은 무한한 가치가 있습니다. 따라서 구원의 유일한 길은 그리스도 안에서만 발견될 수 있습니다. 5조에서는 "복음은 십자가에 못 박히신 그리스도를 믿는 사람은 누구나 멸망치 않고 영생을 얻는다고 약속합니다."라고 진술합니다. 이런 이유로 조상들은 또한 계속해서 이 약속이 선포되어야 한다고 고백합니다. "이 약속은 회개하고 믿으라는 명령과 더불어서, 하나님께서 당신의 선하신 기쁨으로 복음을 보내신 모든 민족과 모든 사람들에게 차별이나 예외 없이 선포되고 공포되어야 합니다."

아르미니우스주의자들이 "그리스도의 사역이 택자들에게만 제한된다."라고 하는 개혁교회의 가르침에서 잘못된 결론을 이끌어 내었기 때문에, 조상들은 이 복음 선포에 대해 따로 분리해서 언급해야 했습니다. 아르미니우스주의자들이 "만일 그리스도의 사역이 택자들에게만 제한된다면, 복음을 모든 사람들에게 선포해야 할 이유가 어디 있느냐?"라고 주장했습니다. 만일 그리스도의 사역이 모든 사람들을 위한 것이 아니라면, 그리스도의 사역을 모든 사람들에게 선포해야 할 이유가 없지 않겠습니까?

이런 잘못된 해석에 대응하여, 조상들은 그저 주님께서 친히 요 3:16에서 말씀하신 것을 들려주었습니다. 하나님께서는 당신의 아들을 유대인들만 위하여 보내지도 않으셨고, 구원을 위하여 당신을 찾았던 많은 초대교회의 사람들만을 위하여 보내지도 않으셨습니다. "하나님이 세상을 이처럼 사랑하사 독생자를 주셨으니 이는 그를 믿는 자마다 멸망하지 않고 영생을 얻게 하려 하심이라." 그러므로 그리스도의 구속 사역에 관한 복음은 그리스도께서 친히 제자들에게 하신 명령에 순종하여 또한 모든 사람들에게도 선포되어야 합니다. 그리스도께서는 승천 전에 제자들에게 이렇게 말씀하셨습니다. "그러므로 너희는 가서 모든 민족을 제자로 삼아 아버지와 아들과 성령의 이름으로 세례를 베풀고 내가 너희에게 분부한 모든 것을 가르쳐 지키게 하라 볼지어다 내가 세상 끝날까지 너희와 항상 함께 있으리라 하시니라." 마 28:19,20 우리는 행 1:8에서도 유사한 그리스도의 명령을 읽을 수 있습니다. "오직 성령이 너희에게 임하시면 너희가 권능을 받고 예루살렘과 온 유대와 사마리아와 땅 끝까지 이르러 내 증인이 되리라 하시니라." 복음은 예루살렘과 유대와 사마리아에서 뿐만 아니라 **모든 곳**에서 선포되어야 합니다.

여기에 교회가 주님께 받은 '복음을 확장시키라'는 명령이 있습니다. 그리스도께서 모든 사람들을 위하여 오셨습니다. 그러므로 교회는 이 복음을 지니고만 있어서는 안 되며, 가지고 나가서 모든 사람들에게 알리고 듣게 해야 합니다. 복음을 전하는 데 따른 희생이 교회에게 장애물이 되어서는 안 됩니다. 주님께서 가서 선포하라고 명령하셨습니다. 그러므로 주님께서는 그 길을 보여주실 것입니다. 우리는 선교 사역에 더 열심히 참여해야 하며, 새로운 지역을 찾아가서 그리스도께서 십자가에서 행하신 사역에 관한 복음을 그곳에서도 선포해야 합니다.

이 선포는 이중적인 효력을 나타낼 것입니다. 즉, 일부 사람들은 믿고 다른 사람들은 믿지 않을 것입니다. 6조와 7조를 보세요. 그러나 사람들이 복음에 어떻게 반응할지는 오직 하나님께서만 알고 계십니다. 우리는 선택받은 자들이 누구인지 모릅니다. 이것은 오직 사람들이 설교에 어떻게 반응하는가 하는 것으로만 드러날 뿐입니다. 우리는 단순히 마 28:19,20의 명령에 순종해야 하고, 이 사역의 얼매를 거두시는 일은 하나님께 맡겨야 할 것입니다.

우리는 우리 주변 모든 곳에서 "예수님은 당신을 사랑합니다."라는 메시지를 보고 듣습니다. 그러나 이 메시지는 성경적인 것이 아니라 구원에 대한 아르미니우스주의의 관용적 표현입니다. 예수님께서 당신 혹은 모든 사람을 사랑한다고 하는 말은 사실이 아닙니다. 성도들 안에서라면 우리는 서로에게 "예수님은 당신을 사랑합니다."라고 말할 수 있습니다. 왜냐하면 우리는 서로 서로에 대해 하나님께서 우리와 우리 자녀들과 언약을 맺으셨다는 사실을 알기 때문입니다. 그러나 우리가 알지 못하는 사람들에 대해서 우리는 하나님께서 무한한 자비로 당신의 아들을 내어주시어 죄인들을 위해서 죽게 하셨다는 하나님의 약속을 전할 수 있을 뿐입니다. 우리는 이 약속과 함께 회개하고 십자가에 달리신 그리스도를 믿으라는 요구와 도전을 전할 수 있습니다. 오직 사람들이 믿음으로 나아왔을 때만 우리는 그들에게 "그렇습니다. 예수님은 당신을 사랑합니다."라고 말할 수 있습니다.

일부 사람들이 믿지 않는 이유

❖

> 그러나 복음을 통하여 부름받은 많은 사람들이 회개하지도 않고 그리스도를 믿지도 않고 불신앙으로 멸망받을 수밖에 없게 되는 것은 그리스도께서 십자가에서 제공해 주신 희생 제사에 결점이나 부족이 있기 때문이 아니라 그들 자신의 잘못 때문입니다. 마 22:14; 시 95:11; 히 4:6

도르트 신경에서 "사람들이 설교에 대해 어떻게 반응하는가?"하는 문제를 다룬 것은 이 조항이 처음이 아닙니다. 도르트 신경 I장의 4조와 5조에서 우리는 이미 하나님의 주권이란 관점에서 설교에 대한 이중적인 반응을 고백했습니다. 거기에 보면, 주님께서 당신이 원하시는 자들에게 당신의 사자들을 보내시어, 생명으로 선택한 자들의 마음 속에 믿음의 반응을 일으키십니다. 도르트 신경 II장의 6조와 7조에서는 설교에 대한 반응의 유무가 그리스도의 사역의 관점, 즉 그리스도께서 모든 사람들을 위하여 죽으셨는가 아닌가 하는 문맥에서 제시됩니다.

불신앙의 실체

"이 복음에서 약속이 차별이나 예외 없이 모든 사람들에게 선포되고 공포되어야 한다."라고 하는 것은 5조의 핵심입니다. 그러나 복음의 선포는 두 가지 반응, 곧 믿음 혹은 불신앙을 가져옵니다. 6조는 선포를 듣는 모든 사람이 믿음으로 반응하는 것은 아니라고 고백합니다. 6조는 또한 일부 사람들이 믿지 않는 이유를 고백합니다.

설교가 때때로 불신앙과 부딪히게 되는 것은 전혀 새로운 일이 아닙니다. 우리는 이런 예를 성경에서 얼마든지 발견할 수 있습니다. 예를 들면, 예수님은 니고데모에게 요 3:16에서 "하나님이 세상을 이처럼 사랑하사 독생자를 주셨으니, 이는 저를 믿는 **자마다** 멸망치 않고 영생을 얻게 하려 하심이니라."라고 말씀하셨습니다. 예수님은 19절에서 "그 정죄는 이것이니 곧 빛이 세상에 왔으되 사람들이 자기 행위가 악하므로 빛보다 어둠을 더 사랑한 것이니라."라고 계속해서 니고데모에게 말씀하셨습니다.

이미 예수님 당대에 복음에 대한 거부가 있었습니다. 막 6:6에서 우리는 예수님께서 "저희의 믿지 않음을 이상히 여기셨더라."라는 말씀을 읽을 수 있습니다. 예수님께서 당신의 공적 사역을 시작하신 후 3년에, 빌라도가 예수님의 재판에 증인이 되기 위해서 주변에 모인 유대인들에게 물었습니다. "그러면 그리스도라 하는 예수를 내가 어떻게 하랴?" 유대인들의 반응은 "십자가에 못 박혀야 하겠나이다! …그 피를 우리와 우리 자손에게 돌릴지어다."라는 것이었습니다. 마 27:22-25

예수님은 3년 동안 복음을 선포했고, 정말로 당신이 메시야이심을 말씀과 행동으로 보여주셨습니다. 그러나 예수님의 설교에 대한 사람들의 반응은 불신앙이었습니다.

우리는 복음 선포의 결과가 믿음으로만 나타나기를 정말로 바랍니다! 그러나 그런 결과만 나타나지는 않습니다. 비록 이런 결과가 우리를 실망시킬지라도 우리는 그 결과로 인해 놀라지 않습니다.

예를 들면, 호주 원주민Aborigines 혹은 모즈비Moresby 항의 사람들을 대상으로 했던 선교 사역의 경험은 막대한 시간과 돈에도 불구하고 우리 사역의 열매가 아주 적을 수도 있다는 사실을 우리에게 가르쳐 줍니다. 그런 사실은 낙심할만한 것입니다. 그러나 우리는 복음 선포에 대한 반응이 불신앙으로 나타났다고 해서 놀라지 않습니다.

불신앙으로 반응하는 사람들은 영원한 정죄를 받을 것입니다. 이는 우리가 요 3:36에서 읽는 바와 같습니다. "아 아들을 믿는 자에게는 영생이 있고 아들에게 순종하지 아니하는 자는 영생을 보지 못하고 도리어 하나님의 진노가 그 위에 머물러 있느니라." 요 8:24에서도 같은 말씀을 읽을 수 있습니다. "그러므로 내가 너희에게 말하기를 너희가 너희 죄 가운데서 죽으리라 하였노라 너희가 만일 내가 그인 줄 믿지 아니하면 너희 죄 가운데서 죽으리라."

불신앙의 이유: 그리스도의 잘못인가? 아니면 죄인들의 잘못인가?

위와 같은 사실은 사람들이 불신앙으로 복음에 대해 반응하는 이유에 대한 의문을 제기하게 합니다. 이러한 의문은 도르트 총회의 시대에 있었던 아르미니우스주의자들의 사상과 관련하여 생각해 볼 수 있습니다. 아르미니우스주의자들은 두 가지 가능한 설명을 제안합니다. 그 두 가지 제안은 다음과 같습니다.

1) 죄인들은 그리스도를 원하지 않는다. 혹은,
2) 그리스도의 죽으심은 모든 사람들을 위한 것이 아니다.

아르미니우스주의자들은 이 두 가지 중에 두 번째 가르침, 곧 "그리스도의 죽으심은 모든 사람들을 위한 것이 아니다."라고 하는 개혁교회의 입장을 비난했습니다. 그러나 아르미니우스주의자들이 개혁교회의 이런 가르침을 비난할 때, 그들은 개혁교회가 "그리스도의 죽으심이 일부 사람들만을 위한 것이기 **때문에**, 다른 사람들은 구원받을 **기회가 없다**."라고 가르치는 것으로 생각했습니다. 결국 그리스도께서 그들을 위해서는 죽지 않으신 것이 아닌가? 그래서 아르미니우스주의자들은 개혁교회의 이 가르침을 '일부 사람들은 자신이 구원받기를 원하지만, 그리스도께서 그들을 위해서 죽지 않으셨으므로 구원받을 수 없는 잔인한 교리'를 묘사하는 것으로 생각했습니다. 그래서 이 불쌍한 사람들이 지옥으로 던져지는 것은 그리스도의 잘못이 되어 버린다는 것입니다.

그러나 이 아르미니우스주의자들의 비난은 개혁교회들이 믿고 가르치는 바를 잘못 풍자한 것입니다. 이런 해설은 개혁교회들의 가르침이 **아니라**, 개혁교회들의 가르침을 심하게 곡해한 것입니다. 그러므로 이런 풍자에 직면하여, 도르트 총회에서 우리 조상들은 개혁교회들이 믿는 바, 곧 불신앙은 그리스도를 원하지 않는 죄인들로 인한 것이라는 사실을 제시해야 할 책임을 느꼈습니다. 그래서 우리 조상들은 6조에서 이렇게 말했습니다. "…복음을 통하여 부르심을 받은 많은 사람들이 회개하지도 않고 그리스도를 믿지도 않고 불신앙으로 멸망 받을 수밖에 없게 되는 것은 그리스도께서 십자가에서 제공해 주신 희생 제사에 결점이나 부족이 있기 때문이 아니라…"라고 했습니다.

조상들은 그리스도의 희생 제사가 완전하다고 주장했습니다. 조상들이 그리스도께서 죽으심에 대해 3조에서 기록한 것을 봅시다. 그리스도께서 죽으심은 "우리 죄를 위한 유일하고 가장 완전한 희생 제사와 만족하게 하심이며, 무한한 가치가 있고, 전 세상의 죄를 속죄하기에 흘러넘칠 정도로 충분합니다." 만일 죄인들이 믿지 않아서 불신앙 안에서 멸망한다고 해도, 우리는 마치 그리스도께서 죽으심이 어떻게든 모든 사람들의 죗값을 지불하기에 충분하지 않은 것처럼 그리스도의 희생 제사를 결코 탓해서는 안 됩니다. 죄인들은 '자기 자신의 잘못으로 인해' 불신앙 안에서 멸망합니다.

이런 식으로 개혁교회들의 입장을 설명하면서, 조상들은 또한 설교를 듣는 사람들이 그 설교에 어떻게 반응할 것인지에 대한 **책임이 있다**는 것을 강조했습니다. 인류를 향한 복음 선포는 사람들이 살던 시대, 인종, 국가, 성별에 관계없이 듣는 **모든** 사람들을 향한 참된 부르심입니다. 듣는 모든 사람들은 회개하고 믿어야 합니다. 모든 사람들은 자신의 반응에 책임을 져야 합니다. 누구도 '나는 믿기를 원하지만 믿을 수 없다.'라고 말할 수 없습니다.

이것은 선교의 달에 처음 복음을 듣는 자들에게 참된 것처럼 매주일 교회 안에서 설교를 듣는 사람들에게도 마찬가지로 참된 것입니다. 비록 우리가 복음에 익숙해져 있을지라도 우리는 설교에 반응해야 하고, 그렇게 해야 하는 책임은 **우리의 것**입니다. 히 3:7-11에서 사도는 시 95편을 가지고 다음과 같이 인용합니다.

"그러므로 성령이 이르신 바와 같이 오늘 너희가 그의 음성을 듣거든 광야에서 시험하던 날에 거역하던 것 같이 너희 마음을 완고하게 하지 말라 거기서 너희 열조가 나를 시험하여 증험하고 사십 년 동안 나의 행사를 보았느니라 그러므로 내가 이 세대에게 노하여 이르기를 그들이 항상 마음이 미혹되어 내 길을 알지 못하는도다 하였고 내가 노하여 맹세한 바와 같이 그들은 내 안식에 들어오지 못하리라 하였다 하였느니라…"

사도는 계속해서 12-13절에서 이렇게 말합니다.

"형제들아 너희는 삼가 혹 너희 중에 누가 믿지 아니하는 악한 마음을 품고 살아 계신 하나님에게서 떨어질까 조심할 것이요 오직 오늘이라 일컫는 동안에 매일 피차 권면하여 너희 중에 누구든지 죄의 유혹으로 완고하게 되지 않도록 하라."

여기에서 사도가 '오늘'이라는 단어를 얼마나 강조하고 있는지 주목하십시오. 또한 사도가 히브리 **그리스도인들**, 즉 **이미** 그리스도를 믿고 교회 안에서 설교를 듣고 있는 사람들에게 이 편지를 기록하고 있다는 점을 주목하십시오. 히브리 그리스도인들에게 참된 것은 또한 오늘 우리에게도 참된 것입니다. 즉 우리는 설교에 반응해야 할 책임이 있습니다. 만일 우리가 매주일 듣는 설교에 반응하지 않는다면 그 잘못은 전적으로 우리 자신에게 있습니다.

7조

다른 일부 사람들이 믿는 이유

그러나 진실로 믿고 그리스도의 죽음으로 인해 죄로부터 자유롭게 되며 파멸로부터 구원받은 자들에게 있어서, 이 유익은 오직 그리스도 안에서 영원으로부터 그들에게 주어진 하나님의 은혜를 통해서만 옵니다. 고후 5:18; 엡 2:8,9 하나님께서는 누구에게도 이 은혜의 공로를 돌리지 않으십니다.

믿음: 사람의 자유의지에 의한 것인가?
하나님의 은혜에 의한 것인가?

한 사람이 믿음으로 설교에 반응하는 것은 오직 은혜에 의한 것입니다. 바울은 엡 2:8에서 이렇게 기록하고 있습니다. "너희는 그 은혜에 의하여 믿음으로 말미암아 구원을 받았으니 이것은 너희에게서 난 것이 아니요 하나님의 선물이라." 또한 바울은 빌 1:29에서 복음을 믿는 것에 대하여 이렇게 기록하고 있습니다. "그리스도를 위하여 너희에게 은혜를 주신 것은 다만 그를 믿을 뿐 아니라 또한 그를 위하여 고난도 받게 하려 하심이라." 즉 그것은 빌립보인들이 얻어낸 것도 아니고, 선택한 것도 아니고, 그들에게 **주어진** 것이란 말입니다. 고전 4:7 에서 바울은 고린도인들에게 이렇게 말했습니다. "누가 너를 남달리 구별하였느냐 네게 있는 것 중에 받지 아니한 것이 무엇이냐 네가 받았은즉 어찌하여 받지 아니한 것 같이 자랑하느냐?" 그리고 이렇게 말합니다. "그런즉 누구든지 그리스도 안에 있으면 새로운 피조물이라 이전 것은 지나갔으니 보라 새 것이 되었도다 모든 것이 하나님께로서 났으며 그가 그리스도로 말미암아 우리를 자기와 화목하게 하시고 또 우리에게 화목하게 하는 직분을 주셨으니…"고후 5:17,18 이 모든 말씀은 바울이 이렇게 말하도록 인도하였습니다. "자랑하는 자는 주 안에서 자랑할지니라."고후 10:17

만일 복음 설교에 대한 우리의 반응이 불신앙이라면, 이것은 **우리의** 잘못입니다. 만일 우리의 반응이 믿음이라면, 그것은 **하나님의 은혜**입니다. 하나님께서 은혜로써 나로 하여금 당신의 말씀에 믿음으로 반응하게 하기를 기뻐하신다는 것은 나로 하여금 당신을 찬양함으로 반응하게 하시는 것입니다. 왜냐하면 하나님의 이 사역은 하나님께서

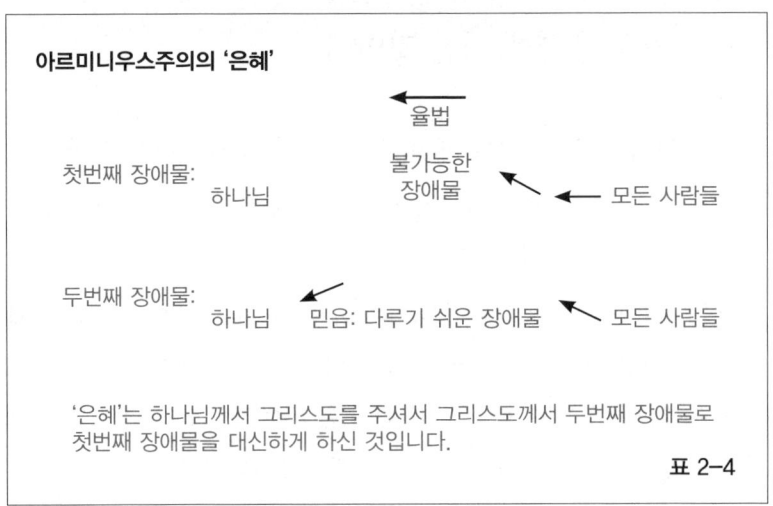

표 2-4

얼마나 놀랍도록 은혜로우신 하나님이신지를 말해주는 것이기 때문입니다.

아르미니우스주의자들은 사람이 오직 은혜로 구원받는다고 하는 사실에 쉽게 동의할 것입니다. 그러나 아르미니우스주의자들은 개혁 교회들이 은혜라는 말을 생각하는 것과 꽤 다르게 은혜라는 말을 생각합니다. 아르미니우스주의자들에 따르면, 사람이 죄에 빠져서 자기 자신을 사탄 편에 넘겨주었을 때 하나님 편으로 돌아오는 유일한 방법은 하나님께서 당신 자신과 사람 사이에 두신 조건들, 곧 하나님의 율법에 대한 순종을 만족시킴으로 되는 것입니다. _{독자들은 II장 서론을 다시 생각하게 됩니다.}

_{그들에 따르면} 이것이 사람에게 있어서 극복할 수 없는 장애물이라는 사실을 깨달으신 하나님께서 그리스도를 주셔서 그리스도께서 십자가에 죽으심으로 죗값을 지불하게 하시어 사람에게서 이 장애물을 제거하셨습니다. 그렇게 하심으로 그리스도께서는 하나님의 공의를 만족시키셨습니다. 하나님의 공의가 만족되었기 때문에, 하나님과 사람 사이에 하나님을 향한 길이 새롭게 열렸고, 그 길은 더 다루기 쉬운 장애물, 즉 믿음입니다. 그러므로 아르미니우스주의자들은 말하기를, 하나님 편으로 돌아오기를 원하는 사람들은 스스로 믿을 것을 결정해야 하고, 그렇게 함으로 하나님께서 사람의 그런 결정을 당신의 율법에 대한 순종으로 간주하십니다.

아르미니우스주의자들이 말하는 '은혜'는 하나님께서 그리스도를 주셔서 하나님과 사람 사이에 불가능한 장애물을 제거하시는 것입니다. 우리가 엡 2:8에서 읽는 것처럼 사람은 하나님의 율법에 순종함으로써 스스로를 구원받게 할 수 없습니다. 그래서 하나님께서 은혜롭게도 하나님의 율법에 순종하게 하시려고 그리스도를 보내주셨습니다.

그러나 이제 하나님께서 '은혜'로 그리스도를 주셔서 구원으로 들어가는 문지방을 더 낮추셨기 때문에, 이제 하나님께서 설립하신 더 낮은 조건을 충족시키는 것, 즉 믿는 것은 사람의 책임입니다. 이것은 사람이 믿든지 믿지 않든지 자유롭게 결정할 수 있기 때문에, 이것은 사람이 다룰 수 있는 조건이고 책임인 것입니다. 따라서 아르미니우스주의자들에게 있어서, '오직 은혜로'라는 말은 하나님께서 새로운 조건을 정하신 것 이상의 아무것도 아닙니다. 이제 하나님께서 은혜로 새로운 조건을 정하셨기 때문에, 사람이 구원받거나 구원받지 못하는 것은 전적으로, 그리고 완전히 사람에게 달려 있습니다.

그러나 7조의 고백에서는 '은혜'라는 단어에 아르미니우스주의자들이 가르치는 것과 전혀 다른 내용을 담고 있습니다. 7조에서는 이렇게 고백하고 있습니다. "…진실로 믿고 그리스도의 죽음으로 인해 죄로부터 자유롭게 되며 파멸로부터 구원받은 자들에게 있어서, 이 유익은 오직 그리스도 안에서 영원으로부터 그들에게 주어진 하나님의 은혜를 통해서만 옵니다. 하나님께서는 누구에게도 이 은혜의 공로를 돌리지 않으십니다." 아르미니우스주의자들은 은혜를 가리켜 과거에 하나님께서 하신 일에 대한 언급이라고 말하지만, 개혁교회들은 은혜가 **오늘** 사람의 마음속에서 행하시는 하나님의 사역이라고 말합니다.

잘못들에 대한 반박 6에서 조상들은 앞에서 언급한 아르미니우스주의 이단설을 인용합니다. "하나님께서는 모든 사람들에게 동등하게 그리스도의 죽으심의 유익들을 주기 원하십니다. 그러나 일부 사람들은 죄의 용서와 영원한 생명을 얻고, 다른 사람들은 죄의 용서와 영원한 생명을 얻지 못합니다. 이런 차이는 차별 없이 제공되는 은혜에 그들 자신을 내어놓는 각자의 자유의지에 달려 있는 것이지, 그들 안에서 능력 있게 역사하여 다른 이들이 아닌 그들에게 이 은혜가 적용되게 하는 자비의 특별한 선물에 달려있는 것이 아닙니다." 즉 아르미니우스주의자들은 말하기를, 하나님께서 모든 사람들에게 구별 없이 은혜를 주신다고 합니다. 그러나 **사람**이 하나님의 은혜를 인정할 것인지 아닌지를 결정해야 한다는 것입니다.

이런 주장은 하이델베르크 교리문답 23주일 60문답과 전적으로 모순됩니다. 우리는 하이델베르크 교리문답 23주일 60문답에서 다음과 같은 사실을 읽을 수 있습니다. "오직 예수 그리스도를 믿는 참된 믿음으로만 하나님 앞에서 의롭게 됩니다…. 나의 어떤 공로도 없이, 오직 은혜로 하나님께서 그리스도의 완전한 만족하게 하심과 의로움과 거룩하심을 나에게 전가시켜 주셨습니다. … 하나님께서는 내가 결코 어떤 죄도 범하시 않은 것처럼, 그리고 그리스도께서 나를 위하여 이루어 주신 모든 순종을 나 자신이 직접 성취한 것처럼 인정해 주십니다." 즉 그리스도의 죽으심을 통하여 얻은 유익들을 우리에게 값없이 주시고 전가시켜 주신 분은 바로 하나님이십니다. 롬 3:24은 이 진리를 이렇게 표현합니다. "그리스도 예수 안에 있는 속량으로 말미암아 하나님의 은혜로 값 없이 의롭다 하심을 얻은 자 되었느니라."

아르미니우스주의자들과 개혁교회들 사이의 차이점들은 모두 사람의 자유의지에 달려 있습니다. 즉 구원을 선택하는 것이 사람에 의한 것인가 아닌가 하는 것입니다.

8조

그리스도의 죽으심이 갖는 효력

그리스도께서 죽으심은 성부 하나님의 최상의 자유로우신 경영이므로, 생명을 주시고 구원하시는 하나님의 아들의 가장 값진 죽으심의 효력은 모든 택자들에게 주어져야 합니다.^{요 17:9; 엡 5:25-27.} 모든 택자들에게만 오직 믿음으로 의롭게 됨이 주어지고, 그로 인하여 그들에게 확실히 구원이 임하게 된 것은 하나님의 최고의 은혜로우신 뜻과 목적입니다. 이것이 의미하는 바는 이러합니다. 하나님께서는 십자가의 피를 통하여 그리스도께서 ^{이 십자가의 피를 통하여 그리스도께서는 새 언약을 확정하셨다} 모든 백성, 지파, 민족, 방언으로부터 모든 택자들, 곧 영원으로부터 구원으로 택하시고 성부에 의해서 당신께 주어진 자들만 효력 있게 구속하시도록 의도 하셨습니다.^{눅 22:20; 히 8:6; 계 5:9} 더욱이 하나님께서는 그리스도께서 당신의 죽으심으로 그들을 위하여 획득하신 믿음을 성령님의 다른 구원의 선물들과 함께 그들에게 주시고,^{빌 1:29} 당신의 피로 그들을 모든 죄들, 곧 원죄와 자범죄, 믿은 후에 범한 죄와 믿기 전에 범한 죄들로부터 깨끗하게 하시며^{요일 1:7.} 마지막까지 신실하게 그들을 지키시어 마지막에 티나 주름 잡힌 것이 없이 영광스러운 가운데 그들을 당신 앞에 두시려고 의도하셨습니다.^{요 10:28; 엡 5:27}

8조에서는 도르트신경 Ⅱ장의 핵심 즉 '그리스도의 죽으심과 그 사역을 통한 사람의 구속'을 우리에게 말해 줍니다. 이 8조에서는 그리스도의 죽으심이 효력 있다는 사실, 즉 그리스도의 죽으심은 그것이 시작한 일을 끝내 이룬다는 사실을 고백합니다.

아르미니우스주의자들의 입장

그리스도의 죽으심 효력에 대한 아르미니우스주의자들의 입장을 반박함에 있어서, 조상들은 아르미니우스주의자들이 '구원의 획득'과 '구원의 적용'을 잘못 구분하여 가르친다는 점을 지적합니다. 조상들은 말하기를, 믿을지 안 믿을지를 결정하는 것이 사람의 자유의지에 달려 있다고 가르치는 자들은 "구원의 획득과 구원의 적용 사이의 차이점을 오용하는 것이라."라고 합니다. _{잘못들에 대한 반박 6-반박} 8조에서는 그리스도의 사역이 효력이 있다고 합니다. 반면에 아르미니우스주의자들은 말하기를, 그리스도의 사역이 **반드시 효력이 있는 것은 아니라**고 합니다.

아르미니우스주의자들에 따르면, 그리스도께서는 모든 사람들을 위하여 죽으셨습니다. 즉 그리스도께서는 당신의 죽으심으로 하나님과 사람 사이의 장애물을 제거하시어 모든 사람들이 구원을 받을 수 있는 가능성을 획득하셨습니다._{얻으셨습니다.} 그러나 사람은 자신의 자유로운 뜻으로 하나님이 준비하신 것을 원하는지 아닌지를 결정할 수 있습니다. 이것이 곧 _{그들이 말하는} 구원의 적용입니다. 그러므로 아르미니우스주의자들은 구원의 적용으로부터 구원의 획득을 **분리시킨** 것입니다.

사실 구원의 '획득'과 구원의 '적용'은 구분될 필요가 없습니다. 예를 들면, 보습성 크림을 획득하는 _{얻는} 것은 그 크림을 적용하는 _{바르는} 것과 다소 다릅니다. 그러므로 획득과 적용은 구별되는 것임에 분명합니다. 그러나 **어떻게** 구원의 획득과 구원의 적용을 구별할 수 있습니까?

아르미니우스주의자들은 말하기를, 구원의 획득은 그리스도의 사역인 반면에, 구원의 적용은 사람의 일이라고 합니다. 표 2-5를 보시오. 그러나 여기서 그들은 잘못 생각하고

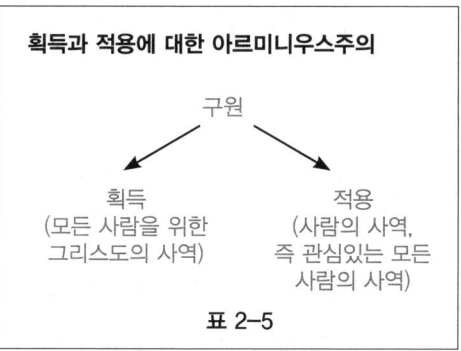

있습니다. 구원의 획득이 그리스도의 사역이고, 그리스도께서 오래 전에 십자가에서 구원을 획득하셨다는 말은 옳습니다. 그러나 구원의 적용도 또한 그리스도의 사역입니다. 그리스도께서 획득하신 구속을 사람에게 적용시키는 것도 사람 자신이 아닙니다. 구원을 획득하시고 그 구원을 죄인들에게 적용시키는 것, 둘 다 그리스도께서 하시는 일입니다. 표 II-6을 보세요. 아르미니우스주의자들이 두 개념을 구별하는 방식은, 그리스도께서 모든 사람들을 위하여 죽으셨다고 하면서도 하나님께서 준비하신 것을 원하는지 아닌지는 개개인에게 달려있다는 것입니다. 그러므로 하나님께서 예비하신 천국이 마지막 날 텅 비어 있는 일도 이론적으로 가능해집니다. 즉 그리스도께서 모든 사람들을 위하여 구원을 획득하셨을지라도 아무도 그 구원을 적용시키지 않을 수 있다는 말입니다.

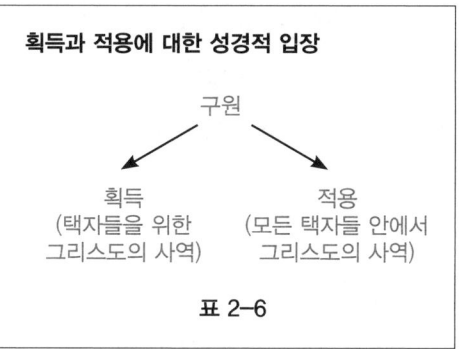

개혁교회의 입장

조상들은 성경에 비추어 볼 때 아르미니우스주의자들의 입장이 잘못되었다는 것을 알았습니다. 사람의 구원은 사람의 자유의지에 달린 것이 **아닙니다.** 성경에서는 그리스도께서 위하여 구원을 획득하신 모든 사람들은 또한 구원을 **받을 것이라**고 말합니다. 조상들은 다음과 같은 성경 본문의 권위로 이 교리를 말합니다.

롬 8:29,30

"하나님이 미리 아신 자들로 또한 그 아들의 형상을 본받게 하기 위하여 미리 정하셨으니, 이는 그로 많은 형제 중에서 맏아들이 되게 하려 하심이니라. 또 미리 정하신 그들을 또한 부르시고, 부르신 그들을 또한 의롭다 하시고, 의롭다 하신 그들을 또한 영화롭게 하셨느니라."

여기서 사도는 하나님께서 항상 동일한 수의 사람들에게 일하신다는 사실을 매우 강조해서 말합니다. 각각의 그룹에서 숫자는 변하지 않습니다. 하나님께서 미리 정하신 자들은 모두 부르심을 받고, 의롭게 되고 영화롭게 됩니다. 하나님께서 미리 정하신 **모든** 자들은 또한 믿게 되고, 영원한 생명을 받습니다.

마 1:21

천사가 요셉에게 이렇게 말했습니다. "마리아가 아들을 낳으리니 이름을 예수라 하라. 이는 그가 자기 백성을 저희 죄에서 구원할 자이심이라 하니라."

천사는 예수님께서 구원하실 자들이 누구라고 했습니까? 예수님께서 누구를 위하여 구원을 획득하셨습니까? 모든 사람을 위해서가 아니라 **자기 백성**을 위해서입니다. 자기 백성은 정해진 수만큼의 그룹이고, 아버지께서 아들에게 주신 사람들입니다. 이 사람들을 위하여 ^{더 이상 다른 사람들이 아니라} 예수님께서 죽으신 것입니다. 이 사람들을 위하여 예수님께서 구원을 획득하신 것입니다. 이 사람들은 또한 구원을 받을 것입니다. 왜냐하면 이 정해진 수의 사람들은 '자기' 백성이기 때문입니다.

▶요 10:11, 27, 28

"나는 선한 목자라 선한 목자는 **양들을** 위하여 목숨을 버리거니와… 내 양은 내 음성을 들으며 나는 그들을 알며 그들은 나를 따르느니라 내가 그들에게 영생을 주노니 영원히 멸망하지 아니할 것이요 또 그들을 내 손에서 빼앗을 자가 없느니라."

그리스도께서는 자기 생명을 모든 사람들을 위해서가 아니라 **양들**, 곧 **자기 양무리**의 사람들을 위하여 주십니다. 그러므로 이 **모든** 양들은 생명을 얻습니다. 구원의 획득과 적용은 동일한 사람들을 위한 것입니다.

아르미니우스주의		개혁교회	
획득: 그리스도께서는 모든 사람들을 위하여 구원을 획득하셨다.	적용: 일부 사람들만 자발적으로 받아들인다.	획득: 그리스도께서는 모든 자기 백성이 그들을 위하여 획득하신 구원을 얻도록 지키신다. =	적용: 그리스도께서는 모든 자기 백성을 위하여 구원을 획득하셨다.
주의: 위의 두 상자는 동일한 크기가 아니다. 그리스도께서 위하여 구원을 획득하신 자들 모두가 실제적으로 구원을 받아들이는 것은 아니다.		주의: 위의 두 상자는 크기가 같다. 그리스도께서 위하여 구원을 획득하신 자들 모두가 실제적으로 구원을 받아들인다.	
표 2-7		표 2-8	

그리스도께서는 구원으로 선택하신 모든 자들을 효력 있게 구속 하신다.

아르미니우스주의자들은 말하기를, "성부 하나님께서는 누군가를 구원하려는 특별하고 분명한 작정 없이 당신의 아들을 십자가에서 죽도록 정하셨습니다."라고 합니다. 잘못들에 대한 반박I-잘못을 보세요. 또한 비록 그리스도께서 구원을 획득하시기 위해서 죽으셨을지라도 아무도 그 구원으로부터 유익을 얻지 않을 수 있는 가능성이 있습니다. "심지어 그리스도께서 획득하신 구속이 실제로 결코 어떤 사람에게도 적용되지 않는다고 할지라도, 적용 그리스도께서 당신의 죽으심으로 획득하신 구속은 필수적이고, 유익하고, 귀중하고, 모든 면에 있어서 완전합니다. 획득" 여기서 우리는 아르미니우스주의자들이 획득과 적용을 분리시키는 방식을 알 수 있습니다.

그러나 도르트 신경 8조에서는 이렇게 말합니다. "그리스도께서 죽으심은 성부 하나님의 최상의 자유로우신 경영이므로, 생명을 주시고 구원하시는 하나님의 아들의 가장 값진 죽으심의 효력은 모든 택자들에게 주어져야 합니다." 그리스도께서 죽으심의 효력은 **모든** 택자들에게 적용됩니다. "모든 택자들에게 오직 믿음으로 의롭게 됨이 주어지고, 그로 인하여 그들에게 확실히 구원이 임하게 된 것은 하나님의 최고의 은혜로우신 뜻과 목적입니다." 그리스도께서는 구원으로 선택한 **모든** 자들을 효력있게 구속하십니다. 그리스도의 죽으심은 이뤄지리라고 한 것을 이루었습니다. 아들에게 주신 모든 자들은 영원한 생명을 받습니다. 그리스도께서는 아버지께 이렇게 기도했습니다. "…아버지여, 때가 이르렀사오니 아들을 영화롭게 하사 아들로 아버지를 영화롭게 하옵소서. 아버지께서 아들에게 주신 모든 자에게 영생을 주게 하시려고 만민을 다스리는 권세를 아들에게 주셨음이로소이다."요 17:1,2, 표2-8을 보세요.

9조

하나님의 경영의 성취

❖

택자들을 향한 영원한 사랑에서 시작된 이러한 경영은 세상의 처음부터 지금까지 능력 있게 성취되었고, 또한 계속해서 성취될 것입니다. 비록 음부의 문이 헛되이 이 경영을 무너뜨리려 할지라도 말입니다.^{마 16:18} 때가 되면 택자들은 하나로 함께 모여서 그리스도의 피에 기초를 세운 신자들의 교회로 항상 있게 될 것입니다.^{요 11:52; 왕상 19:18} 이 교회는 변함없는 사랑과 신실함으로 그리스도를 ^{신랑으로서 당신의 신부를 위하여 당신의 생명을 십자가에서 내어 놓으신} 구주로 섬기고^{엡 5:25}, 지금 그리고 영원무궁토록 신랑이신 그리스도를 찬양할 것입니다.

그리스도께서 위하여 구원을 획득하신 자들의 수가 이 구원을 받는 자들의 수와 같지 않다고 하는 아르미니우스주의자들의 잘못을 반박함에 있어서, 조상들은 이렇게 말했습니다. "이 잘못은 보편 기독교회에 대한 신앙의 조항을 부정하는 것입니다." ^{잘못들에 대한 반박, 1-반박} 달리 말해서, 그리스도께서 모든 사람을 위하여 죽으셨지만 ^{모든 사람을 위하여 구원을 획득하심} 그 사람들이 그리스도께서 획득하신 구원을 원하는지 아닌지를 스스로 결정할 수 있다면 ^{그래서 이론적으로 가정해 볼 때, 구원을 받으려고 선택하는 사람이 아주 적거나 아무도 없다면,} 그때 이 땅 위에서 교회가 사라질 날이 올 수도 있을 것입니다.

그러나 조상들은 말하기를, 하나님의 경영의 성취라는 관점에서 이런 일이 있을 수 없다고 했습니다. 하나님께서는 당신의 영원하신 계획에 따라 일부 사람들이 구원받을 것을 결정하셨고, 하나님께서 결정하신 것은 반드시 **이루어질 것입니다.** 조상들은 성경의 권위에 근거하여 이 진리를 말했습니다. 왜냐하면 그들은 엡 1:11에서 다음과 같은 말씀을 읽었기 때문입니다. "모든 일을 그 마음의 원대로 역사하시는 자의 뜻을 따라[6] 우리가 예정을 입어 그 안에서 기업이 되었으니…" 그리고 사 46:9-11에서도 다음과 같은 말씀을 읽었습니다. "너희는 옛적 일을 기억하라. 나는 하나님이라. 나 외에 다른 이가 없느니라. 나는 하나님이라 나 같은 이가 없느니라. 내가 종말을 처음부터 고하며 아직 이루지 아니한 일을 옛적부터 보이고 이르기를 나의 모략^{counsel}이 설 것이니, 내가 나의 모든 기뻐하는 것을 이루리라 하였노라. 내가 동방에서 독수리를 부르며, 먼 나라에서 나의 모략을 이룰 사람을 부를 것이라. 내가 말하였은즉 정녕 이룰 것이요 경영하였은즉 정녕 행하리라." 그러므로 만일 하나님께서 특정한 수의 사람들을 구원하시기로 결정하셨다면, 그때 이 결정은 **이루어질 것입니다.** 제아무리 사탄이 이 일을 가로막으려고 날뛸지라도 말입니다.

벨직 신앙고백 27조에서 우리는 이렇게 고백했습니다. "하나의 보편적 혹은 우주적 교회는… 세상의 시작부터 있어 왔으며 세상의 끝날까지 있을 것입니다. 왜냐하면 그리스도께서는 백성 없이 계실 수 없는 영원한 왕이시기 때문입니다. 비록 잠시 동안 아주 미미하게 보이고, 인간의 눈에는 거의 사라진 것처럼 보일 때도 있지만, 이 거룩한 교회는 온 세상의 분노에 맞서 하나님에 의해 보존됩니다. 이와 같

---

[6] 역주: 원문대로 직역하면, **"그의 뜻의 경영에 따라 모든 일을 행하시는"**입니다.

이 아합의 폭정 동안에도 주께서는 바알에게 무릎을 꿇고 절하지 아니한 칠천 명의 자신을 위하여 남겨두셨던 것입니다." 교회는 **항상** 존재할 것입니다. 왜냐하면 마귀의 공격에 관계없이 하나님의 경영은 확고하게 설 것이기 때문입니다. 신실한 '7000'명은 항상 있을 것입니다. 이 '7000'명은 아합 시대의 실제적인 숫자일지는 모르지만, 오늘 이 수는 충만한 수를 상징합니다.

"거룩한 보편적 기독교에 관하여 나는 하나님의 아들이 전체 인류로부터 세상의 처음부터 끝까지 당신의 성령과 말씀으로 참된 믿음의 일치 안에서 영원한 생명을 얻도록 선택된 교회를 모으시고 보호하시고 보전하심을 믿습니다."하이델베르크 교리문답 21주일 54문답. 그리스도께서 왕으로 계시는 하나님의 교회는 항상 있을 **것입니다.** 아르미니우스주의자들의 잘못들에 대항하여, 조상들은 하나님께서 자신의 교회에 대해 약속하신 것을 붙잡았습니다.

성경은 교회가 견뎌야 하는 무서운 공격에 대해 우리에게 경고합니다. "근신하라 깨어라 너희 대적 마귀가 우는 사자 같이 두루 다니며 삼킬 자를 찾나니…"벧전 5:8 "그러므로 하늘과 그 가운데에 거하는 자들은 즐거워하라 그러나 땅과 바다는 화 있을진저 이는 마귀가 자기의 때가 얼마 남지 않은 줄을 앎으로 크게 분내어 너희에게 내려갔음이라 하더라."계 12:12 그러나 사탄의 공격이 반드시 큰 소리로 임하는 것은 아닙니다.

바울은 고린도인들에게 사탄이 "자기를 광명의 천사로 가장한다."라고 경고 합니다. 고후 11:14 교회는 확실히 마귀의 공격들이 있음을 느낍니다. 아르미니우스의 시대에 사탄은 자기를 광명의 사역자로 가장하고는, 강단에 올라가서 하나님의 은혜에 의한 구원의 복음이 아니라 사람의 자유의지에 의한 구원을 말하는 아르미니우스주의의 구원 교리를 설교하였습니다. 그러나 사탄이 심지어 강단으로부터 교회를 공격할지라도, 하나님의 경영은 계속 이어질 것입니다. 그렇기 때문에 하나님의 신실하심은 아르미니우스의 시대에도 마찬가지로 지속되었던 것입니다.

그러므로 조상들은 9조에 이렇게 기록했습니다. "택한 자 들을 향한 영원한 사랑에서 시작된 하나님의 이 경영은 세상의 처음부터 지금까지 능력 있게 성취되었고, 또한 계속해서 성취될 것입니다. 비록 음부의 문이 헛되이 이 경영을 무너뜨리려 할지라도 말입니다. 마 16:18 때가 되면 택한 자 들은 하나로 함께 모여서 그리스도의 피에 기초를 세운 신자들의 교회로 항상 있게 될 것입니다. 요 11:52; 왕상 19:18 이 교회는 변함없는 사랑과 신실함으로 그리스도를 신랑으로서 당신의 신부를 위하여 당신의 생명을 십자가에서 내어 놓으신 구주로 섬기고, 엡 5:25 지금 그리고 영원무궁토록 신랑이신 그리스도를 찬양할 것입니다."

여기에서 조상들은 롬 8:31-39에서 바울의 확신에 찬 고백을 반향하고 있습니다. 30절에서 하나님께서 택한 자 들의 충만한 수에게 믿음과 구원을 주셨다고 분명히 말한 후에, 바울은 로마 교회 성도들에게 계속해서 이렇게 말합니다. "그런즉 이 일에 대하여 우리가 무슨 말 하리요. 만일 하나님이 우리를 위하시면 누가 우리를 대적하리요? 자기 아들을 아끼지 아니하시고 우리 모든 사람을 위하여 내어 주신 이가 어찌 그 아들과 함께 모든 것을 우리에게 은사로 주지 아니하시겠느뇨? 누가 능히 하나님의 택하신 자들을 송사하리요? 의롭다 하신 이는 하나님이시니라."

심지어 교회와 성도들이 사탄과 세상과 그들 자신의 육신에 의해서 미움을 받을지라도, "누가 우리를 그리스도의 사랑에서 끊을 수 있겠습니까? 환난이나 곤고나 핍박이나 기근이나 적신이나 위험이나 칼이 그렇게 할 수 있겠습니까?" 분명히 그리스도인들은 마귀의 미움을 많이 받게 되어 있습니다. "기록된 바 시 44편에서 우리가 종일 주를 위하여 죽임을 당하게 되며 도살할 양 같이 여김을 받았나이다 함과 같으니라. 그러나 이 모든 일에 우리를 사랑하시는 이로 말미암아 우리가 넉넉히 이기느니라 내가 확신하노니 사망이나 생명이나 천사들이나 권세자들이나 즉 엡 6:12에서 귀신들의 무리를 묘사한다. 현재 일이나 장래 일이나 능력이나 높음이나 깊음이나 다른 어떤 피조물이라도 우리를 우리 주 그리스도 예수 안에 있는 하나님의 사랑에서 끊을 수 없으리라."

만일 하나님께서 이미 영원 전부터 우리를 무한히 사랑하셔서 영원한 죽음으로부터 우리를 구원하시기 위해 당신의 아들을 죽음에 내어 주셨다면, 누가 감히 우리를 향한 하나님의 사랑을 가로막을 수 있겠습니까? 성경은 우리에게 아무도 그렇게 할 수 없다고 말합니다. 제아무리 지옥의 문들이 크고 격렬한 진노를 발할지라도, 하나님과 함께 하는 한 우리는 안전합니다. 하나님의 경영은 **끊임없이 이어질 것입니다.**

계 7:9-17에서 우리는 '보좌 앞과 어린 양 앞에 흰 옷을 입고 서 있는 큰 무리'에 대한 요한의 이상을 읽을 수 있습니다. 요한은 그 이상에서 다음과 같은 말씀을 들었습니다. "큰 환난에서 나오는 자들인데, 어린 양의 피에 그 옷을 씻어 희게 하였느니라. …보좌 가운데 계신 어린 양이 저희의 목자가 되사 생명수 샘으로 인도하시고…" 주님께서는 마지막 날에 당신의 성도들 모두가 당신의 보좌 주변에 모이도록 하실 것입니다. 선한 목자이신 주 예수께서 당신께서 택하신 자들에게 이렇게 말씀하셨습니다. "내가 그들에게 영원한 생명을 줄 것이다. 그들은 결코 멸망당하지 않을 것이다. 누구도 내 손에서 그들을 빼앗아가지 못할 것이다."

아버지께서 모든 택자들을 당신의 아들에게 주셨습니다. 그 아들과 함께라면, 택자들은 영원히 안전할 것입니다. 이 무리의 수에 대해서 우리는 계 14:1에서 요한이 '십사만 사천'을 보았다고 하는 말씀을 읽을 수 있습니다. 이 수는 특별한 수입니다. 144는 구약 교회의 기초인 이스라엘 12지파와 신약 교회의 기초인 12사도를 곱한 것을 나타내는 수입니다. 그리고 1000=10x10x10, 즉 하나님의 수입니다. **하나님께서 선택하셨던 자들의 수**는 마지막 날에 하나님의 보좌 주변에 모이게 될 자들의 수와 **같을 것입니다.** 택자들 중 어느 누구도 잃어버린 바 되지 않을 것입니다. 우리가 '지금 그리고 영원무궁토록 주님을 찬양해야 할' 이유가 더욱더 있지 않겠습니까!

제3장과 제4장

사람의 타락, 하나님께로 회심,
그 회심이 이루어지는 방식

1조

타락의 결과

✦

태초에 사람은 하나님의 형상으로 창조 되었습니다.^{창 1:26, 27} 사람의 지성은 자신의 창조주와 모든 영적인 것들에 대한, 참되고 건전한 지식을 가지고 있었습니다. 사람의 의지와 마음은 의로웠고, 사람의 모든 감정은 순전했습니다. 그러므로 사람은 전적으로 거룩했습니다. 그러나 마귀의 선동과 자신의 자유의지로 인해 하나님께 반역함으로써, 사람은 이 탁월한 선물들을 상실하고^{창 3:1-7}, 스스로 소경이 되어 무서운 어두움과 무익함에 빠졌고, 그의 지성이 왜곡된 판단에 이르렀고, 그의 의지와 마음은 악의와 반역과 완고함에 이르렀으며, 그의 모든 감정은 불순해졌습니다.^{엡 4:17-19}

도르트 신경은 다섯 장으로 구성되어 있습니다. 각 장은 항의자들이 다섯 조항^{이에 대해서는 앞에서 이미 제시한 내용을 보세요}에서 가르친 이설들에 대항하여 개혁교리의 입장을 방어하고 있습니다. 그러나 조상들은 항의자들의 3조에 대해 답을 하려면 4조에서 제시한 것도 함께 묶어서 답해야 한다는 사실을 깨달았습니다. 왜냐하면 3조만 읽어 보면 성경적으로 꽤 올바른 것처럼 보이지만 잘못이 있는 4조와 함께 읽으면 3조도 문제가 있음을 알 수 있기 때문입니다. 이 두 조항의 잘못을 정확하게 밝혀내기 위해서 조상들은 항의자들의 3조와 4조에 나오는 내용들을 Ⅲ / Ⅳ장의 한 장으로 묶고 있습니다.

항의자들의 3조과 4조는 다음과 같습니다.

3조

우리는 사람이 스스로 구원에 이르는 믿음을 가지지도 않으며, 배교와 죄 가운데서는 스스로 생각해 낼 수 없기에 진실로 선한 그 어떤 일도 _{이를테면 구원에 이르는 믿음} 하지도 않고 하려고도 않는다는 것을 믿습니다. 그러나 또한 사람이 바르게 이해하고 묵상하며 진실로 선한 일을 하고 또 하려고 하기 위해서는 하나님께서 그리스도 안에서 성령을 통하여 그를 거듭나게 하셔서 이해와 감정과 의지와 모든 능력이 새롭게 됨이 필요하다는 것을 믿습니다. 이는 "나를 떠나서는 너희가 아무것도 할 수 없음이라."라고 하는 요 15:5에서 그리스도의 말씀에 따른 것입니다.

4조

우리는, 중생한 사람이 선행하거나 돕는 이 깨달음과 그에 따른 협력하는 은혜가 없이는 선을 행하는 것과 악으로 향하는 모든 유혹들에 저항하는 일을 생각하지도 행하지도 못하며 하려고도 할 수 없는 한, 이 하나님의 은혜가 모든 선한 일들의 시작과 진행 그리고 마침도 된다는 것과, 그러므로 생각할 수 있는 모든 선한 사역들과 행위들이 그리스도 안에 있는 하나님의 은혜에 돌려져야 한다는 것을 믿습니다. 그러나 이런 은혜의 방식과 연관하여 이 은혜는 저항할 수 있습니다. 왜냐하면 행 7장과 다른 많은 곳에서 중생한 자들이 성령을 저항했다는 많은 사실들이 기록되어 있기 때문입니다.

특별히 위의 4조에서 결론적인 문장 "그러나 이런 은혜의 방식과 연관하여 이 은혜는 저항할 수 있습니다. 왜냐하면 행 7장과 다른 많은 곳에서 중생한 자들이 성령을 저항했다는 많은 사실들이 기록되어 있기 때문입니다"를 주목하십시오. 달리 말하면, 아르미니우스주의자들은 하나님께서 은혜를 주시지만 내가 그 은혜에 저항할 수 있다고 말하는 것입니다. 이 진술의 배후에는 사람이 하나님께서 제공하시는 은혜에 저항할 수 있는 위치에 있다는 확신이 있습니다. 그 말은 곧 죄인들이 죽지 않고 살아 있다는 뜻입니다. 왜냐하면 우리는 시체가 제안을 받아들이거나 거부하는 것은 고사하고 그 어떤 일도 하는 것을 본 적이 없기 때문입니다. 3조와 4조의 잘못들을 낱낱이 밝히기 이전에, 조상들은 먼저 아르미니우스주의자들이 타락한 인간을 가리켜 죽은 것이 아니라 산 자들이라고 가정한다는 사실을 지적할 필요가 있었습니다. 그래서 Ⅲ / Ⅳ장에서 조상들은 '사람의 타락, 하나님께로의 회심, 그 회심이 이루어지는 방식'을 다룹니다. 조상들은 사람의 부패의 정도를 성경에 근거하여 정하고 결과적으로 사람이 하나님과 하나님께서 제공하신 은혜를 거부할 수 있는지를 확실히 하려고 하였습니다.

성경에서 말하는 에덴동산에서의 사람의 처음 상태: 완전한 거룩

이런 이유로 조상들은 교회 회원들로 하여금 에덴동산에서의 사람의 처음 상태에 대한 성경 기록으로 눈을 돌리게 할 필요가 있음을 알았습니다. 창 1:26-28에서 우리는 다음과 같은 말씀을 읽을 수 있습니다. "우리의 형상을 따라 우리의 모양대로 우리가 사람을 만들고…." 사람이 하나님의 형상 혹은 모양대로 만들어졌다는 것은 사람이 하나님처럼 보인다는 뜻이라기보다는 사람이 하나님을 **대리한다**는 뜻입니다. '형상'이란 개념은 직분, 사역을 의미합니다. 형상이란 말은 하나님께서 세상을 통치하시는 것과 밀접하게 연결되어 있습니다. 왜냐하면 하나님께서 이렇게 말씀하셨기 때문입니다. "…그로 바다의 고기와 공중의 새와 육축과 온 땅과 땅에 기는 모든 것을 다스리게 하자 하시고 하나님이 자기 형상, 곧 하나님의 형상대로 사람을 창조하시되 남자와 여자를 창조하시고 하나님이 그들에게 복을 주시며 그들에게 이르시되 생육하고 번성하여 땅에 충만하라, 땅을 정복하라, 바다의 고기와 공중의 새와 땅에 움직이는 모든 생물을 다스리라 하시니라."

하나님께서 세상을 창조하시고 그 가운데 사람이 살 수 있는 동산을 심으셨습니다. 하나님께서 사람에게 이 동산을 보호하라, 다스리라, 통치하라고 명령하셨습니다. ^{창 2:15} 하나님의 형상대로 창조되었다는 것은 사람이 하나님의 대리자로서 **하나님께서 행하시듯이** 통치를 실현해야 한다는 뜻입니다. 이렇게 통치를 실현함으로써 사람은 하나님을 반영하고, 반사하고, 하나님이 어떤 분이신지를 하나님의 창조물들에게 보여주어야 했습니다. 사람이 이 사명을 성취하도록 하기 위해서 하나님께서는 특별한 재능들로 사람을 준비시키셨습니다. 하나님께서는 사람에게 당신을 반영할 능력을 주셨습니다. 하나님께서 거룩하신 것처럼, 사람도 거룩하게 만드셨습니다. 하나님께서 의로우신 것처럼, 사람도 의롭게 만드셨습니다. 하나님께서 창조물들을 사랑으로 돌보시는 것처럼, 하나님께서 아담에게 사랑할 능력을 주셨습니다. 사람은 하나님의 속성들을 드러내고 닮아갈 수 있는 능력을 받았습니다. 하나님께서 아담에게 주신 직분 때문에 아담의 초점은 하나님 중심적이었습니다. 아담은 하나님과 '교통'했습니다. 이것은 또한 우리가 1조에서 다음과 같이 고백하는 바와 같습니다. "태초에 사람은 하나님의 형상으로 창조되었습니다." 이것은 사람이 "창조주와 모든 영적인 것들에 대한 참되고 건전한 지식으로 뒤덮여 있었습니다. 그의 의지와 마음은 올바른 상태였고, 그의 감정은 순수했습니다. 그러므로 사람은 전적으로 거룩했습니다."라는 뜻입니다. 사람은 모든 것을 하나님께로 초점을 맞추었습니다. 사람은 자신에게 주어진 일을 가지고 하나님을 나타내어야 했으며, 그럴만한 능력도 있었습니다.

아르미니우스주의가 말하는 에덴동산에서의 사람의 처음 상태: 죄로 기울어짐

조상들이 위에서와 같이 에덴동산에 대해 기술한 것은 아르미니우스주의자들 사람의 타락에 대해 가르치면서 철학으로부터 어떤 요소를 취했기 때문이었습니다. 그들은 사람을 지성과 마음과 의지라는 세 부분으로 구별했습니다. 표 3/4-1을 보세요. 지성에 대해서 말하자면, 에덴동산에서 사람은 자신이 선을 행하면 살 것이고, 죄를 범하면 죽을 것이라는 지식을 가지고 있었습니다. 사람이 이 지식을 알고 있었던 것은 하나님께서 자신에게 말씀해 주셨기 때문이었습니다. 마음에 대해서, 아르미니우스주의자들은 에덴동산에서 사람의 마음이 이미 죄로 향하려는 **성향**이 있었다고 말합니다. 그러한 주장은 다음과 같이 제시되었습니다. 하

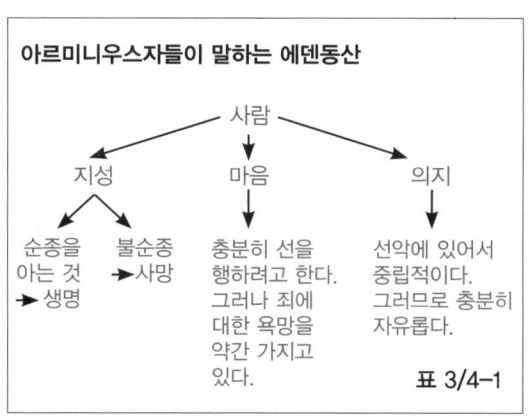

표 3/4-1

나님께서 아담과 하와를 시험하시려고 한 나무의 실과를 먹지 말라고 금지하셨습니다. 그러나 이 시험이 진짜 시험이 되기 위해서는 그 특별한 열매에 대한 욕구가 있어야 한다는 것입니다. 좋아하지 않는 무엇인가를 먹으려는 욕구를 자제한다는 것은 전혀 시험이 아닙니다. 그래서 아르미니우스주의자들은 참으로 죄에 대한 시험이 되기 위해서는 적어도 죄로 향하려는 성향이 조금이라도 있어야 한다고 말했습니다. 사람의 마음 속에 잘못을 행하려는 욕망이 조금이라도 있어야 한다는 것입니다. 사람의 의지에 관하여 아르미니우스주의자들은 사람이 에덴동산에서 자유의지를 가지고 있었다고 합니다. 사람의 의지는 자기 마음에게 지성이 아는 바를 행하라, 곧 금지된 나무만은 그대로 남겨둠으로 선을 행하라고 말할 수 있었다고 합니다. 아담과 하와는 자유의지를 사용하여 자신의 마음에게 금지된 실과를 먹지 말라고 말할 능력이 있었습니다.

아르미니우스주의에 따르면, 타락 전에 사람은 죄로 향하려는 성향을 가지고 있었습니다. 이 성향이 반드시 강력하지는 않았다 해도, 어쨌든 그런 성향은 있었다고 합니다. 그들은 이렇게 가르칩니다. "사람이 처음 창조되었을 때에 영적 선물들 혹은 선한 자질들과 덕들, 예를 들면 선, 거룩, 의와 같은 것은 사람의 의지에 속한 것이라고 할 수 없으므로 사람이 타락했을 때도 그의 의지로부터 분리될 수 없었습니다." *잘못들에 대한 반박2—잘못 찬송가 p.560* 곧 의지는 중립적이었고, 그래서 마음은 죄를 범하기 매우 쉬웠다는 말입니다. 그러나 조상들은 1조에서 다음과 같이 매우 명백하게 말했습니다. "사람의 지성은 자신의 창조주와 모든 영적인 것들에 대한 참되고 건전한 지식을 가지고 있었습니다. 사람의 의지와 마음은 의로웠고, 사람의 모든 감정은 순전했습니다. 그러므로 사람은 전적으로 거룩했습니다."

이 고백은 어떤 죄나 혹은 죄를 범하려는 욕망이 존재할 여지를 조금도 남겨두지 않습니다. 우리는 이 고백을 우리 조상들이 성경적으로 진술한 것이라고 이해합니다. 왜냐하면 창 1:31에서 우리는 하나님께서 창조 사역을 완성하신 후에 "하나님이 그 지으신 모든 것을 보시니 보시기에 심히 좋았더라."라고 하는 말씀을 읽을 수 있기 때문입니다. 하나님께서 창조하신 사람은 죄를 범하려는 욕망을 가지고 있지 않았습니다. 오히려 아담은 하나님과 친밀한 교제를 나누며 살았습니다. 아담의 모든 성향은 하나님께로 향했으며, 아담은 하나님과 조화를 이루었습니다. 이것은 하나님께서 아담과 하와를 찾아와 교제하곤 하셨던 사실을 볼 때 더욱 분명합니다. "그들이 그 날 바람이 불 때 동산에 거니시는 여호와 하나님의 소리를 듣고…"창 3:8절 하나님께서 항상 그렇게 방문하시곤 했기 때문에, 아담과 하와는 하나님께서 오시는 소리를 알 수 있었습니다. 하나님께서는 중립적인 창조물을 방문하신 것이 아니었습니다.

사람이 죄에 빠진 결과

죄에 빠진 후에 사람의 관심은 더 이상 하나님 중심적이지 않게 되었습니다. 사람은 더 이상 하나님과 조화를 이루지 못합니다. 사람은 더 이상 하나님의 형상을 비추거나 하나님을 반향 할 수 없습니다. 왜냐하면 그렇게 하기 위해 필요로 하는 능력들이 상실되었기 때문입니다. 이렇게 된 것은 사람 자신의 행동으로 인한 것입니다. 하이델베르크 교리문답 4주일 9문답에서는 이에 대해 이렇게 말합니다. "…사람은 마귀의 꾐에 빠져 고의적으로 불순종함으로 자기 자신과 그의 모든 후손도 이런 선물들을 잃게 되었습니다." 또한 벨직 신앙고백 14조에서는 성경이 가르치는 바를 다음과 같이 요약하고 있습니다. "사람은 모든 면에 있어서 악하고 뒤틀리고 부패해져서, 자신이 이전에 하나님께 받은 모든 뛰어난 선물들을 상실했습니다." 이전에 하나님께 받은 모든 선물들을 던져버렸기 때문에, 사람은 더 이상 하나님의 형상을 비출 수 없습니다. 그러나 하나님의 형상을 비추어야 하는 **사명**은 사람에게 여전히 남아 있습니다.[7]

사람의 타락의 범위에 대해 말하자면, 창 6:5에서는 사람에 대해 긍정적으로 말하는 바가 아무것도 없습니다. "여호와께서 사람의 죄악이 세상에 가득함과 그의 마음으로 생각하는 모든 계획이 항상 악할 뿐임을 보시고." 여기에서 여러분은 하나님께서 우리가 어떻게 타락하게 되는지를 보여주시기 위해 사람의 악함을 어떻게 설명하고 계신지를 주목하시기 바랍니다. 사람의 마음은 '오직 악할 뿐'이고 '항상' 악합니다. 그러나 더 나아가서 사람의 마음 배후에 있는 '생각들'과 심지어 '생각들'로부터 나온 '의도'도 항상 악할 뿐입니다. 렘 17:9의 말씀들도 동일하게 악평을 하고 있습니다. "만물보다 거짓되고 심히 부패한 것은 마음이라 누가 능히 이를 알리요마는?" 또한 엡 2:1-3을 보십시오. "그는 허물과 죄로 죽었던 너희를 살리셨도다 그 때에 너희는 그 가운데서 행하여 이 세상 풍조를 따르고 공중의 권세 잡은 자를 따랐으니 곧 지금 불순종의 아들들 가운데서 역사하는 영이라 전에는 우리도 다 그 가운데서 우리 육체의 욕심을 따라 지내며 육체와 마음의 원하는 것을 하여 다른 이들과 같이 본질상 진노의 자녀이었더니…"

이 말씀은 아르미니우스주의자들이 말하는 방식과 꽤 다릅니다. 아르미니우스주의자들의 입장은 이런 것입니다. "영적 죽음의 상태에서

---

7) 하나님의 형상, 특별히 예수 그리스도 안에서 하나님의 형상이 회복되었다는 사실에 대한 더 상세한 해설에 대해서 독자들은 필자의 벨직 신앙고백 해설서 14조의 해설을 보세요.

영적 선물들은 사람의 의지와 분리되지 않았는데, 왜냐하면 의지 그 자체는 결코 타락하지 않았으며, 이해력이 우둔해지고 정욕이 제어되지 않음으로 인해 훼방을 받을 뿐이기 때문입니다. 만일 이런 장애물이 제거된다면, 의지는 그 본래의 충분한 능력을 발휘할 수 있습니다. 의지는 자신 앞에 놓인 모든 것들을 스스로 원하여 선택하든지 원하지 않아 선택하지 않든지 할 수 있습니다."잘못들에 대한 반박 3-잘못, 찬송가 p.560 달리 말하면, 의지는 악해지지 않았다는 것입니다. 의지는 타락에도 불구하고 중립적이었고 중립적인 것으로 남아 있다는 것입니다. 타락의 '유일한' 결과는 사람이 자유의지를 행하는 것이 훨씬 더 어려워졌다는 정도일 뿐입니다. 즉 타락은 옳은 일을 행하려는 마음을 증진시키는 의지의 능력에 장애물을 두는 것이었습니다. 왜냐하면 사람의 마음은 이제 더 이상 '다소 죄로 향하려는 성향이 있는 것'이 아니라, '**강력하게** 죄로 기울어져 있기' 때문입니다. 그러므로 이제는 의지가 마음에게 지성이 아는 대로 행해야 할 바를 행하라고 말하기 어렵습니다. 사람의 의지는 "훼방 받고 있습니다."

그러므로 우리 조상들은 타락의 결과로 생긴 인간의 전적 타락과 부패에 대한 개혁교회의 입장을 진술하기 위해 1조에 다음과 같은 내용을 추가하는 것이 필요하다고 보았습니다. "그러나 마귀의 선동과 자신의 자유의지로 인해 하나님께 반역함으로써, 사람은 이 탁월한 선물들을 상실하고, 스스로 소경이 되어서, 무서운 어두움과 무익함에 빠졌고, 그의 지성이 왜곡된 판단에 이르렀고, 그의 의지와 마음이 악함과 반역과 완고함에 이르렀으며, 그의 모든 감정이 불순해졌습니다."

조상들은 에덴동산에서 인간이 완전하게 100% 선하게 창조된 존재였다는 개혁교회의 입장을 제시했습니다. 죄에 빠진 후에 사람은 전적으로 타락하고 100% 악하게 되었습니다. 한편 아르미니우스주의자들은 사람의 창조된 상태나 타락한 상태에 대해 그런 절대적인 용어로 말하려 하지 않았습니다. 그들은 말하기를, 에덴동산에서 사람은 죄로 향하는 성향이 있었기 때문에, 처음에 에덴동산에서 전적으로 선하지 않았다, 즉 사람은 95%만 선했다고 합니다. 또한 마찬가지로 그들은 말하기를, 사람은 타락 후에도 전적으로 악하게 되지 않았고 **강력하게 죄로 기울어진 것일 뿐**이라고 했습니다. 즉 95% 악하게 되었다고 말합니다. 아르미니우스주의자들은 사람이 병들었을 뿐이고 여전히 도움을 요청할 수 있다고 말하는 반면에, 개혁교회들은 사람이 죽었다고 말합니다. 조상들은 말하기를, 한때 에덴동산에서 완전했던 사람은 타락의 결과로 **전적으로** 그리고 **근본적으로** 부패하게 되었다고 하였습니다.

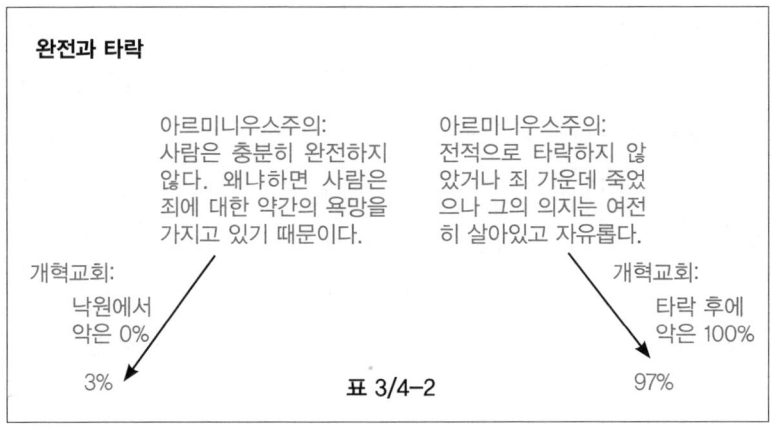

표 3/4-2

사람은 죽은 것이 아니라 다만 병들었을 뿐이라는 개념은 오늘 우리에게도 또한 친근합니다. 오래 전의 이 철학은 오늘날의 뉴에이지 사상(New Agism)에서 현재 매우 현저하게 살아 있습니다. "사람은 죄 가운데 죽지 않았고 각 사람은 신이다. 그러므로 사회 속에 널리 퍼져 있는 악의 원인은 사람의 타락에서 찾을 수 없고 ^{예를 들면} 교육의 결핍, 가정환경의 파탄, 정신병에서 찾을 수 있다." 그러나 근본적으로 우리가 전적으로 타락했다는 사실을 받아들이기를 거부하는 것은 아르미니우스주의의 가르침이 다른 옷을 입고 다시 나타난 것입니다. 그래서 우리 신앙고백이 오늘날도 여전히 얼마나 적실한지가 명백해집니다. 비록 우리 신앙고백이 오래 전에 기록되었을지라도 이 신앙고백은 오늘날의 문제들에 대해서도 길을 보여주고 있습니다. 오래 전에 우리 조상들이 오늘 우리에게 필요한 답을 제공해 주었습니다.

타락의 확장

사람이 타락한 후에 부패하게 되었기 때문에, 타락한 아버지로서 사람은 타락한 자녀들을 낳았습니다. 욥 14:4; 시 51:7 이렇게 타락은 오래 전의 펠라기우스의 주장처럼 모방에 의해서가 아니라, 하나님의 의로운 심판에 따른 왜곡된 본성의 전달에 의해서, 오직 예수 그리스도만 제외하고, 아담으로부터 그의 모든 세대들에게로 확장되었습니다. 롬 5:12; 히 4:15

도르트 총회 이전 시대에, 네덜란드 교회 성도들은 사람이 타락하지 않았고 병들었다는 가르침을 받았습니다. 아르미니우스주의자들은 펠라기우스의 잘못을 반복했습니다. 즉 죄는 다른 사람을 모방한 결과라는 것입니다. 그러므로 신실한 교회 회원들의 사고를 바로 잡기 위해서 우리 조상들은 2조에 있는 내용을 포함시켜야 할 필요가 있다고 보았습니다. 2조에서는 왜 내가 죄악 되고 죄를 범하는지에 대한 문제를 말합니다. 주어진 답은 타락한 조상들로부터 타락한 자손들이 태어난다는 것입니다. "사람이 타락한 후에 부패하게 되었기 때문에, 타락한 아버지로서 사람은 타락한 자녀들을 낳았습니다."

창 5:1-3에서 우리는 다음과 같은 말씀을 읽습니다. "이것은 아담의 계보를 적은 책이니라 하나님이 사람을 창조하실 때에 하나님의 모양대로 지으시되 남자와 여자를 창조하셨고 그들이 창조되던 날에 하나님이 그들에게 복을 주시고 그들의 이름을 사람이라 일컬으셨더라 아담은 백삼십 세에 자기의 모양 곧 자기의 형상과 같은 아들을 낳아 이름을 셋이라 하였고." 여기서 우리는 하나님께서 아담을 하나님의 형상대로 창조하셨고, 셋은 아담의 형상대로 태어났다는 말씀을 읽을 수 있습니다. 달리 말하면, 아담은 하나님의 형상을 반영하였고, 셋은 아담의 형상을 표현하였다는 말입니다. 아담은 '보시기에 심히 좋게' 창조되었고, 하나님의 형상을 비출 수 있는 능력을 하나님으로부터 부여받았습니다. 그는 하나님의 형상을 비추는 임무와 더불어 이 사역을 수행할 능력도 받았던 것입니다.

그러나 아담의 창조와 셋의 탄생 사이에는 타락이 있습니다. 아담은 하나님을 반사할 능력을 버린 후에 아들을 낳았습니다. 아담은 악해졌고, 그래서 자기 아버지 아담의 형상대로 태어난 셋은 자기 아버지의 죄악 됨을 반영하였습니다. 아담을 특징짓는 타락과 부패와 악은 또한 셋을 특징짓는 것이 되었습니다. 아담은 "타락한 아버지로서 타락한 자녀들을 낳았습니다."

이것은 수십 세기 동안 한 세대로부터 다음 세대로 내려온 패턴입니다. 셋의 아들 에노스는 자기 아버지의 죄악 됨을 반영하였고, 이렇게 계속되어서, 오늘을 살고 있는 우리 모두도 이 방식대로 우리의 아버지의 죄악 됨을 반영합니다. 오늘 우리가 낳은 자녀들은 우리의 죄악 됨을 지니고 우리의 죄악 됨을 나타내게 됩니다. 이것은 모든 해산의 원리이고 비극입니다. 자녀들은 부모를 반사하고, 부모의 죄악 됨을 반영합니다. 이 비극은 레 12장에서 강조되는데, 거기에서 우리는 해산 후의 정결에 대한 주님의 교훈을 읽을 수 있습니다. 산모는 성부 하나님의 창조세계 안에서 죄악 된 아이를 낳았기 때문에 부정해졌습니다.

죄악 된 부모에게서 태어난 자녀가 죄악되다는 것은 다윗이 시 51:5에서 자신에 대해 고백한 것입니다. "내가 죄악 중에 출생하였음이여, 모친이 죄 중에 나를 잉태하였나이다." 여기서 다윗은 잉태의 행위가 죄악되다고 말한 것이 아니라 죄가 자신이 잉태되는 그 순간부터 **자신 안에** 존재한다는 것을 말하는 것입니다. 사람에 대해서 욥은 이렇게 언급했습니다. "누가 깨끗한 것을 더러운 것 가운데서 낼 수 있으리이까?"욥 14:40라고 말하고, 추가해서 "하나도 없나이다!"라고 말합니다. 사람은 죄악 됩니다. 그래서 그의 후손들도 불가피하게 죄악 됩니다. 타락한 부모가 타락한 자녀를 낳는다는 개념은 또한 벨직 신앙고백 15조에서도 다음과 같이 말합니다. "우리는 아담의 불순종에 의해서 원죄가 온 인류에게 완전히 퍼졌다는 사실을 믿습니다. 원죄는 인간 본성의 전적인 타락과 심지어 모태에 있는 유아에게까지 미치는 부모를 통하여 물려받은 악입니다." 조상들은 성도들에게 이렇게 말했습니다. "여러분의 자녀들은 죄악 됩니다. 왜냐하면 그들이 부모인 여러분의 모범을 따르기 때문이 아니라 각자가 부패한 상태로 태어났기 때문입니다. 자녀들은 죄인으로 이 세상에 태어납니다."

하나님께서 당신의 은혜로 당신의 독생자가 사람이 되게 하심으로써, 타락한 부모로부터 타락한 자녀들이 태어나는 악순환을 주권적으로 파괴시키셨습니다. 2조에서는 이렇게 말합니다. "이렇게 타락은 오직 예수 그리스도만 제외하고 …아담으로부터 그의 모든 세대들에게로 확장되었습니다." 대대로 계속해서 죄악 된 부모는 죄악 된 자녀들을 낳고, 다음으로 죄악 된 자녀들은 또 죄악 된 자녀들을 낳았습니다.

그러나 하나님께서 이 순환을 깨뜨리기 위해서 개입하셨습니다. 그리스도께서는 남자로부터가 **아니라** 여자로부터 태어나셨습니다. 눅 1:35에서 가브리엘이 마리아에게 이렇게 말했습니다. "성령이 네게 임하시고 지극히 높으신 이의 능력이 너를 덮으시리니, 이러므로 나실 바 거룩한 자는 하나님의 아들이라 일컬으리라." 여기서 아이의 이름에 주목하십시오. 거룩한 자, 곧 죄가 없는 거룩한 자라고 합니다. 종교개혁의 복음은 하나님께서 죄의 값을 지불할 완전한 사람을 주심으로써 죄악의 순환을 파괴시키셨다는 것입니다.

모든 부모들은 이렇게 질문할 것입니다. "나의 자녀들은 에덴동산에 존재하지도 않았는데, 죄악 되게 태어나는 것이 정말로 공정합니까?" 이때 2조의 결론을 주목하십시오. "…하나님의 의로운 심판에 따른 왜곡된 본성의 전달에 의해서 아담으로부터 그의 모든 세대들에게로 확장되었습니다." 곧 하나님께서 자녀들을 죄악 된 상태로 두신 것은 전혀 불공정하지 않습니다. 비록 자녀들이 아담의 타락 후에 수십 세기 후에 탄생했을지라도 말입니다. 왜냐하면 하나님께서 성경에서 다음과 같이 말씀하시기 때문입니다. "그러므로 한 사람으로 말미암아 죄가 세상에 들어오고 죄로 말미암아 사망이 들어왔나니 이와 같이 모든 사람이 죄를 지었으므로 사망이 모든 사람에게 이르렀느니라"롬 5:12. 여기서 아담, 나다나엘, …나를 포함한 모든 사람들이 에덴동산에서 죄를 지었다고 말합니다. 우리가 그곳에 있었다는 것을 어떻게 설명할 수 있습니까? 이것에 대한 가능한 설명 두 가지를 제안하겠습니다. 그러나 근본적으로 우리는 명확하게 설명할 수 없습니다. 이 두 가지 제안된 설명은 다음과 같습니다.

1) **실재주의자들의 접근**은 내가 실제로 에덴동산에 있었다고 추론

하고 이를 설명하기 위하여 히 7:1-10에 호소합니다. 이 구절은 창 14장에서 아브라함이 전쟁에서 네 왕들을 패배시킨 후에 얻은 전리품의 십분의 일을 멜기세덱에게 주었던 일화를 상기시키며, 이 사실을 근거로 레위인들이 사실상 아브라함을 통하여 멜기세덱에게 십분의 일을 바친 것임을 보여주고 있습니다. "또한 십분의 일을 받는 레위도 아브라함으로 말미암아 십분의 일을 바쳤다 할 수 있나니, 이는 멜기세덱이 아브라함을 만날 때에 레위는 아직 자기 조상의 허리에 있었음이니라."히 7:9-10. 이 구절을 가지고 실재주의자들은 내가 에덴동산에서 벌어졌던 타락과 어떻게 연관되어 있는지에 대해 다음과 같이 설명합니다. 즉 레위가 비록 오랜 세월이 지난 후에 태어날 것이었지만, 그가 아브라함의 허리에 있음을 인해 멜기세덱에게 십분의 일을 바친 것처럼, 우리도 아담이 죄를 범할 때에 아담의 허리에 있어서 아담의 죄를 범하는 행동에 참여했다는 것입니다.

2) 반면에, **연방주의자의 접근**은, 아담이 인류의 머리이기 때문에, 아담이 특별한 행동방침을 따를 때, 전체 인류가 그 선례를 따라간다고 추론합니다. 이것은 국가의 우두머리가 다른 나라에게 전쟁을 선언하는 것과 비교해 볼 수 있습니다. 우두머리만 그 나라와 전쟁하는 것이 아니라 그의 나라 전체가 전쟁에 참여하게 되는 것입니다.

우리가 타락의 행위에 어떻게 참여했는지에 대한 해답을 찾으려고 할 때, 위에서 언급한 두 가지 접근은 우리의 모든 의문을 전혀 해결해 주지 못합니다. **하나님께서** 우리가 죄악되다고 **말씀하신다는** 사실은 여전히 남아 있습니다. 내가 죄악되다는 것이 누구의 잘못입니까? 아담이 타락했고 그래서 그의 모든 선한 선물들을 잃어버렸기 때문에 아담의 잘못이라고 말할 수 있습니까? 그렇지 않습니다. 주님께서는 **내가 타락했기 때문에** 죄악되다고 말씀하십니다. 모든 사람들이 자기 잘못으로 심판을 받습니다. 비록 아르미니우스주의자들이 "정확히 말하면, 원죄와 같은 것을 가지고서 전체 인류를 정죄하거나 현세의 형벌과 영원한 형벌을 받도록 하기에 충분하다고 말하는 것은 부적절합니다." _{잘못들에 대한 반박 1-잘못-찬송가 p.559} 라고 말할지라도, 주님께서는 그것이 공정하다고 말씀하십니다. 우리 조항의 고백대로 하면, 그것은 '하나님의 의로운 심판'에 따른 것입니다.

3조

사람의 전적 무능력

❖

그러므로 모든 사람은 죄 가운데 잉태되어, 어떤 구원하는 선도 행할 수 없고, 악으로 기울어져 있으며, 죄 가운데 죽은 진노의 자녀와 죄의 종으로 태어납니다. 엡 2:1, 3; 요 8:34; 롬 6:16, 17 그리고 그들은 성령님의 중생시키시는 은혜가 없이는, 하나님께로 돌아오거나 자신의 타락한 본성을 고치거나 본성을 고치기 위해서 스스로 준비하려고 하지도 않고 할 수도 없습니다. 요 3:3-6; 딛 3:5

이 조항은 사람이 죄에 빠진 후에도 전적으로 타락하게 되지 않았고 여전히 자유의지를 실행할 수 있다고 하는 아르미니우스주의자들의 신앙에 대한 반응입니다. 그들은 말하기를, 사람은 죽지 않았고 단지 병들었다고 말했습니다. 그들은 이렇게 말했습니다. "중생하지 않은 사람은 죄 가운데 확실히 또는 완전히 죽은 것도 아니며, 영적 선을 행할 능력들을 모두 빼앗긴 것도 아닙니다. 그런 사람은 여전히 의와 생명을 갈망하고 목말라하며, 하나님께서 기뻐하시는 통회하고 상한 심령의 제사를 드릴 수 있습니다." 잘못들에 대한 반박-4 잘못, 찬송가 p. 561.

그들에게 반응하여 조상들은 성경이 창 6:5, 렘 17:9, 엡 2:1-3에서 가르치는 것으로 돌아갔습니다. 위의 1조를 보십시오. 이런 본문들은 오직 한 가지 해석만이 가능합니다. 즉 사람의 타락과 무능력은 부분적이 아니라 전적이라는 것입니다. 사람은 죄 가운데서 **죽었습니다.** 사망에는 '어느 정도'라는 것이 없습니다. 조상들은 사람이 죄로 향해서만 기울어져 있다고 성경이 가르치고 있음을 주장하였습니다. 그러므로 3조에서는 이렇게 진술합니다. "…모든 사람은 죄 가운데 잉태되어, 어떤 구원하는 선도 행할 수 없고, 악으로 기울어져 있으며, 죄 가운데 죽은 진노의 자녀와 죄의 종으로 태어납니다."

우리는 예수님께서 요 6:44에서 다음과 같이 말씀하신 것에서 사람의 철저한 타락에 대한 생생한 묘사를 발견합니다. "나를 보내신 아버지께서 이끌지 아니하시면 아무도 내게 올 수 없으니 오는 그를 내가 마지막 날에 다시 살리리라." 이 단락에서 '이끌다'라는 단어는 요 21:6에서 그물이 물고기로 가득 찼을 때에 문자적으로 '끌어당기다'는 뜻입니다. 다시 말해 사탄 편을 떠나 하나님 편으로 돌아오기 위해서 사람이 협력할 수 없다는 말입니다. 이는 우리 스스로가 얼마나 철저하게 부패했는지를 보여 줍니다. 우리는 우리의 회심에 조금도 공헌할 수 없습니다. 이런 이유로 3조는 다음과 같은 진술로 끝납니다. "그들은 성령님의 중생시키시는 은혜가 없이는 하나님께로 돌아오거나 자신의 타락한 본성을 고치거나 본성을 고치기 위해서 스스로 준비하려고 하지 않고 할 수도 없습니다." 이것은 우리가 하이델베르크 교리문답 3주일 8문답에서 읽는 것과 동일합니다. 8문답은 다음과 같습니다. "그러나 우리가 부패하여서 전적으로 어떤 선도 행할 수 없고, 모든 악을 행하는 성향을 지니고 있습니까? 그렇습니다. 우리가 하나님의 영으로 거듭나지 않으면 정말로 그러합니다." 즉 하나님께서 우리 안에서 행하심 없이 우리는 우리 안에 가장 작은 선**善. 성경적 의미에서 '선'을 말함 : 하이델베르크 교리문답 33주일 91문답을 보라.** 을 행할 어떤 능력도 가지고 있지 않습니다.

오직 하나님께서 우리 안에서 역사하실 때만 모든 것이 변하고 우리의 삶 속에서 변화가 이루어집니다. 나의 구원은 나 자신에게 달려있지 않습니다. 나는 하나님께서 나를 돕도록 하나님께 요청할 수도 없습니다. 나는 **전적으로** 하나님께 의존합니다. 이것은 네덜란드에서 1834년의 분리 전에 농부인 끌라스 퀴펜가^{Klass Kuipenga}가 그의 목사 더콕^{deCock}에게 다음과 같이 말한 바와 같습니다. "만일 내가 나의 구원에 조금이라도 더하려 한다면, 나는 영원히 버림받을 것입니다."

　나의 하나님은 어떤 하나님이십니까? 하나님께서는 **당신께서** 선택하신 사람에 대해 이렇게 말씀하십니다. "그 사람은 나의 것이다. 나는 그를 중생시키고, 그에게 새로운 마음을 줄 것이고, 그를 치료하고, 그를 새로운 생명으로 일으킬 것이다." 처음부터 끝까지 구원은 전적으로 그리고 완전히 **하나님의** 행하심입니다. 우리는 값없이 생명을 주시고 풍성하게 생명을 주신 하나님께 의지할 수 있게 되었습니다. 이 사실은 나로 하여금 하나님을 찬양하게 합니다. '나의 마음의 생각이 항상 악할 뿐인', 죽은 나를 선택하신 분은 참으로 하나님 당신이십니다! 하나님께서 나에게 말씀하십니다. "내가 네 안에 믿음을 일으키고 새로운 마음을 주노라." 이 일은 모두 **하나님의** 행하심입니다. 이 하나님의 은혜가 얼마나 놀랍습니까!

4조

본성의 빛은 불충분 합니다

❖

확실히, 타락 후에도 사람 안에 본성의 빛이 조금 남아 있고, 그것에 의해서 사람은 하나님에 대해, 자연 만물에 대해, 명예로운 것과 수치스러운 것의 다른 점에 대해 약간의 개념을 가지고 있고, 도덕과 외적 질서에 대해 어느 정도나마 존중을 보여 줍니다.롬 1:19, 20; 2:14,15 그러나 이 본성의 빛은 사람으로 하여금 하나님의 구원에 관한 지식과 참된 회개에 이르게 하기는커녕, 자연적 문제와 사회적인 문제들에 있어서 조차도 합당하게 사용하지 못하게 합니다. 더욱이 이 빛이 무엇이든지 간에, 사람은 자신의 죄악으로 인하여 이 본성의 빛을 억누르고 있으며, 여러 면에서 이 빛을 완전히 더럽히고 있습니다.롬 1:18, 20 그렇게 함으로써, 사람은 스스로 하나님 앞에서 핑계할 수 없게 되었습니다.

1조에서 조상들은 죄에 빠진 결과로 생긴 사람의 **전적** 타락과 부패에 대한 개혁교회의 입장을 진술했습니다. 조상들이 그렇게 하는 것이 필요했던 이유는 아르미니우스주의자들이 사람이 전적으로 악하지 않고 다만 **죄로 강하게 기울어지게 되었다**고 가르쳤기 때문입니다.표 3/4-2를 보세요. 아르미니우스주의자들은 말하기를, 사람은 죄 가운데 죽지 않았고 다만 병들었기 때문에, 여전히 도움을 요청할 수 있다고 했습니다. 그들은 말하기를, 사람은 타락 이후에 자기 안에 무엇인가 '본성의 빛'을 가지고 있는데 만일 이것을 잘 사용한다면, 스스로 자신이 타락한 깊이에서도 자유롭게 될 수 있고, 하나님께 도달할 수 있다고 하였습니다. 조상들은 이 잘못을 다음과 같이 요약합니다. "타락한 자연인은 일반 은혜^{아르미니우스주의자들이 말하는 본성의 빛}를 잘 사용할 수 있으며, 또한 타락 이후에도 여전히 남아 있는 선물들을 잘 사용할 수 있으며, 그리하여 그는 도구들을 잘 사용함으로써, 더 좋은 은혜 곧 복음적 은혜, 혹은 구원하는 은혜와 구원 그 자체를 점차적으로 얻을 수 있습니다."
_{잘못들에 대한 반박5-잘못, 찬송가 p.561.}

　조상들은 4조에서 '본성의 빛'이 실제로 무엇인지에 대해 모호하게 말합니다. 조상들은 이 용어를 정의하려 하지 않고 그들이 이 용어를 받은 대로 사용하였습니다. 그래서 그들은 이 조항 끝을 '이 빛이 있을지라도'라고 쓸 수 있었습니다. 그렇다고 해서 우리는 ^{조상들이 쓴 것을 보고} '본성의 빛'이 있다고 결론을 내려서는 안 됩니다. 오히려 조상들은 그저 이미 사용되고 있는 언어를 어쩔 수 없이 쓴 것일 뿐이었습니다. 조상들이 말하고자 했던 요점은 본성의 빛이라는 것이 있는가 하는 것보다는 아르미니우스주의자들이 주장하는 대로 이 본성의 빛이라는 것이 타락한 사람에게 유익한가를 고찰하는 것이었습니다. 아르미니우스주의에 따르면 본성의 빛이 있어서, '하나님을 아는 구원하는 지식과 참된 회심에 이르도록' 하기 위해 사람을 돕는다고 합니다.

　조상들은 이 주장을 거부하였습니다. 확실히, 하나님께서는 당신의 형상대로 사람을 창조하셨을 뿐만 아니라 하나님의 형상을 나타내라는 명령을 성취할 수 있는 능력을 사람에게 주셨습니다. 하나님께서는 특별한 선물들로 사람을 준비시키시어 사람이 당신을 나타내는 자기 사명을 실행할 수 있게 하셨습니다. ^{3/4 1조를 보라} 그러나 타락으로 인해 사람은 이 선물들을 잃어 버렸습니다. 사람은 하나님의 형상을 나타낼 수 있는 능력을 잃어버렸습니다. 그럼에도 하나님의 형상을 나타내라는 명령은 여전히 남아 있습니다. 그러나 이러한 상실은 사람이 동물이 되었다는 것을 의미하지 않습니다. 사람은 여전히 사람입니다. 타락 후에도 사람들이 항상 범할 수 있는 모든 가능한 죄들을 다 짓는 것은 아닙니다. 그렇게 된 데에는 무엇인가가 있는데, 그것을 본성의 빛이라고 부르는 것입니다. 마치 우리가 생각하는 것처럼, "그것에 의해서 사람은 하나님에 대해, 자연 만물에 대해, 명예로운 것과 수치스러운 것의 다른 점에 대해 약간의 개념을 가지고 있고, 도덕과 외적 질서에 대한 어느 정도나마 존중을 보여 줍니다." 사람은 자신이 예전에 어떤 사람이었는지에 대해 작은 흔적을 보유하고 있습니다. 물 위에 떠 있는 난파선에 예전 모습의 흔적이 있는 것처럼 하지만 난파선은 확실히 더 이상 배가 아닙니다! 사람이 예전에 어떠했었는지에 대한 증거가 사람 안에 남아 있습니다. 그러므로 조상들의 질문은 이런 것이었습니다. 하나님의 호의를 얻는 길로 가기 위한 우리의 유익을 위해, 믿기 위해, 우리가 이 증거, 곧 사람이 여전히 사람으로 남아 있고, 사람 안에 어느 정도의 예의를 가지고 있다는 사실을 사용할 수 있을까요? 아르미니우스주의자들은 이것이 가능하다고 말한 반면에 조상들은 사람이 죽었고 전적으로 타락했기 때문에 그렇지 않다고 주장했습니다. 1-3 조를 보라 조상들은 성경이 다음 구절들에서 말하는 바에 근거해 그렇지 않다는 것을 확신할 수 있었습니다.

롬 1:20-32

"창세로부터 그의 보이지 아니하는 것들 곧 그의 영원하신 능력과 신성이 그가 만드신 만물에 분명히 보여 알려졌나니 그러므로 그들이 핑계하지 못할지니라 하나님을 알되 하나님을 영화롭게도 아니하며 감사하지도 아니

하고 오히려 그 생각이 허망하여지며 미련한 마음이 어두워졌나니" 20, 21절

사람은 하나님께서 만드신 만물 속에서 하나님의 속성을 인식할 수 있습니다. 사람은 하나님을 압니다. 그러나 사람이 이 계시로 무엇을 행합니까? '본성의 빛'이 이 계시와 함께 작용한다고 할지라도, 사람은 하나님께 가까이 가기 위해서 그것을 사용합니까? 전혀 그렇지 않습니다! 오히려, 22절 이하의 구절들이 진술하는 것처럼, 사람은 이 계시를 우상들을 만드는 데 사용합니다.

고전 2:14
"육에 속한 사람은 하나님의 성령의 일들을 받지 아니하나니 이는 그것들이 그에게는 어리석게 보임이요, 또 그는 그것들을 알 수도 없나니 그러한 일은 영적으로 분별되기 때문이라."

'본성의 빛'이 사람에게 도움이 됩니까? 그렇지 않습니다. 성경에서는 하나님의 성령께서 하시는 일이 타락한 사람에게는 여전히 미련하게 보일 뿐이라고 가르칩니다.

마 16:22,23
예수님께서는 당신의 고난과 죽음과 부활이 임박했음을 제자들에게 말씀하셨습니다. "베드로가 예수를 붙들고 항변하여 이르되 주여 그리 마옵소서 이 일이 결코 주께 미치지 아니하리이다 예수께서 돌이키시며 베드로에게 이르시되 사탄아 내 뒤로 물러 가라 너는 나를 넘어지게 하는 자로다 네가 하나님의 일을 생각하지 아니하고 도리어 사람의 일을 생각하는도다 하시고."

베드로는 예수님의 가르침을 받으며 여러 달을 보내고, 예수님께서 행하시는 표적들과 기적들을 목격했습니다. 그러나 그는 예수님의 말씀에 대해 너무나 부정적으로 반응했습니다. 만일 우리가 우리 안에 있는 무엇인가에 의해서 하나님께 이를 수 있다고 한다면, 예수님과 함께 시간을 보내어 상당히 유리했던 베드로는 확실히 그것을 사용했을 것입니다. 그러나 그런 유리한 점에도 불구하고, 베드로는 하나님께 이르지 못했습니다. 오히려 그는 사탄의 추종자라는 말을 들었습니다.

조상들은 아르미니우스주의자들이 가르치는 바가 적합하지 않다는 점을 지적하기를 원했습니다. 사람은 본성의 빛을 사용한다고 해도 하나님께로 돌아가는 길을 발견할 수 없습니다. 이 본성의 빛은 -"이 빛이 무엇이든 간에"- 사람을 구원하기에 부적당합니다. 실제로 우리 안에 남아 있는 흔적은 우리를 대항하여 증거하고, 우리가 하나님께서 이전에 우리에게 주신 위치로부터 얼마나 깊이 타락했는지를 강조하는 데 사용될 뿐입니다. 이는 조상들이 다음과 같이 말한 바와 같습니다. "…이 빛이 무엇이든지 간에, 사람은 자신의 죄악으로 인하여 이 본성의 빛을 억누르고 있으며, 여러 면에서 이 빛을 완전히 더럽히고 있습니다. 그렇게 함으로써, 사람은 스스로 하나님 앞에서 핑계할 수 없게 되었습니다."

5조

율법의 불충분함

❖

본성의 빛에 관한 이러한 사실은 또한 하나님께서 모세를 통하여 특별히 유대인들에게 주신 십계명에도 적용됩니다. 왜냐하면 비록 십계명이 죄가 얼마나 큰지를 나타내고 사람으로 하여금 자기 범죄를 점점 더 깨닫게 할지라도, 십계명은 사람에게 이 비참에서 벗어날 힘을 주거나 치료책을 지적해 주지 못하고 롬 3:19-20; 7:10, 13. 오히려 육신으로 말미암아 연약하여 범죄자들을 저주 아래 남겨 두고 있기 때문입니다. 롬 8:3 그러므로 사람은 율법을 통하여 구원의 은혜를 획득할 수 없습니다. 고후 3:6-7

아르미니우스주의자들은 또한 타락한 사람이 구원을 얻기 위해서 십계명을 사용할 수 있다고 가르쳤습니다. 하나님의 율법에 순종함으로써 사람은 하나님의 호의로 돌아갈 수 있게 되었다고 합니다. 그 주장은 이러합니다. "왜냐하면 의지 그 자체는 결코 타락하지 않았으며, 이해력이 우둔해지고 정욕이 제어되지 않음으로 인해 훼방을 받을 뿐이기 때문입니다. 만일 이런 장애물이 제거된다면, 의지는 그 본래의 충분한 능력을 발휘할 수 있습니다. 의지는 자신 앞에 놓인 모든 것들을 스스로 원하여 선택하든지 원하지 않아 선택하지 않든지 할 수 있습니다." 잘못들에 대한 반박 3-잘못, 찬송가, p.560 달리 말하면, 사람이 훈련과 교육을 받는다면, 다시 십계명에 순종하는 법을 익힐 수 있다는 것입니다. 어쨌든 그들의 말에 의하면, 하나님께서는 십계명을 주셨고, 사람은 그 십계명에 순종할 수 있습니다. 그러므로 십계명은 사람에게 도움이 됩니다. 올바른 교육을 받은 사람은 다시 율법에 순종할 수 있을 뿐 아니라 기꺼이 율법에 순종할 수 있습니다!

그러나 조상들은 위의 아르미니우스주의자들의 가르침이 성경적으로 옳은 것이라고 인정하지 않았습니다. 하나님께서 정말로 모세를 통하여 유대인들에게 당신의 율법을 주셨다는 것은 인정합니다. 그러나 율법에 대한 순종은 유대인들을 구원할 수 없습니다. 그것은 하나님께서 율법을 주신 목적이 아닙니다. 오히려 율법은 사람이 자기 죄와 죄책을 깨닫도록 해 줍니다. "…왜냐하면 비록 십계명이 죄가 얼마나 큰지를 나타내고 사람으로 하여금 자기 범죄를 점점 더 깨닫게 할지라도, 십계명은 사람에게 이 비참에서 벗어날 힘을 주거나 치료책을 지적해 주지 못하고, 오히려 육신으로 말미암아 연약하여 범죄자들을 저주 아래 남겨 두고 있기 때문입니다. 그러므로 사람은 율법을 통하여 구원의 은혜를 획득할 수 없습니다." 조상들은 이 고백을 다음 성경 구절에서 배운 바에 근거하여 기록했습니다.

롬 7:5

"우리가 육신에 있을 때에는 율법으로 말미암는 죄의 정욕이 우리 지체 중에 역사하여 우리로 사망을 위하여 열매를 맺게 하였더니."

율법은 우리가 하나님께 이르도록, 선을 행하는 방식을 알도록, 하나님을 기쁘시게 하도록 고무시키지 않습니다. 오히려 우리 안에서 죄의 정욕을 불러일으키고 우리로 사망을 위하여 열매를 맺게 합니다.

> 롬 7:7-11
>
> "그런즉 우리가 무슨 말을 하리요 율법이 죄냐 그럴 수 없느니라 율법으로 말미암지 않고는 내가 죄를 알지 못하였으니 곧 율법이 탐내지 말라 하지 아니하였더라면 내가 탐심을 알지 못하였으리라 그러나 죄가 기회를 타서 계명으로 말미암아 내 속에서 온갖 탐심을 이루었나니 이는 율법이 없으면 죄가 죽은 것임이라 전에 율법을 깨닫지 못했을 때에는 내가 살았더니 계명이 이르매 죄는 살아나고 나는 죽었도다 생명에 이르게 할 그 계명이 내게 대하여 도리어 사망에 이르게 하는 것이 되었도다 죄가 기회를 타서 계명으로 말미암아 나를 속이고 그것으로 나를 죽였는지라."

나는 주님께서 당신의 율법으로 나에게 말씀하셨기 때문에 죄가 무엇인지를 알게 되었을 뿐입니다. 하나님의 율법은 나의 죄악 됨과 내가 죽어 마땅하다는 것을 상세히 설명합니다. "죄가 얼마나 큰지를 드러내고… 십계명은 사람에게 이 비참에서 벗어날 힘을 주거나 치료책을 지적해주지 못합니다."라고 5조에서 사람에 대해 말함으로써, 조상들은 롬 7장의 메시지를 보여줍니다. 율법 그 자체는 사람의 전적 타락을 치료할 수 없습니다. 율법은 구원의 소망을 주지 못합니다.

> 롬 8:3
>
> "율법이 육신으로 말미암아 연약하여 할 수 없는 그것을 하나님은 하시나니 곧 죄로 말미암아 자기 아들을 죄 있는 육신의 모양으로 보내어 육신에 죄를 정하사."

낙원에서 율법은 행하기로 되어 있는 것을 행할 수 있었습니다. 즉 낙원에서 사람은 율법에 완전히 순종할 수 있었습니다. 그래서 사람은 언약의 책임을 다할 수 있었습니다. 타락으로 인해 율법은 연약해졌습니다. 이 말은 율법 그 자체가 연약해져서 그 목적을 성취할 능력을 잃어버렸다는 뜻이 아닙니다. 오히려 사람이 자신의 죄악 됨으로 말미암아 율법에 순종할 능력을 상실하였고, 그래서 율법은 사람이 타락으로 인해 빠졌던 구덩이에서 나와 자기 길로 돌아오는 데 유익이 되지 못한다는 것입니다. 그러므로 조상들은 율법이 사람에게 '비참으로부터 벗어날 힘'을 주지 못한다고 기록합니다. 오히려 율법은 "육신으로 말미암아 연약하여 범죄자들을 저주 아래 남아 있게 합니다. 그러므로 사람은 율법을 통하여 구원의 은혜를 획득할 수 없습니다."

갈 3:10

"무릇 율법 행위에 속한 자들은 저주 아래에 있나니 기록된 바 누구든지 율법 책에 기록된 대로 모든 일을 항상 행하지 아니하는 자는 저주 아래에 있는 자라 하였음이라."

만일 사람이 율법을 통하여 하나님께 이르려고 한다면, 그때 사람은 완전히 율법에 순종해야 합니다. 그러나 죄악 된 사람은 율법에 **완전히** 순종할 수 없습니다. 그러므로 사도 바울은 율법이 우리를 구원할 수 없다고 가르칩니다.

6조

복음의 필요

◆

그러므로 본성의 빛이나 율법으로는 할 수 없는 것을 하나님께서 말씀 곧 화해의 사역을 통한 성령의 능력으로 행하십니다.^{고후 5:18-19} 그것은 메시야의 복음으로서, 그 복음을 통해서 옛 시대와 새 시대에 믿는 자들을 구원하시는 것이 하나님께서 기뻐하시는 것입니다.^{고전 1:21}

조상들은 6조에서 **하나님의** 구원 사역에 강조점을 두고 있습니다. 사람은 본성의 빛으로도 구원받지 못하고 율법에 대한 순종으로도 구원받지 못합니다. 어떤 방식으로든 구원은 사람의 일이 아닙니다. 오히려 스스로 파멸에 빠져버린 사람을 구원하시기 위해서 사람에게 오셔서 역사하시는 분은 바로 **하나님**이십니다. "그러므로 본성의 빛이나 율법으로는 할 수 없는 것을 하나님께서 … 행하십니다." 그러므로 하나님께서 행하시는 일율법이나 본성의 빛이 할 수 없는 일은 하나님 앞에서 의롭게 되는데 필요한 믿음을 인간의 마음속에 일으키시는 것입니다.

하나님께서 이 믿음을 어떻게 일으키십니까? 하나님께서는 '성령의 능력으로' 이 믿음을 일으키십니다. 그러나 성령께서는 방편을 사용하지 않고 인간의 마음속에 믿음을 두지는 않으십니다. 성령께서는

도구, 방편을 사용하십시오. 성령께서 사용하시는 도구는 '말씀 곧 화해의 사역인데, 그것은 메시야의 복음'입니다. 우리가 널빤지에 못을 박기 위해서 망치라는 도구를 사용하는 것처럼, 성령께서도 우리의 죽은 마음속에 믿음을 일으키기 위해서 말씀이라는 도구를 사용하십니다. 다음의 증거는 성경으로부터 가져온 것입니다.

롬 10:14, 17
"그런즉 그들이 믿지 아니하는 이를 어찌 부르리요 듣지도 못한 이를 어찌 믿으리요 전파하는 자가 없이 어찌 들으리요? … 그러므로 믿음은 들음에서 나며 들음은 그리스도의 말씀으로 말미암았느니라."

그렇다면 믿음은 말씀을 통하여 옵니다. 그러나 말씀은 혼자 스스로 역사하지 않습니다. 그 이유는 아래 구절에 있습니다.

엡 6:17
"구원의 투구와 성령의 검 곧 하나님의 말씀을 가지라."

이전 구절에 사도는 자기 독자들에게 "하나님의 전신갑주를 입으라."라고 명령했습니다. 이 갑주에는 검, 곧 말씀이 포함됩니다. 식탁 위에 놓인 검은 무해합니다. 그러나 군인들의 손에 들린 검은 치명적입니다. 하나님의 말씀도 이와 마찬가지입니다. 검 그 자체로는 아무것

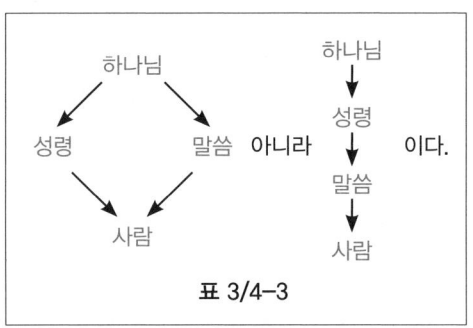

표 3/4-3

도 아닙니다. 그러나 성령 하나님께서 검을 **사용**하실 때, 그 검은 효력 있고 일을 성취합니다. 그 일은 죄 가운데 죽은 마음에 말씀이 들어와서 믿음을 일으키는 것입니다. 따라서 우리는 성령과 말씀이 분리된 하나님의 두 도구가 아니라 성령께서 믿음을 일으키기 위해서 말씀의 도구를 사용하도록 하나님께 보냄 받았다는 사실을 이해해야 합니다.

표 3/4-3을 보십시오.

> 살전 1:5
>
> "이는 우리 복음이 너희에게 말로만 이른 것이 아니라 또한 능력과 성령과 큰 확신으로 …된 것임이라… "

사도는 데살로니가 성도들에게 이렇게 말했습니다. 말씀은 저절로 여러분에게 오지 않고 성령의 능력과 함께 옵니다. 그러므로 말씀은 효력이 있습니다. 즉 "여러분은 우리와 주를 본 받는 자가 되었습니다."6절

이것은 또한 하이델베르크 교리문답 7주일 21문답의 내용입니다. "참된 믿음이란 무엇입니까? 참된 믿음이란 내가 확실한 지식으로써 하나님께서 당신의 말씀에서 우리에게 계시하신 모든 것을 진리로 받아들이는 것입니다 …이 믿음은 성령께서 복음으로써 내 마음 속에 일으키신 것입니다." 즉 성령께서 말씀으로 믿음을 일으키십니다. 하이델베르크 교리문답 25주일 65문답에서도 이렇게 고백합니다. "오직 믿음만이 우리로 하여금 그리스도와 그의 모든 은덕에 참여하게 한다면, 이 믿음은 어디로부터 오는 것입니까? 성령께로부터 옵니다. 성령께서 복음의 설교로 우리 마음에 믿음을 일으키시며…"

조상들은 아르미니우스주의의 가르침에 직면하여, 6조의 끝에 죄인들을 구원하시는 하나님의 방식이 구약 시대나 신약 시대나 동일하

다고 진술해야 할 필요가 있음을 알았습니다. 즉 구원은 오직 믿음을 통하여 오며, 그 믿음은 하나님께서 사람의 마음속에서 일으키신다는 사실입니다. 구약에서 사람들은 율법에 대한 순종을 통하여 구원받은 것이 아니라 **믿음으로** 구원받았습니다. 이것은 신약 시대에 살고 있는 사람들에게도 마찬가지로 진리입니다. 믿음은 선물이고, 오직 하나님께서 행하시는 일입니다. 사도는 에베소 인들에게 이렇게 말합니다. "너희는 그 은혜에 의하여 믿음으로 말미암아 구원을 받았으니 이것은 너희에게서 난 것이 아니요 하나님의 선물이라."엡 2:8

조상들이 오래 전에 매주일 아르미니우스주의자들의 설교를 듣고 있던 성도들에게 분명하게 말하고자 했던 것은 구원이 사람의 성취가 아니라 하나님의 주권적인 행위라는 것입니다. 하나님께서 믿음을 일으키십니다. 그러므로 구원은 하나님의 행하심입니다.

7조

복음이 일부 사람들에게는 전해지고 다른 사람들에게는 전해지지 않은 이유

옛 제도 하에서 하나님께서는 당신의 이 비밀스러운 뜻을 소수의 사람들에게만 계시하셨지만, 새로운 제도 하에서는 사람들 사이의 구분을 제거하시고 당신의 이 비밀스러운 뜻을 다수의 사람들에게 계시하셨습니다. 엡 1:9; 2:14; 골 3:11 이렇게 복음을 나누어주신 이유는 한 사람이 다른 사람보다 더 가치가 있어서도 아니고 본성의 빛을 더 잘 사용해서도 아니며 하나님의 주권적인 선하신 기쁨과 무한하신 사랑에 기인한 것입니다. 롬 2:11 그러므로 우리는 우리가 마땅히 받아야 할 모든 것에도 불구하고 무한하신 은혜를 허락하신 분께 겸손과 감사의 마음으로 그 사실을 인정해야 합니다. 마 11:26 그러나 이 은혜를 받지 못한 자들에 대해서도 우리는 사도들이 그랬듯이 하나님의 심판의 엄격함과 의로움에 대해 경의를 표해야 하며, 결코 그 심판에 대해 호기심으로 따지지 않아야 합니다. 롬 11:22-23; 계 16:7; 신 29:29

만일 하나님께서 당신의 말씀으로 구원에 필요한 믿음을 일으키신다면, 그 말씀은 왜 모든 사람들에게 전해지지 않는 것입니까? 아르미니우스주의자들은 하나님께서 구약에서는 당신 자신을 소수의 사람들 즉 이스라엘에게만 계시하셨다고 인정합니다. 예를 들면, 우리는 시 147:19-20에서 이런 말씀을 읽을 수 있습니다. "그가 그의 말씀을 야곱에게 보이시며 그의 율례와 규례를 이스라엘에게 보이시는도다 그는 어느 민족에게도 이와 같이 행하지 아니하셨나니 그들은 그의 법도를 알지 못하였도다 할렐루야!" 신약에서 그 진영은 넓어졌습니다. 즉 하나님께서 많은 사람들에게 복음을 전하셨습니다. 그러나 복음이 모든 사람들에게 전해졌다는 것은 잘못된 주장입니다. 예를 들면, 행 16:6-7에서 우리는 바울과 그의 동료들에 대해 읽을 수 있습니다. "성령이 아시아에서 말씀을 전하지 못하게 하시거늘, 브루기아와 갈라디아 땅으로 다녀가 무시아 앞에 이르러 비두니아로 가고자 애쓰되 예수의 영이 허락지 아니하시는지라." 하나님께서 바울과 그의 동역자들에게 세상의 특정한 지역에서 복음을 설교하는 것을 금지하셨습니다.

하나님께서는 왜 사람들이 어느 곳에서나 당신의 말씀을 설교하도록 허락하지 않으셨습니까? 아르미니우스주의자들은 이 이유를 어떤 사람들이 다른 사람들보다 더 낫고, 따라서 복음을 받을 만한 가치가 더 있다는 사실에 기인한 것으로 설명합니다. 아르미니우스주의자들은 이렇게 말합니다. "하나님께서는 오직 당신의 뜻의 선하신 기쁨 때문만이 아니라, 한 사람이 복음이 설교되는 것을 듣지 못한 다른 사람보다 더 낫고 더 가치 있는 사람이기 때문에, 다른 사람이 아닌 그 사람에게 복음을 보내신 것입니다."[1장 잘못들에 대한 반박 9-잘못, 찬송가 p.544.]

반면에 조상들은 7조에서 이렇게 설명합니다. "이렇게 복음을 나누어주신 이유는 한 사람이 다른 사람보다 더 가치가 있어서도 아니고 본성의 빛을 더 잘 사용해서도 아니며, 하나님의 주권적인 선하신 기쁨과 무한하신 사랑에 기인한 것입니다." 하나님께서 모든 곳에서 당신의 말씀이 설교되지 않게 하시는 이유는 단순히 하나님께서 그렇게 행하시기를 기뻐하시기 때문입니다. 신 9장을 보면, 이스라엘이 다른 민족들보다 더 낫기 때문에 그런 특권을 얻은 것이 아님을 알 수 있습니다. 이 조항의 문맥을 살펴보면, 조상들이 무엇보다 강조하여 주장하는 것은 각 민족들이 다 마찬가지로 타락했다는 것입니다. 즉 모든 사람들이 죄 가운데 죽었고, 동일하게 구원받을만한 가치가 없다는 것입니다.

모든 사람들이 동일하게 타락했다는 것과 하나님께서 주권적으로, 그리고 은혜롭게 당신의 구원의 복음을 **나**에게 보내주심으로 **내**가 믿음을 가질 수 있게 되고 구원받게 되었다는 것을 생각해 볼 때, 감사와 겸손이 내 마음에 가득하게 됩니다. "그러므로 우리는 우리가 마땅히 받아야 할 모든 것에도 불구하고 무한하신 은혜를 허락하신 분께 겸손과 감사의 마음으로 그 사실을 인정해야 합니다."

동시에 우리 마음의 부패와 인류의 일반적인 무가치함은 우리로 하여금 주님께서 왜 한 민족에게는 복음을 보내시고 다른 민족에게는 전하지 않으시는지를 판단하려는 시도를 멈추게 합니다. "그러나 이 은혜를 받지 못한 자들에 대해서도 우리는 사도들이 그랬듯이 하나님의 심판의 엄격함과 의로움을 존중하고, 그 심판에 대해 호기심으로 따지지 않아야 합니다."

8조

복음을 통한 진정한 부르심

❖

그러나 복음을 통하여 부르심을 받은 사람들은 모두 진정으로 부르심을 받습니다. 사 55:1; 마 22:4 왜냐하면 하나님께서 부르심을 받은 자들이 당신께로 나아오는 것이 당신을 기쁘시게 한다는 사실을 당신의 말씀 안에 진지하고도 아주 신실하게 계시하셨기 때문입니다. 계 22:17; 요 6:37 하나님께서는 또한 당신께로 나아와서 믿는 모든 자들에게 그들의 영혼에 대한 안식과 영생을 진정으로 약속하셨습니다. 마 11:28-29

아르미니우스주의자들은 하나님께서 믿음으로 부르신다는 것이 진정한 것인지 의문을 제기하였습니다. 그들은 개혁교회들이 하나님을 위선적인 분으로 묘사한다고 비난하였습니다. 그들은 개혁교회에 대해 이렇게 말합니다. "너희들은 하나님께서 모든 사람들에게 복음을 선포하도록 설교자를 보내셨다고 말하면서, 다른 한편으로는 하나님께서 택자들만이 이 부르심에 긍정적으로 반응할 수 있고 유기자들은 긍정적으로 반응할 수 없다는 것을 미리 아셨다고 말한다." 그래서 아르미니우스주의자들을 다음과 같이 결론을 지었습니다. "너희 개혁교회 사람들은 하나님께서 유기자들을 회개로 부르실 때에는 진지하거나 참되거나 열정적이지 않으시다고 가르쳐야 한다." 그리고 그들은 계속해서 이렇게 말했습니다. "만일 너희가 하나님께서 당신의 구원을 제공하심에 있어서 성실하고 진심이고 열정적이라고 말한다면, 하나님은 확실히 모든 듣는 자들이 지옥에 떨어지지 않고 구원받기를 원하실 것이다." 아르미니우스주의자들에 따르면 개혁교회들은 두 가지 방식을 다 주장할 수 없습니다. 즉 개혁교회들은 a) 일부 사람들이 유기되어서 지옥으로 갈 것이라는 것과 b) 하나님께서 회개하도록 모든 듣는 자들을 부르시는데 있어서 진지하시고, 성실하시고, 열정적이시라고 하는 이 두 가지를 주장할 수 없다는 것입니다. 아르미니우스주의자들에 따르면, 이 두 입장은 모순되는 것이고, 이 두 가지를 같이 주장하는 것은 하나님이 위선적이라고 말하는 것이 됩니다.

 아르미니우스주의자들이 위에서 의문을 제기한 사실에 반응하여 조상들은 8조를 기록했습니다. 조상들은 하나님께서 당신의 부르심에 있어서 진지**하시다**고 말했습니다. 회개하고 믿으라는 하나님의 부르심은 **항상** 매우 의미 있는 것입니다. "복음을 통하여 부르심을 받은 사람들은 모두 진정으로 부르심을 받습니다. 왜냐하면 하나님께서 부르심을 받은 자들이 당신께로 나아오는 것이 당신을 기쁘시게 한다는 사실을 당신의 말씀 안에 진지하고도 아주 신실하게 계시하셨기 때문입니다. 하나님께서는 또한 당신께로 나아와서 믿는 모든 자들에게 그들의 영혼에 대한 안식과 영생을 진정으로 약속하셨습니다."

A. 하나님께서 회개와 믿음으로 신실하게 부르신다는 것을 어느 정도 드러내는 다양한 성경 구절들이 있습니다.

겔 33:11

"너는 그들에게 말하라 주 여호와의 말씀이니라 나의 삶을 두고 맹세하노니 나는 악인이 죽는 것을 기뻐하지 아니하고 악인이 그의 길에서 돌이켜 떠나 사는 것을 기뻐하노라 이스라엘 족속아 돌이키고 돌이키라 너희 악한 길에서 떠나라 어찌 죽고자 하느냐 하셨다 하라."

여기서 하나님께서는 진심으로 심각하게 말씀하시는 것입니까? 아니면 단순히 '이스라엘을 조롱하고 계신 것'입니까? 이 구절을 읽는 사람은 누구라도 하나님께서 여기서 진심으로 말씀하시는 것이 아니라고 진지하게 주장하지는 못할 것입니다. 하나님께서는 그저 돌이켜서 회개하고 지옥으로 가라고 말씀하시려고 사람들을 초청하시는 것이 결코 아닙니다. 성경의 하나님은 그런 분이 아니십니다! 하나님께서 "너의 악한 길에서 돌아서라."라고 말씀하실 때, 하나님께서는 그 말 그대로를 정확하게 의도하신 것입니다. 이것은 우리가 하나님이 누구신지에 대해 생각하는 바에 귀착됩니다.

사 55:1

"오호라 너희 모든 목마른 자들아 물로 나아오라 돈 없는 자도 오라 너희는 와서 사 먹되 돈 없이, 값 없이 와서 포도주와 젖을 사라."

여기서도 또한 이 초청을 읽는 그 어떤 사람이라도 여기서 이사야가 진정으로 하나님께서 하신 말씀을 하는 것이 아니라고 주장할 수는 없을 것입니다. 정말로 해야 할 질문은 이것입니다. 만일 **하나님**께서 와서 구원의 물을 마시라고 하셨다면, 우리가 어떻게 하나님께서 그렇게 의도하신 것을 의심할 수 있단 말입니까?

고후 5:20

바울은 이렇게 말합니다. "그러므로 우리가 그리스도를 대신하여 사신이 되어 하나님이 우리를 통하여 너희를 권면하시는 것 같이 그리스도를 대신하여 간청하노니 너희는 하나님과 화목하라."

눅 13:34

"예루살렘아 예루살렘아 선지자들을 죽이고 네게 파송된 자들을 돌로 치는 자여 암탉이 제 새끼를 날개 아래에 모음 같이 내가 너희의 자녀를 모으려 한 일이 몇 번이냐 그러나 너희가 원하지 아니하였도다!"

누가 이 구절에서 주님의 고뇌하는 마음에 감동이 되지 않을 수 있겠습니까? 그리고 그 누가 예수님께서 예루살렘에 호소하실 때 진지하지 않았다고 주장할 수 있겠습니까?!

B. 그러나 성경에서는 하나님께서 매우 신실하게 회개와 믿음으로 부르신다는 사실만 가르치지 않습니다. 동시에 성경에서는 일부 사람들이 유기되었고 확실히 지옥으로 갈 것이라고 가르칩니다.

벧전 2:8

"또한 부딪치는 돌과 걸려 넘어지게 하는 바위가 되었다 하였느니라 그들이 말씀을 순종하지 아니하므로 넘어지나니 이는 그들을 이렇게 정하신 것이라."

롬 9:22

"만일 하나님이 그의 진노를 보이시고 그의 능력을 알게 하고자 하사 멸하기로 준비된 진노의 그릇을 오래 참으심으로 관용하시고…"

조상들은 주님께서 일부 사람들, 심지어 말씀을 듣는 사람들 중에도 일부 사람들이 유기되었다는 사실을 계시하셨다고 확신했습니다.[8]

하나님께서는 회개하고 믿도록 복음으로 진지하게 부르십니까? 그렇습니다. 정말로 그러합니다. 이 복음을 듣는 모든 사람들이 구원받습니까? 그렇지 않습니다. 모든 사람들이 구원받는 것은 아닙니다. 그렇다면 우리가 어떻게 이 둘을 서로 연결시킬 수 있습니까? 우리는 서로 연결시킬 수 없습니다. 아르미니우스주의자들의 문제는 그들이 철저하게 이성주의자들이라는 것입니다. 아르미니우스주의자들은 오직 논리적이고 인간의 지성으로 이해되는 것만 믿으려고 하였습니다. 그것은 예상된 일입니다. 왜냐하면 아르미니우스주의자들은 사람이 전적으로 죄 가운데 죽은 것이 아니라 이해력이 우둔해져서 '훼방을 받을 뿐'이라고 주장하기 때문입니다. 잘못들에 대한 반박 3-잘못.

그러나 개혁교회 신자들은 **피조물**이 하나님의 방법을 이해하는 것이 불가능하다는 것을 압니다. 그리고 개혁교회 신자들은 또한 **타락한 피조물**이 하나님의 방법을 제대로 이해할 수 없다는 것도 압니다. 그래서 개혁교회 신자들은 하나님의 계시의 모든 면을 논리적으로 이해하지 못한다고 해서 놀라지 않습니다. 개혁교회 신자들은 하나님의 방법이 완전하고 자기 자신의 지성은 부패하였다고 고백합니다. 그래서

---

8) 유기의 주제에 대한 더 상세한 설명에 대해 독자들은 1장 15조를 확인하세요.

개혁교회 신자들은 하나님께서 계시하신 모든 것을 조용히 받아들입니다. 심지어 인간의 지성과 계시가 모순될지라도 말입니다. 그래서 나는 하나님의 하나님 되심과 나의 나됨을 인정합니다. 그때 나는 겸손히 하나님을 경배하며 시 147편에서 다윗과 함께 "주님을 찬양합니다."라고 말합니다.

9조

부르심을 받은 일부 사람들이
나아오지 않는 이유

복음을 통하여 부르심을 받은 많은 사람들이 나아와서 회심하지 않는 것은 복음의 결함이나 복음에 제시된 그리스도의 잘못도 아니고, 복음을 통하여 사람들을 부르시고 심지어 여러 가지 선물들을 주시기까지 하신 하나님의 잘못도 아닙니다. 그 잘못은 그들 자신에게 있습니다. 그들 중 일부 사람들은 생명의 말씀에 주의하지도 않고, 그 말씀을 받아들이지도 않습니다.^{마 11:20-24; 22:1-8; 23:37} 다른 사람들은 실로 생명의 말씀을 받아들이기는 하지만, 진심으로 받아들이지 않습니다. 그러므로 일시적인 믿음에서 오는 기쁨이 사라지고 나면, 그들은 돌아서게 됩니다. 또 다른 사람들은 근심과 이 세상의 기쁨이라는 가시가 말씀의 씨를 억눌러서 열매를 맺지 못합니다. 이것은 우리 구주께서 씨의 비유에서 가르치신 바입니다.^{마 13장}

비록 하나님께서 모든 사람들에게 회개하라고 부르는 부르심이 진지한 부르심일지라도, 이 부르심을 듣는 모든 사람들이 긍정적으로 반응하지는 않습니다. 9조에서는 왜 일부 사람들이 하나님의 부르심을 거절하는지를 설명합니다.

이 조항을 이해하기 위해서 우리는 먼저 모든 사람이 복음에 믿음으로 반응해야 할 책임이 여전히 남아 있다는 사실을 이해할 필요가 있습니다. 죄에 빠짐으로 인해 인류의 각 사람이 죄 가운데 **죽은** 것은 사실입니다. 그러나 하나님께서는 계속해서 각 사람이 자기 행동에 대해 책임을 지도록 하십니다. 즉 하나님께서 보시기에 우리의 타락은 우리를 하나님께서 주신 책임에서 벗어나게 할 변명거리가 될 수 없습니다. 그러므로 하나님께서 당신의 말씀을 특정한 청중에게 이르게 하시어 그들을 회개에로 부르실 때, 하나님께서는 이 부르심에 대해 진지하시며 각 사람에게 믿음으로 반응할 책임을 주십니다.

그러므로 요 3:16은 이렇게 말합니다. "하나님이 세상을 이처럼 사랑하사 독생자를 주셨으니 이는 저를 믿는 자마다 멸망치 않고 영생을 얻게 하려 하심이니라." **모든 사람**이 부르심에 긍정적으로 응답할 책임이 있습니다. 그리고 긍정적으로 응답하는 자마다 확실히 약속된 생명을 받을 것입니다. 하나님의 부르심은 항상 호의적입니다.

그렇다면 일부 사람들은 왜 다른 사람들과 다르게 반응합니까? 그 이유는 각각의 사람들이 각기 다른 부르심을 듣기 때문이 아닙니다. 하나님의 부르심이 일부 사람들에게만 참되고 다른 사람들에게는 참되지 않은 것도 아닙니다. 이 조항[9조]에서 진술하는 바와 같이, 그 잘못은 하나님께 있지 않고, 말씀에도 있지 않으며, 말씀에 의해서 선포된 그리스도의 사역에도 있지 않습니다. "복음을 통하여 부르심을 받은 많은 사람들이 나아와서 회심하지 않는 것은 복음의 결함이나 복음에 제시된 그리스도의 잘못도 아니고, 복음을 통하여 사람들을 부르시고 심지어 여러 가지 선물들을 주시기까지 하신 하나님의 잘못도 아닙니다."

그렇다면 잘못은 어디에 있습니까? 9조에서는 "그 잘못은 그들 자신에게 있습니다."라고 합니다. 문제는 사람에게, 곧 **우리**에게 있습니다. 우리 스스로 자초하여 죄 가운데 죽은 것이 일부 사람들이 믿음과 순종으로 복음에 반응하지 않는 이유입니다.

문제가 듣는 사람들에게 있다는 것은 마 13장에서 예수님의 씨 뿌리는 자의 비유에 대한 언급에서 끌어온 것입니다. **한** 종류의 씨가 뿌려졌는데, 일부는 길가에 떨어졌으며, 일부는 돌밭에 떨어졌고, 일부는 가시 사이에 떨어졌고, 일부는 좋은 땅에 떨어졌습니다. 비록 씨가 서로 다른 곳에 떨어지기는 했지만, 그 씨는 동일한 씨입니다. 이는 하나님께서 복음으로 부르시는 것과 같습니다. 모든 사람들이 **동일한** 부르심을 듣습니다. 교회 안에서 우리는 모두 동일한 설교를 듣습니다. 그러나 사람들은 다르게 반응합니다. 문제는 말씀이 다른 것이 아닙니다. 오히려 **문제는 토양-듣는 사람들의 마음에 있습니다.** 한 사람은 마치 길가에 떨어져서 새들이 와서 먹어버린 씨와 같이 설교를 들을 때 냉담하고 무관심합니다. 또 다른 사람은 처음에는 엄청난 열정으로 말씀을 듣지만, 이 열정은 눈앞에 닥치는 세상의 염려 때문에 오래 지속되지 않습니다. 마치 돌 가운데 떨어져서 식물로 자라지만 곧 그 뿌리가 충분히 깊이 내리지 못하여 말라 죽게 된 씨와 같습니다.

복음의 부르심에 대한 반응이 믿음으로 나타나지 않는 곳에서도 하나님께서는 사람을 책임 있는 자로 두셨습니다. 각 사람은 결코 자신의 환경을 가지고 자신의 부정적인 반응에 대해 변명할 수 없습니다. 잘못은 사람의 마음에 있습니다. 사람은 자신의 잘못으로 인해 죄 가운데 죽었습니다. 그래서 본성적으로 하나님의 말씀의 부르심에 대해 거부함으로 반응합니다.

10조

부르심을 받은 다른 사람들이
나아오는 이유

◈

복음의 사역을 통하여 부르심을 받은 다른 사람들은 나아와서 회심합니다. 이것은 사람에 기인한 것이 아닙니다. 그런 사람은 ^{거만한 펠라기우스 이단이 주장했던 것처럼} 자유의지라는 것을 가지고 믿음과 회심을 이루기에 동일한 혹은 충분한 은혜를 부여받은 다른 사람들보다 자기 자신을 우위에 두어 구별하지 않습니다. 그것은 하나님께 기인한 것입니다.^{롬 9:16} 하나님께서는 영원 전부터 그리스도 안에서 당신의 소유를 택하셨고 적당한 때에 효력 있게 부르십니다. 하나님께서는 그들에게 믿음과 회개를 주십니다. 하나님께서는 흑암의 권세로부터 그들을 구원하시어 당신의 아들의 나라로 옮기십니다.^{골 1:13; 갈 1:4} 이 모든 것들로 하나님께서는 그들이 자신들을 흑암으로부터 당신의 놀라운 빛으로 인도하신 당신의 놀라운 행동을 선언하고 여러 곳에서 사도들의 증거에 따라 자기 자신을 자랑하지 않고 오직 주님 당신만 자랑하게 하십니다.^{벧전 2:9; 고전 1:31; 고후 10:17; 엡 2:8,9}

만일 복음의 사역을 통하여 부르심을 받을 때 부르심을 받은 그 사람이 나아오지 않고 회심하지 않는 것이 그 사람의 잘못이라면, 한 사람이 나아와서 회심했을 때는 누가 칭송을 받아야 합니까? 10조에서는 "이것은 사람에게 기인한 것이 아니라… 하나님께 기인한 것입니다."라고 말합니다. 이 단호한 진술은 아르미니우스주의자들이 가르친 것의 맥락에서 만들어진 것입니다. 아르미니우스주의자들은 사람이 전적으로 죄 가운데 죽지 않았고, 다만 병들고 손상을 입었을 뿐이며, 여전히 도움을 요청하고 스스로 결정할 능력을 가지고 있다고 말합니다.^{표 2를 보세요} 사람은 여전히 자신이 원하는 어떤 방식으로든 하나님의 부르심에 반응할 수 있습니다. 아르미니우스주의자들은 ^{10조에서의 말로 하면} 복음의 부르심에 믿음으로 반응하는 사람이 "자유 의지라는 것을 가지고 믿음과 회심을 이루기에 동일한 혹은 충분한 은혜를 부여받은 다른 사람들보다 자기 자신을 우위에 두어 구별하지 않는다."라고 믿었습니다. 달리 말하면, '더 나은 사람'이 긍정적으로 하나님의 부르심에 반응한다고 주장한 것입니다. 그러나 조상들은 이 주장을 거부하였습니다. 조상들은 그것이 오직 하나님만의 사역이며, 이는 다음 성경 구절들이 지적하는 바라고 하였습니다.

롬 9:16

"그런즉 원하는 자로 말미암음도 아니요 달음박질하는 자로 말미암음도 아니요 오직 긍휼히 여기시는 하나님으로 말미암음이니라."

사람이 자기가 원하는 모든 것을 홀로 시도할 수는 있습니다. 그러나 사람이 그 일들을 할 수는 없습니다.

엡 2:8

"너희는 그 은혜에 의하여 믿음으로 말미암아 구원을 받았으니 이것은 너희에게서 난 것이 아니요 하나님의 선물이라."

사람의 마음은 하나님의 부르심에 믿음으로 반응하기를 원하지 않습니다. 만일 하나님께서 사람의 마음속에 믿음을 일으키시지 않으셨다면, 사람은 믿음으로 반응하지 않았을 것입니다.

만일 하나님의 부르심에 대한 긍정적인 반응이 오직 하나님의 사역이라면, 그때 우리는 하나님께 한없는 찬양을 돌려야 합니다. 조상들은 10조에서 이렇게 말하면서 결론을 지었습니다. "이 모든 것들로 하나님께서는 그들이 자신들을 흑암으로부터 당신의 놀라운 빛으로 인도하신 당신의 놀라운 행동을 선언하고 여러 곳에서 사도들의 증거에 대해 자기 자신을 자랑하지 않고 오직 주님 당신만 자랑하게 하십니다."

이런 사도들의 증거와 같이, 바울은 고전 1:31에서 "자랑하는 자는 주 안에서 자랑하라."라고 하였고, 롬 11:36에서 "이는 만물이 주에게서 나오고 주로 말미암고 주에게로 돌아감이라 그에게 영광이 세세에 있을지어다 아멘."라고 말하였습니다.

모든 영광을 하나님께 돌리는 것은 분명 아르미니우스주의자들이 원하지 않았던 것입니다. 그들은 이 영광의 일부를 사람이 받기를 원했습니다. 그러나 타락하고 죄악 된 사람이 스스로를 구원하기 위해 무엇을 할 수 있겠습니까? 사람은 구원을 위하여 **전적으로 주님만 의지해야 합니다.** 사람이 믿음에 긍정적으로 반응하도록 기적을 이루신 것에 대해 오직 주님만 찬양합시다.

하나님께서 회심을 일으키시는 방법

하나님께서 택자들 안에서 당신의 선하신 기쁨대로 행하시고, 다음과 같은 방식으로 그들 안에서 참된 회심을 일으키십니다. 하나님께서는 택자들에게 복음이 설교되고, 성령에 의해 그들의 지성에 능력 있게 비추어져서 그들이 하나님의 성령의 일을 올바르게 이해하고 분별할 수 있도록 돌보십니다.^{히 6:4-5; 고전 2:10-14} 중생케 하시는 동일한 성령의 효력 있는 사역에 의해서 하나님께서는 사람의 가장 깊은 곳에 침투하십니다. 하나님께서 닫힌 마음을 여시고, 굳어진 마음을 부드럽게 하시고, 할례 받지 못한 마음에 할례를 베푸시어, 그의 의지에 새로운 자질들을 주입 시키십니다.^{히 4:12; 행 16:14; 신 30:6; 겔 11:19; 겔 36:26} 하나님께서는 죽어 있던 의지를 살리시고, 나쁜 의지를 선하게 만드시며, 하기 싫어하는 의지를 기꺼이 하려는 마음으로 바꾸시고, 완고한 의지를 순종하는 마음으로 만드십니다. 하나님께서 의지를 변화시키시고 강하게 하사 좋은 나무처럼 그 의지가 선행의 열매를 맺을 수 있게 하십니다.^{마 7:18}

아르미니우스주의자들은 사람이 하나님의 부르심에 반응하기 위해 하나님께서 사람의 마음속에 새로운 어떤 것도 주입하실 필요가 없다고 가르칩니다. 왜냐하면 사람이 반응하는 데 필요한 모든 것이 이미 사람 안에 존재하기 때문입니다. 아르미니우스주의자들은 이렇게 말합니다. "사람의 참된 회심에 있어서 하나님께서 새로운 자질, 능력, 혹은 선물들을 사람의 의지에 주입하실 수 없습니다. 그러므로 우리로 하여금 먼저 회심하게 하고 신자로 불리게 하는 믿음은 하나님께서 주입하신 자질 혹은 선물이 아니라 사람의 행위입니다. 그것은 믿음에 이르는 능력과 연관된 것을 제외하고는 선물이라고 칭할 수 없습니다." 잘못들에 대한 반박 6—잘못, 찬송가 p.562

이 주장은 사람이 타락 후에 죄 가운데서 전적으로 죽지는 않았고 다만 병들고 손상을 입어 여전히 결정을 하고 도움을 요청할 능력이 있다고 하는 그들의 가르침과 일치합니다. 표 3/4-2를 보세요.

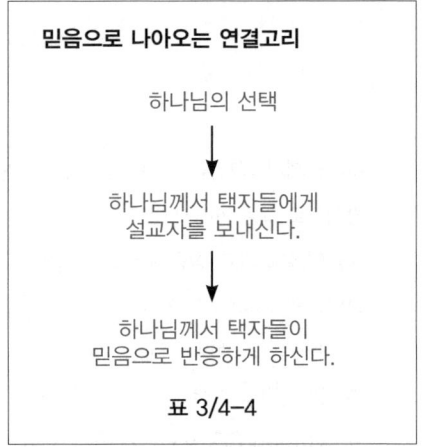

타락한 사람은 여전히 하나님의 호의 안에서 결정할 능력이 습니다. 아르미니우스주의자들이 사람이 믿도록 하기 위해서는 그 어떤 것도 사람의 의지에 더할 필요가 없다고 계속 말하는 것은 놀라운 일이 아닙니다. 조상들은 아르미니우스주의자들의 이런 가르침을 거짓이라고 거부했습니다. 조상들은 사람이 죽었고 이 시체에게 아무리 오랫동안 설교할지라도 시체는 아무런 반응도 하지 않는다고 말했습니다.

그렇다면 전적으로 죄 가운데 죽은 사람이 어떻게 구원받을 수 있습니까? 그 일은 오직 하나님께서 행하실 수 있습니다. 하나님께서 영원으로부터 어떤 사람들을 선택하셨습니다. 그 택자의 구원을 위하여, 하나님께서는 설교자를 택자들에게 보내셔서 그들이 설교를 듣게 하십니다. 또한 하나님께서는 그들이 설교를 들은 결과로 마음이 변화되도록 확실히 이끄십니다. 표 3/4-4를 보세요.

우리는 택자들을 두 그룹으로 구별할 수 있습니다. 표 3/4-5 모든 택자들은 말씀을 듣습니다. 그러나 일부 사람들은 가정을 통하여 먼저 말씀을 듣고, 다른 사람들은 선교사를 통하여 먼저 말씀을 듣습니다. 실제로 오랜 세월에 걸쳐서 많은 택자들이 가정에서 경건한 부모를 통하여 먼저 말씀을 들었습니다. 이런 방식으로 먼저 말씀을 들은 사람들은 언약에 의한 하나님의 자녀들이고, 하나님께서 언약 안에서 자신의 것이라고 주장하시는 자들입니다. 자기 자녀들에 대한 돌보심 가운데, 하나님께서는 자녀들을 믿음이 있는 부모들이 돌보도록 맡기시고, 부모들에게 하늘의 계신 아버지가 누구신지를 그들의 자녀들 하나님의 자녀들 에게 가르치라고 훈계하십니다. 그분은 하늘에 계신 그들의 아버지이십니다. 참고. 신 6:1-9; 시 78 등 그래서 자들은 회개하고 믿으라는 부르심을 듣고 일반적으로 믿음으로 반응합니다. 이것은 일반적인 일입니다. 그러나 또한 하나님께서 생명으로 선택하였으나 믿는 부모의 돌봄에 맡기지 않은 다른 사람들이 있습니다. 생명을 주는 복음이 이 택자들에게 전해지도록 하기 위해서, 하나님께서는 교회에게 땅 끝까지 선교사들을 보내라고 명령 하셨습니다. 참고. 마 28:19

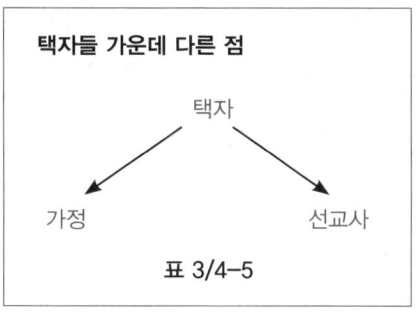

표 3/4-5

회심: 말씀과 성령을 통하여

말씀은 홀로 일하지 않고 성령과 함께 일합니다. 좀 더 낫게 표현하면, 듣는 사람들의 마음속에 말씀을 통하여 역사하시는 분은 바로 성령님이십니다. 말씀이 그 자체로는 역사하지 않는 이유는 말씀이 그 자체로 효력이 없기 때문이 아니라 인간 마음의 상태 때문입니다. 인간의 마음이 죄 가운데 죽어 있어서, 이 인간의 마음은 말씀에 대해 적극적으로 반응하지 않고 반응할 수도 없습니다.

갑과 을이라는 두 사람이 있다고 합시다. 만일 갑이 을을 이해할 수 없다면, 문제는 을이 분명히 말하지 않은 것일 수 있습니다. 또는 갑이 청각장애인이라는 것이 문제일 수도 있습니다. 실제로 하나님의 말씀 자체는 '어떤 면에서는 불분명하다'거나 '어떤 면에서는 좋은 의미가 아니다'라는 식의 문제가 전혀 없습니다.[9조를 보세요] 오히려 문제는 듣는 사람들에게 있습니다. 왜냐하면 타락한 인류는 영적으로 죽었으며,[엡 2:1] 그로 인해 귀머거리가 되었기 때문입니다. 그래서 성령께서 사람이 알아듣도록 말씀을 통하여 사역하시는 것이 필요했습니다. 즉 성령께서 말씀을 사용하여 사람의 마음에 이르러서 이 죽은 마음이 주님께서 말씀하신 것을 들을 수 있게 하셨습니다. 죄인들의 마음속에서 역사하는 말씀과 성령 사이의 이런 밀접한 관계는 다음 성경 구절들이 잘 드러내고 있습니다.

엡 6:17

"하나님의 전신갑주를 입으라."라고 에베소 성도들에게 권고한 바울은 계속해서 17절에서 "구구원의 투구와 성령의 검 곧 하나님의 말씀을 가지라."라고 말합니다. 하나님의 말씀은 성령의 검입니다.

히 4:12

"하나님의 말씀은 살아 있고 활력이 있어 좌우에 날선 어떤 검보다도 예리하여 혼과 영과 및 관절과 골수를 찔러 쪼개기까지 하며 또 마음의 생각과 뜻을 판단하나니…"

성령의 손 안에서 말씀은 죄로 인해 돌같이 굳어진 마음을 쪼개는 강하고 좌우에 날선 검이 됩니다. 성령께서는 마음을 바수시어 말씀이 마음에 다가갈 때 반응할 수 있게 하십니다.

겔 11:19

"내가 그들에게 한 마음을 주고 그 속에 새 영을 주며 그 몸에서 돌 같은 마음을 제거하고 살처럼 부드러운 마음을 주어."

성령께서는 돌같이 굳은 마음을 제거하시고 부드러운 마음을 주십니다.

겔 36:26-27

"또 새 영을 너희 속에 두고 새 마음을 너희에게 주되 너희 육신에서 굳은 마음을 제거하고 부드러운 마음을 줄 것이며 또 내 영을 너희 속에 두어 너희로 내 율례를 행하게 하리니 너희가 내 규례를 지켜 행할지라."

죄악 된 마음 안으로 다가가는 것은 성령의 사역입니다. 성령께서 죄 가운데 죽은 사람에게 '이식된 마음'을 주십니다. 즉 성령께서 돌같이 굳은 마음, 죽은 마음을 대신하여 말씀에 반응하는 새로운 마음을 주십니다.

11조에서도 성령께서 믿음을 일으키기 위해서 말씀을 사용하시는 방식을 지적합니다. "하나님께서는 택자들에게 복음이 설교되고, 성령에 의해 그들의 지성에 능력있게 비추어져서 그들이 하나님의 성령의 일을 올바르게 이해하고 분별할 수 있도록 돌보십니다." 성령께서 사람의 마음을 관통하셔서 그 마음이 말씀을 받을 수 있게 만드십니다. "중생케 하시는 동일한 성령의 효력 있는 사역에 의해서 하나님께서는 사람의 가장 깊은 곳에 침투하십니다. 하나님께서 닫힌 마음을 여시고 굳어진 마음을 부드럽게 하시고, 할례 받지 못한 마음에 할례를 베푸시어, 그의 의지에 새로운 자질들을 주입시키십니다." 아르미니우스주의자들이 주장하는 것과 반대로, 하나님께서 회심을 일으키기 위해서는 새로운 자질들과 능력들이 의지에 주입되어야만 합니다.

오순절에 성령을 부어주신 결과들

그리스도께서는 팔레스타인에서 복음을 설교하면서 삼년을 모두 보내셨고, 많은 추종자들이 생겼습니다. 그러나 그리스도의 생애 마지막까지 계속해서 그리스도께 헌신한 자들이 얼마나 됩니까? 헤롯의 법정에서 무리들은 "그를 십자가에 못 박으라. 그를 십자가에 못 박으라."라고 큰 소리로 요구하며 이 나사렛 예수를 거부한다고 소리쳤습니다. 예수님의 제자들도 그의 곁에 머물지 않았습니다. 한 제자는 예수님을 배신했고, 다른 제자는 예수님을 부인했고, 나머지 제자들은 도망갔습니다. 예수님 곁에 계속해서 남아 있던 자들은 예수님이 십자가에 달리신 곳까지 왔던 여인들이었습니다. 이런 참담한 숫자를 보면, 많은 사람들은 예수님의 사역이 실패했다고 말하려고 할 것입니다. 그러나 그 다음을 보십시오. 성령께서 오순절에 부어지신 이후에,

우리는 한 번에 3000명이 회심했다는 사실을 알 수 있습니다.[행 2:41] 여기에 성령님의 효력 있는 사역이 두드러지게 나타나고 있습니다. 다시 말해 죄로 굳어진 마음이 부수어져서 열린 것입니다. 이것은 예수님의 사역 기간에 예수님께서 예언하셨던 일이었습니다.

요 14:26
"보혜사, 곧 아버지께서 내 이름으로 보내실 성령 그가 너희에게 모든 것을 가르치고 내가 너희에게 말한 모든 것을 생각나게 하리라."

예수님께서 말씀하신 보혜사는 성령입니다.

요 15:26
"내가 아버지께로부터 너희에게 보낼 보혜사, 곧 아버지께로부터 나오시는 진리의 성령이 오실 때에 그가 나를 증언하실 것이요."

요 16:13
"그러하나 진리의 성령이 오시면 그가 너희를 모든 진리 가운데로 인도하시리니 …"

성령께서는 사람들의 마음속에 역사하셔서 사람들을 변화시키십니다. 이 사실은 행 16:14과 같은 본문에서 설명해 줍니다. 거기에 보면 바울이 이렇게 기록하고 있습니다. "두아디라 시에 있는 자색 옷감 장사로서 하나님을 섬기는 루디아라 하는 한 여자가 말을 듣고 있을 때 주께서 그 마음을 열어 바울의 말을 따르게 하신지라." 루디아는 스스로의 힘으로는 설교에 반응할 수 없었습니다. 사람의 마음을 변화시키시는 성령의 사역 없이는 누구도 말씀을 믿을 수 없습니다. 그러므로 11조는 이렇게 결론을 맺습니다. "성령께서는 죽어 있던 의지를 살리시고, 나쁜 의지를 선하게 만드시며, 하기 싫어하는 의지를 기꺼이 하려는 마음으로 바꾸시고, 완고한 의지를 순종하는 마음으로 만드십니다. 하나님께서 의지를 변화시키시고 강하게 하사 좋은 나무처럼 그 의지가 선행의 열매를 맺을 수 있게 하십니다."

성령께서 어떻게 죄악 된 사람의 마음속에서 역사하시어 실제적으로 바꾸시는지는 다음 성경 구절들이 보여 줍니다.

고전 6:9-11

고전 1:2에서 우리는 바울이 "고린도에 있는 하나님의 교회 곧 그리스도 예수 안에서 거룩하여지고 성도라 부르심을 받은 자들"에게 편지한다는 말씀을 읽을 수 있습니다. 이제 이 사람들에 대해 바울은 이렇게 기록합니다. "불의한 자가 하나님의 나라를 유업으로 받지 못할 줄을 알지 못하느냐 미혹을 받지 말라 음행하는 자나 우상 숭배하는 자나 간음하는 자나 탐색하는 자나 남색하는 자나 도적이나 탐욕을 부리는 자나 술 취하는 자나 모욕하는 자나 속여 빼앗는 자들은 하나님의 나라를 유업으로 받지 못하리라 너희 중에 이와 같은 자들이 있더니 주 예수 그리스도의 이름과 우리 하나님의 성령 안에서 씻음과 거룩함과 의롭다 하심을 받았느니라."

바울은 고린도 성도들에게 '너희 중에 이런 자가 있었다.'라고 말합니다. 여기서 과거 시제에 주목하시기 바랍니다. '너희 중에 이런 자가 있다.'가 아니라 "너희 중에 이런 자가 **있었다.**"입니다. 더 이상 그들은 음란하거나 우상 숭배하거나 간음하거나 도둑질하거나 남색 하는 등등의 죄를 일삼는 자들이 아닙니다. 하나님의 성령에 의해서 그들은 씻음을 받았고, 근본적으로 **변화되었기 때문에** 더 이상 그들은 예전의 그들이 아닙니다.

엡 5:8-10

바울은 에베소 성도들에게 말했습니다. "너희가 **전에는** 어두움이더니 **이제는** 주 안에서 빛이라. 빛의 자녀들처럼 행하라 빛의 열매는 모든 착함과 의로움과 진실함에 있느니라. 주께 기쁘시게 할 것이 무엇인가 시험하여 보라." 에베소 성도들은 또한 바뀌어서 그들의 행동에서 이런 것을 보여 주어야 했습니다. 11조의 말을 사용하여 표현하면 이러합니다. "하나님께서는 죽어 있던 의지를 살리시고, 나쁜 의지를 선하게 만드시며, 하기 싫어하는 의지를 기꺼이 하려는 마음으로 바꾸시고…" 타락한 인간의 마음속에서 성령께서 역사하여 바꾸신 변화는 참되고 근본적인 변화입니다.

롬 7:18

바울은 그리스도인들, 성령에 의해서 변화된 사람들에 대해 "원함은 내게 있으나.…"라고 기록했습니다. 나는 하나님의 뜻을 **행하려고 할** 수 있습니다. 그렇게 하고 싶은 마음이 있습니다. 한때 그리스도인들을 투옥시키라는 회당의 명령을 수행하러 다녔던 바로 그 동일한 바울이 지금 "내가 선을 행하기를 원한다."라고 말했습니다. 이것은 성령에 의해서 바울의 마음속에서 일으키신 실제적인 변화입니다. 그러나 분명 이것은 바울로 하여금 하나님의 뜻을 완전히 실행할 수 있게 할 만큼 전적인 변화는 아닙니다. 결코 그렇지 않습니다. "가장 거룩한 사람이라도 이 세상에서는 이 순종의 작은 시작만 할 수 있을 뿐입니다. 그럼에도 불구하고 그들은 진지한 목적으로 하나님의 계명의 일부분만이 아니라 모든 계명에 따라 살기 시작합니다."하이델베르크 교리문답 44주일 113문답

이것이 내 마음 속에서 성령께서 일하신 결과입니다. 성령께서 나를 근본적으로 변화시키셨기 때문에, 이전에는 죽은 마음, 돌같이 굳은 마음을 가지고 있었고 하나님의 뜻을 ^{행할 수 없을뿐더러} 행하기를 원할 수 조차 없었을지라도, 나는 지금 하나님의 뜻을 행하기를 **원합니다.**

12조

중생은 오직 하나님의 사역입니다

이 회심은 성경에서 강력하게 말하는 바와 같이, 중생이며, 새 창조이며, 죽은 자 가운데서의 부활이며, 살리는 것입니다. 그리고 이 중생은 하나님께서 우리 없이 홀로 우리 안에서 역사하신 것입니다.^{요 3:3; 고후 4:6;5:17; 엡 5:14} 그러나 이 중생은 외적인 가르침이나 도덕적 설득만으로는 일어나지 않으며, 하나님께서 당신 편에서 하실 일을 다 행하신 후에 중생할지 안할지 회심할지 안할지를 사람의 능력 안에 남겨 두시는 그런 방식으로 일어나지도 않습니다. 그러나 중생은 분명히 초자연적이고, 가장 능력 있고, 동시에 가장 즐겁고 놀랍고 신비스럽고 형언할 수 없는 사역입니다. 이 사역의 창조자에 의해서 영감된 성경에 따르면, 중생은 창조에서나 죽은 자들의 부활에서 나타난 능력보다 더 열등하지 않습니다.^{요 5:25; 롬 4:17} 따라서 하나님께서 이런 놀라운 방식으로 마음속에 역사하시는 모든 자들에게는 확실하고 틀림없이 중생의 효력이 있게 되며 또 실제로 믿음에 이릅니다.^{빌 2:13} 그래서 그렇게 새로워진 의지는 하나님에 의해서 행하고 움직일 뿐만 아니라, 하나님에 의해서 행하게 된 의지 자체가 행하는 것입니다. 그러므로 사람은 받은 은혜를 통해서 믿고 회개한다고 말하는 것 역시 옳은 것입니다.

1조에서는 회심의 사역에 있어서 성령의 역할^{성령께서는 사람의 마음을 변화 시}

킨다에 초점을 맞추고 있는 반면, 12조에서는 회심 그 자체에 초점을 맞춥니다. 이 회심에 관하여, 동일한 의미를 갖는 용어들을 성경 여러 곳에서 취하여 제시합니다. 이 용어들 중 몇 가지 예들이 다음 도표 1에서 제시되고 있습니다.

용어	성경구절
중생	딛 3:5
새 창조	고후 5:17, 엡 2:10
죽은 자 가운데서의 부활	롬 6:4
살리는 것	롬 6:13, 엡 2:5

도표 1

회심: 하나님의 사역인가, 사람의 일인가?

주님께서는 회심에 대해 말씀하실 때 '다시 태어나다'란 단어를 사용하셨습니다.요 3:5 사람이 자기 출생에 전혀 관여하지 않는 것처럼, 또한 많은 사람들은 자기의 거듭남, 즉 자기의 회심에 관여할 수 없습니다. 사람이 스스로 태어날 수 없는 것처럼, 많은 사람들은 스스로 다시 태어날 수 없습니다. 아담이 자신의 창조에 전혀 기여하지 않은 것처럼예를 들면, 아담은 하나님께서 자신을 만드시도록 하기 위해서 흙을 모으지 않았다. 타락 후에 아담은 자신의 재창조에 기여할 수 없었습니다. 나사로가 죽은 자 가운데서 자신의 육체적 부활에 아무것도 기여할 수 없었던 것처럼, 그는 죽은 자 가운데서 자신의 영적 부활에 아무것도 기여할 수 없었습니다. 성경에서 회심을 묘사하는 데 사용되는 바로 그 용어들은 회심에 있어서 사람 그 자신이 관여하는 것을 제외시키고 있습니다. 회심에 사람이 기여하는 것은 없습니다. 우리는 자기 자신을 재창조할 수 없습니다. 우리는 자기 자신을 중생시킬 수 없습니다. 우리는 우리의 영적 죽음으로부터 우리 자신을 살릴 수 없습니다. 회심은 오로지 **하나님**의 사역일 뿐입니다.

12조의 첫 부분은 사람을 회심시키는 사역을 위해 열심히 일하시는 분이 **하나님**이시라는 사실을 강조합니다. 조상들이 이 사실을 강조한 이유는 아르미니우스주의자들이 다음과 같이 가르쳤기 때문입니다. "은혜와 자유의지는 각각 회심을 일으키는 부분적인 원인들로써 서로 협력합니다. 이 원인들의 순서에 있어서 은혜가 의지의 행함보다 우선되지 않습니다. 하나님께서는, 사람의 의지가 스스로 움직여서 결단하기 전에는 회심에 이르도록 사람의 의지를 효력 있게 돕지 않습니다." _{잘못들에 대한 반박 9-잘못, 찬송가 p.564} 아주 분명하게, 아르미니우스주의자들은 '그렇다. 사람은 자신의 중생에 기여**할 수** 있고 **기여한다.**'라고 말했습니다. 그들에 따르면, 하나님의 은혜와 사람의 자유의지는 둘 다 회심으로 인도하는 부분적인 원인입니다. 그러나 조상들은 다음 성경 구절들에 근거하여 아르미니우스주의자들의 가르침의 잘못을 지적하였습니다. 사람의 회심은 오로지 하나님의 사역일 뿐입니다.

롬 9:16

"그런즉 원하는 자로 말미암음도 아니요 달음박질하는 자로 말미암음도 아니요 오직 긍휼히 여기시는 하나님으로 말미암음이니라."

엡 2:8

"너희는 그 은혜에 의하여 믿음으로 말미암아 구원을 받았으니 이것은 너희에게서 난 것이 아니요 하나님의 선물이라."

누가 거듭나야 할 필요가 있습니까?

교회 안에서 자라났다는 사실로 인해 '거듭날 필요'를 면제받을 사람은 아무도 없습니다. 우리는 모두 다시 태어날 필요가 있습니다. 만일 우리가 하늘 왕국으로 들어가기를 원한다면 우리 모두는 거듭나야 합니다. "진실로 진실로 네게 이르노니 사람이 거듭나지 아니하면 하나님의 나라를 볼 수 없느니라." 예수님은 이방인에게 이 말씀을 하신 것이 아니라, 우리 중 하나와 같이 언약의 자녀이고 '교회 안에서 자란' 사람, 심지어 '이스라엘의 교사'이자 바리새인이며 유대인들의 통치자였고 성경을 아는 사람이었던 니고데모에게 이 말씀을 하신 것입니다. 요 3장을 보십시오. 이 니고데모에게 예수님께서 "니고데모야, 너는 거듭나야 한다."라고 말씀하셨습니다. 만일 니고데모와 같은 지위와 혈통을 가진 사람이 거듭나야 한다면, 나 또한 당연히 거듭나야 합니다!

그러면 우리는 자동적으로 "나는 다시 **태어났는가?**"라고 묻게 되고, 만일 그렇다면, "그 일이 **언제** 일어났는가?"를 묻게 됩니다. 우리는 반복해서 마치 바울이 다메섹으로 가는 길에서 경험했던 일[행 9장]과 같은 '회심의 이야기'가 우리에게도 있어야 한다는 말을 듣곤 합니다. 그러나 바울과 같은 경험은 모든 사람들의 삶 속에서 회심이 일어나는 방식에 대한 규범이 될 수 없습니다. 아담은 성숙한 어른으로 만들어졌습니다. 왜냐하면 하나님께서 한순간에 아담을 존재하게 하셨기 때문입니다. 그러나 우리 중 누구도 나머지 인류가 아담과 동일한 방식으로 어른으로 태어날 것이라고 예상하지 않습니다. 왜냐하면 우리는 모두 아담의 창조가 사람들이 태어나는 전형적인 방식이 아님을 이해하기 때문입니다. 전형적인 방식이란 사람이 모호한 잉태 단계와 [그 일이 언제 혹은 어떻게 일어나는지 조차도 누가 말할 수 있는가?] 모태에서의 신비로운 성장의 시기, 그리고 최종적인 탄생과 아담과 같이 어른이 되기 위해 성장하는 것, 이 모두를 포함한 과정을 거치면서 하나의 존재가 되어가는 것입니다. 바울이 즉시로 회심했고, 자신의 회심을 기억하는 것은 일반적인 방식이 아닙니다. 믿음은 과정이며, 많은 시간을 요구하는 성장과정입니다. 우리 중 누구도 자신의 잉태나 탄생의 순간을 기억할 수 없지만 그 일이 일어났다고 확신하듯이 우리가 믿기 시작하고 다시 태어난 그 순간을 기억할 수 없다는 것도 마찬가지입니다. 그러나 우리는 그 일이 일어났다는 사실을 확신할 수 있습니다.

회심: 초자연적이고 능력 있는 **하나님의** 사역

"그러나 이 중생은 외적인 가르침이나 도덕적 설득만으로 일어나지도 않으며, 하나님께서 당신 편에서 하실 일을 다 행하신 후에 중생할지 안할지, 회심할지 안할지를 사람의 능력 안에 남겨 두시는 그런 방식으로 일어나지도 않습니다." 이것은 다음과 같이 아르미니우스주의자들이 가르치는 바에 대한 직접적인 언급입니다. "우리를 하나님께로의 회심하게 하는 은혜는 점잖은 충고일 뿐입니다."잘못들에 대한 반박 7–잘못, 찬송가 p.562 아르미니우스주의자들에 따르면, 하나님께서 사람의 회심에서 하시는 일이라고는 경쟁자인 사탄이 제공하는 것보다 우리에게 제공되는 더 나은 무엇인가를 우리에게 주시겠다고 부드럽게 속삭이시는 것밖에 없습니다. 아르미니우스주의자들은 그 충고가 은혜라고 말합니다. 그들은 계속해서 말합니다. "충고라고 하는 것은 사람을 회심시키는 가장 고상한 방식이고, 사람의 본성과 아주 잘 어울립니다." 달리 말하면, 사람은 '대단한 인물'이고, 만일 하나님께서 그 사람에게 믿으라고 강요하신다면, 그 사람의 기분을 상하게 할 수 있다는 것입니다. 아르미니우스주의자들은 사람이 죽지 않고 다만 병들었을 뿐이라고 말한다는 것을 기억하십시오. 하나님께서는 우리에게 강요하는 것보다 **'충고하시는'** 방법이 더 낫다는 것을 아시는 '신사'로 묘사됩니다. "이 충고하시는 정도의 은혜만으로도 본성적인 사람을 영적으로 만들기에 충분합니다. 정말로 하나님께서는 이렇게 양심에 권고하지 않고서는 의지가 동의하도록 하지 않으십니다. 하나님께서는 영원한 것들을 약속하시는 반면에 사탄은 일시적인 것들을 약속한다는 점에서 하나님의 일하심의 능력은 사탄의 사역을 능가합니다." 달리 말하면, 사탄도 또한 우리 귀에 속삭이지만 우리는 하나님께서 제공하시는 것이 사탄이 제공하는 것보다 더 낫다는 것을 결정할 충분한 수단을 가지고 있다는 것입니다.

조상들은 하나님께서 점잖게 사람에게 충고하신다는 아르미니우스주의자들의 입장을 받아들일 수 없었습니다. 왜냐하면 그 주장은 하나님과 그의 말씀에 비추어 볼 때 부당했기 때문입니다. 중생은 하나님께서 죄 가운데 **죽은** 사람의 마음속에서 초자연적인 방식으로 일하시는 것입니다. "중생은 분명히 초자연적이고, 가장 능력 있고, 동시에 가장 즐겁고 놀랍고 신비스럽고 형언할 수 없는 사역입니다. 이 중생의 사역의 창조자에 의해서 영감 된 성경에 따라, 중생은 창조에서나 죽은 자들의 부활에서 나타난 능력보다 더 열등하지 않습니다." 바울은 엡 1:19,20에서 믿는 우리 안에서 역사하시는 하나님의 강력한 능력이 지극히 크시며, 그 능력은 하나님께서 그리스도를 죽은 자 가운데서 살리시는 데 사용하신 것과 동일하다고 말했습니다. 하나님께서는 지극히 크신 능력으로 강하게 역사하시고, 그 결과로 우리는 믿습니다.

13조

중생은 오직 하나님의 사역입니다

❖

이생에서 신자들은 하나님께서 이 중생의 사역을 행하시는 방식을 충분히 이해할 수 없습니다.요 3:8 그러나 이 땅에 사는 동안 이 하나님의 은혜로 말미암아 신자들이 구주를 진정으로 믿고 사랑한다는 것을 알고 경험하는 것만으로도 그들에게는 충분합니다.롬 10:9

1조와 12조는 회심에 대한 우리의 모든 의문들에 모두 답하지는 않았습니다. 그래서 13조에서 조상들은 "이생에서 신자들은 하나님께서 이 중생의 사역을 행하시는 방식을 충분히 이해할 수 없다."라고 지적합니다. 여러분은 창 1장에서 하나님께서 빛과 식물과 동물을 단지 말씀으로만 지으신 일을 설명할 수 있습니까? 이것은 나의 이해나 설명을 넘어서는 것입니다. 여러분은 그리스도께서 나사로가 죽어서 나흘 동안 무덤 속에 있은 후에 나사로의 생명을 살리실 수 있었다는 사실을 설명할 수 있습니까? 나는 설명할 수 없습니다. 창조와 부활은 우리가 이해할 수 없는 개념입니다. 왜냐하면 창조와 부활이 이치를 따지는 것을 허용하지 않아서가 아니라, 우리의 지성이 제한적이고 너무나 죄악 되기 때문입니다. 창조와 재창조의 개념은 우리의 이해를 넘

어서는 것입니다. 하나님의 길은 우리의 길보다 더 높습니다. ^사 55:8 이하

그러나 이 말은 회심이 믿음의 영역을 벗어난다는 뜻이 아닙니다. 어린 아이가 아버지에게 전동기가 어떻게 돌아가는지를 묻는다고 합시다. 아버지가 아이에게 그 방법을 말해 준다 하더라도 아이는 이해하지 못합니다. 왜냐하면 그 개념이 너무 어렵기 때문이 아니라 아이는 아이일 뿐이기 때문입니다. 우리 주 예수 그리스도의 아버지께서 우리에게 모든 그리스도인들은 다시 태어난 사람들이라고 말씀하셨습니다. 나는 내가 어떻게 다시 태어났는지를 이해하지 못할는지 모릅니다. 실제로 나는 그 방식을 이해하지 못합니다. 그러나 나는 나의 하나님의 말씀을 받아들여서 '그렇다. 죄인은 다시 태어날 수 있다. 나는 다시 태어날 수 있다. 나는 다시 태어났다'고 믿습니다. 나는 '세상과 사람을 창조하시고 나사로를 죽은 자 가운데서 살리신 하나님께서 당신의 성령과 말씀으로 나의 마음을 변화시키실 것'을 믿습니다.

나는 그 사실을 믿습니다. 내가 그 사실을 믿기 때문에 나는 또한 나의 삶 속에서 회심의 사역의 결과를 경험합니다.

14조

믿음이 하나님의 선물이 되는 방식

❖

그러므로 믿음은 하나님의 선물입니다.^{엡 2:8} 왜냐하면 믿음은 하나님께서 단순히 사람의 자유의지에 제공해주시는 것이 아니라, 참으로 사람에게 주어져서 사람 속에 스며들어 주입되는 것이기 때문입니다. 믿음이 선물이라는 것은 하나님께서는 다만 믿을 능력만 주시고, 그 후에는 사람이 자유의지로 믿는 데 동의하거나 믿는 행동을 하는 것을 기다리신다는 의미가 아닙니다. 그렇지만 믿음이 선물이 되는 이유는, 사람의 의지와 행위 속에 역사하시는 하나님께서 사람 안에 믿으려는 의지와 믿는 행위, 그 두 가지 모두를 일으키시기 때문입니다.^{빌 2:13}

중생이 하나님의 선물이고 하나님의 백성들의 마음속에서 성령을 통하여 이루시는 주님의 사역이라는 고백에 근거해서, 14조에서는 "그러므로 믿음은 하나님의 선물입니다."라는 결론을 이끌어냅니다. 믿음과 중생은 똑같이 하나님께서 행하시는 사역입니다. 14조에서는 믿음과 중생이 분리될 수 없기 때문에 이런 결론에 이른 것입니다. 우리는 믿음과 중생을 구별할 수 있지만, 분리할 수는 없습니다. 믿음을 가진 사람은 중생한 사람이고, 중생한 사람은 믿음을 가진 사람입니다. 그러므로 만일 중생이 하나님의 선물이라면 우리가 이전 조항에서 고백했던 것처럼, 믿음도 또한 하나님의 선물이라는 것이 따라와야 합니다.

성경은 믿음이 참으로 하나님의 선물이라고 가르칩니다.

엡 2:8

"너희는 그 은혜에 의하여 믿음으로 말미암아 구원을 받았으니 이것은 너희에게서 난 것이 아니요 하나님의 선물이라."

사도는 믿음을 통해서 구원이 왔으며 믿음은 하나님의 선물이라고 말합니다.

빌 1:29

"그리스도를 위하여 너희에게 은혜를 주신 것은 다만 그를 믿을 뿐 아니라 또한 그를 위하여 고난도 받게 하심이라."

바울은 하나님께서 주신 두 가지를 언급하는데, 그 중 한 가지는 '그를 믿는' 믿음입니다. 그래서 우리는 하이델베르크 교리문답 25주일 65문답에서도 또한 다음과 같이 고백합니다. "오직 믿음만이 우리로 하여금 그리스도와 그의 모든 은덕에 참여하게 한다면, 이 믿음은 어디로부터 오는 것입니까? 성령께로부터 옵니다. 성령께서는 복음의 설교로 우리 마음에 믿음을 일으키시며…"

아르미니우스주의자들의 입장:
사람은 자유의지를 가지고 있기 때문에 믿음은 사람의 행위입니다.

우리 선조들이 14조의 내용을 고백한 것은 아르미니우스주의자들이 다음과 같이 말했기 때문이었습니다.

"사람의 참된 회심에 있어서 하나님께서 새로운 자질, 능력, 혹은 선물들을 사람의 의지에 주입하실 수 없습니다. 그러므로 우리로 하여금 먼저 회심하게 하고 신자로 불리게 하는 믿음은 하나님께서 주입하신 자질 혹은 선물이 아니라 사람의 행위입니다. 그것은 믿음에 이르는 능력과 연관된 것을 제외하고는 선물이라고 칭할 수 없습니다." 잘못들에 대한 반박 6-잘못, 찬송가 p.562

아르미니우스주의자들은 믿음이 하나님의 선물이 아니고 **사람의 행위**라고 말합니다. 자유의지의 개념에 대한 아르미니우스주의자들의 입장을 보면 표 3/4-2를 보세요. 그들이 믿음이 사람의 행위라고 말하는 것은 그리 놀라운 일이 아닙니다. 아르미니우스주의자들은 사람이 죄에 빠진 결과로 죽은 것이 아니라 병들었고 상처를 입었을 뿐이라고 주장합니다. 사람이 죽지 않았기 때문에 사람은 결정할 수 있는 —다시 말해 자유의지를 가질 수 있다는— 것입니다. 하나님께서 복음을 가지고 오셔서 사람에게 믿음을 제공하실 때, 사람은 이 제공된 것을 받아들일 것인지를 결정할 수 있고, 하나님께서는 사람이 선택하는 능력을 존중하신다는 것입니다.

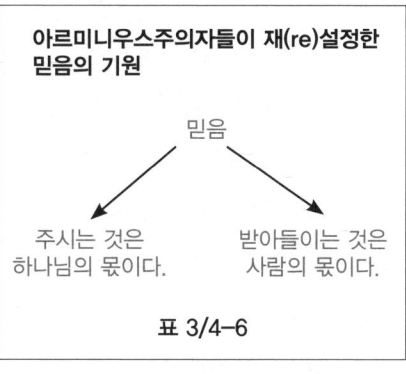

좀 더 명백하게 하면, 주시는 행위에는 1)주심giving. 2)받아들임accepting and receiving의 두 단계가 포함되어 있습니다. 무엇인가가 주어진 사람은 주어진 것을 받아들일 것인지를 결정해야 합니다. 내가 당신에게 장미를 줄 수는 있습니다. 그러나 내가 장미를 주는 행위가 당신이 장미를 받아서 집에 가지고 갈 것이라는 보증이 될 수는 없습니다. 아르미니우스주의자들은 말하기를, 하나님께서 구원을 주실 때 나는 그 구원을 받아들일 것인지 여부를 결정해야 한다고 합니다. 즉 나는 내가 믿음을 가질 것인지 아닌지를 결정해야 한다는 것입니다.

개혁교회의 입장 : 성경에서 사람이 죄 가운데 죽었다고 가르치기 때문에 믿음은 하나님의 선물입니다

엡 2:1-5

바울은 에베소에 있던 **성도들**에게 이렇게 기록했습니다. "너희의 허물과 죄로 죽었던 너희를 살리셨도다 …긍휼에 풍성하신 하나님이 우리를 사랑하신 그 큰 사랑을 인하여 허물로 죽은 우리를 그리스도와 함께 살리셨고 너희는 은혜로 구원을 얻은 것이라."

우리는 죽은 사람에게 세상에서 가장 좋은 선물들을 제공할 수 있습니다. 하지만 죽은 사람은 당연히 그것들을 받아들일 없습니다. 우리는 영적으로 죽었습니다. 그러므로 주님께서 우리에게 구원을

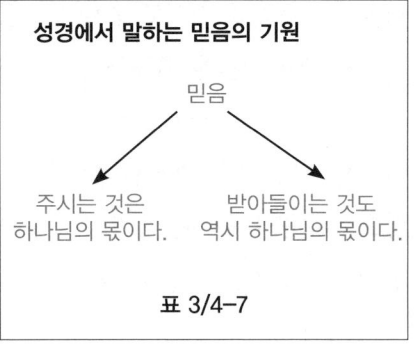

표 3/4-7

제공하실 때, 우리는 그 구원을 받 것인지를 결정할 위치에 있지 않습니다. 그러나 일부 사람들은 믿습니다. 그들은 어떻게 믿음으로 나아옵니까? 믿음은 하나님의 선물일 뿐만 아니라 특정한 사람 안에서 역사합니다. 즉 하나님께서는 믿음을 제공하시는 것, 즉 믿음을 주시는 것 이상의 일을 하십니다. 하나님께서는 나의 마음이 기꺼이 이 믿음을 받아들이게 하십니다. 주심과 받아들임은 모두 하나님의 행동입니다.

고전 12:3

"그러므로 내가 너희에게 알리노니 하나님의 영으로 말하는 자는 누구든지 예수를 저주할 자라 하지 아니하고 또 성령으로 아니하고는 누구든지 예수를 주시라 할 수 없느니라."

'예수는 주님이시다'는 말은 믿음의 고백입니다. 사도는 성령에 감동되어서 누구도 성령께서 그의 마음속에 역사하심 없이는 그런 신앙 고백을 할 수 없다고 말했습니다. 그렇다면 믿음의 고백은 나의 행함이 아니라 주님의 행하심입니다.

이런 이유로 우리는 주의 만찬 기념 예식서의 결론에서 하나님께 이렇게 기도합니다. "우리는 당신께서 우리에게 참 신앙을 주시고, 이 참 신앙을 통하여 이 큰 은덕들에 참여하게 해 주심을 감사드립니다."^{찬송가 p.602} **하나님**께서는 값없이 믿음을 주십니다. 그것은 내 행위가 아닙니다. 내가 믿게 된 것에 대한 모든 감사는 하나님께 돌려야 합니다.

하나님의 분에 넘치는 은혜에 대한 그리스도인의 태도

하나님께서는 누구에게도 이 은혜를 베푸실 책임이 없으십니다. 하나님께서 사람에게 빚지실 것이 뭐가 있겠습니까? 누가 주께 먼저 드려서 갚으심을 받겠습니까?롬 11:35 하나님께서 죄와 거짓 외에 아무것도 없는 자에게 무엇을 빚지시겠습니까? 그러므로 이 은혜를 받은 사람은 오직 하나님께만 빚진 것이며, 영원한 감사를 하나님께 돌리게 됩니다. 그러나 이 은혜를 받지 못한 사람은 이런 영적인 일들에 대해 전혀 관심이 없이 자기가 가진 것들로 만족하든지, 혹은 거짓된 안전 가운데서 공허하게 자기가 가지지 않은 것을 가진 것으로 자랑합니다.암 6:1; 렘 7:4 게다가 우리는 사도들의 모범을 따라서, 외적으로 자기 신앙을 고백하고 자기 삶을 고치는 사람들에 대해 가장 호의적인 방식으로 판단하고 말해야 합니다. 왜냐하면 마음의 깊은 곳은 우리에게 알려져 있지 않기 때문입니다.롬 14:10 우리는 아직 부르심을 받지 않은 자들에 관해서는, 존재하지 않는 것을 존재하는 것으로 부르시는 하나님께 기도해야 합니다.롬 4:17 그러나 우리는 마치 우리가 그들과 구별되는 것처럼 오만하게 행하지 않아야 합니다.고전 4:7

그리스도인이 하나님의 선물인 믿음에 반응하여 어떤 태도를 가져야 하는지를 바르게 이해하기 위해서 우리는 먼저 사람이 이 좋은 선물을 받기에 전혀 합당하지 않다는 사실을 인식할 필요가 있습니다. "하나님께서는 누구에게도 이 은혜를 베푸실 책임이 없으십니다."로 15조는 시작합니다. 하나님께서는 왜 우리에게 아무것도 베푸실 책임이 없으십니까? 하나님의 은혜가 왜 은혜입니까? 사람은 왜 하나님의 은혜를 받을만한 가치가 없습니까? 그 답은 이중적입니다.

1) "네게 있는 것 중에 받지 아니한 것이 무엇이냐?"고전 4:7

창조의 여섯째 날에 하나님께서 흙을 모으시어 아담을 만드셨습니다. 아담을 만드신 후에 하나님께서는 아담의 코에 생명의 숨을 불어넣으셨습니다. 아담이 가진 것 중에 받지 아니한 것이 무엇입니까? 혹 에덴동산입니까? 그의 아내입니까? 그렇지 않습니다. 자신의 생명을 포함하여 아담이 가진 **모든 것**은 아담에게 **주어진** 것입니다. 하나님께서는 창조주이시고, 아담은 창조물일 뿐이기 때문에, 하나님께서는 아담에게 단 한 가지도 베푸실 책임이 없습니다. 아담은 하나님께 그 무엇도 요청하거나 요구할 권리가 없습니다.

이 사실은 동일하게 나에게도 참된 것입니다. 내가 어디로부터 왔습니까? 나는 스스로 만들어지거나 스스로 잉태된 것도 아니며 내가 나를 낳은 것도 아닙니다. 나는 내가 태어나는 데에 필요한 일을 하나도 하지 않았습니다. 나는 **하나님**께서 행하신 일 덕분에 여기에 존재합니다. 따라서 나의 생명과 나의 호흡과 나의 존재는 주어진 것입니다. 이 원리는 또한 내가 살아가는 동안 스스로 모은 여러 가지 소유물에 대해서도 참된 것입니다. 하나님의 주권은 내가 모은 것들 중에 내가 받지 않은 것이 하나도 없다는 사실을 의미합니다. 행 17:28의 말을 사용하면 이렇습니다. "우리가 그를 힘입어 살며 기동하며 존재하느니라." 따라서 하나님께서는 나에게 한 가지도 갚으실 것이 없습니다. 오히려 내가 하나님께 철저하게 빚진 것입니다.

2) 하나님께서 나를 당신의 자녀로 삼으셨지만 내가 하나님을 거부하고 버렸습니다.

비록 하나님께서는 자비롭게 에덴동산에서 인류와 은혜 언약을 설립하셨음에도 불구하고 하나님께서 우리에게 이 선물을 베풀어주실 책임은 없지만, 우리는 죄에 빠짐으로써 하나님을 거부했습니다. 에덴동산에서 내가 하나님을 거부함으로써 나는 이전보다 더욱 무한히 하나님께 빚진 자가 되었습니다.

그러면 하나님께서는 나에게 무엇인가를 베풀어 주셔야 합니까? 그렇지 않습니다. 왜냐하면 내가 마땅히 받아야 할 모든 것은 구원이 아니라 **정죄**밖에 없기 때문입니다. 15조에서는 이렇게 말합니다. "하나님께서 사람에게 빚지실 것이 뭐가 있겠습니까? 누가 주께 먼저 드려서 갚으심을 받겠습니까? 하나님께서 죄와 거짓 외에 아무것도 없는 자에게 무엇을 빚지시겠습니까?" 나는 전적으로 무가치합니다. 그러나 '하나님께서 **값없이 주셨다**'는 것은 여전히 놀라운 일입니다.

그리스도인의 태도는
겸손하고 감사하는 자가 되는 것입니다

하나님께서 값없이 주심에 대한 합당한 반응은 70년 포로 생활의 끝이 다가온 후에 바벨론에서 다니엘이 하나님께 기도한 내용에서 찾아볼 수 있습니다. 우리는 단 9:4-19에서 겸손한 사람의 기도를 읽습니다. 다니엘은 이렇게 말합니다.

"내 하나님 여호와께 기도하며 자복하여 이르기를, …우리는 이미 범죄하여 패역하며 행악하며 반역하여 주의 법도와 규례를 떠났사오며 우리가 또 주의 종 선지자들이 주의 이름으로 우리의 왕들과 우리의 고관과 조상들과 온 국민에게 말씀한 것을 듣지 아니하였나이다. … 주여 공의는 주께로 돌아가고 수치는 우리 얼굴로 돌아옴이 오늘과 같아서 유다 사람들과 예루살렘 거민들과 이스라엘이 가까운 곳에 있는 자들이나 먼 곳에 있는 자들이 다 주께서 쫓아내신 각국에서 수치를 당하였사오니 이는 그들이 주께 죄를 범하였음이니이다. … 우리 하나님 여호와의 목소리를 듣지 아니하며 여호와께서 그의 종 선지자들에게 부탁하여 우리 앞에 세우신 율법을 행하지 아니하였음이니이다. 온 이스라엘이 주의 율법을 범하고 치우쳐 가서 주의 목소리를 듣지 아니하였으므로 이 저주가 우리에게 내렸으되 곧 하나님의 종 모세의 율법에 기록된 맹세대로 되었사오니 이는 우리가 주께 범죄하였음이니이다."

다니엘은 자신이 처한 상황에서 자신이 한 가지도 마땅히 받을 것이 없고 오직 정죄를 받아 마땅하다는 사실을 하나님 앞에서 인정하는 태도를 보여주었습니다. 다니엘은 자신이 받은 것 중에 정죄보다 나은 것은 **오직 은혜**로 받은 것임을 알고 그렇게 표현하였습니다.

예수님은 바리새인과 세리에 대한 비유에서, 당신을 따르는 제자들에게 세리의 태도를 그들이 따라야 할 모범으로 제시하셨습니다.

눅 18:13,14

"세리는 멀리 서서 감히 눈을 들어 하늘을 쳐다보지도 못하고 다만 가슴을 치며 이르되 하나님이여 불쌍히 여기소서 나는 죄인이로소이다 하였느니라 내가 너희에게 이르노니 이에 저 바리새인이 아니고 이 사람이 의롭다 하심을 받고 그의 집으로 내려갔느니라 무릇 자기를 높이는 자는 낮아지고 자기를 낮추는 자는 높아지리라 하시니라."

이런 겸손은 나에게 있어서도 마찬가지로 합당한 태도입니다. 왜냐하면 날마다 나는 나의 하나님의 계명을 범하기 때문입니다. 나는 하이델베르크 교리문답 23주일 60문답에서 성경으로부터 배운 것을 다음과 같이 고백합니다. "비록 내가 슬프게도 하나님의 모든 계명에 거슬러 심각하게 죄를 범하였고, 그 모든 계명 중에 어느 하나도 결코 지키지 못했고, 아직도 모든 악으로 향하는 성향이 있다고 내 양심이 고소합니다.···" 하나님께서는 나에게 은혜를 **베푸실 책임이 없습니다.** 여기에 오로지 겸손해야 할 이유가 있습니다.

그렇지만 나의 무가치함을 대면하여 나타내는 이러한 겸손은 하나님의 무한하신 은혜에 대한 깊은 감사와 함께 나타나야 합니다. 왜냐하면 하나님의 그 은혜는 복음이 가지고 있는, 흥분되고 즐겁고 놀라운 것이기 때문입니다. '그럼에도 불구하고 하나님께서 은혜를 주셨고, 더욱이 나 같은 자에게도 은혜를 주셨습니다.' 바울은 이 위대한 경이로움을 인정하면서 디모데에게 보내는 그의 편지에서 이렇게 기록합니다. "나를 능하게 하신 그리스도 예수 우리 주께 내가 감사함은 나를 충성되이 여겨 내게 직분을 맡기심이니 내가 전에는 비방자요 박해자요 폭행자였으나 도리어 긍휼을 입은 것은 내가 믿지 아니할 때에 알지 못하고 행하였음이라 우리 주의 은혜가 그리스도 예수 안에 있는 믿음과 사랑과 함께 넘치도록 풍성하였도다 미쁘다 모든 사람이 받을 만한 이 말이여 그리스도 예수께서 죄인을 구원하시려고 세상에 임하셨다 하였도다 죄인 중에 내가 괴수니라."딤전 1:12-15 바울은 다니엘처럼 겸손합니다. 바울은 자신이 죄인이라는 것을 알았습니다. 이 지식은

바울이 그의 주인이신 그리스도 예수께 감사하게 하는 동기가 되었습니다.^{12절}

바울은 고린도에 보내는 그의 편지에서 하나님께서 주신 것에 대해 비슷한 감사의 표현을 했습니다. 편지의 서두에서 ^{관습적인 여는 말을 하고 난 후에} 바울은 다음과 같은 진심에서 우러나온 인사말을 쏟아냅니다. "그리스도 예수 안에서 너희에게 주신 하나님의 은혜로 말미암아 내가 너희를 위하여 항상 하나님께 감사하노니 이는 너희가 그 안에서 모든 일 곧 모든 언변과 모든 지식에 풍족하므로."^{고전 1:4-5}

마찬가지로 바울은 에베소에 보내는 편지에서도 하나님께서 무가치한 자들에게 행하신 일 때문에 다음과 같이 흥분과 감사를 표현했습니다. "찬송하리로다. 하나님 곧 우리 주 예수 그리스도의 아버지께서 그리스도 안에서 하늘에 속한 모든 신령한 복을 우리에게 복 주시되 곧 창세 전에 그리스도 안에서 우리를 택하사 우리로 사랑 안에서 그 앞에 거룩하고 흠이 없게 하시려고 …그 안에서 우리가 구속을 얻었고 …그 안에서 우리가 기업을 얻었고 …그러므로 또한 주 예수 안에서 너희 믿음과 모든 성도를 향한 사랑을 나도 듣고, 너희를 인하여 감사하기를 마지 아니하고 내가 기도할 때에 너희를 말하노라."^{엡 1장}

조상들은 다음과 같은 신앙고백의 말로 그들이 받은 은혜를 표현했습니다. "그러므로 이 은혜를 받은 사람은 오직 하나님께만 빚진 것이며, 하나님께 영원한 감사를 돌리게 됩니다." 오늘 자신의 무가치함을 깨닫고 예수 그리스도 안에서 하나님이 자기에게 보이신 무한하신 자비를 아는 그리스도인들은 조상들의 믿음을 말과 행동으로 나타내 보여야 합니다. 나는 내가 마땅히 받아야 하는 대로 나를 취급하지 않으시고 그 대신에 나 같은 비참한 자를 위하여 당신의 아들을 주신 주 하나님께 깊이 감사드립니다.

하나님의 분에 넘치는 은혜를
받지 못한 사람들의 태도

하나님께서 은혜를 주시지 않은 자들은 어떻습니까? 그들의 태도는 어떠합니까? 조상들은 이렇게 말합니다. "그러나 이 은혜를 받지 못한 사람은 이런 영적인 일들에 대해 전혀 관심이 없이 자기가 가진 것들로 만족하든지, 혹은 거짓된 안전 가운데서 공허하게 자기가 가지지 않은 것을 가진 것으로 자랑합니다." 예수 그리스도 안에서 누리는 이러한 은혜의 선물을 받지 않은 사람들에 대해 말할 때, 우리는 즉시로 교회 안에서 우리와 함께 예배를 드리지 않는 우리 주변의 사람들 혹은 선교 현장의 사람들에 대해 생각하려는 경향이 있습니다. 그러나 주님께서는 당신의 말씀 속에서 교회 **안에**도 또한 하나님의 은혜를 받지 못한 자들이 있다는 사실을 계시하셨습니다. 벨직 신앙고백 29조에서 우리는 교회 안에 '외형상으로는 교회 안에 있고, 선한 자들과 섞여 있으나 교회의 한 부분이 아닌' 그런 위선자들이 있다고 고백합니다. 따라서 우리는 '이 은혜를 받지 못한 자들'에 대해 생각할 때, 우선 우리의 가정을 자세히 살펴보아야 할 것입니다.

우리 주 예수 그리스도께서는 라오디게아 교회에게 편지를 기록하셨습니다.^{계 3:14-22} 라오디게아 교회에게 보낸 예수님의 편지는 '라오디게아 교회의 사자' 즉 그 교회의 목사에게 전해졌습니다. 그래서 이 편지가 전체 성도들에게 봉독되었습니다. 그렇게 해서 정규적으로 교회 안에 앉아서 복음 설교를 듣는 사람들에게 예수님께서는 다음과 같이 말씀하셨습니다. "아멘이시오, 충성되고 참된 증인이시오, 하나님의 창조의 근본이신 이가 이르시되 내가 네 행위를 아노니 네가 차지도 아니하고 뜨겁지도 아니하도다. 네가 차든지 뜨겁든지 하기를 원하노라."^계 3:14-15 이 말씀은 주목할 만하고 또 혼란스럽기도 한 문장입니다. 자신들에게 정해진 모든 것을 행하고, 교회 예배에서 힘차게 노래하며, 성경을 읽고, 설교를 듣고, 헌금을 하고, 기도에 참여하는 자들에게 대해, 예수님께서는 그들이 '차든지 더웁든지' 해야 한다고 말씀하셨습니다. 즉 그들은 믿음이 없어지지 않았고 ^그래서 더 이상 교회에 오는 것을 괴로워하지도 않았고, 믿음으로 뜨거워지지도 않았습니다. 비록 하나님께서 예수 그리스도 안에서 무가치한 죄인들에게 많은 것들을 주셨을지라도, 이 라오디게아의 그리스도인들은 하나님의 은혜에 감격하지 않았습니다.

예수님께서는 추가해서 이렇게 말씀하십니다. "네가 말하기를 나는 부자라 부요하여 부족한 것이 없다 하나 네 곤고한 것과 가련한 것과 가난한 것과 눈 먼 것과 벌거벗은 것을 알지 못하는도다."^계 3:17 부자와 부요함에 대한 언급은 재정적인 면이 아니라 영적인 의미에서 말하는 것입니다. 라오디게아인들은 스스로 부자라고 생각하면서 "그리스도께서 우리를 위하여 행하셨던 것을 보아라!"라고 하였습니다. 그러나 그리스도께서는 비록 그들이 스스로 영적으로 부요하지만, 실제로는 자신들이 영적으로 얼마나 실추되어 있는지를 알지 못한다고 말씀하십니다. 그러므로 그리스도께서는 그들에게 명령하셨습니다. "내가 너를 권하노니 내게서 불로 연단한 금을 사서 부요하게 하고 흰 옷을 사서 입어 벌거벗은 수치를 보이지 않게 하고 안약을 사서 눈에 발라 보게 하라."^18절 '라오디게아 성도들이여, 너희는 너희가 가졌다고 생각하는 부요함에 대해 잊어버리고, 나에게로 오라.' 어린양께서 라오디게아 성도들에게 당신의 피로 씻은 흰 옷, 즉 죄의 용서를 제공해 주셨습니다. 그리스도께서는 이 백성들이 스스로 생각하는 것과는 달리 죄를 용서받지 못했기 때문에 그들의 죄를 용서해 주셨습니다. 그들에게는 믿음이 없었습니다. 그들은 다시 태어나지 않았습니다. 라오디게아 성도들은 그들이 십자가를 적극적으로 대적한다는 의미에서 십자가의 원수가 아니지만, 그들은 십자가를 사랑하지도 않았습니다.

라오디게아 교회에게 보낸 이 편지는 우리를 교훈하기 위해 성경에 포함되어 있습니다. 벨직 신앙고백서 29조에 따라서, 우리는 교회 안에 위선자들이 있을 수 있다고 고백합니다. 우리가 교회에 간다는 것 자체는 우리를 그리스도인이라는 말의 의미에 완전히 부합하는 자들로 만들어 주지 않습니다. 교회에 간다는 것은 우리가 중생했다는 보증이 아닙니다. 우리는 부요하다고 말할 수 있지만 그 말이 곧 우리가 그리스도의 부요함을 가졌다는 의미가 될 수는 없습니다. 그렇습니다. 교회 안에 하나님의 은혜를 받지 못한 자들이 있을 수 있습니다. 그들은 그들이 실제로는 받지 않은 것을 받았다고 하며 거짓된 안전 가운데 살아가거나, 아니면 어떻게 되든 상관하지 않고 지냅니다.

이 사실이 나에게 의미하는 바가 무엇입니까? 내가 하나님의 은혜를 받았는지 어떻게 알 수 있습니까? '주의 만찬 기념 예식서^{찬송가, p.595}'는 우리 자신을 살피라고 권고합니다. 주의 만찬 기념 예식서는 참된 자기를 살핌을 세 부분으로 묘사하고 있는데, 이것은 하이델베르크 교리문답의 세 부분 즉 1)우리의 죄와 비참 2)우리의 구원 3)우리의 감사와 동일합니다. "첫째로, 우리 모든 사람은 자기 자신의 죄와 저주 받음을 생각함으로써 자신이 하나님의 진노를 받아야 마땅함을 인식해야 합니다… 둘째로, 우리 각자는 자신의 모든 죄가 오직 그리스도의 고난과 죽음 때문에 용서받았다는… 하나님의 확고한 약속들을 믿는지를 살펴야 합니다. 셋째로, 자기를 살피는 이 일은 우리 각자가 감사함으로 전 생애 동안에 주 하나님을 섬기며 그 앞에서 정직하게 행하기를 작정하는지 자문할 것을 요구합니다.…"

여기서 죄가 의미하는 바가 어떤 것입니까? 나의 일반적인 타락입니까? 분명히 그렇습니다. 확실합니다. 그러나 일반적인 타락뿐만 아니라 나의 개인적인 죄, 내가 오늘 범한 죄들을 생각해야 할 필요가 있습니다. 하나님의 진노는 나의 **모든 특정한** 죄들 위에 쏟아집니다. 오늘 오후에 나의 자녀에게 화를 참지 못해서 분을 내며 욕을 퍼부은 것은 죄입니다. 예식서는 내가 이 죄에 대해 겸손히 숙고하고 회개할 필요가 있다고 말합니다. 다윗이 시 32편과 시 51편에서 회개한 죄는 매우 특별한 죄들이었습니다. 따라서 자기를 살핌의 두 번째 측면이 나에게 알게 하는 바와 같이, 하나님 앞에 그것들이 죄였음을 고백할 때, 이 특정한 죄들은 용서받습니다. 하나님께서는 값없이 나의 **특정한** 죄를 용서해 주십니다. 이것은 하나님의 무한하신 은혜입니다. 하나님께서 나의 모든 특정한 죄에 대해 나를 처벌하지 않으시고 나대신 당신의 아들을 처벌하신 것에 대한 반응으로, 나는 하나님께 깊이 감사하고 나의 삶 전체로 이 감사를 나타냅니다.

여기서 묘사되는 자기의 살핌은 그리스도인의 날마다의 삶을 위해 의도된 것입니다. 나는 날마다 하나님 앞에서 나의 무가치함을 생각합니다. 날마다 나는 그 날의 죄를 고백합니다. 날마다 나는 하나님께서 그러한 죄들을 용서해주신 것을 기뻐합니다. 죄에 대한 그런 슬픔과 용서에 대한 즐거움이 나의 삶 속에 가득하게 되는 한, 나는 내가 위선자가 아닐까 하고 두려워하지 않아도 됩니다.

하나님의 분에 넘치는 은혜를 받은 자들에 대한 그리스도인의 태도

"게다가 우리는 사도들의 모범을 따라서, 외적으로 자기 신앙을 고백하고 자기 삶을 고치는 사람들에 대해 가장 호의적인 방식으로 판단하고 말해야 합니다. 왜냐하면 마음의 깊은 곳은 우리에게 알려져 있지 않기 때문입니다." 이것은 성경적인 태도입니다. 왜냐하면 마 7:1에서 주 예수님께서는 "비판을 받지 않으려거든 비판하지 말라."라고 말씀하셨기 때문입니다. 나는 하나님께서 내게 많은 것을 주셨다고 말하면서 다른 사람이 자기가 받은 것을 사용하는 방식을 보고 우습게 여겨 그를 멸시하지는 않아야 합니다. 내가 그런 태도를 취하지 않아야 하는 이유는 내가 받은 모든 것도 받을 자격이 없는 자에게 주신 과분한 은혜이기 때문입니다. 그 대신에, 만일 교회에 속한 사람이든지 아니든 다른 사람이 자기가 구원받았다고 말하면서 그리스도인다운 행실로 자신의 말을 뒷받침한다면, 그때 나는 그 사람을 동료 신자로 받아들여야 합니다. 나 자신이 하나님께서 주신 부요한 것을 받을 가치가 없음을 알고 있다는 것을 나의 태도로 증거해야 합니다. 그래서 나는 겸손한 마음으로 다른 사람을 받아들입니다. 나는 "가장 호의적인 방식으로 판단하고 말해야 합니다." 다른 사람을 정죄하는 것은 그리스도인의 성품이 아닙니다.

하나님의 분에 넘치는 은혜를
받아들이지 않는 자들에 대한 그리스도인의 태도

"우리는 아직 부름 받지 않은 자들에 관해서는, 존재하지 않는 것을 존재하는 것으로 부르시는 하나님께 기도해야 합니다. 그러나 우리는 마치 우리가 그들과 구별되는 것처럼 오만하게 행하지 않아야 합니다." 우리 고백에서 이 진술은 성경에서 가지고 온 것입니다. 바울은 딤전 2:1에서 이렇게 기록합니다. "그러므로 내가 첫째로 권하노니 모든 사람을 위하여 간구와 기도와 도고와 감사를 하되." 우리가 모든 사람을 위하여 기도해야 하는 이유는 이것입니다. "것이 우리 구주 하나님 앞에 선하고 받으실 만한 것이니 하나님은 모든 사람이 구원을 받으며 진리를 아는 데에 이르기를 원하시느니라."[3,4절] 그래서 나는 하나님께서 나에게 주신 것에 대해 감사하면서, 하나님께 아직 당신의 은혜를 받지 못한 자들에게 당신의 은혜를 내려 달라고 간구합니다. 나는 아직 어두움 속에 살고 있는 자들을 향하여 하나님께서 은혜를 베푸시기를 간구합니다. 그들은 우리와 함께 교회 안에 앉아 있는 사람일 수도 있고, 혹은 우리가 알지 못하는 멀리 떨어진 곳에 있는 사람일 수도 있습니다. 내가 무가치함에도 불구하고 하나님께로부터 놀라운 믿음의 선물을 받았으므로, 나는 나처럼 무가치한 다른 사람에게도 같은 선물을 내려달라고 구해야 합니다.

그러나 나는 그런 기도와 함께 행동을 동반해야 합니다. 예를 들면, 나는 땅 끝까지 복음이 확장되기를 열망하면서 선교 사역을 돕거나 참여해야 합니다. 무엇이 나를 그렇게 하도록 합니까? 하나님께서 나에게 주신 것에 대해 감사의 마음이 나를 그렇게 하도록 만듭니다. 더 나아가서 내가 다른 사람들에게 복음을 전하려고 노력하는 것이 거꾸로 내게 감사의 삶을 살게 하는 원동력이 되기도 합니다. 하이델베르크 교리문답 32주일의 말로 하면, "우리의 경건한 생활을 통하여 우리의 이웃이 그리스도께로 돌아오도록 해야 합니다." 또한 내가 사는 방식은 내가 다른 사람에게 말한 대로[복음 전도한 내용대로] 살아야 하고, 그러면서 내가 가진 것을 그도 갖게 되기를 바라고 있음을 그들에게 보여주어야 합니다. "이같이 너희 빛이 사람 앞에 비치게 하여 그들로 너희 착한 행실을 보고 하늘에 계신 너희 아버지께 영광을 돌리게 하라."[마 5:16]

16조

사람의 의지는 제거되지 않고
살아 있습니다

❖

사람은 타락 이후에도 지성과 의지를 부여받은 사람으로 계속 남아 있었고, 전체 인류에게 퍼져 있는 죄가 사람에게서 그의 인간적인 본성을 박탈하지는 않았지만, 사람에게 타락과 영적 죽음을 가져왔습니다.^{롬 8:2; 엡 2:1} 그래서 또한 중생을 주시는 이 하나님의 은혜는 사람들을 나무와 돌들처럼 다루지 않고, 의지와 특성을 빼앗거나 억지로 강요하지도 않으며, 그 대신에 영적으로 소생시키고 치료해주고 바르게 하고, 즐거이 그리고 동시에 능력 있게 굴복하게 합니다.^{시 51:12; 빌 2:13} 그 결과로 이전에 육신의 반역과 저항이 완전히 지배하던 곳에 이제는 성령님의 신속하고 신실한 순종이 우세해지기 시작하고, 그 안에서 우리 의지는 참되고, 영적으로 회복되고 자유롭게 됩니다. 만일 모든 선의 놀라운 조성자께서 이런 방식으로 우리를 다루지 않으셨다면, 사람은 그가 아직 죄가 없을 때에도 그를 파멸로 던져 넣었던 이 자유의지를 통해서는 타락에서 일어설 아무런 소망도 없을 것입니다.

타락한 사람은 자기 의지를 계속해서 가지고 있습니다.

이전 조항들에서 우리는 성경이 중생을 '하나님께서 우리의 도움 없이 우리 안에서 홀로 역사하시는' 하나님의 선물이라고 가르친다고 고백했습니다. 우리는 또한 15조에서 그리스도인들이 죄인들에게 부여하시는 그런 풍성하신 자비에 대해 하나님께 감사해야 한다는 사실도 고백했습니다. 이제 16조에서는 하나님께서 타락한 사람 안에서 회심을 일으키시는 방식에 초점을 맞춥니다. 그래서 타락한 사람이 어떠한지에 대해 묘사합니다. "사람은 타락 이후에도 지성과 의지를 부여받은 사람으로 계속 남아 있었고, 전체 인류에게 퍼져 있는 죄가 사람에게서 그의 인간적인 본성을 박탈하지는 않았지만…"

우리는 타락하였지만 동물이 되지는 않았습니다. 우리는 우리의 인간적인 본성을 박탈당하지 않았습니다. 우리는 여전히 두뇌를 가지고 있고, 그 두뇌를 통해 생각할 수 있는 사람들입니다. 그리고 우리는 여전히 의지를 가지고 있습니다. 그러나 타락의 결과로 우리의 의지는 뒤틀려졌습니다. 하나님께서는 사람을 전적으로 당신께로 향하는 그런 의지를 가진 자로 창조하시어 사람이 행하는 모든 일들이 하나님을 기쁘시게 하도록 만드신 반면에, 타락 후에 사람은 의지를 상실하지는 않았지만 그의 의지는 그로 하여금 하나님께 거

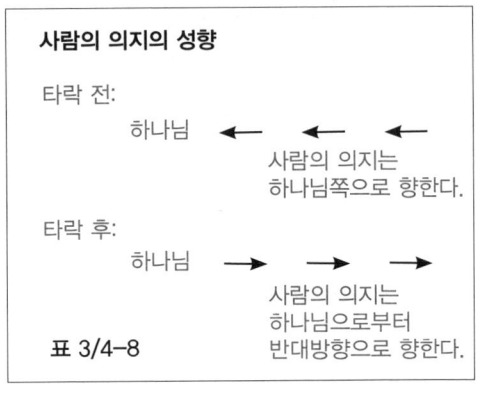

표 3/4-8

역하게 하였습니다. 표 3/4-8을 보세요

이런 이유로 우리 조항에서는 하나님께서 이 중생의 사역을 하심에 있어서 "사람들을 나무와 돌들처럼 다루지 않으신다."라고 고백합니다. 하나님께서는 우리를 돌처럼, 즉 마치 우리가 당신께 중립적인 것처럼 다루지 않으시고, 당신께 적대적인 의지를 가진 사람 즉, 당신의 <u>원수</u>로 우리를 대하십니다. 이 사실은 롬 5:10에서 타락한 사람에 대해 묘사하는 방식이기도 합니다. "곧 우리가 원수 되었을 때에 그의 아들의 죽으심으로 말미암아 하나님과 화목하게 되었은즉…"

타락한 사람은 하나님의 원수이고, 따라서 하나님께 대항하여 싸웁니다. 바울은 롬 8:7에서 이렇게 말합니다. "육신의 생각은 하나님과 원수가 되나니 이는 하나님의 법에 굴복하지 아니할 뿐 아니라 할 수도 없음이라." **하나님께서** 중생의 사역을 통하여 적대적인 죄인들인 우리 안에서 일하기 시작하시어, 당신께 등을 돌린 우리의 의지를 다시 당신께로 향하도록 되돌려 놓으십니다. 사람은 타락했을 때 즉각적으로 육체적 죽음을 당하지는 않았지만 **영적**으로는 죽었습니다. 이런 이유로 하나님께서 인류를 **다시 창조하지** 않으시고, 사람의 망가진 의지를 다시 회복시키심으로써 타락한 사람을 **중생시키셨습니다.**

야웨께서 타락한 사람의 의지를 소생시켜 주셨습니다

타락한 사람의 의지를 영적으로 살리기 위해서 타락한 사람의 마음속에서 역사하시는 분은 오직 주님뿐임을 성경은 분명하게 밝히고 있습니다.

빌 2:13

"너희 안에서 행하시는 이는 하나님이시니 자기의 기쁘신 뜻을 위하여 너희에게 소원을 두고 행하게 하시나니"

나는 자발적으로 나 자신을 한 방향에서 다른 방향으로 돌이킬 수 없습니다. 나는 나 자신의 힘으로 하나님을 기쁘시게 하는 일을 행할 수 없습니다. 그러므로 바울은 의지를 바꾸는 것이 **하나님**의 사역이라는 사실을 강조합니다. 아르미니우스주의자들이 사람은 자유의지로 자기 마음의 성향을 바꿀 수 있다고 믿는 것에 반대하여, 성경은 우리에게 **오직 하나님만**이 의지가 전적으로 타락한 사람의 마음속에서 일하신다고 믿게 합니다.

시 51:10,11

"하나님이여 내 속에 정한 마음을 창조하시고 내 안에 정직한 영을 새롭게 하소서 나를 주 앞에서 쫓아내지 마시며 주의 성령을 내게서 거두지 마소서."

다윗은 전적으로 하나님께 의지한다고 고백했습니다. 그는 하나님 없이는 자신에게 아무런 소망이 없음을 알았습니다. 다윗의 말들에 함축되어 있는 바는 하나님께서 자신을 버리신다면 자신은 결코 하나님을 찾을 수 없을 것이라는 사실에 대한 시인입니다.

엡 2:4,5

"긍휼이 풍성하신 하나님이 우리를 사랑하신 그 큰 사랑을 인하여 허물로 죽은 우리를 그리스도와 함께 살리셨고 (너희는 은혜로 구원을 받은 것이라)."

하나님께서는 새로운 사람들을 창조하심으로 모든 것을 새로 시작하려고 하지 않으시고, 죽은 우리에게 역사하시어 우리를 생명으로 살리시고, 우리의 의지를 당신께로 향하게 하시어, 우리가 다시 기꺼이 당신을 섬기도록 하십니다. 중생은 **하나님**께서 역사하신다는 증거입니다.

주님께서는 타락한 사람의 의지가 **즐거이 그리고 강력하게** 굴복 당하게 하십니다.

12조에서는 중생이 하나님의 사역이라고 고백하고, 16조에서는 하나님께서 이 신적인 사역을 행하시는 방식을 묘사합니다. 주님께서는 스가랴의 질문에 대답하시면서, 당신께서 일하시는 **방식**을 다음과 같이 계시하셨습니다. "이는 힘으로 되지 아니하며 능력으로 되지 아니하고 오직 나의 영으로 되느니라.…"슥 4:6 하나님께서 사람의 마음속에서 행하시는 이 조용하지만 효력 있는 중생의 사역은 16조에서 다음과 같이 묘사합니다. "그러므로 또한 이 중생을 주시는 이 하나님의 은혜는 …의지와 특성을 빼앗거나 억지로 강요하지도 않으며, 영적으로 소생시키고, 치료해주고 바르게 하고, 즐거이 그리고 동시에 능력 있게 굴복하게 합니다." 사람은 다른 사람들의 삶 속에서 즉각적이고 실제적인 변화를 보기 원하지만, 하나님께서는 큰 강요나 소음이나 과시 없이 조용히 그러나 가장 효력 있게 일하십니다.

중생은 과정이다

16조에서 조상들은 하나님께서 사람의 의지를 중생시키시는 방식을 우리가 이해하는 데 매우 중요한 내용들을 다소 조심스럽게 기술해 놓았습니다. 조상들은 이렇게 말했습니다. "중생시키시는 하나님의 사역은 영적으로 소생시키고, 치료해주고, 바르게 하고, 즐거이 그리고 동시에 능력 있게 굴복하게 합니다." 조상들이 기술한 내용에서 깊이 새겨 두어야 할 것은 성장이라는 요소입니다. '소생시키는 것', 이것은 아담에게 있어서는 하나님의 즉각적인 행동이었습니다. 하나님께서는 흙으로 아담을 만드신 후 그 코에 생명의 숨을 불어넣으셨고, 그 결과 아담은 성숙한 성인으로 살아갈 생명을 얻었습니다. 유사한 방식으로 하나님께서는 아담의 갈비뼈로부터 하와를 창조하셨습니다. 그러나 아담과 하와는 예외적인 경우입니다. 왜냐하면 아담과 하와의 어떤 후손들도 그런 방식으로 탄생하지 않기 때문입니다. 우리는 하나의 **과정을** 거쳐서 세상 속으로 들어옵니다. 우리가 잉태되었을 때에는 우리가 너무나 작아서 부모들은 우리의 존재를 알아채지 못했습니다. 다만 시간이 지나면서 점점 우리 부모가 우리의 존재를 깨닫게 되었을 뿐입니다. 어머니의 태내에서 우리가 성장하는 속도는 감지하기 어려울 정도로 지극히 느립니다. 심지어 태어났을 때도 아이는 독립적이지 않습니다. 다만 오랫동안 양육을 받은 후에 성숙한 성인이 되는 것입니다. '소생시키는 것'은 과정입니다.

치료 또한 과정입니다. 조상들도 중생을 가리켜 '의지를 치료하는 것'으로 묘사하였습니다. 막 5:24-34에서 우리는 예수님의 옷을 만짐으로써 즉시 치료를 받은 혈우병 여인에 대해 읽습니다. 그러나 그녀가 즉각적으로 치료받은 것은 치료할 때 이루어지는 일반적인 방식이 아닙니다. 일반적인 치료 방식은 우리가 치료의 과정을 따르거나 안정을 취하고, 그러면서 천천히 점진적으로 치료가 이루어지는 것입니다. 우리가 태어나는 것과 우리 몸을 치료하는 것처럼, 마찬가지로 마음의 중생도 시간이 경과하면서 점점 분명해지는 **과정**입니다. 우리가 성령께서 바울의 마음 속에서 역사하신 철저하고도 즉각적인 변화에 대해 성경에서 읽지만, 그것은 주님께서 일반적으로 중생을 일으키시는 방식이 아닙니다. 이는 아담의 탄생이 하나님께서 이 땅에 사람을 태어나게 하는 정상적인 방식이 아닌 것과 같습니다. 특정한 때가 되면 우리는 우리의 삶 속에 변화가 일어난 것을 알게 될 것입니다. 그러나 우리는 그 변화가 언제부터 시작되었는지는 확실하게 알 수 없을 것입니다. 우리는 이것을 우리가 이 땅에 태어났다는 사실을 지각하는 것과 비교할 수 있습니다. 우리는 자신의 잉태와 탄생의 순간을 기억할 수 없지만, 이런 사실이 우리로 하여금 우리의 탄생을 실감하지 못하게 하는 것은 아닙니다. 믿음과 거듭남에서도 동일하게 설명할 수 있습니다. 내가 중생이 시작된 정확한 순간을 모른다고 해도 나는 내가 중생했다는 것을 확신합니다. 중생은 성장의 과정입니다.

중생의 과정이 주는 결과

"그 결과로 이전에 육신의 반역과 저항이 완전히 지배하던 곳에 이제는 성령님의 자발적이고 진지한 순종이 우세해지기 시작합니다."

중생하기 이전: "육신의 반역과 저항이 완전히 지배하였습니다."

이 말에는 죄 가운데 죽는 것에 한 개념이 들어있습니다. 죄에 빠졌을 때, 나는 하나님을 떠나 사탄에게 연합했습니다. 하나님께서 나를 당신의 형상으로 창조하셨기 때문에, 내가 하나님 편에 여전히 남아있는 동안에는 나는 의롭고 거룩했습니다. 그러나 내가 사탄과 연합하자 곧 나는 죄 가운데 죽었고, 죄의 종이 되었으며, 전적으로 타락하

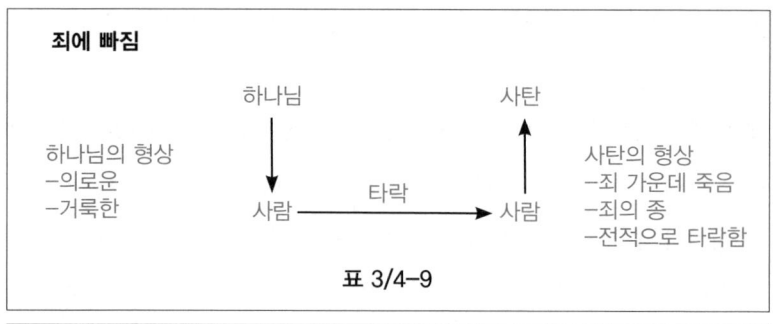

표 3/4-9

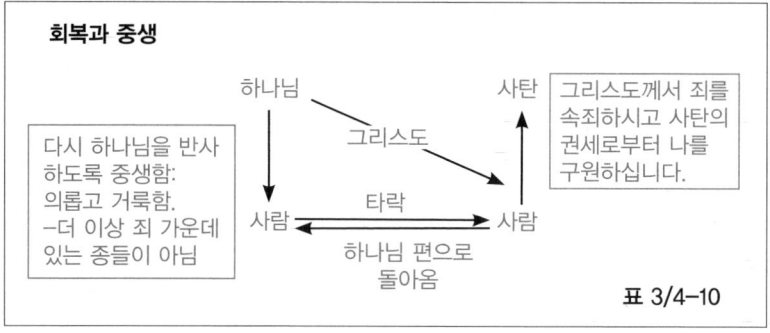

표 3/4-10

였습니다. 사탄의 자녀로서 나의 육신은 하나님께 대한 반역과 저항에 의해 완전히 지배당하게 되었습니다. 표 3/4-9

하나님께서는 당신의 아들을 보내시어 나를 마귀의 권세로부터 구속하시고 당신 편으로 돌이키셨습니다.

그러나 일단 내가 하나님 편으로 회복된 후에는, 하나님께서는 내가 죄 가운데 죽도록 나를 버려두지 않으시고 나를 중생시켜 주셨습니다. 하나님께서 나의 마음을 바꾸어주신 것입니다. 표 3/4-10 이것은 우리가 도르트 신경 3/4장 11조와 12조에서 고백했던 것입니다.

중생 후: "이제는 성령님의 자발적이고 진지한 순종이 우세해지기 시작하고, 그 안에서 우리 의지는 참되고, 영적으로 회복되고, 자유롭게 됩니다."

내가 중생했다는 말은 내가 완전하게 되었다는 뜻입니까? 그렇지 않습니다! 차라리 오직 내 안에서 '우세해지기 시작한 것'이 '성령님의 자발적이고 진지한 순종'이란 뜻입니다. '우세하다'는 말은 전쟁터의 용어이고, '전투에서 승리하다'는 개념을 담고 있습니다. 그리스도인의 생활은 분명히 전쟁입니다. 왜냐하면 "우리의 불구대천의 원수인 마귀와 세상과 우리의 육신이 우리를 끊임없이 공격하기 때문입니다."하이델베르크 교리문답 52주일 127문답 우리는 이 공격에 저항하기 위해서 필요한 모든 것을 가지고 있지 않습니다. "우리는 너무나 연약하여서 스스로의 힘으로 한순간도 서 있을 수 없습니다."하이델베르크 52주일 127문답 그러나 주님께서는 성령을 주셔서 "이 영적 전쟁에서 우리가 최종적으로 완전한 승리를 얻기까지 패하지 않게 해 주십니다."하이델베르크 교리문답 52주일 127문답 그러나 주님께서는 우리가 전적으로 새롭게 되고 완전하게 될 만큼 당신의 성령을 주시지 않으십니다. 그 대신에, 중생한 사람의 마음속에 성령의 선물이 있기 때문에, 전투가 **행해질 수 있습니다.** 이런 이유로 조상들은 우리가 다만 우세해지기 **시작**할 뿐이라고 적절하게 기록했습니다. 우리는 여기서 승리주의를 암시하는 바를 읽을 수 없습니다. 중생한 사람이 결코 완전하지 않다는 것은 성경이 다음과 같이 가르치는 바입니다.

엡 4:20-24

"오직 너희는 그리스도를 그같이 배우지 아니하였느니라 진리가 예수 안에 있는 것 같이 너희가 참으로 그에게서 듣고 또한 그 안에서 가르침을 받았을진대 너희는 유혹의 욕심을 따라 썩어져 가는 구습을 따르는 옛 사람을 벗어 버리고 오직 너희의 심령이 새롭게 되어 하나님을 따라 의와 진리의 거룩함으로 지으심을 받은 새 사람을 입으라."

바울은 이 말씀을 '중생하지 못한 사람들'에게 한 것이 아니라 '에베소에 있는 성도들'에게 했습니다.엡1:1 바울의 편지를 받은 자들은 그리스도의 피로 씻겨졌고, 그리스도의 영으로 새롭게 된 자들이었습니다. 바울은 이 **성도들**에게 옛 본성을 벗어버리고 새 사람을 입으라고 명령했습니다. 이 일은 에베소에 있는 성도들이 이미 성취한 일이 아니라 **행하도록** 명령받은 일입니다. 곧 이 일은 **진행 중인** 일입니다.

▶엡 4:25 이하

'옛 사람을 벗어버리고' '새 사람을 입는 것'은 구체적으로 어떤 일들을 말합니까? 바울은 계속해서 강력하게 말합니다. "그러므로 거짓을 버리고 각각 그 이웃으로 더불어 참된 것을 말하라. … 분을 내어도 죄를 짓지 말며. … 다시 도적질하지 말라.… 더러운 말은 너희 입 밖에 내지 말라. … 모든 악독과 노함과 분냄과 떠드는 것과 훼방하는 것을 모든 악의와 함께 버리라. … 서로 인자하게 하라. … 사랑 가운데서 행하라. … 술취하지 말라. …"

바울은 반드시 사랑하고, 도적질하지 말며 말에 주의하라고 에베소 성도들에게 명령했습니다. 그들은 단지 이기기 **시작한** 투쟁에 참여하는 것이므로, 꾸준히 노력해야 합니다. 바울은 그들에게 주님께서 하라고 하신 일을 힘써 행하라고 권고합니다.

위의 성경 본문들은 하이델베르크 교리문답 33주일에서 다음과 같이 고백되었습니다.

제 88문답: "한 사람이 참다운 회개 혹은 회심을 한다는 것은 무엇을 말합니까? 그것은 옛 본성을 죽이고, 새로운 본성을 살리는 것입니다." 여기서 주목할 말은 '죽이는 것'과 '살리는 것'입니다. 죽이는 것 dying은 순간적인 행동을 묘사하는 것이 아닙니다. 만약 순간적인 행동을 묘사한 것이었다면, '죽이다kill'는 단어가 사용되었을 것입니다. 그러나 여기서 '죽이는 것'은 과정을 묘사하는 것입니다. 암을 '죽이는 것'은 몇 주일, 몇 달이 걸립니다. 이 주일에서 사용된 '죽이는 것'이란 말은 옛 본성의 죽음이 순간적으로 일어나는 것이 아니라 계속해서 일어나는 **과정**이라는 개념을 담고 있습니다.

'살리는 것'이란 말도 마찬가지입니다. 이 말은 말하자면 아담이 존재하게 된 방식과 대조되는 것으로서 우리가 존재하게 되는 과정과 방식을 묘사합니다. 새롭게 '살리는 것'은 진행되는 과정입니다. 죽이는 것과 살리는 것은 흔히 중생한 사람의 삶 속에서 알게 모르게 시작됩니다. 위의 내용을 보세요

제 89문답: "옛 본성이 죽는다는 것은 무엇입니까? 하나님을 진노하게 한 우리 죄를 진정한 슬픔으로 탄식하고 더욱더 그런 죄를 미워하고 피하는 것입니다." 옛 본성을 죽이는 것은 내가 이전에 행했던 것을 다시는 행하지 않는다는 그런 뜻이 아닙니다. 옛 본성을 죽이는 것은 **진행** 과정이며, 내가 **더욱** 행해야 하는 어떤 것, 점진적인 것입니다.

제 90문답: "새로운 본성으로 사는 것은 무엇입니까? 그리스도를 통하여 하나님 안에서 진정으로 즐거워하고, 모든 선을 행함으로 하나님의 뜻에 따라 사는 것을 기뻐하는 것입니다." 산다는 것은 계속되는 행위를 의미합니다. 삶 그 자체는 정적이고 변화가 없는 것이 아니라 역동적인 것입니다. 삶은 성장과 변화와 발전을 의미합니다.

회심은 옛 본성을 죽이고 새로운 본성을 살리는 두 진행 과정이 결합된 것입니다. 그러나 이것은 중생한 사람이 이 세상에서 완전의 목표에 도달한다는 뜻이 아닙니다. 예수님께서 우리에게 주기도문의 두 번째 청원에서 "당신의 나라가 임하소서"라고 기도하라고 가르치신 바를 하이델베르크 교리문답 48주일 123문답에서 다음과 같이 가르치고 있습니다. 즉 이 청원으로 우리는 하나님께 실제로 "우리가 당신께 더욱더 복종할 수 있도록 말씀과 성령으로 우리를 다스려 주소서."라고 간구한다는 것입니다.

그것은 내가 나의 주님께 전적으로 복종하고 있다는 뜻입니까? 그렇지 않습니다. 나는 내가 더욱더 하나님께 복종하게 되기를 **날마다** 계속해서 간구합니다. 여기에 **성장**의 필요가 있습니다. 하이델베르크 교리문답 44주일 114문답은 이 세상에서 그리스도인이 하나님께 복종하는 것에 대해 언급하면서 '완성'이나 '절정'에 대해 말하지 않습니다. "가장 거룩한 사람이라도 이 세상에서는 이 순종의 작은 시작만 할 수 있을 뿐입니다." 중생한 사람의 영적 생활은 계속 성장하고 발전하는 것입니다. 그런 발전 가운데서 나는 결코 **시작**을 넘어설 수 없습니다.

우리는 하이델베르크 교리문답 44주일 115문답에서 다음과 같이 고백합니다. "아무도 이 세상에서 십계명을 완전히 지킬 수 없다면 하나님께서는 왜 십계명을 그렇게 엄격하게 설교하게 하십니까? 첫째, 우리가 일평생 동안 우리의 죄악 된 본성을 더욱더 알게 되고, 그리하여 그리스도 안에서 죄의 용서와 의를 더욱 더 간절히 추구하도록 하기 위한 것입니다. 둘째, 성령의 은혜를 얻기 위하여 하나님께 기도하면서 우리는 이 세상 삶을 끝내고 완전의 목적에 이를 때까지 하나님의 형상으로 더욱더 새롭게 되기 위해 끊임없이 노력하기 위한 것입니다."

사도 바울은 중생했지만 롬 7장과 같은 글을 썼습니다. "내가 행하는 것을 내가 알지 못하노니 곧 내가 원하는 것은 행하지 아니하고 도리어 미워하는 것을 행함이라."¹⁵절 바울은 행해야 할 올바른 일이 무엇인지를 알았으며, 그 올바른 일을 행하기를 원했습니다. 즉 주님께 신속하고 신실한 순종을 드리기를 원했습니다. 그러나 바울이 그렇게 했습니까? "나는 내가 미워하는 것, 그것을 행함이라." 바울은 자신의 좌절을 18절과 19절에서 반복합니다. "내 속 곧 내 육신에 선한 것이 거하지 아니하는 줄을 아노니 원함은 내게 있으나 선을 행하는 것은 없노라 내가 원하는 바 선은 행하지 아니하고 도리어 원하지 아니하는 바 악을 행하는도다." 사도는 자기 안에서 일어나는 맹렬한 전투를 인식했습니다. "내 속사람으로는 하나님의 법을 즐거워하되 내 지체 속에서 한 다른 법이 내 마음의 법과 싸워 내 지체 속에 있는 죄의 법으로 나를 사로잡는 것을 보는도다 오호라 나는 곤고한 사람이로다 이 사망의 몸에서 누가 나를 건져내랴?"²²⁻²⁴절

우리는 하이델베르크 교리문답 52주일 127문답에서 이 사망의 몸이 가지고 있는 연약함에 대해 고백했습니다. "우리 자신만으로는 너무나 연약하여서 우리는 스스로의 힘으로 한순간도 서 있을 수 없사옵니다." 우리는 변화되었습니까? 그렇습니다. 우리는 정말로 바뀌었습니다. 하지만 완전에 이르지는 않았습니다.

바울처럼 우리는 **이기기 시작했습니다**. 그러나 우리는 그것이 여전히 시작에 불과하기 때문에 실망할 수 있습니다. 바울이 행한 것처럼, 우리는 우리가 날마다 실패하는 것들을 용서해 주시고 당신의 때에 우리를 죄에서 완전히 구원하실 그리스도를 바라보아야 합니다. "나는 우리 주 예수 그리스도를 통하여 하나님께 감사드립니다."

만일 하나님께서 우리를 포기하시고 우리 안에서 중생의 사역을 그만두신다면, 우리는 전적으로 잃어버린 바 될 것입니다. 아르미니우

스주의자들은 사람이 구원을 받아들일 수 있고 자신의 자유의지로 주님을 믿는 믿음 안에서 성장할 수 있다고 믿었습니다. 그러나 16조에서 조상들은, 만일 믿음과 구원이 사람의 성취가 되어야 한다면 우리는 아무것도 할 수 없다는 점을 한 번 더 지적했습니다. 그렇게 된다면 사람은 스스로 빠져든 죄 가운데서 죄의 종으로 남아 있을 것입니다. 하나님께서는 우리가 알지 못하는 사이에 우리를 빚으시고, 우리를 변화시키시며 부드럽게 우리의 의지를 굴복시키시어 당신께서 정하신 목적에 이르도록 우리를 인도하십니다. 중생은 오직 **하나님**의 사역입니다. 그리고 그것은 중생이 가능한 이유입니다.

17조

방편의 사용

하나님께서는 당신의 전능하신 사역으로 이런 우리의 자연적인 생명을 생기게 하시고 유지하심에 있어서, 방편의 사용을 배제하지 않으시고 요청하십니다. 하나님께서는 그 방편으로 당신의 무한하신 지혜와 선하심에 따라 당신의 능력을 실행하시기로 결정하셨습니다. 그래서 또한 하나님께서는 앞서 말한 당신의 초자연적인 사역으로 우리를 중생시키시는 데 있어서 복음의 사용을 배제하거나 취소시키지 않으셨습니다. 가장 지혜로우신 하나님께서는 복음을 중생의 씨와 영혼의 양식이 되도록 정하셨습니다. 사 55:10,11; 고전 1:21; 약 1:18; 벧전 1:23,25;2:2 이런 이유로 사도들과 그들의 뒤를 이은 교사들은 주님을 경외하는 가운데 사람들에게 이런 하나님의 은혜에 관하여 가르침으로써 사람들이 하나님께 영광을 돌리고 또 모든 자랑을 버리게 하였습니다. 그러나 동시에 그들은 말씀, 성례, 권징의 집행 하에 복음의 거룩한 훈계를 통하여 사람들을 지키는 일을 게을리하지 않았습니다. 행 2:42; 고후 5:11-21; 딤후 4:2 그러므로 오늘날 교회 안에서 가르치는 사람이나 가르침을 받는 사람들은 감히 하나님께서 당신의 선하신 기쁨 안에서 밀접하게 함께 결합시켜 놓기로 정하신 것을 분리시킴으로써 하나님을 시험하려 하지 않아야 합니다. 왜냐하면 은혜는 훈계를 통하여 전해지고, 우리가 우리의 의무를 다할수록 더욱더 우리 안에서 역사하는 이 하나님의 호의는 늘 그 빛을 더욱 잘 드러내어 하나님의 사역이 최상으로 진행되기 때문입니다. 롬 10:14-17 방편과 방편의 구원하는 열매와 효력에 관하여, 모든 영광이 처음부터 끝까지 오직 하나님께만 영원히 돌려져야 할 것입니다. 유 24,25 아멘.

이 조항은 하나님의 섭리에 대해 언급하면서 시작합니다. "하나님께서는 당신의 전능하신 사역으로 이런 우리의 자연적인 생명을 생기게 하시고 유지하심에 있어서…" 하이델베르크 교리문답 10주일에서 우리는 하나님께서 우리의 삶의 모든 국면에서 바쁘게 일하신다고 고백합니다. 하나님께서는 당신께서 우리에게 행하도록 주신 모든 것을 행하도록 하기 위해서 우리에게 건강과 힘과 자발성과 방편을 주십니다. 하나님께서는 주권적으로 이 모든 일을 행하십니다. 17조에서는 계속해서 이렇게 말합니다. "하나님께서는 당신의 전능하신 사역으로 …방편의 사용을 배제하지 않으시고 요청하십니다. 하나님께서는 그 방편으로 당신의 무한하신 지혜와 선하심에 따라 당신의 능력을 실행하시기로 결정하셨습니다."

여기서 요점은 나를 살아 있게 하시는 분은 바로 주님이시고, 그분은 **특별한 방편을 사용하심으로써** 나를 그렇게 유지시켜 주신다는 것입니다. 살아 있는 상태로 있기 위해서 나는 먹고 호흡을 해야 할 필요가 있습니다. 주님께서는 나의 생명을 유지시키시기 위해서 음식과 산소의 방편을 사용하십니다. 물론 주님께서 나를 살아 있도록 유지시키기 위해서 이 방편을 **반드시 사용해야 한다**는 말은 아닙니다. 하나님께서는 전능하신 분이시므로, 음식이나 산소 없이도 나를 살아 있도록 유지시키**실 수** 있습니다. 주님께서는 모세를 산꼭대기에 부르시어서 율법의 두 돌판을 기록하셨고, "모세는 야웨와 함께 사십 일 사십 야를 거기 있으면서 떡도 먹지 아니하였고, 물도 마시지 아니하였습니다."출 34:28 모세가 어떻게 살아있을 수 있었을까요? 하나님께서는 음식과 음료를 제공하지 않고도 사람의 생명을 계속 보존하실 수 있습니다. 일반적으로 하나님께서는 음식과 음료를 사용하시지만, 그 방편에 매여 있지는 않으십니다. 즉, 하나님께서는 음식 없이도 사람이 계속 살아가게 **하실 수** 있습니다. 그러나 분명히 하나님께서는 한 사람이 계속 살아가게 하기 위해서 특별한 방편을 사용하기를 기뻐하시기 때문에, 나는 하나님께서 제공하시는 방편을 사용해야 합니다. 만일 내가 '하나님께서 음식과 음료 없이도 나를 살게 하실 수 있다'는 이유로 먹고 마시지 않는다면, 나는 죽을 것입니다. 나는 하나님께서 내가 살아가고 건강을 유지하는 데에 사용하시기를 기뻐하신 방편을 사용해야 합니다.

복음은 하나님께서 중생을 일으키시는 데 사용하시는 방편입니다

위에서 몸에 대해 말한 원리는 영혼에 대해서도 마찬가지입니다. 조상들은 17조에서 이렇게 말합니다. "그래서 또한 하나님께서는 앞서 말한 당신의 초자연적인 사역으로 우리를 중생시키시는 데 있어서, 복음의 사용을 배제하거나 취소시키지 않으셨습니다. 가장 지혜로우신 하나님께서는 복음을 중생의 씨와 영혼의 양식이 되도록 정하셨습니다." 복음은 하나님께서 중생을 일으키시는 데 사용하시는 방편입니다. 하나님께서는 전능하심으로 이 방편이 없이도 행하실 수 있기 때문에, 앞에서 언급한 말이 '하나님이 반드시 이 방편을 사용하셔야 한다.'는 뜻은 아닙니다. 그러나 성경에서 주님께서는 당신께서 특별한 방편으로 우리를 중생시키시기를 기뻐하신다고 계시하십니다. 그리고 하나님께서 사용하시는 방편은 복음입니다.

롬 10:14-17

"그런즉 그들이 믿지 아니하는 이를 어찌 부르리요? 듣지도 못한 이를 어찌 믿으리요? 전파하는 자가 없이 어찌 들으리요? 보내심을 받지 아니하였으면 어찌 전파하리요? … 그러나 그들이 다 복음을 순종하지 아니하였도다.…" 그리고 나서 바울은 결론을 맺습니다. "그러므로 믿음은 들음에서 나며, 들음은 그리스도의 말씀으로 말미암았느니라."

하나님의 말씀은 하나님께서 믿음을 일으키시는 데 사용하시는 방편입니다.

벧전 1:23
"너희가 거듭난 것은 썩어질 씨로 된 것이 아니요 썩지 아니할 씨로 된 것이니 살아 있고 항상 있는 하나님의 말씀으로 되었느니라."

하나님께서는 당신의 말씀을 통하여 부활과 중생을 일으키시기를 기뻐하십니다.

약 1:18
"그가 그 피조물 중에 우리로 한 첫 열매가 되게 하시려고 자기의 뜻을 따라 진리의 말씀으로 우리를 낳으셨느니라."

여기에서도 다시 하나님께서는 당신께서 말씀의 방편으로 회심을 일으키신다고 말씀하십니다.

그러므로 우리는 하이델베르크 교리문답 25주일 65문답에서 믿음은 "복음 설교로 우리 마음에 믿음을 일으키시는 성령님께로부터 옵니다.…"라고 고백합니다. 원칙은 믿음이 설교를 통하여 일어난다는 것입니다. 주님께서는 믿음을 일으키시는 데 틀림없이 방편을 사용하시기 때문에, 사도들은 설교하는 것을 그들의 과업으로 삼았습니다. 예수님의 제자들은 예수께서 그들에게 "그러므로 가서 모든 족속들을 제자를 삼으라."마 28:19,20라고 하신 명령에 순종하여 그렇게 설교했습니다. 제자들은 하나님께서 사용하시기를 기뻐하시는 방편인 설교를 사용하지 않고 모든 족속들을 제자로 삼을 수 없었습니다.

성경은 하나님께서 중생을 일으키시는 데 사용하시는 방편으로써 그 자체의 효력을 증거 합니다.

> 행 13:48,49
> "이방인들이 듣고 기뻐하여 하나님의 말씀을 찬송하며 영생을 주시기로 작정된 자는 다 믿더라 주의 말씀이 그 지방에 두루 퍼지니라."

말씀을 들음이 믿음을 일으켰기 때문에 복음의 메시지가 전체 지역에 두루 퍼졌다는 것은 중요합니다.

> 고전 3:6
> "나는 심었고 아볼로는 물을 주었으되 오직 하나님께서 자라나게 하셨나니"

하나님께서 자동적으로 자라게 하신 것이 아니라 바울과 아볼로가 복음을 설교한 후에라야 자라게 하셨습니다.

> 딤후 4:1,2
> 바울은 디모데에게 이렇게 명령하였습니다. "하나님 앞과 살아 있는 자와 죽은 자를 심판하실 그리스도 예수 앞에서 그가 나타나실 것과 그의 나라를 두고 엄히 명하노니 너는 말씀을 전파하라!"

디모데가 말씀을 설교해야 한다는 것을 느꼈는지 여부에 관계없이, 바울은 그에게 말씀을 설교하라고 명령하였습니다. 왜냐하면 말씀을 설교하는 것이 성령께서 사용하시는 방편이기 때문입니다. 그렇습니다. 설교는 분명히 성령님께서 사용하시는 방편이기 때문에, 말씀을 설교하는 것은 절대적으로 필요한 것입니다. 따라서 바울이 디모데에게 강력한 말로 명령한 것입니다.

"이런 이유로 사도들과 그들의 뒤를 이은 교사들은 주님을 경외하는 가운데 사람들에게 이런 하나님의 은혜에 관하여 가르침으로써 사람들이 하나님께 영광을 돌리고 또 모든 자랑을 버리게 하였습니다."17조

복음의 순수한 설교와 이 설교가 들려지는 장소

하나님께서 우리의 중생과 믿음 안에서 우리의 성장을 위하여 말씀의 방편을 우리에게 주셨으므로, 우리는 그 방편을 반드시 사용해야 합니다. 17조에서 조상들이 "그러나 동시에 사도들은 말씀, 성례, 권징의 집행 하에 복음의 거룩한 훈계를 통하여 사람들을 지키는 일을 게을리 하지 않았습니다."라고 기록하면서, 조상들은 사도들이 복음 설교를 강조했던 것을 되풀이하였습니다. 여기에서 조상들은 우리가 벨직 신앙고백서 29조에서 고백하는 교회의 세 가지 표지를 제시합니다. 29조에서 이렇게 고백합니다. "우리는 오늘날 세상에 있는 모든 분파들이 스스로 교회라고 자처하기 때문에 하나님의 말씀으로부터 어떤 교회가 참 교회인가를 부지런히, 그리고 매우 신중하게 분별해야 함을 믿습니다." 조상들은 복음 설교와 교회의 밀접한 연관성을 깨달았습니다. 우리는 우리 주변에서 건물 앞에 간판으로 '교회'라는 이름을 내건 많은 건물들을 봅니다. 그러나 하나님께서 말씀의 설교에 의해서 믿음과 중

생을 일으키시기 때문에 나는 아무 교회나 무턱대고 출입할 수 없습니다. 나는 성령께서 하나님의 말씀으로 역사하시는 그 곳, 곧 **그리스도**의 교회에 있어야 합니다. 이것은 어떤 교회가 참된 교회인지를 분별해야 하는 중요한 이유입니다. 그래서 나는 우리 조항에서 간략하게 언급되고 있으며 벨직 신앙고백 29조에서 더 상세히 고백되고 있는 세 가지 표지에 따라 어떤 교회가 참된 교회인지를 분별합니다.

하이델베르크 교리문답 31주일 83문답에서 우리는 성경에 근거하여 복음 설교가 천국열쇠 중에 하나라고 고백합니다. 천국열쇠란 무엇입니까? "거룩한 복음 전파와 교회의 권징입니다. 이 두 가지를 통하여 천국이 믿는 자들에게는 열리고, 믿지 않는 자들에게는 닫힙니다."

하이델베르크 교리문답 31주일 84문답과 85문답에서 '열리고 닫힌다'는 말이 역전되는 방식에 주목하십시오. 여기에서 요점은 천국이 우선적으로 **설교**를 통하여 **열린다**는 것입니다. 천국이 설교에 의해서 열리도록 하기 위해서, "하나님께서 정말로 그리스도의 공로로 말미암아 신자 각자와 모든 신자들의 죄를 용서해 주셨고, 신자들이 참된 믿음으로 이 복음의 약속을 받아들일 때마다 천국이 열리게 된다."라는 사실이 그들에게 설교되어야 합니다. 나는 잃어버린 바 된 죄인으로 절망적으로 그리스도의 은혜를 필요로 한다는 것과 참된 회개와 믿음으로 돌이킨 모든 사람들에게 하나님께서 당신의 말씀 안에서 용서를 약속하시고 또 용서해 주신다는 것을 믿을 때 나의 모든 죄가 사해진다는 것을 들어야 합니다.

만일 말씀의 설교가 성령께서 나의 중생을 일으키시는 방편이라면, 나는 내가 할 수 있는 언제라도 설교를 들어야 합니다. 그러나 만일 내가 교회 출석에 해이해지고, 주일에 한 번만 교회에 참석한다면, 그 결과로 반드시 믿음이 약해질 것입니다. 하루에 한 번 양식을 공급받는 군인은 싸울 수 없습니다. 그리스도인의 삶 또한 전투입니다. 앞에서 하이델베르크 교리문답 52주일 127문답에 대해 언급한 것을 보십시오. 그것은 일주일에 한 번 교회 가는 것의 비극입니다. 그런 습관은 날마다의 삶의 전투에서 그리스도인을 제대로 양육 받지 못하게 하고, 그래서 날마다의 삶의 전투에서 무력하게 만듭니다. 물론 말할 필요도 없이 교회 의자에 내 자리를 채우기만 하는 것은 단지 저녁 식탁에 앉는 것과 마찬가지로 충분하지 않습니다. 우리는 내놓은 음식을 먹어야 합니다.

뿐만 아니라 비록 양도 중요하지만 나의 믿음을 유지하기 위해서는 설교의 질도 중요합니다. 하루에 세 번 생선과 과자 한 조각과 콜라 한 잔을 먹는 것으로는 육체적인 노동을 계속하는 데 필요한 영양분을 제공해 줄 수 없습니다. 믿음과 영적 성장과 중생에 대해서도 마찬가지입니다. 만일 내가 먹지 않는다면 나는 믿음의 전투에서 생존할 수 없지만, 내가 먹는 것이 나의 영혼을 충분히 육성하는 것임을 확실히 해 두기 위해서는 내가 먹는 것이 어디 있는 것인지도 평가해야 합니다. 내가 **어디에 있는** 교회로 가는가 하는 것은 매우 중요합니다. 왜냐하면 나는 좋은 음식과 고기를 먹어야 죄와 세상과 나 자신의 육신과 싸우는 날마다의 전투에서 필요한 충분한 에너지와 힘을 얻을 수 있기 때문입니다. 나는 오직 하나님의 말씀의 참된 설교를 통해서만 그러한 힘을 얻을 수 있습니다.

가르치는 사람과 가르침을 받는 사람 양자의 책임

"그러므로 오늘 교회 안에서 가르치는 사람이나 가르침을 받는 사람들은 감히 하나님께서 당신의 선하신 기쁨 안에서 밀접하게 함께 결합시켜 놓기로 정하신 것을 분리시킴으로써 하나님을 시험하려 하지 않아야 합니다."

가르침을 받는 사람들: 가르침을 받는 자인 나는 믿음과 영적 성장과 중생을 하나님께서 사용하시기를 기뻐하시는 방편인 신실한 복음 설교로부터 분리시키지 않아야 합니다. 그러므로 나는 하나님께서 역사하시기를 기뻐하시는 그곳, 내가 참된 교회의 세 표지를 인식하는 그곳에 있어야 합니다. 왜냐하면 그곳이 내가 신실한 설교를 들을 수 있는 곳이기 때문입니다.

가르치는 자: 복음을 설교하도록 허락을 받은 것은 엄청난 특권입니다. 왜냐하면 한 사람이 복음 설교자로 허락 받았다는 것은 그 사람을 하나님의 백성 가운데서 영적 성장을 고무시키기 위해 하나님의 손에 들린 도구로 만들어 주기 때문입니다. 그러나 동시에 그 사역은 엄청난 책임을 동반합니다. 만일 성장이 설교를 통하여 오게 되는 것인데, 설교를 맡은 목사가 신실하게 하나님의 말씀을 전하지 못한다면, 그때 목사는 하나님의 백성의 영적 성장을 방해한 책임을 져야 합니다. 우리는 이에 대한 아주 심각한 말씀을 겔 33:6-8에서 볼 수 있는데, 거기서 하나님께서는 당신의 종의 손으로부터 성도들의 피를 요구할 것이라고 하십니다. "가령 내가 악인에게 이르기를 악인아, 너는 정녕 죽으리라 하였다 하자. 네(파수꾼)가 그 악인에게 말로 경고하여 그 길에서 떠나게 아니하면 그 악인은 자기 죄악 중에서 죽으려니와 내가 그 피를 네 손에서 찾으리라." 이런 이유로 성도들은 개인적으로든 여럿이든 교중의 목사를 위하여, 주님께서 그 목사에게 힘과 지혜를 주셔서 그가 교중의 영적 성장을 위해 신실하게 봉사할 수 있게 해 달라고 기도해야 합니다. 이 기도는 너무나도 중요합니다.

훈계의 위치

"왜냐하면 은혜가 훈계를 통하여 전해지고, 우리가 우리의 의무를 기꺼이 다하면 할수록 더욱더 우리 안에서 역사하는 이 하나님의 호의가 항상 그 자체로 잘 드러나서 하나님의 사역이 최상으로 진행되기 때문입니다."

어떤 자녀가 아버지께 훈계를 받는 것을 좋아하겠습니까? 그러나 훈계가 그 자녀의 양육에 있어서 절대적인 부분이라는 것은 여전히 사실입니다. 그것은 설교도 마찬가지입니다. "하나님의 은혜는 훈계를 통하여 전해집니다."라고 우리 조상들은 말합니다. 하나님의 말씀에는 많은 훈계들이 포함되어 있습니다. 예를 들면 엡 5장에 주어지는 교훈과 명령이 몇 개인지 보십시오. 이 훈계들은 판에 박힌 문구나 평범한 의견이나 그 외에도 예배당 의자에 앉아 있는 사람들이 듣기를 좋아하는 것으로 가득 채운 설교로 바뀌어서는 안 됩니다. 심지어 우리 문화가 독립주의와 관용에 대한 강조와 '소비자 우호적인 것'이 널리 보급되어 있는 가운데 있을지라도, 우리는 하나님의 말씀의 색깔을 바꾸지 않아야 합니다. 말씀 속에서 주님은 당신의 백성들이 어디로 어떻게 잘못 가고 있는지 당신께서 어떻게 섬기라고 요구하시는지를 확실한 용어로 그들에게 말씀하십니다. 교회는 사람들이 '편안함'을 느끼도록 해 주는 곳이 아닙니다. 교회는 예수 그리스도 안에 있는 하나님의 약속과 성령을 통한 책임이 죄인들의 날마다의 투쟁의 상황 속에서 그들 앞에 주어지는 곳입니다. 겸손한 위로가 있어야 합니다.

말씀을 열심히 배우십시오

성경은 복음의 설교를 통하여 믿음과 중생이 일어나는 것에 대해 말합니다. 인쇄된 책이 존재하지 않았던 사도시대에는 성경 사본도 제한적이었습니다. 사도 시대에 말씀을 받는 유일한 방법은 선포되는 말씀을 **듣는** 것이었습니다. 오늘도 주님께서는 설교를 통하여 계속해서 일하십니다. 그러나 하나님의 섭리에 의해서 인쇄술이 발명되었습니다. 그리고 컴퓨터도 발명되었습니다. 그래서 성경의 사본들이 오늘 먼 곳에 있는 우리 손에까지 들어왔습니다. 이 사실은 많은 유익들을 가져왔을 뿐 아니라 특권과 책임도 함께 가져오게 되었습니다.

우리는 날마다 성경을 부지런히 **읽어야** 합니다. 매주일 두 번의 식사하는 것이 우리 몸을 유지하는 데 충분하지 않은 것처럼, 매주일 두 번의 설교만으로는 우리의 영혼을 위한 충분한 영적 자양분이 되지 못합니다. 우리가 주일에 듣는 설교에 추가하여, 우리는 성경을 읽고 연구하고 숙고하고 묵상해야 할 필요가 있습니다. 식사를 마치면서 성경을 읽는 습관은 좋은 습관으로써 잘 유지되어야 합니다. 우리는 하나님의 말씀을 부지런히 배움으로써 하나님의 말씀에 친근해지게 됩니다. 그러나 우리는 좋은 습관을 유지함에 있어서 항상 그 습관으로부터 삶을 분리시킬 위험이 있음을 경계해야 합니다. 성경의 어떤 구절을 읽으면서 그 특별한 구절을 통해 하나님께서 나의 삶의 구체적인 상황 속에서 나를 강화시키기 위해서 무슨 말씀을 하시는지를 전혀 생각해보지 않는다면 그것은 무익한 일입니다. 여기에는 집중이 필요하고, 또한 토론도 도움이 될 수 있습니다. 심지어 주석들 혹은 모든 연구 서적들도 개인 그리고 가족 성경 연구에 유용합니다.

우리는 하나님의 말씀으로 분주한 좋은 예를 다윗에게서 볼 수 있습니다. 다윗은 시 119:97에서 "내가 주의 법을 어찌 그리 사랑하는지요 내가 그것을 종일 작은 소리로 읊조리나이다."라고 말합니다. 다윗이 읽은 성경은 닫히지 않았습니다. 그렇지 않았다면 다윗이 어떻게 "주의 말씀은 내 발에 등이요 내 길에 빛이니이다."라고 말할 수 있었겠습니까?^{시 119:105} 등불이나 횃불이 우리의 길에 빛을 비추어 주려면, 그 등불이나 횃불은 켜져 있어야 합니다. 성경이 날마다의 삶 속에서 우리에게 나아갈 길과 용기를 주기 위해서는, 성경이 날마다 열려 있어야 합니다. 만일 우리가 성경을 닫아서 선반 위에 올려 둔다면, 성경은 우리의 발의 등불이 될 수 없을 것입니다. 우리는 그 날의 일을 하기 위해서 날마다 음식을 필요로 합니다. 그리스도인으로 존재한다는 것 자체가 그 날의 일이 있다는 것입니다. 만일 내가 하나님의 말씀을 부지런히 배우지 않는다면, 그때 나는 내가 죄와 유혹과 싸울 수단을 가지지 않았다고 해서 놀라지 않아야 할 것입니다.

오직 하나님께 영광을!

사람이 하나님께로의 회심하는 것과 그 회심이 일어나는 방식은 오직 하나님께 기인합니다. 중생은 무가치한 죄인들에게 주시는 하나님의 은혜의 헤아릴 수 없는 선물입니다. "방편과 방편의 구원하는 열매와 효력에 관하여, 모든 영광이 처음부터 끝까지 오직 하나님께만 영원히 돌려져야 할 것입니다. 아멘."

제5장

성도의 견인

서론

❖

도르트 신경의 5장에서는, 항의자들이 그들의 다섯 번째 조항에서 가르쳤던 아르미니우스주의 이설에 대항하여 성도의 견인에 관한 개혁교회의 교리를 방어합니다. 항의자들의 5조는 다음과 같습니다. 이 책 앞에서 항의자들의 다섯 조항 전체에 대해 말한 것을 보십시오.

5조

우리는 예수 그리스도께로 연합하고 그로 인해 생명을 주시는 성령께 참여한 사람들이 사탄과 죄와 세상과 자신의 육신에 대항하여 싸울 충분한 힘이 있고 승리를 얻을 것이라는 사실을 믿습니다. 잘 알려진 대로, 이 승리는 성령의 도우시는 은혜를 통해 얻게 되며, 그리스도께서는 성령을 통하여 모든 유혹 가운데서 그들을 도우시고 손을 펴시며, 오직 그들이 싸울 준비가 되어 있고 그분의 도움을 갈망하며 게으르지 않을 때만 그들을 보존해 주시어, 그들이 사탄의 꾀임이나 권세로 인해 타락하지 않게 하시며 요 10장에서 '아무도 내 손에서 그들을 빼앗아갈 수 없다.'라고 하신 그리스도의 말씀에 따라 그리스도의 손으로부터 빼앗기지 않게 하실 것입니다.

그러나 그들이 태만함으로 인해 그리스도 안에서 자신들이 처음 가졌던 삶의 원리에서 떨어져 나갈 수도 있는지, 세상으로 다시 돌아갈 수 있는지, 한 번 주어졌던 순수한 교리에서 떠날 수도 있는지, 선한 양심을 상실하고 은혜를 무시하게 될 수도 있는지 하는 것은 먼저 성경을 가지고 주의 깊게 판단한 후에 이를 충만한 확신을 가지고 가르칠 수 있을 것입니다.

아르미니우스주의자들은 위의 조항을 가지고 다음과 같은 질문에 답하려고 했습니다. "그리스도로 인해 구속받은 사람은 사탄과 죄와 세상과 자기 육신에 대항하여 승리할 수 있습니까?" 아르미니우스주의자들은 사람이 **하나님의 도우심을 힘입어 행한다면** 이런 공격에 저항할 수 있다고 믿었습니다. 주목할 만한 것은 아르미니우스주의의 이론에 따르면 공격에 대한 승리는 사람이 자기가 사용할 수 있게 만들어진 자원들을 가지고 무엇을 하느냐에 달려 있다는 것입니다. 표5-1을 보십시오.

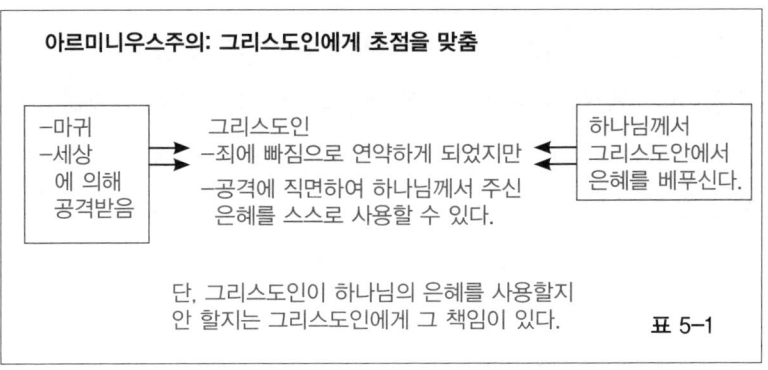

표 5-1

조상들은 구속받은 사람이 그에게 주어진 도움을 사용하면 공격에 저항할 수 있다는 것이 정말로 사실인지를 성경으로부터 확인하려고 했습니다. 성경은 조상들에게 그런 이론의 잘못을 드러내보여 주었고, 그래서 조상들은 Ⅴ장에서 이런 아르미니우스주의자들의 잘못에 반응하여 분명하게 말합니다.

   조상들은 그 잘못들을 도르트 신경 5장에 덧붙여진 잘못들에 대한 반박의 목록에 반영하였습니다.^{찬송가 p.570.} 조상들은 이 잘못을 다음과 같이 요약했습니다. "참된 신자들의 견인은 선택의 열매나 그리스도의 죽음으로 획득된 하나님의 선물이 아니라, 새 언약에서 사람이 자신의 소위 결정적인 선택과 칭의 이전에 자유의지를 통하여 성취하여야 하는 조건입니다.^{"잘못들에 대한 반박 1–잘못.} 이 외에도 더 있습니다. "하나님께서는 정말로 신자에게 견인할 충분한 힘을 제공하시며, 만일 그가 자기 의무를 다하려고 하기만 하면 그의 안에서 이 일을 계속하실 준비가 되어 있으십니다. 그러나 믿음 안에서 견인해 나아가는 데에 필요한 모든 것들과 또 하나님께서 신앙을 보존하시기 위해서 사용하실 모든 것들이 다 갖추어져 있다 할지라도 그가 견인해 나갈 것이냐 아니냐 하는 것은 여전히 항상 인간 의지의 결단에 달려 있습니다."^{잘못들에 대한 반박 2–잘못, 찬송가 p.571.} 아르미니우스주의자들은 모든 것이 신자에게 달려 있다고 합니다. 가령 하나님께서 우리에게 필요한 힘과 방편을 주신다고 해도, 견인에 관한 그 모든 것은 신자가 '자기 의무를 다할지' 여부에 달려 있습니다. 아르미니우스주의자들에게 있어서 **사람의 자유의지**는 사람이 완전이라는 목표에 이르도록 견인할 수 있을 것인지에 대해 모든 것을 바꿀 수 있는 요체인 것입니다.

1조

중생한 사람이라도 자기 속에 거하는 죄에서 해방된 것은 아닙니다

❖

하나님께서 당신의 목적에 따라 당신의 아들 우리 주 예수 그리스도의 교제 안으로 부르시고 당신의 성령으로 중생하게 하신 자들에게, 하나님은 죄의 통치와 죄의 종됨으로부터는 완전한 해방을 주시지만 요 8:34 죄의 육신과 몸으로부터 완전한 해방을 주시지는 않습니다. 롬 6:17;7:21-24

조상들은 신자의 견인이 선택의 열매도, 하나님의 선물도 아니라고 하는 아르미니우스주의자들의 주장에 대응하여, 위에 언급한 1조를 가지고 성도의 견인 교리가 실제적으로 I, II, III/IV장에서 설명한 선택과 구속과 중생의 교리와 같은 각각의 교리에 과연 어떻게 토대를 두고 있는지를 설명합니다. 그러므로 1조는 하나님께서 신자의 삶 속에서 행하시는 그런 사역들을 하나하나 언급하면서 시작합니다. "하나님께서 당신의 목적에 따라 당신의 아들 우리 주 예수 그리스도의 교제 안으로 부르시고 당신의 성령으로 중생하게 하신 자들은… " 하나님께서는 택자들, 곧 영원으로부터 부르신 자들에게 그리스도의 구속 사역과 성령의 중생 사역을 적용시키십니다. 도표 1을 보십시오.

주제	장	어법
선택	I	하나님께서 당신의 목적에 따라 부르신다
구속	II	당신의 아들의 교제 안으로
중생	III/IV	당신의 성령에 의해 중생한

도표 1

택자들에게 "하나님은 …완전한 해방을 주십니다." 아르미니우스 주의자들은 초점을 사람에게 맞추어서, 하나님께서 곤란 중에 주시는 도움을 받아들이고 사용하는 사람과 연관하여 견인에 대해 말한 반면에, 조상들은 **하나님**을 강조하였습니다. 하나님은 신자의 삶을 움직이게 하는 능력이십니다. 영원부터 신자들을 부르신 분은 바로 하나님이십니다. 신자를 그리스도의 피로 구원받도록 그리스도께 신자들을 연합시키는 분도 하나님이십니다. 성령을 통하여 신자들을 중생시키신 분도 하나님이십니다. 그러나 하나님의 사역은 여기서 멈추지 않습니다. 하나님께서는 또한 신자들을 "죄의 통치와 죄의 종됨으로부터" 해방시키십니다.

죄의 통치와 죄의 종됨으로부터의 자유

하나님께서 우리를 죄의 통치와 죄의 종됨으로부터 해방시키셨다고 고백하는 것은 다시 말해서 이전에는 우리가 죄의 통치 아래 살았고 죄에게 종노릇하였음을 고백하는 것입니다. 이는 성경이 다음과 같이 가르치는 바입니다.

요 8:33

예수님께서 유대인들에게 진리가 너희를 자유케 하리라고 말씀하시자[32절]

"저희가 대답하되 우리가 아브라함의 자손이라 남의 종이 된 적이 없거늘 어찌하여 우리가 자유케 되리라 하느냐?"라고 했습니다. ³³절 예수님은 그들에게 이렇게 답하셨습니다. "진실로 진실로 너희에게 이르노니 죄를 범하는 자마다 죄의 종이라." 어떤 이는 이 유대인들이 이전에 조상들이 애굽인들과 바벨론인들의 속박을 받은 일과 또 현재 자신들이 로마 제국의 지배하에 있는 일을 기억하지 못하고 있다고 말하기도 할 것입니다. 그 사실은 차치하고라도, 예수님이 이 말씀에서 주장하시는 바는 땅 위에 있는 모든 사람들이 속박 가운데 있다는 것과 **모두가 죄인들이고** 죄에 속박되어 있기 때문에 해방 받아야 할 필요가 있다고 하는 것입니다.

하나님께서 사람을 처음 창조하셨을 때, 사람은 하나님을 자유롭게 섬겼습니다. 그러나 사람은 죄에 빠져서 더 이상 하나님을 섬기지 않고 마귀를 섬기게 되었습니다. 사람은 자신을 사탄의 속박에 넘겨주었고, 이로써 사람은 스스로 죄의 종이 되었습니다. 그러므로 모든 사람들은 본성적으로 죄의 종입니다. 그래서 하나님께서는 당신의 택자들을 구속하시기 위해서 구속 계획을 가지고 사람에게 오셨습니다. 창 3:15 하나님께서 당신의 아들을 보내시어 사람을 종됨으로부터 해방시키신 것입니다.

요 8:36

예수님은 계속해서 유대인들에게 이렇게 말씀하셨습니다. "그러므로 아들이 너희를 자유케 하면 너희가 참으로 자유하리라." 우리는 하이델베르크 교리문답 13주일 34문답에서 말하는 바에 따라 하나님의 아들을 우리 주님이라고 부릅니다. "왜냐하면 예수님께서 금이나 은이 아니라 당신의 보배로우신 피로 우리의 모든 죄로부터 우리의 몸과 영혼을 구속해 주셨고, 우리를 당신의 소유로 삼으시기 위하여 마귀의 모든 권세로부터 우리를 자유롭게 해 주셨기 때문입니다." 마귀의 권세로부터 자유롭게 되었다면, 우리는 이제 더 이상 죄의 종이 아닙니다. _{벧전 1:18,19; 골 1:13,14를 더 살펴보십시오.}

롬 6:17,18

"하나님께 감사하리로다. 너희가 본래 죄의 종이더니 너희에게 전하여 준 바 교훈의 본을 마음으로 순종하여 죄에게서 해방되어 의에게 종이 되었느니라."

사도는 여기서 죄의 종이었다가 의의 종으로 변화된 신자들에 대해 말합니다. 비록 '종'이란 말이 부정적인 의미를 가지고 있을지라도, 성경적 의미에서 본다면 의의 종이 된다는 말은 자유롭게 되었다는 뜻입니다. 이 말은 우리가 창조된 목적에 따라 하나님을 섬길 수 있는 자유를 다시 가지게 되었다는 뜻입니다. 신자가 다시 하나님을 섬길 수 있는 이유는 그가 사탄과 '죄의 종'됨으로부터 해방되었기 때문입니다. 그러므로 사도는 14절에서 이렇게 말할 수 있었습니다. "죄가 너희를 주관치 못하리니…" 이 말씀은 미래에 그리스도의 재림의 날에 일어날 것에 대한 약속이 아니라 현재 신자의 삶 속에서 일어날 실재입니다. 신자는 해방**되었고**, 그러므로 죄가 신자들의 주인이 되거나 신자들을 주관할 수 없습니다.

'종'과 '구원'이란 단어는 애굽에서 이스라엘이 처했던 상황과 애굽으로부터의 구원을 생각나게 합니다. 애굽에서 이스라엘 백성들은 철저하게 노예 취급을 받았고 고역의 짐 아래 신음했습니다. 그러나 주님께서는 그들을 애굽으로부터 이끌어 내시어 해방시키시고 구속하셨습니다. 홍해의 맞은편에서 이스라엘 백성들은 자유를 누렸습니다.

즉 그들은 애굽으로부터 구원을 실제적으로 생생하게 경험한 것입니다. 롬 6장에서 사도는 우리가 죄의 속박으로부터 구원을 얻은 것도 이와 마찬가지로 생생하고 실제적인 것이라고 말하고 있습니다. 홍해에 빠진 바로는 더 이상 이스라엘을 통치하지 못하였습니다. 마찬가지로 죄는 더 이상 우리를 통치하지 않습니다.

물론 신자는 여전히 종종 죄의 공격을 받습니다. 그러나 죄는 더 이상 신자들에게 있어서 감당할 수 없을 만큼 무거운 짐도 주인도 아닙니다. 하나님께서 신자를 부르셨고, 선택-I장 그를 그리스도께 연합시키셨고, 구속-I장 성령으로 그를 중생시키셨습니다. III/IV장 그러므로 죄의 공격은 더 이상 신자를 지배할 수 없습니다. 왜냐하면 하나님께서 신자를 "죄의 통치와 죄의 종됨으로부터 해방시키셨기 때문입니다." 죄와 사탄에 대한 그리스도의 승리는 **실재**입니다. 이 말은 더 이상 죄가 없다는 것이 아니라 죄가 더 이상 나의 주인이 아니라는 말입니다. 즉 이 말은 죄 혹은 유혹에 빠짐이 더 이상 피할 수 없는 성질의 것이 아니라는 뜻입니다. 사탄으로부터 해방되었으므로, 죄에 굴복할 필요가 없어졌습니다.

해방되었으나 … 완전히 해방되지 않았습니다

택자들에게 "하나님은 확실히 죄의 통치와 죄의 종됨으로부터는 완전한 해방을 주시지만, 죄의 육신과 몸으로부터 완전한 해방을 주시지 않습니다." 우리는 아직 완전하게 되지 않았습니다. 그것은 우리가 다음 성경 구절에서 배우는 바와 같습니다.

롬 7:14-25

사도는 6장에서 자신과 로마의 성도들이 죄로부터 해방되어 더 이상 죄의 종이 아니라고 말했음에도 불구하고 7장에서 계속해서 이렇게 말합니다. "…그러나 나는 육신에 속하여 죄 아래 팔렸도다." '육신'은 '육체'를 의미합니다. 육신에 속하였다는 것은 바울과 로마의 성도들과 또 나에게 마찬가지로 해당됩니다. 곧 우리 모두가 죄악되고 연약하다는 것입니다. "나의 행하는 것을 내가 알지 못하노니 곧 원하는 이것은 행하지 아니하고 도리어 미워하는 그것을 함이라." 사도는 죄의 통치로부터 해방된 그리스도인이 겪는 좌절을 말하고 있습니다. 우리가 다시 죄를 짓지 않으려고 결심할지라도, 죄는 여전히 실제로 남아 있습니다. 나는 내가 행하려고 하는 것을 행할 수 없습니다. "그러나 이제는 이것을 행하는 자가 내가 아니요 내 속에 거하는 죄니라." 죄는 내가 싸워야 할 원수로 남아 있습니다. 왜냐하면 나는 아직 완전하지 않기 때문입니다. 23절에서 사도는 그리스도인이 자기 자신 안에서 치루어야 할 전쟁에 대해 계속해서 말합니다. "내 지체 속에서 한 다른 법이 내 마음의 법과 싸워 내 지체 속에 있는 죄의 법 아래로 나를 사로잡아 오는 것을 보는도다." 그러므로 바울은 외칩니다. "오호라, 나는 곤고한 사람이로다. 이 사망의 몸에서 누가 나를 건져내랴?" 그러나 바울은 이내 그리스도께서 이 '사망의 몸'의 통치로부터 구원을 이미 확보하신 것에 대해 감사하면서 이렇게 외칩니다. "우리 주 예수 그리스도로 말미암아 하나님께 감사하리로다. 그런즉 내 자신이 마음으로는 하나님의 법을, 육신으로는 죄의 법을 섬기노라."25절

요일 1:8

"만일 우리가 죄가 없다고 말하면 스스로 속이고 또 진리가 우리 속에 있지 아니할 것이요." 비록 죄의 권세가 파괴되었을지라도, 우리는 결코 죄를 초월하여 살 수 없습니다.

약 3:2

"우리가 다 실수가 많으니 만일 말에 실수가 없는 자라면 곧 온전한 사람이라 능히 온 몸도 굴레 씌우리라."

이 말씀은 우리가 보기에 거룩한 사람이며 주님을 대변하여 영감된 서신을 기록하게 된 야고보 사도의 말씀입니다. 그는 **'우리가 다 실수가 많다.'**고 기록할 때 자신을 포함시켰습니다. 야고보는 이 구절을 설명하기 위해, 우리가 말하는 모든 것들로 인해 걸려 넘어지기가 얼마나 쉬운지를 우리에게 회상시킴으로 이 말씀을 예증합니다. "혀는 능히 길들일 사람이 없다."[8절]

이 1조의 내용은 하이델베르크 교리문답에서 고백하는 것이기도 합니다. 우리는 하이델베르크 교리문답 44주일 114문답에서 이렇게 고백합니다. "가장 거룩한 사람이라도 이 세상에서는 순종의 작은 시작만 할 수 있을 뿐입니다." 죄는 우리 안에 남아 있습니다. 그러므로 예수님은 우리에게 주기도문 중에 여섯 번째 청원에서 "우리를 시험에 들게 하지 마옵시고, 다만 악에서 구하옵소서."라고 기도하라고 가르치셨습니다. 이 청원에서 우리는 이렇게 고백합니다. "우리 자신만으로는 너무나 연약하여서 스스로의 힘으로 한순간도 서 있을 수 없습니다. 또한 우리의 불구대천의 원수, 곧 마귀와 세상과 우리 자신의 육신이 끊임없이 우리를 공격하나이다."[하이델베르크 교리문답 52주일 127문답] 사탄이 패배 당했다는 것은 내가 받아들여야 할 영광스러운 복음입니다. 그러나 동시에 나는 죄가 여전히 내 안에 남아 있다는 것과 그로 인해 나는 연약하고 스스로 사탄의 공격을 물리칠 수 없음을 고백합니다. "나는 한순간도 서 있을 수 없습니다."

신자의 삶 속에는 죄와 연관된 두 가지 사실이 있습니다. 하나님께서는 당신의 말씀에서 그리스도께서 사탄을 정복하셨고 그로 인해 죄를 패배시키셨다고 말씀하십니다. 또한 하나님께서는 이생에서 내가 죄에 넘어지기 쉽다고 가르치십니다. 주의 만찬 기념 예식서에서는 죄에 대항한 이러한 투쟁이 신자의 삶 속에서 계속된다는 것을 인정하며, 열거된 모든 죄를 범한 사람들에게 주님의 상으로 나아오지 말 것을 권고합니다. 이런 죄의 목록들은 어떠한 그리스도인의 삶도 흠 없이 완전하지 않음을 보여 줍니다. 그러나 예식서는 계속해서 다음과 같이 말합니다.

"그러나 사랑하는 형제 자매 여러분! 이 모든 죄인의 목록들은 단 하나의 범죄도 없는 자만이 주님의 성찬에 나아갈 수 있는 것처럼 심령이 찔려 있는 신자들에게조차 모든 용기를 빼앗으려고 제시된 것은 아닙니다. 오히려 우리는 우리가 스스로 완전하며 의롭다는 것을 시위할 목적으로 이 만찬에 나아가지는 않습니다. 도리어 우리는 우리의 생명을 우리 밖에 있는 예수 그리스도 안에서 찾습니다. 그렇게 함으로 우리는 우리가 스스로 죽었다는 것을 인정하는 것입니다. 우리는 또한 우리 안에 여전히 많은 죄와 결점이 있음을 깨닫습니다. 우리의 신앙은 완전하지 않으며, 우리는 하나님이 요구하신 열심대로 하나님을 섬기지 않습니다. 우리는 날마다 신앙의 연약함과 육신의 악한 정욕과 더불어 투쟁해야 합니다" 찬송가 p.596

하나님의 마음에 합한 사람이었던 다윗과 사도 베드로는 하나님의 자녀였습니다. 즉 그들은 사탄과 죄의 통치로부터 해방되었습니다. 이런 사실에도 불구하고 그들은 모두 죄에 빠졌습니다. 비록 내가 하나님의 자녀일지라도, 나도 또한 날마다 죄와 투쟁합니다. 왜냐하면 나는 이생에서 '죄의 육신과 몸으로부터 해방을 받지' 않았기 때문입니다.

날마다 연약함으로 인해 범하는 죄들

그러므로 날마다 연약함으로 인해 죄를 범하며, 심지어 성도의 가장 선한 행위에도 오점이 있습니다.요일 1:8 이 죄와 오점들은 중생한 사람들이 스스로 하나님 앞에 겸손하고, 십자가에 달리신 그리스도께로 피하며, 기도의 영을 통하여, 그리고 경건의 거룩한 실행에 의해서 더욱더 육신을 죽여야 할 분명한 이유가 됩니다. 또한 이 죄와 오점들은 신자들이 마침내 이 사망의 몸으로부터 구원 받아서 하나님의 어린양과 함께 하늘에서 통치하기까지 완전함에 이르기를 열망하고 투쟁해야 할 확고한 이유입니다. 골 3:5; 딤전 4:7; 빌 3:12,14; 계 5:6,10.

"그러므로 날마다 연약함으로 인해 죄를 범하며 심지어 성도의 가장 선한 행위에도 오점이 있습니다." 조상들은 1조에 이어서 다음과 같은 성경 본문들에 근거하여 2조를 기록했습니다.

사 64:6

이사야 선지자는 성령에 감동되어서 이렇게 말했습니다. "무릇 우리는 다 부정한 자 같아서 우리의 의는 다 더러운 옷 같으며 우리는 다 잎사귀 같이 시들므로 우리의 죄악이 바람 같이 우리를 몰아가나이다."

만일 심지어 우리의 '의', 우리의 최상의 행위도 죄로 더럽혀졌다면, 그때 우리의 다른 모든 행위들은 말할 것도 없습니다! 이 사실은 하이델베르크 교리문답 24주일 62문답에서도 말하고 있습니다. "그러나 우리의 선행은 왜 하나님 앞에서 우리의 의가 될 수 없으며, 적어도 의의 한 부분이라도 될 수 없습니까? 하나님의 심판대 앞에 설 수 있는 의는 절대적으로 완전해야 하며, 하나님의 율법과 완전히 일치해야 합니다. 그러나 우리가 이 세상에서 행하는 최상의 행위도 모두 불완전하고 죄로 오염되어 있습니다."

빌 3:12

"내가 이미 얻었다 함도 아니요, 온전히 이루었다 함도 아니라, 오직 내가 그리스도 예수께 잡힌 바 된 그것을 잡으려고 좇아가노라."

바울과 같은 그런 고매한 사도도 많은 연약함이 자신 안에 남아 있으므로 자신이 아직 완전하지 않다고 인정했습니다.

위에서 언급한 하이델베르크 교리문답 44주일과 52주일 이외에도, 우리는 하이델베르크 교리문답 21주일 56문답에서도 우리 안에 불완전함이 계속해서 남아 있음을 다음과 같이 고백합니다. "당신은 죄의 용서에 관하여 무엇을 믿습니까? 나는 하나님께서 그리스도의 만족하게 하심 때문에 나의 죄들과 내가 일평생 싸워야 할 나의 죄악 된 본성을 더 이상 기억하지 아니하시고, 오히려 은혜롭게도 나에게 그리스도의 의를 주셔서, 내가 결코 정죄함에 이르지 않게 해 주심을 믿습니다." 이것이 바로 그리스도인의 삶입니다. 즉 완전한 승리를 누리는 것이 아니라 날마다 나의 죄악 된 본성과 싸워나가는 삶인 것입니다. 하나님께서 나를 나의 죄악 된 본성에서 해방시키신 이후에도, 여전히 내가 나의 죄악 된 본성을 가지고 있도록 하셨습니다. 죄는 여전히 내 안에 남아 있습니다. 그래서 나는 끊임없이 죄에 저항하여 싸워야 하며, 내가 원하는 것이 아닌 주님께서 원하시는 일을 하려고 끊임없이 힘써야 합니다. "비록 내가 슬프게도 하나님의 모든 계명에 거슬러 심각하게 죄를 범하였고, 나는 그 모든 계명 중에 어느 하나도 결코 지키지 못했다고 내 양심이 고소합니다. 뿐만 아니라 내 양심은 또한 내가 아직도 모든 악으로 향하는 성향이 있다고 나를 고소합니다." 악으로 향하는 나의 성향은 나의 삶 속에서 항상 현실로 나타납니다. 나는 연약하고 내 안에는 많은 결점들이 남아 있습니다. 그래서 나에게는 사탄에게 저항할 만한 여력이 없습니다.

날마다 범하는 죄들: 하나님 앞에서 겸손해야 할 분명한 이유

만일 이런 것이 그리스도인의 삶이고, 심지어 하나님께서 나를 사탄의 통치로부터 해방시키셨음에도 불구하고 내가 '여전히 모든 악으로 기울어져 있다면', 그때 하나님께서 나에게 해 주신 것을 자랑하고 뽐낼 이유가 하나도 없는 것입니다. 비록 나는 나의 죄악 된 본성으로 인해 쉽게 자만에 빠지곤 하지만, 하나님께서 아직 나를 완전하게 하지 않으셨다는 사실은 내가 겸손해야 할 충분한 이유가 됩니다. 그러므로 그렇게 함으로 나는 죄의 유혹에 직면하여 스스로 확고하게 버틸 수 있다고 생각하는 영적 오만을 버리고 행동해야 합니다. 조상들이 2조에서 기록한 것처럼, 날마다 범하는 죄들은 성도들이 '하나님 앞에서 스스로 겸손해야 할 분명한 이유'입니다.

겸손은 하나님의 자녀가 지녀야 할 유일한 태도입니다. 비록 사탄이 패배 당했고 그리스도 안에서 많은 것을 받았지만, 내가 날마다 범하는 죄들은 나로 하여금 상한 마음으로 그리스도께 피하도록 종용합니다. 날마다 범하는 죄에 직면하여, 우리는 주님께 죄에 저항할 힘을 구하며, 죄에 빠질 때에는 자비로 나를 용서해 달라고 부르짖어야 합니다. 벨직 신앙고백 29조는 그리스도인의 표지에 대해 말하는 대목에서, 그리스도인이란 자신 안에 남아 있는 죄와 싸워야 할 필요와 죄 용서를 위해서 그리스도께 의지해야 할 필요를 아는 사람으로 설명합니다. "교회에 속한 자들은 그리스도인의 표지들에 의해서 알려집니다. 그들은 예수 그리스도 유일하신 구주를 믿고 죄를 멀리하고, 의를 추구하고, 참 하나님과 그들의 이웃을 좌로나 우로 치우침 없이 사랑하며, 자신들의 육체와 그 행위를 십자가에 못 박습니다. 비록 그들에게 큰 연약함이 남아 있다고 할지라도, 그들은 전 생애 동안 성령으로 말미암아 그 연약함에 대항하여 싸웁니다. 그들은 끊임없이 예수 그리스도의 피와 고난과 죽음과 순종에 호소하고, 그분 안에서 그분을 믿는 믿음을 통하여 죄의 용서를 얻습니다." 그리스도인은 스스로 의기양양하거나 독립적이지 않고, 연약하며 의존적입니다. 그리스도인은 겸손하게 구주를 바라보며 자기 죄를 깨닫고 자비를 요청합니다.

기도와 하나님의 말씀 공부:
그리스도인이 날마다 범하는 죄들에 대한 그리스도인의 방어

자신이 구주께 의존적인 존재임을 아는 그리스도인은 '하나님 앞에 겸손하고, 십자가에 달리신 그리스도께로 피하고, 기도의 영을 통하여 그리고 경건의 거룩한 실행에 의해서 더욱더 육신을 죽이는 일'을 힘써 행합니다. '기도'와 '경건을 실천하는 것'은 다윗이 보여준 행위와 습관을 적절하게 표현하는 말일 것입니다. 다윗은 경건한 사람이었고, 하나님의 마음에 합한 사람이었습니다. 하지만 그는 또한 엄청난 죄인이기도 하였습니다. 그의 삶 속에는 연약함이 많았습니다. 성경은 밧세바와 우리아에게 다윗이 행한 일과 자기 아들 암논이 그의 누이 다말을 성폭행했을 때 보여준 그의 다양한 모습에 대해 우리에게 말하고 있습니다. 시 119편에서 다윗은 하나님의 뜻을 행하기로 그가 결정한 것과 자신이 행악하는 자들의 공격에 직면해 있다는 사실과 하나님께서 그를 붙들어서 배교하지 않도록 해 주셔야 한다는 것을 말하고 있습니다. "내가 두 마음 품는 자들을 미워하고 주의 법을 사랑하나이다 주는 나의 은신처요 방패시라 내가 주의 말씀을 바라나이다 너희 행악자들이여 나를 떠날지어다 나는 내 하나님의 계명들을 지키리로다 주의 말씀대로 나를 붙들어 살게 하시고 내 소망이 부끄럽지 않게 하소서 나를 붙드소서 그리하시면 내가 구원을 얻고 주의 율례들에 항상 주의하리이다."시 119:113-117 바로 여기에 겸손의 영, 곧 우리가 하나님께 의존적임을 인정하는 것이 있습니다. 다윗은 자신이 자신만만하게 서 있을 수 없다는 사실을 알았습니다. 바로 이런 이유로 다윗은 하나님의 율법을 배우는 데 열심이었고, 하나님의 율법에 대한 사랑을 표현했습니다. "내가 주의 의로운 규례들로 말미암아 밤중에 일어나 주께 감사하리이다. …내가 주의 계명을 믿었사오니 좋은 명철과 지식을 내게 가르치소서. …그들의 마음은 살져서 기름덩이 같으나 나는 주의 법을 즐거워하나이다. … 주의 입의 법이 내게는 천천 금은보다 좋으니이다. …내가 주의 법을 어찌 그리 사랑하는지요? 내가 그것을 종일 읊조리나이다. 주의 계명이 항상 나와 함께 하므로 그것이 나로 원수보다 지혜롭게 하나이다. 내가 주의 증거들을 늘 읊조리므로 묵상하므로 나의 명철함이 나의 모든 스승보다 나으며 …주의 말씀의 맛이 내게 어찌 그리 단지요? 내 입에 꿀보다 더 다니이다. 주의 법도들로 말미암아 내가 명철하게 되었으므로 모든 거짓 행위를 미워하나이다. 주의 말씀은 내 발에 등이요 내 길에 빛이니이다."시 119:62-105

하나님의 말씀은 다윗에게 매우 중요했습니다. 날마다 겪는 삶의 고역 가운데서 왕으로서 다윗은 여러 가지 결정을 내려야 했습니다. 그러나 자신이 불구대천의 세 원수인 마귀와 세상과 자신의 육신으로부터 끊임없는 공격 아래 있으며, 자신이 너무나 연약하여서 단 한순간도 버틸 수 없다는 것을 알고 있는 다윗은 기도와 경건을 거룩하게 실천하는 일을 했습니다. 다윗은 하나님과 교제하고 하나님의 말씀을 부지런히 배웠습니다. 기도와 하나님의 말씀을 공부하는 것은 마귀의 공격에 대한 그리스도인의 방어수단이 됩니다. 4조를 더 보십시오.

날마다 범하는 죄들은 그리스도인으로 하여금 완전을 열망하게 합니다

또한 날마다 연약함으로 인해 죄를 범하는 것은 그리스도인들이 "마침내 이 사망의 몸으로부터 구원받아서 그들이 하나님의 어린양과 함께 하늘에서 통치하기까지 완전의 목적을 열망하고 투쟁해야 할 확고한 이유입니다." 이 구절은 계 22:20에서 "주 예수여, 오시옵소서!"라고 표현한 것과 같은, 구원에 대한 교회의 탄원을 언급한 것입니다. 또한 바울도 빌립보서에서 자신이 그리스도와 함께 하기를 얼마나 열망하는지를 기록했습니다. "이는 내게 사는 것이 그리스도니 죽는 것도 유익함이라.… 내가 그 둘 사이에 끼었으니 차라리 세상을 떠나서 그리스도와 함께 있는 것이 훨씬 더 좋은 일이라 그렇게 하고 싶으나." 빌 1:21,23 이 사망의 몸으로부터 구원받는다는 것은 완전하게 되어 더 이상 죄가 없게 되는 것을 의미합니다.

3조

하나님께서는 당신 자신의 소유를 보존하십니다

이렇게 자신 안에 남아 있는 죄의 잔재들과 세상과 사탄의 유혹 때문에, 회심한 사람들은 그 은혜 안에 계속 거하는 것이 마치 그들 자신의 힘에 달린 것처럼 행할 수 없습니다. 롬 7:20 그러나 하나님께서는 신실하시고, 자비롭게도 한 번 그들에게 주신 그 은혜 안에서 확증해 주시며, 끝까지 그 은혜 안에서 그들을 지켜 주십니다. 고전 10:13; 벧전 1:5

그리스도인은 불구대천의 세 원수로부터 공격을 받고 있습니다.

불구대천의 세 원수들인 '자신 안에 남아 있는 죄의 잔재들과 세상과 사탄…'의 공격에 직면하여, 그리스도인은 하나님께서 보존해 주심을 필요로 합니다. 그리스도인에게 내주하는 죄가 항상 있다는 것에 대한 성경적 근거는 1조와 2조에서 이미 언급하였습니다. 다음 성경 본문은 나머지 두 원수인 세상과 사탄의 공격에 대해 말합니다.

세상의 공격

요 15:18,19

"세상이 너희를 미워하면 너희보다 먼저 나를 미워한 줄을 알라. 너희가 세상에 속하였으면 세상이 자기의 것을 사랑할 것이나 너희는 세상에 속한 자가 아니요 도리어 내가 너희를 세상에서 택하였기 때문에 세상이 너희를 미워하느니라."

이 말씀을 보면, 구주께서는 세상이 나를 미워하고 있다고 말씀하십니다. 세상은 나의 원수입니다. 내가 세상의 미움을 받고 있다는 것에 대해서 나는 느끼지 못할 수도 있고, 어쩌면 그게 당연한지도 모르지만, 나는 내 느낌을 따라 갈 수 없습니다. 왜냐하면 내가 죄에 빠져 있는 상태가 내 느낌에도 영향을 주므로, 그 느낌을 신뢰할 수 없기 때문입니다. 사탄은 아주 교활하여 세상이 마치 내게 우호적인 것처럼 보이도록 만들 것이 분명합니다. 그러나 하나님께서는 당신의 말씀에서 '세상이 너를 미워한다.'는 사실을 보여주십니다.

요일 2:15

세상이 나를 미워하기 때문에 하나님께서는 "이 세상이나 세상에 있는 것들을 사랑하지 말라 누구든지 세상을 사랑하면 아버지의 사랑이 그 안에 있지 아니하니."라고 말씀하십니다.

나를 미워하는 것을 사랑한다는 것은 어리석은 일입니다. 세상이 나를 미워하므로 나는 세상을 미워해야 합니다. 나는 하나님을 사랑하고 세상을 미워하든지, 아니면 하나님을 미워하고 세상을 사랑하든지

해야 합니다. 둘 다를 사랑할 수는 없기 때문입니다.

롬 12:2

"너희는 이 세대^{세상}를 본받지 말고 오직 마음을 새롭게 함으로 변화를 받아 하나님의 선하시고 기뻐하시고 온전하신 뜻이 무엇인지 분별하도록 하라."

여자의 씨는 마귀의 씨와 원수로 삽니다. 따라서 우리는 세상과 일치할 여지가 없습니다. 우리가 하나님의 자녀로 세상의 자녀들과 **다르게** 사는 것이 주님의 뜻입니다.

사탄의 공격

벧전 5:8

"근신하라 깨어라 너희 대적 마귀가 우는 사자 같이 두루 다니며 삼킬 자를 찾나니"

계 12:9-12

"큰 용이 내쫓기니 옛 뱀 곧 마귀라고도 하고 사탄이라고도 하며 온 천하를 꾀는 자라 그가 땅으로 내쫓기니 그의 사자들도 그와 함께 내쫓기니라 내가 또 들으니 하늘에 큰 음성이 있어 이르되 이제 우리 하나님의 구원과 능력과 나라와 또 그의 그리스도의 권세가 나타났으니 우리 형제들을 참소하던 자 곧 우리 하나님 앞에서 밤낮 참소하던 자가 쫓겨났고 또 우리 형제들이 어린 양의 피와 자기들이 증언하는 말씀으로써 그를 이겼으니 그들은 죽기까지 자기들의 생명을 아끼지 아니하였도다 그러므로 하늘과 그 가운데에 거하는 자들은 즐거워하라 그러나 땅과 바다는 화 있을진저 이는 마귀가 자기의 때가 얼마 남지 않은 줄을 알므로 크게 분내어 너희에게 내려갔음이라 하더라."

사탄은 그리스도께 패배 당했습니다. 그래서 사탄은 택자들을 다스릴 권한을 상실했습니다. 그의 때가 얼마 남지 않은 줄을 알고서, 사탄은 이 땅에 거하는 우리들을 맹렬하게 공격합니다. 사탄의 공격은 그리스도인들에게 실재입니다.

눅 22:31,32
"시몬아, 시몬아, 보라 사탄이 너희를 밀 까부르듯 하려고 요구하였으나 그러나 내가 너를 위하여 네 믿음이 떨어지지 않기를 기도하였노니 너는 돌이킨 후에 네 형제를 굳게 하라."

사탄은 자신이 십자가에서 패배당할 것을 알았습니다. 그럼에도 불구하고, 사탄은 베드로를 청구하였고, 하나님께서는 그 청구를 허용하셨습니다. 그렇기 때문에 구주께서는 베드로에게 "네가 돌이킨 후에"라고 말씀하셨습니다. 다시 말해 주님께서는 "베드로야, 너는 타락할 것이다."라고 말씀하신 것입니다. 사탄은 **매우 실제적인 원수**입니다. 그러나 베드로는 그저 타락하고 끝나 버리지 않고 다시 돌이킬 것입니다. 왜냐하면 그리스도께서 그를 위하여 기도하실 것이기 때문입니다. 그리스도께서는 베드로에게 "심지어 네가 타락할 때에라도 내가 너를 굳게 붙들 것이다."라고 말씀하셨습니다.

그러나 하나님은 신실하십니다

우리의 불구대천의 세 원수인 마귀와 세상과 우리 자신의 육신은 매우 실제적인 원수입니다. 그래서 우리는 우리 자신의 힘으로는 그 공격에 직면하여 버틸 수 없습니다. 그러나 이 사실로 인해 우리가 자포자기할 필요는 없습니다. 왜냐하면 예수님께서 베드로에게 "내가 너의 믿음이 떨어지지 않도록 기도하지 않겠느냐?"라고 말씀하셨기 때문입니다. 선한 목자의 비유에서, 그리스도께서는 아버지께서 아들에게 주신 양들에 관하여 제자들에게 이렇게 약속하셨습니다. "내가 저희에게 영생을 주노니 영원히 멸망치 아니할 터이요, 또 저희를 내 손에서 빼앗을 자가 없느니라. 저희를 주신 내 아버지는 만유보다 크시매 아무도 아버지 손에서 빼앗을 수 없느니라." 예수님은 양들이 그들 스스로는 얼마나 연약한지, 또 원수들이 얼마나 강한지를 아셨습니다. 그러나 예수님께서는 당신께 주어진 양들이 멸망당하지 않을 것이라고 말씀하셨습니다.

왜 양들이 멸망당하지 않습니까? 왜냐하면 '주님께서는 신실하시고, 여러분을 확고하게 하시며 악한 자로부터 보호하시는 분'이시기 때문입니다. 살후 3:3 우리를 영원부터 선택하셨고, 당신의 아들을 보내시어 우리를 위하여 죽게 하셨으며, 우리에게 성령을 부어 주신, 스스로 계신 하나님께서 우리에게 등을 돌리시거나 사탄의 공격에 직면하여 우리를 홀로 있도록 버려두실 수 있겠습니까? 참고 도표 1, 1조 그러실 수 없습니다. 하나님께서는 우리를 홀로 버려두지 않으십니다. 왜냐하면 우리 안에서 당신의 구속사역을 시작하신 하나님께서 그 사역을 완성으로 이끌 것이기 때문입니다. "너희 속에 착한 일을 시작하신 이가 그리스도 예수의 날까지 이루실 줄을 우리가 확신하노라." 이 사역은 나에게 달린 것이 아니라 하나님께 달려 있습니다. 그것이 바로 내가 안전한 이유입니다. 비록 내가 연약할지라도, 나의 하나님께서는 나를 붙드시고, 내가 완전해질 그 날을 향하여 매일매일 손을 잡고 인도하십니다. 그렇게 해 주시는 분이 나의 하나님이십니다!

다윗은 시 138:7,8에서 이렇게 말했습니다. "내가 환난 중에 다닐지라도 주께서 나를 살아나게 하시고 주의 손을 펴사 내 원수들의 분노를 막으시며 주의 오른손이 나를 구원하시리이다 여호와께서 나를 위하여 보상해 주시리이다 여호와여 주의 인자하심이 영원하오니 주의 손으로 지으신 것을 버리지 마옵소서." 다윗은 자신이 환난 중에 다니고 있다고 말합니다. 그의 원수들이 그에게 아주 실제적인 고통을 주고 있었기 때문입니다. 그러나 다윗은 좌절하지 않았습니다. 다윗은 하나님을 알았고, 자신이 하나님께 의존해야 하는 존재라는 사실도 알았습니다. 그러므로 다윗이 주의 손으로 지으신 것을 버리지 말아 달라고, 자기 일을 돌봐 달라고 하나님께 기도한 것은 공허한 기도나 그냥 해 본 말이 아니라, "이 분이 바로 나의 하나님, 곧 말씀하신 대로 행하시는 하나님이시다."라는 확신에 찬 기도였습니다. 하나님께서는 끝까지 나를 돌보실 것입니다. "그분은 내게 관계된 것을 완전케 하실 것입니다."

그렇다면 다윗의 죄나 우리 자신의 죄를 어떻게 생각해야 합니까? 우리의 죄가 우리를 하나님 앞에서 무가치한 자로 만듭니까? 그렇게 되는 것이 마땅하기는 하지만, 그런 생각은 지금 우리가 논의하고 있는 논점에는 맞지 않습니다. 왜냐하면 심지어 하나님께서는 나에 대한 당신의 사역을 시작하시기도 전에, 나의 죄가 앞으로도 여전히 남아 있을 것을 아셨기 때문입니다. 나의 죄에도 불구하고, 하나님께서는 당신의 사역을 시작하셨습니다.

"상한 갈대를 꺾지 아니하며 꺼져 가는 등불을 끄지 아니하신다."[사 42:3] 이 본문은 나의 하나님이 어떤 분이라고 말하고 있습니까? 과연 나에게 그렇게 많은 일들을 해 주신 하나님께서 연약함과 죄 가운데 있는 나에 대해 "너는 불합격이다."라고 말씀하실까요? 하나님께서는 사람을 상한 갈대에 비유해 말씀하시듯이, 나를 쓸모없다고 말씀하실까요? 그렇지 않습니다. 하나님께서는 나를 버리시거나 거절하지 않으십니다. 나의 하나님은 자비로우시고 은혜로우시며, 상한 마음을 가진 자들과 연약한 자들에게 은혜로우십니다. 하나님께서는 우리를 더욱더 견디게 하십니다. 왜냐하면 하나님께서는 다음과 같은 사실을 아시기 때문입니다.

> "… 회심한 사람들은 그 은혜 안에 계속 거하는 것이 마치 그들 자신의 힘에 달린 것처럼 행할 수 없습니다. 그러나 하나님께서는 신실하시고 자비롭게도 한 번 그들에게 주신 그 은혜 안에서 확증해 주시며, 끝까지 그 은혜 안에서 그들을 지켜 주십니다."

사도 바울은 이생에서 겪는 고난들과 그 고난들이 그리스도인의 믿음에 가하는 공격들을 잘 알았습니다.

롬 8:35-39.
"누가 우리를 그리스도의 사랑에서 끊으리요 환난이나? 곤고나 박해나 기근이나 적신이나 위험이나 칼이랴 기록된 바 우리가 종일 주를 위하여 죽임을 당하게 되며 도살 당할 양 같이 여김을 받았나이다 함과 같으니라 그러나 이 모든 일에 우리를 사랑하시는 이로 말미암아 우리가 넉넉히 이기느니라 내가 확신하노니 사망이나 생명이나 천사들이나 권세자들이나 현재 일이나 장래 일이나 능력이나 높음이나 깊음이나 다른 어떤 피조물이라도 우리를 우리 주 그리스도 예수 안에 있는 하나님의 사랑에서 끊을 수 없으리라."

여기서 사도는 주님의 방식, 곧 주님께서 모든 상황 가운데서 당신의 소유를 지키신다는 것에 대한 확신을 표현한 것입니다.

아르미니우스주의자들은 사람을 중심에 둡니다. 즉 사람은 자유의지를 가지고 하나님께서 은혜롭게 제공해 주신 수단을 사용함으로써 견인해 나간다는 것입니다. 반면에 성경은 하나님을 중심에 둡니다. 내가 항상 안전할 수 있는 것은 내가 중심에 있기 때문이 아니라 하나님께서 중심에 계시기 때문입니다.

1-3조에서 조상들은 신자가 이생에서 너무나 연약한 존재이며, 또 연약할 뿐이기 때문에 유혹에 직면하여 단 한순간도 스스로 지탱할 수 없다고 고백했습니다.[1. 표 5-2-1 보세요.] 그런데 이런 연약한 신자는 여전히 마귀와 세상과 자기 육신으로부터의 공격을 받고 있습니다.[2] 만약 신자가 홀로 남아 싸우는 것이라면, 그는 반드시 이런 공격에 직면하여 쓰러질 것입니다.[3] 그러나 우리는 좌절할 필요가 없습니다. 왜냐하면 하나님께서는 자신의 약속에 신실하시고 끝까지 당신 자신의 권리를 포기하지 않으시기 때문입니다.[4]

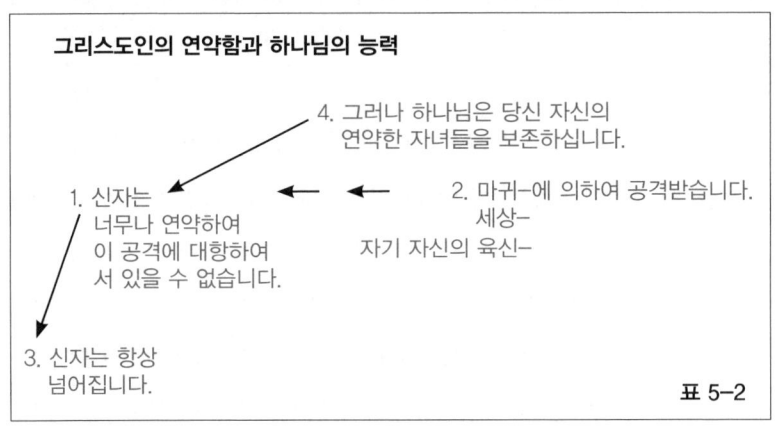

표 5-2

4조

성도들도 심각한 죄에 빠질 수 있습니다

✦

비록 하나님께서 당신의 능력으로 참된 신자들을 은혜 안에서 확증하시고 보존하심이 너무나 엄청나서 그것이 육신에 의해서 정복될 수 없다고 할지라도, 회심한 사람들도 여전히 항상 하나님께 인도함을 받고 감동을 받지 못하여 어떤 특별한 행동에서 자신의 잘못으로 인해 은혜의 인도로 돌아설 수 없고, 육신의 소욕에 의해서 유혹을 받고 굴복하기도 합니다.^{엡 1:19} 그러므로 그들은 끊임없이 유혹에 빠지지 않도록 깨어 기도해야 합니다.^{마 26:41; 살전 5:6,17} 그들이 깨어 기도하지 않을 때, 그들은 육신과 세상과 사탄에 의해서 심각하고 극한 죄에 빠질 뿐만 아니라 하나님의 공의로우신 허용으로 때때로 실제적으로 내버려지기도 합니다. 성경에 기록된 다윗과 베드로와 다른 성도들의 그런 슬픈 타락은 이 사실을 증거합니다.^{삼하 11; 마 26}

"하나님께서 당신의 능력으로 참된 신자들을 은혜 안에서 확증하시고 보존하심이 너무나 엄청나서 그것이 육신에 의해서 정복될 수 없습니다…." 하나님의 능력이 위대하시므로 하나님의 백성들은 항상 하나님의 손 안에서 안전합니다. 그러나 그 말은 회심한 자들이 결코 죄에 빠질 수 없다는 뜻이 아닙니다. 4조는 이렇게 계속됩니다. "…여전히 회심한 사람들도 항상 하나님께 인도함을 받고 감동을 받지 못하여, 그들은 어떤 특별한 행동에서 자신의 잘못으로 인해 은혜의 인도로 돌아설 수 없고, 육신의 소욕에 의해서 유혹을 받고 굴복하기도 합니다." 신자는 타락할 수 있습니다. 하나님께서 당신의 지혜로 당신의 보존하시는 손을 움츠리심으로써 신자가 받게 될 공격에 직면하여 자기 마음대로 하게 버려두실 수도 있습니다. 그렇게 되면 반드시 신자는 죄에 빠지고 마귀와 세상과 자기 육신의 공격에 넘어집니다.

4조에서 말하는 신자는 누구입니까? 바로 **나**입니다. 여기에 기록된 것은 나의 신앙고백입니다. **나**는 무서운 죄에 빠질 수 있습니다. 만일 하나님께서 나를 보호하지 않으신다면, 만일 하나님께서 날마다 그리고 매순간 당신의 손으로 나를 지탱하시지 않으신다면, 나는 항상 타락할 것입니다. 호주 교회 질서 77조[1]에서는 다음과 같이 규정합니다.

> "직분자들의 면직과 정직의 사유가 되는 심각하고도 천박한 죄들로써 다음과 같은 것들이 특별히 언급되어야 한다. 거짓 교리와 이단, 공적인 당파, 신성모독죄, 성직 매매, 신실하지 못하게 직분을 버리거나 다른 사람의 직분을 침범하는 것, 거짓 증언, 간통, 음란, 도적질, 폭력 행위, 습관적인 과음, 소란, 불의하게 부를 축척함, 더 나아가서 이 모든 죄와 함께 교회의 다른 회원들과 연관하여 출교의 사유가 되는 것으로 간주되는 심각한 비행들이 여기에 포함된다."

직분자는 성경이 말하는 요구조건들에 따라 심사를 받고 직분자로 세우기에 적합하다고 판단된 사람입니다. 그래서 우리는 이 형제들을 이 교회 질서의 항목에서 언급된 그런 종류의 죄들을 초월한 존재

---

[1] 찬송가 p.669에 기록된 캐나다 교회질서의 72조와 동일합니다.

로 생각하려는 경향이 있습니다. 그러나 이와 같은 항목이 교회 질서에 포함되어 있다는 그 사실 그 자체가 심지어 직분자들도 신성모독, 거짓 맹세, 간음, 음란 등을 초월한 것이 아니라고 고백하는 것입니다. 따라서 나는 내가 그런 죄들을 초월했다고 생각하지 않아야 합니다. 4조에서는 **성도들**에 대해 말하는데, 거기서 '성도들'에는 나도 포함됩니다! 어떤 사람도 '나는 결코 그런 죄를 범할 리 없다.'는 식으로 생각하지 않아야 합니다. 비록 신자의 마음이 하나님의 성령에 의해서 변할지라도, 그 신자가 아직 완전하지 않다는 것 역시 사실입니다. 하이델베르크 교리문답 44주일 114문답의 말로 하면 이렇습니다. "가장 거룩한 사람이라도 이 세상에서는 순종의 작은 시작만 할 수 있을 뿐입니다."

만일 하나님께서 매순간 신자를 지탱해주시지 않는다면, 신자는 마귀와 세상과 자신의 육체로부터 계속되는 공격에 직면하여 무너질 것입니다. 그러므로 신자의 마음속에 자랑할 여지가 없습니다. 오로지 겸손할 수밖에 없습니다. 우리가 하나님의 보존하시는 은혜에만 의지해야 하기 때문에, 그리스도께서는 우리에게 주기도문의 여섯 번째 간구, "시험에 들게 하지 마옵시고 다만 악에서 구원하소서."라고 기도하라고 가르치셨습니다. 교회는 이 청원에서 다음과 말로 우리 주님의 가르침을 드러냅니다. "우리 자신만으로는 너무나 연약하여서 우리는 스스로의 힘으로 한순간도 서 있을 수 없사옵니다. 또한 우리의 불구대천의 원수인 마귀와 세상과 우리 자신의 육신이 끊임없이 우리를 공격하나이다. 그러므로 주님께서 성령의 능력으로 우리를 붙드시고 강하게 하셔서, 우리가 이 영적 전쟁에서 최종적으로 완전한 승리를 얻을 때까지 패하지 않게 하시옵소서." 하이델베르크 교리문답 52주일 127문답. 여기에서 우리는 사탄의 공격에 직면하였을 때 우리 자신의 힘으로는 대응해 나갈 수 없는 우리의 무능력을 고백합니다. 다시 말해서 그것은 하나님의 은혜에 대한 전적인 의존을 고백한 것입니다.

나의 죄는 항상 나의 책임입니다

성경에서 우리는 사탄의 공격에 굴복하여 죄에 빠진 성도들에 대해 읽습니다. 예를 들면, 우리는 이스라엘 백성들을 계수하는 것과 관련된 다윗의 죄에 대해 읽는데, 다윗은 이스라엘 백성들을 계수함으로 하나님보다는 군대에 신뢰를 더 두었습니다. "여호와께서 다시 이스라엘을 향하여 진노하사 그들을 치시려고 다윗을 격동시키사 가서 이스라엘과 유다의 인구를 조사하라 하신지라."삼하 24:1 하나님께서 어떻게 다윗을 감동시키셨습니까? 대상 21:1에서 우리는 이런 말씀을 읽습니다. "사탄이 일어나 이스라엘을 대적하고 다윗을 충동하여 이스라엘을 계수하게 하니라."대상 21:1 여기에서는 사탄이 다윗을 감동시키는 일을 했다고 합니다. 이 구절에서 우리는 하나님께서 다윗을 감동시키사 백성들을 계수하도록 하신 방식을 볼 수 있습니다. 즉 하나님께서는 다윗을 더 이상 지탱하지 않으셨고, 그로 인해 다윗은 사탄의 공격에 취약하게 되었습니다. 그 결과로 다윗은 타락했습니다. 다윗의 이 죄는 우리가 4조에서 고백한 대로, 하나님께서 신자들을 보존하신다는 것이 항상 신자들이 심각한 죄에 빠지지 않게 된다는 뜻이 아니라는 사실을 예증합니다. 다시 표 5-2의 3을 보십시오.

그러나 이 말은 다윗이 하나님께 "당신께서 나로 그렇게 하도록 두셨습니다."라고 비난할 수 있다는 그런 뜻이 아닙니다. 처음부터 하나님께서는 우리를 마귀의 공격에 저항할 수 있도록 만드셨습니다. 우리가 죄 가운데 죽은 것은 우리 자신의 행동 때문이었습니다. 그러므로 우리가 우리 자신의 힘으로 사탄의 공격에 저항할 수 없다는 사실 또한 우리 자신에게 책임이 있습니다. 하나님께서는 사탄의 공격에 직면하여 우리를 붙들어 주실 책임이 전혀 없습니다. 그러므로 우리는 우리가 사탄의 유혹에 굴복하게 된다고 해서 하나님을 비난할 수 없습니다. 성도들은 항상 자신들의 죄에 책임이 있습니다. 그러므로 다윗은 자신의 범죄에 대한 자기 책임을 인정하고 하나님께 죄의 용서를 구했습니다. "다윗이 백성을 조사한 후에 그의 마음에 자책하고 다윗이 여호와께 아뢰되 내가 이 일을 행함으로 큰 죄를 범하였나이다 여호와여 이제 간구하옵나니 종의 죄를 사하여 주옵소서 내가 심히 미련하게 행하였나이다 하니라."삼하 24:10 나는 내가 죄를 지을 수밖에 없었다고 말해서는 안 됩니다.

성도들은 끊임없이 깨어 있어 기도해야 합니다

신자들은 여전히 연약하고 하나님의 은혜에 의지합니다. "그러므로 그들은 끊임없이 유혹에 빠지지 않도록 깨어 있어 기도해야 합니다." 이것은 성경의 명백한 가르침입니다. 마 26장에서 우리는 예수께서 배신을 당하신 그 밤에 제자들과 함께 아버지께 기도하기 위해서 겟세마네로 가신 것을 봅니다. 예수께서 제자들에게 "머물러 나와 함께 깨어 있으라."라고 세 번이나 요청하셨습니다. 그러나 그때마다 예수님께서 제자들에게 돌아와 보면 제자들은 잠들어 있었습니다. 그래서 예수님께서는 제자들에게 "마음에는 원이로되 육신이 약하도다."라고 말씀 하셨습니다.마 26:41 신자들은 올바른 일을 행하기를 원합니다. 그러나 신자들의 내면에는 그것을 이루기 위해서 필요한 것들이 없습니다.

그러므로 나는 깨어 있어야 하고, 우는 사자와 같이 두루 다니는 마귀의 공격을 경계해야 합니다. 나는 세상과 내 육신의 공격을 경계해야 합니다. 나는 하나님께 기도하면서 나의 연약함을 말씀드립니다. 나는 하나님께 나를 붙들어 달라고 간구합니다. 왜냐하면 만일 하나님께서 한순간이라도 나를 스스로 서 있도록 놓아두신다면 나는 쓰러질 것이기 때문입니다. 그리스도인이 타락하지 않으려면 깨어서 기도해야 합니다. 이는 불변의 사실입니다.

눅 22:31,32에서 예수님은 베드로에게 "사탄이 너를 흔들 수 있도록 허용해 달라고 하나님께 청구했다."라고 말씀하셨습니다. 베드로는 이 사실을 알지 못했기 때문에, 이 특별한 공격을 방어하기 위해서 기도할 수 없었습니다. 그러나 예수님은 베드로에게 이렇게 말씀하셨습니다. "그러나 내가 너의 믿음이 떨어지지 않도록 너를 위하여 기도하였다."눅 22:32 하나님께서는 사탄이 베드로를 밀 까부르듯 까불 수 있도록 당신의 지혜 가운데서 허용해 주셨습니다. 예수님은 베드로가 타락하여 당신을 부인할 것을 아셨습니다. 그러나 예수님은 베드로의 믿음이 떨어지지 않도록 기도하셨습니다. 여기에서 기도의 중요성이 예증되고 있습니다. 모든 신자들은 계속되는 공격 아래 있습니다. 그래서 신자 각자는 "… 끊임없이 기도해야 합니다."살전 5:17 만일 하나님께서 단 한순간이라도 당신의 손을 거두신다면, 신자는 그런 공격에 직면하여 단 한 명도 버틸 수 없습니다. 베드로에게 말씀하시면서, 예수님께서는 그런 기도의 가치를 보여주셨습니다. 왜냐하면 예수님께서 곧바로 "너는 돌이킨 후에 네 형제를 굳게 하라."눅 22:32라고 추가하셨기 때문입니다. 여기에 비록 베드로가 타락할지라도, 하나님께서 그를 회복시키시리라는 약속이 있습니다.

예수님께서는 우리에게 날마다의 양식을 위하여 "일용할 양식을 주옵소서."라고 기도하라고 가르치셨습니다. 마찬가지로, 우리는 "시험에 들게 하지 마옵소서."라고 기도해야 합니다. 우리는 이 기도를 하나님께 합니다. 이 하나님은 어떤 분이십니까? 이 하나님은 우리가 다음과 같이 말하는 그 하나님이십니다. "우리 주 예수 그리스도의 아버지 하나님을 찬송하리로다 그의 많으신 긍휼대로 예수 그리스도를 죽은 자 가운데서 부활하게 하심으로 말미암아 우리를 거듭나게 하사 산 소망이 있게 하시며 썩지 않고 더럽지 않고 쇠하지 아니하는 유업을 잇게 하시나니 곧 너희를 위하여 하늘에 간직하신 것이라 너희는 말세에 나타내기로 예비하신 구원을 얻기 위하여 믿음으로 말미암아 하나님의 능력으로 보호하심을 받았느니라"벧전 1:3-5 우리는 누구에게 기도합니까? 우리는 우리 스스로를 지탱할 수 없는 무능력에 대하여 누구에게 가서 도움을 청할 수 있습니까? 우리가 이렇게 기도하는 것은 **긍휼이 크고 풍성하신 하나님께** 하는 것입니다. 그분은 우리를 거듭나게 하신 분이시며, 먼저 우리를 신자 되게 하신 후에 우리 안에 행하시는 당신의 사역을 완성시키시는 우리 하나님이십니다. 이 하나님은 '당신의 능력으로' 당신 자신의 백성을 지키십니다. 그래서 나는 만일 내가 타락하게 되더라도 강하신 나의 하나님께서 나를 붙들어 주실 것이라는 사실을 확신합니다.

그러므로 자신의 타락과 연약함에 대한 예리한 감각과 하나님께 전적으로 의지해야 한다는 깊은 각성을 가진 신자는 자기 이웃 앞에서도 겸손한 태도를 가져야 합니다. 내가 마귀와 세상과 나 자신의 육신의 공격에 굴복하기가 얼마나 쉬운지를 안다면, 나는 죄에 빠진 사람들을 이해하고 공손하게 대해야 합니다. 예를 들면, 사회는 에이즈라는 징벌을 압니다. 이 성도들 가운데 있는 형제자매들도 자기 잘못으로 인해 에이즈에 감염될 때가 오게 되는지 모릅니다. 따라서 내가 동성애 행위를 아무리 혐오한다고 할지라도 나는 만일 하나님께서 나를 붙들어 주시지 않는다면 나도 또한 그런 죄에 빠질 수 있다는 사실을 고백합니다. 그러므로 나는 그런 죄에 빠진 다른 사람들을 경멸할 **수 없습니다.** 나는 오직 겸손한 자세로 그런 시련에 직면한 형제 혹은 자매에게 필요한 도움과 격려를 제공해야 합니다.

그런 심각한 죄의 결과

그러나 그런 심각한 죄로 인해, 그들이 참으로 회개하고 바른 길로 돌아섬으로써 하나님의 아버지 같은 얼굴빛이 다시 그들에게 비추어질 때까지[민 6:25] 그들은 하나님께 심히 반역하고, 죽어 마땅한 죄를 범하고, 성령을 근심케 하고, 믿음의 역사를 방해하고, 양심에 심각한 상처를 입고, 때로는 잠시 동안 하나님께서 은혜를 베푸신다는 감각마저 상실하기도 합니다. [삼하 12; 엡 4:30; 시 32:3-5]

심각한 죄에 빠지는 것은 그에 따른 결과들을 낳습니다. 즉 신자들과 하나님은 그런 죄의 영향을 받지 않은 상태로 있지 않습니다. 5조에서는 이렇게 말합니다. 신자들은 "그런 심각한 죄로 인해 … 하나님께 심히 반역하고, 죽어 마땅한 죄를 범하고, 성령을 근심케 하고, 믿음의 역사를 방해하고, 양심에 심각한 상처를 입고 때로는 잠시 동안 하나님께서 은혜를 베푸신다는 감각마저 상실하기도 합니다. …"

죄는 하나님께 심히 반역하고
죽어 마땅한 죄를 범하게 합니다

하나님께서는 죄를 **미워하십니다.** 하나님께서는 새긴 우상을 만들지 말라고 이스라엘 백성들에게 분명히 명령하셨습니다. 그러나 이스라엘 백성들은 바로 그 일을 하나님께서 시내산에서 모세와 대화를 하고 있는 동안에 행했습니다. 이스라엘 백성들은 자신들을 위하여 금송아지를 만들어 예배했습니다. 이것을 보시고 하나님께서는 이스라엘을 파멸시키기 원하셨습니다. 그래서 하나님께서는 모세에게 이렇게 말씀하셨습니다. "… 내가 이 백성을 보니 목이 곧은 백성이로다. 그런즉 나대로 하게 하라 내가 그들에게 진노하여 그들을 진멸하고 너로 큰 나라가 되게 하리라."출 32:9-10

또 다른 때에도 이스라엘 백성들은 항상 만나만 먹는다고 하나님께 불평하고, 고기를 달라고 떼를 썼습니다. 이것은 주님을 노하게 만드는 일이었습니다. 하나님께서는 이스라엘 백성들에게 메추라기를 보내주셨습니다. "그러나 고기가 아직 이 사이에 있어 씹히기 전에 야웨께서 백성에게 대하여 진노하사 심히 큰 재앙으로 치셨습니다."민 11:33 하나님께서는 죄를 용납하지 않으십니다. 하나님께서는 죄를 미워하십니다. 이스라엘 백성들이 결국 포로 신세가 되고, 평강이 그치고, 아기들이 어머니로부터 억지로 떨어지게 된 것은 그들의 죄 때문이었습니다.

내가 죄에 빠지는 것이 문제가 됩니까? 당연히 문제가 됩니다. 이는 다른 누구보다도 하나님께 대항하여 죄를 짓는 것이기 때문입니다. 우리 하나님은 "소멸하는 불이십니다."히 12:29 그리고 "살아계신 하나님의 손에 빠져 들어가는 것은 무서운 일입니다."히 10:31 하나님께서는 죄를 **미워하십니다.** 그러므로 만일 내가 죄에 빠진다면, 나는 하나님께

심히 반역하고 하나님의 진노를 불러일으키는 것입니다. 이 하나님은 구약 시대부터 이제까지 변치 않으셨습니다! 우리는 계시록에서 언급된 모든 재앙들을 기억해 보기만 해도 그것을 알 수 있습니다.

죄는 성령을 근심케 합니다

우리 조항에서는 그런 '심각한 죄들이' 또한 '성령을 근심케 한다.'고 추가해서 말합니다. 나는 고전 3:16에서 내가 하나님의 성전인 것과 하나님의 성령이 내 안에 거하신다는 사실을 읽습니다. 그렇다면 내가 나의 몸과 나의 지성과 나의 손과 나의 혀를 죄를 범하는 데 사용할 수 있습니까? 만일 그렇게 한다면 나는 성령을 근심케 하는 것입니다. 바울은 그것을 이렇게 말합니다. "하나님을 따라 의와 진리의 거룩함으로 지으심을 받은 새 사람을 입으라. …거짓을 버리고 … 다시 도적질하지 말고 …더러운 말은 너희 입 밖에도 내지 말고 …하나님의 성령을 근심하게 하지 말라. …너희는 모든 악독과 노함과 분냄과 떠드는 것과 훼방하는 것을 모든 악의와 함께 버리라."엡 4:24-31 즉 거짓말하고, 도적질하고, 더러운 말을 사용하는 것 등은 "하나님의 성령을 근심케 합니다." 이것은 다윗이 알게 된 진리였습니다. 그래서 다윗은 시 51편에서 밧세바와 간음한 후에 자기 죄를 깨닫고 회개하는 것 이상의 일을 했습니다. 곧 그는 또한 죄에 대한 대가가 있다는 사실 즉 성령께서 떠나신다는 것을 인정했습니다. 시 51:11은 죄에 빠지고 죄를 받아들이며 죄 가운데 살고 강퍅하게 되는 것들이 지극히 큰 대가 하나님께서 당신의 성령을 거두신다는 것 를 지불해야 한다는 사실을 분명히 밝히고 있습니다. 다윗은 이 사실을 깨닫고 기도했습니다. "나를 주 앞에서 쫓아내지 마시며, 주의 성신을 내게서 거두지 마소서."

죄는 믿음의 역사를 방해 합니다

또한 죄에 빠짐은 "믿음의 역사를 방해합니다." 믿음은 예수께서 우리 죄를 위하여 십자가에 달려 죽으셨다는 사실을 믿는 것만이 아닙니다. 믿음은 **행동**이고, 복음을 믿음으로 인해 복음을 드러내는 삶을 **사는 것**입니다. 내가 죄에 직면하게 되면, 나는 나의 아내에게 온유와 사랑으로 대하기가 너무나 어렵다는 것을 알게 되기도 하고, 나의 남편에게 복종하라는 개념에 대해 반감을 느끼기도 하며, 나의 부모에게 순종하는 일을 지긋지긋해 하기도 합니다. 그러나 만일 하나님께서 당신의 말씀 안에서 그것이 내가 행해야 하는 것이라고 말씀하셨다면, 그때 나는 그렇게 해야 합니다. **그것이 믿음입니다.** 그러나 죄의 존재는 믿음의 역사, 곧 하나님께서 원하시는 대로 행하는 믿음의 실행을 극도로 어렵게 만듭니다.

죄는 양심에 심각한 상처를 입히고, 때로는 잠시 동안 하나님께서 은혜를 베푸신다는 감각마저 상실하게 합니다

시 32편에서 우리는 신자의 개인 생활에서 나타나는 죄의 결과들에 대해 읽습니다. 생활의 활력이 약화되고, 즐거움이 삶 속에서 사라지며, 신자는 불안하고, 그의 양심은 죄책감으로 고통당합니다. 다윗은 밧세바와 간음한 죄를 고백하지 않고 살아갈 때 바로 그러한 결과들을 느꼈습니다. "내가 입을 열지 아니할 때에 종일 신음하므로 내 뼈가 쇠하였도다 주의 손이 주야로 나를 누르시오니 내 진액이 빠져서 여름 가뭄에 마름 같이 되었나이다 (셀라)"시 32:3,4.

신자가 하나님과 불화하고 산다면, 신자는 성경을 읽고 싶은 마음이 없어지며, 심지어 성경을 읽을 수도 없게 됩니다. 그러한 신자는 기도하기도 어렵고, 하늘이 자신에게 닫혀 있어서 기도할 수 없다고 느끼게 됩니다. 그는 교회에 출석하거나 성찬에 참여하는 것이 즐겁지 않을 것입니다. 왜냐하면 죄인과 하나님 사이에는 죄가 있어서 하나님께서 멀리 떠나신 것처럼 느껴지기 때문입니다. 죄에 빠진 결과들은 하나님을 불쾌하게 하며, 죄를 고백하고 회개하기 전까지는 하나님의 손이 무겁게 누르는 괴로움을 계속해서 느끼게 됩니다. 다윗은 하나님 앞에서 자기 죄를 자백한 후에 비로소 다시 하나님의 복을 경험할 수 있게 되었습니다. 다윗은 이렇게 말했습니다. "내가 이르기를 내 허물을 야웨께 자복하리라 하고 주께 내 죄를 아뢰고 내 죄악을 숨기지 아니하였더니, 곧 주께서 내 죄의 악을 사하셨나이다"[5절]. 죄를 고백하고 나서야 다윗은 다음과 같이 말할 수 있었습니다. "허물의 사함을 얻고 그 죄의 가리움을 받은 자는 복이 있도다. 마음에 간사가 없고 야웨께 정죄를 당치 않은 자는 복이 있도다."[1,2절] 죄를 고백하고 나서 하나님의 용서와 구속에 대해 확신을 갖게 된 이후에야, 신자는 다시 한 번 하나님의 호의를 확신하며 평강과 기쁨 가운데 살 수 있게 됩니다.

하나님께서는 당신의 택한 자들이 잃어버린 바 되는 것을 허용하지 않으십니다

긍휼이 풍성하신 하나님께서는 선택의 변치 않는 목적에 따라 심지어 당신의 소유된 백성이 통탄할 만한 타락 가운데 있다 할지라도 그들에게서 성령을 거두지 않으십니다. 엡 1:11;2:4; 시 51:13 마찬가지로 하나님께서는 택자들이 너무나 깊이 타락한 나머지 양자됨과 은혜와 칭의의 지위를 저버리거나, 사망에 이르는 죄 혹은 성령을 훼방하는 죄를 범하고 하나님께 완전히 버림당하여 영원한 파멸에 빠지는 것을 허락지 않으십니다. 갈 4:5; 요일 5:16-18; 마 12:31,32

개혁교회: 신자는 타락할 수 있으나 영원한 파멸에 이르지 않습니다

하나님의 현존으로부터 멀리 떨어져서 하나님의 손이 무겁게 자신을 누른다고 느끼는 것은 신자에게 있어서 매우 불쾌한 경험입니다. 그럼에도 불구하고 신자가 이런 일을 겪어야 하는 이유는 어디에 있습니까? 그런 일을 겪는 목적은 오로지 죄인을 자신이 속한 곳으로 회복시키기 위한 것입니다. 만일 하나님께서 나를 붙드시지 않는다면, 나는 실패할 수밖에 없을 것입니다. 6조에서 나는 하나님께서 죄 가운데 있는 나를 잊지 않으신다고 고백합니다. "긍휼이 풍성하신 하나님께서는 선택의 변치 않는 목적에 따라 심지어 당신의 소유된 백성이 통탄할 만한 타락 가운데 있다 할지라도 그들에게서 성령을 거두지 않으십니다." 여기에서 어떻게 **하나님**을 강조하고 있는지 주목하시기 바랍니다.

이스라엘 백성들은 비참하게 타락했습니다. 그들은 시내산 밑에 진을 쳤습니다. 불과 며칠 전에 하나님께서는 그들에게 당신이 그들의 하나님이라고 말씀하셨습니다. "나는 너를 애굽 땅, 종 되었던 집에서 인도하여 낸 너의 하나님 야웨로라. 너는 나 외에는 다른 신들을 네게 있게 말지니라. 너를 위하여 새긴 우상을 만들지 말고, 또 위로 하늘에 있는 것이나 아래로 땅에 있는 것이나 땅 아래 물 속에 있는 것의 아무 형상이든지 만들지 말라." 그러나 백성들은 뻔뻔스럽게도 하나님의 계명을 어기고 자신들을 위하여 금송아지를 만들었습니다. 하나님께서는 어떻게 반응하셨습니까? 하나님께서 이스라엘 백성들을 거부하시고 내팽개치시고는 또 다른 백성을 찾아 호의를 보이셨습니까? 그렇지 않습니다. 그 반대로 하나님께서는 그들에게 당신이 누구신지 계시하셨습니다. "여호와께서 그의 앞으로 지나시며 선포하시되 여호와라 여호와라 자비롭고 은혜롭고 노하기를 더디하고 인자와 진실이 많은 하나님이라."출 34:6

그때 하나님께서 당신의 백성과 언약을 새롭게 하셨습니다. 하나님께서는 과거에도 이스라엘을 가리켜 "너는 내 것이라."라고 말씀하셨습니다. 심지어 그들이 비참하게 타락한 후에도 하나님께서는 그들을 다시 당신께로 회복시키십니다. 이 하나님은 변하지 않으십니다. 예레미야 선지자는 예루살렘이 바벨론의 느부갓네살 왕에게 포위당했던 어려운 시기에 살았습니다. 예레미야 애가는 예레미야가 예루살렘의 파멸을 애도하는 슬픔을 담은 책입니다. 하나님께 거절당한 예레미야는 풀이 죽고 낙담하여 이렇게 기록했습니다. "여호와의 분노의 매로 말미암아 고난 당한 자는 나로다 나를 이끌어 어둠 안에서 걸어가게 하시고 빛 안에서 걸어가지 못하게 하셨으며 종일토록 손을 들어 자주자주 나를 치시는도다 나의 살과 가죽을 쇠하게 하시며 나의 뼈들을 꺾으셨고 고통과 수고를 쌓아 나를 에우셨으며 나를 어둠 속에 살게 하시기를 죽은 지 오랜 자 같게 하셨도다 나를 둘러싸서 나가지 못하게 하시고 내 사슬을 무겁게 하셨으며 내가 부르짖어 도움을 구하나 내 기도를 물리치시며."애 3:1-8

이 경험들은 5조에 기록된 내용들과 정말로 유사합니다! 하나님의 선하심과 하나님의 돌보심이 어디 있습니까? 예레미야에게는 하늘이 닫힌 듯 했습니다. 왜 그렇게 되었습니까? 예레미야가 낙담하게 된 근본적인 이유는 이스라엘의 죄 때문이었습니다. 예레미야는 이 사실을 분명히 깨달았습니다. 그러므로 자신이 비참한 상황에 있음에도 불구하고, 그는 하나님이 누구신지를 잊지 않았습니다. 예레미야는 자기 하나님, 이스라엘의 하나님이 긍휼과 자비의 하나님이라는 것을 알았습니다. 그래서 그는 22절 이하의 말씀을 고백했습니다. "여호와의 인자와 긍휼이 무궁하시므로 우리가 진멸되지 아니함이니이다." 하나님은 자비로우시며, 아침마다 새로운 자비를 당신의 백성에게 내려주십니다.

그러므로 다윗이 간음하였지만 그로 인해 삶의 종말을 맞게 되지 않았던 이유는 하나님의 자비 때문입니다. 비록 다윗과 이스라엘 백성들이 멸망당해 마땅한 자들이었고, 우리도 그들보다 나을 바 없지만, 하나님은 당신의 소유된 자녀들을 그들의 죄에 따라 다루지 않으십니다. 왜 그렇게 하십니까? "나 여호와는 변하지 아니하나니 그러므로 야곱의 자손들아 너희가 소멸되지 아니하느니라."말 3:6 우리가 우리의 죄 때문에 멸망당하지 않는 것은 우리 하나님의 성품 때문입니다. 우리 하나님은 **여전히** 긍휼이 풍성하신 하나님이시며, 무한히 자비로우신 하나님**이십니다.** 이 하나님은 우리의 죄를 용서해 주시는 분이십니다. 그분의 긍휼은 끝이 없으십니다. 이는 시 103:11,12에서 다음과 같이 말한 것과 같습니다. "이는 하늘이 땅에서 높음 같이 그를 경외하는 자에게 그의 인자하심이 크심이로다 동이 서에서 먼 것 같이 우리의 죄과를 우리에게서 멀리 옮기셨으며." 하나님께서는 자비로운 분이시므로 나를 붙들어 주십니다. 심지어 내가 가장 심각한 죄에 빠졌을 때에도 말입니다!

긍휼의 하나님께서는 '선택의 변치 않는 목적에 따라' 나를 붙드십니다. 하나님께서는 당신이 택하신 자들을 구원하시기로 결정하셨으므로, 그들은 구원받게 **될 것입니다.** 심지어 그들이 가능한 한 가장 악한 죄에 빠질지라도 말입니다. 바울은 빌립보서에서, '너희 속에 착한 일을 시작하신 이, 그리스도 예수의 날까지 이루실 줄을 확신하면서' 그런 하나님께 감사합니다.빌 1:6 이 얼마나 놀라운 복음입니까! 내가 타락했을 때에도, 나는 나의 하나님께 의지할 수 있고, 하나님께서 나를 다시 잡아 일으켜 주실 것을 확신할 수 있습니다. 그런 긍휼의 하나님 안에 우리를 위한 참된 안전이 있습니다. 죄에 빠진다는 것은 하나님의 자녀에게 유쾌한 경험이 아닙니다. 나는 연약하여서 하나님께서 나에게 요구하시는 순종의 작은 시작을 할 뿐이고 마귀와 세상과 내 육신의 끊임없는 공격 아래 있기 때문에, 내가 죄에 빠진다고 해도 놀라지 않습니다. 그러나 나는 이제는 모든 것을 잃었다는 듯이 그렇게 좌절하지 않아야 합니다. 정말 그렇습니다! 유아 세례 예식서의 말을 사용하면 다음과 같습니다. "우리가 때때로 연약함 때문에 죄에 빠졌다 하더라도 하나님의 자비하심에 대해서 실망하거나 또한 죄 가운데 계속 머물러서는 안 됩니다. 왜냐하면 세례는 우리가 하나님과 영원한 언약을 맺었다는 인이고 온전히 신뢰할 만한 증거이기 때문입니다." 찬송가 p.585 나는 나의 죄에 직면하여 결코 좌절할 필요가 없습니다. 왜냐하면 나는 나의 하나님이 누구신지를 알기 때문입니다. 나의 하나님은 긍휼이 풍성하신 하나님이시고, 약속에 신실하신 분이십니다. 내가 이 진리를 안다는 것은 정말로 부요하고 즐거운 일입니다! 그분께 모든 찬양을 돌립시다!

아르미니우스주의 : 신자들은 타락할 수 있고 타락하고 영원히 버림당합니다

하나님의 무한하신 긍휼을 믿는 것이 얼마나 부요한가 하는 것은 도르트 총회에서 아르미니우스주의자들이 믿었던 것과 비교해 볼 때 훨씬 더 분명해집니다. 조상들은 그들의 가르침을 다음과 같이 요약했습니다. "참으로 중생한 신자도 의롭다 함을 받은 것으로부터 그리고 그 은혜와 구원으로부터 타락할 수 있을 뿐만 아니라, 자주 정말로 타락하고 영원히 잃어버린바 되기도 합니다."잘못들에 대한 반박 3-잘못, 찬송가 p.571 다시 말해서, 신자들은 하나님의 용서라는 놀라운 은혜의 약속을 가지고 살며, 그리스도의 피로 의롭게 되고 성령으로 거룩하게 된 자들이지만, 만일 타락한다면 그들은 영원히 이 모든 것을 잃어버린다는 것입니다. 그때 그들은 더 이상 의롭지도 또 거룩하지도 않습니다. 마귀와 세상과 자기의 육신을 끊임없이 대면하고 있는 우리가 이런 내용을 믿어야 한다면, 우리에게는 모든 위로가 사라질 것입니다. 그러므로 참으로 복된 위로는 신자들이 하나님의 말씀 속에서 "나의 긍휼은 실패하지 않고, 그들은 아침마다 새롭게 될 것이다."라 하신 말씀을 기억하는 것입니다.

위에서 언급한 아르미니우스주의 이단을 논박하면서, 조상들은 롬 5:8의 말씀에 주목합니다. "우리가 아직 죄인 되었을 때에 그리스도께서 우리를 위하여 죽으심으로 하나님께서 우리에 대한 자기의 사랑을 확증하셨느니라." 하나님께서는 우리 안에서 우리를 위해 당신의 사역을 시작하시기 전부터 우리가 어떤 자들인지를 아셨습니다. 우리는 다 악한 자들이었습니다. 그러나 이런 사실에도 불구하고 하나님께서는 우리를 위하여 당신의 아들을 내어주셨습니다. 그리스도께서 우리를 위하여 죽으셨을 때에 그분은 우리가 **죄인**이고, 죄로 오염되어 있으며, 모든 악한 경향으로 기울어져 있다는 사실을 **아셨습니다.** 만일 내가 죄인이었을 때 하나님께서 나를 구원하셨고 내가 받아들여진 이유가 나의 선함 때문이 아니라면, 내가 죄에 굴복하게 될 때에 좌절할 필요가 있겠습니까? 그럴 필요가 없습니다. 왜냐하면 그분은 내가 **죄인**이었을 때 나를 구원하셨기 때문입니다. 요일 3:9에서 우리는 다음과 같은 말씀을 읽습니다. "하나님께로서 난 자마다 죄를 짓지 아니하나니 이는 하나님의 씨가 그의 속에 거함이요. 저도 범죄치 못하는 것은 하나님께로서 났음이라." 하나님의 씨가 신자 안에 **거하고** 그 씨는 신자에게서 제거되지 않을 것입니다. 주님께서 믿음을 일으키시는 곳에서 그 씨는 제거될 수 없습니다. 이 말은 우리가 완전하게 되었다는 말이 아니라, 우리가 하나님에게서 났으므로 죄 가운데 살지 않는다는 뜻입니다. 이와 유사하게 요 10:28, 29에서도 신자가 영원한 파멸에 이를 수 없다는 사실에 대한 확신을 볼 수 있습니다. 이 구절에서 선한 목자이신 그리스도께서는 이렇게 말씀하십니다. "내가 그들에게 영생을 주노니 영원히 멸망하지 아니할 것이요 또 그들을 내 손에서 빼앗을 자가 없느니라 그들을 주신 내 아버지는 만물보다 크시매 아무도 아버지 손에서 빼앗을 수 없느니라." 그렇습니다. 나는 좌절할 필요가 전혀 없습니다. 나의 하나님은 항상 내게 자비로우시기 때문입니다.

성령을 훼방하는 죄

조상들은 또한 다음과 같이 지적할 필요가 있다는 것을 알았습니다. "긍휼이 풍성하신 하나님께서는 택자들이 너무나 깊이 타락한 나머지 양자됨의 은혜와 칭의의 지위를 저버리거나, 사망에 이르는 죄 혹은 성령을 훼방하는 죄를 범하고 전적으로 하나님께 완전히 버림당하여 영원한 파멸에 빠지는 것을 허락지 않으십니다." 조상들이 이 사실을 고백한 이유는, "참으로 중생한 신자들도 죄를 범하여 사망 혹은 성령을 훼방하는 죄로 이끌릴 수 있다."잘못들에 대한 반박 4-잘못, 찬송가 p.572라고 하는 아르미니우스주의자들의 잘못에 대항하여 성경으로 하여금 말하게 하기 위해서였습니다.

성령을 훼방하는 죄란 무엇입니까? 마 12:31,32에서 우리는 이것이 용서받을 수 없는 죄의 하나라는 사실을 읽습니다. 그리스도께서는 이렇게 말씀하셨습니다. "그러므로 내가 너희에게 이르노니 사람의 모든 죄와 훼방은 사하심을 얻되 성령을 훼방하는 것은 사하심을 얻지 못하겠고, 또 누구든지 말로 인자를 거역하면 사하심을 얻되 누구든지 말로 성령을 거역하면 이 세상과 오는 세상에도 사하심을 얻지 못하리라."

자신이 죄에 빠진것과 하나님의 진노를 불러일으킨 것을 자각하고, 믿음의 역사를 방해하고, 하늘이 자신에게 닫힌 것처럼 느끼는 신자는 혹시 자신이 성령을 훼방하는 죄를 범하여 다시 용서받을 수 없는 상태에 있는 것은 아닌가하는 생각이 들 수도 있습니다. 그리하여 그는 자신이 결국 버림당할 것이라고 결론을 맺습니다. 그러나 조상들은 6조에서 하나님께서 당신의 자녀가 돌이킬 수 없을 정도로 타락하도록 허용하지 않으신다고 말합니다. 하나님께서는 당신 자신의 소유를 붙드십니다. 그리고 이 사실을 아는 것은 신자들에게 위안을 주는 것입니다. 표 5-3을 보세요.

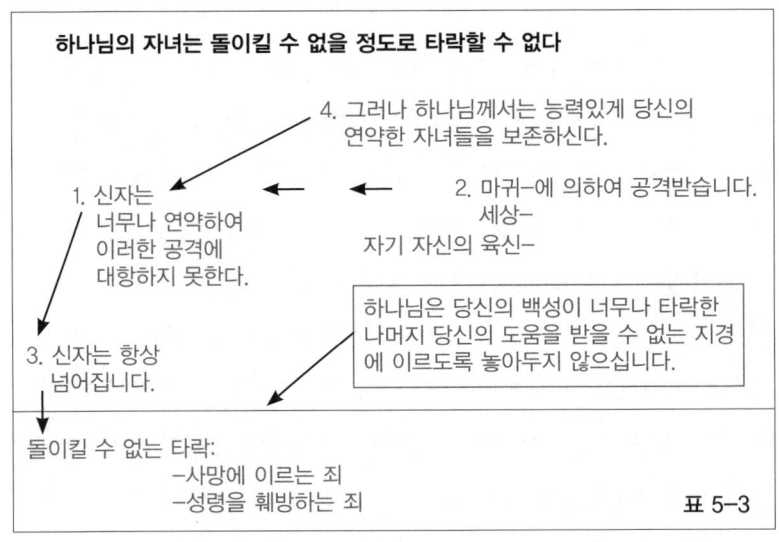

표 5-3

그렇다면 성령을 훼방하는 죄란 무엇입니까? 일부 사람이 흔히 생각하는 것과 달리, 이 죄는 간음이나 신성모독과 같은 그런 죄가 아닙니다. 마 12:22-30에서 바리새인들은 예수님이 귀신으로 충만하기 때문에 귀신을 추방한다고 주장했습니다. 바리새인들은 "이 사람이 귀신의 왕 바알세불을 힘입지 않고는 귀신을 쫓아내지 못하느니라."라고 말했습니다. 구약은 마귀의 행동이 어떤 것인지를 보여 주고 있는데, 거기에는 귀신들을 추방시키는 것을 포함하지 않고 있습니다. 구약은 하나님의 아들이 이 땅에 오셨을 때에 행하실 것들을 분명히 보여 주고 있는데, 거기에는 죄의 결과를 제거하는 것도 포함하고 있습니다. 수년 동안 바리새인들은 성경을 들었고, 성경을 열심히 공부했습니다. 그들은 또한 예수님의 가르침도 들었습니다. 이 모든 사실에도 불구하고, 예수님의 귀신 추방에 대한 그들의 반응은 "이 사람은 마귀에게 속한 자다."라는 것이었습니다. 이것은 하나님의 말씀과 그 말씀의 약속들에 대해 뻔뻔스럽게 거부한 것이며, 또한 복음을 통하여 자신을 계시하신 하나님을 거부한 것입니다. 하나님을 알지만 여전히 "나는 그를 원하지 않는다."라고 말하는 것입니다. 그런 죄에 대해서는 사함이 없습니다.

"한 번 빛을 받고 하늘의 은사를 맛보고 성령에 참여한 바 되고 하나님의 선한 말씀과 내세의 능력을 맛보고도 타락한 자들은 다시 새롭게 하여 회개하게 할 수 없나니 이는 그들이 하나님의 아들을 다시 십자가에 못 박아 드러내 놓고 욕되게 함이라"히 6:4-6 비록 이 구절에서 성령을 훼방하는 죄에 대한 직접적인 언급이 없다 할지라도, 이 구절은 성령을 훼방하는 죄와 관련이 있습니다. 이 말씀은 하나님의 언약적 복을 맛본 언약 백성들에게 선포된 것입니다. 그러므로 성령을 훼방하는 죄를 범하는 사람은 교회 밖에 있는 사람들이 아니라 교회 **안에** 있는 사람들입니다. 이 사람들은 벨직 신앙고백 29조에서 말하는 위선자들입니다. 즉 '외형상으로는 교회 안에 있고, 선한 자들과 섞여 있으나 교회의 한 부분이 아닌 그런 위선자들'입니다. 나도 타락할 수 있다는 사실을 아는 것은 나에게 타락에 대한 경고가 되며 심각한 타락을 불러올 수 있는 위험을 피하게 합니다. 죄에 빠진 것은 별개의 문제인데, 이는 하나님께서 회개하는 죄인에게 용서를 제공해 주시기 때문입니다. 그러나 의식적으로 계속해서 죄 가운데 거하고 하나님께 등을 돌린다면 그에게는 용서가 없습니다. 이처럼 하나님을 알면서도 자신의 마음을 강퍅하게 하고 하나님을 거부하는 것은 성령을 훼방하는 죄입니다.

하나님께서는 택자들인 우리의 타락을 어느 정도까지 허용하실까요? 하나님께서는 우리가 "나는 더 이상 복음을 원하지 않는다."라고 말할 지경이 될 때까지 타락하도록 버려두십니까? 하나님께서는 우리가 하나님께 등을 돌리고 전적으로 당신을 거부하도록 허용하십니까? 그렇지 않습니다. 왜냐하면 주님께서는 당신의 소유된 백성들을 붙드시기 때문입니다. 신자가 때때로 하나님이 계시는지를 의심하고 하나님이 자기를 보호하지 않으신다고 느끼며 별로 기도하고 싶지도 않거나 기도할 수 없는 때가 있는 것은 하나님을 뻔뻔스럽게 거부하는 것과 좀 다른 것입니다.

하나님께서 당신의 소유된 백성을 그 지경까지 타락하도록 버려두지 않으신다는 사실을 알고 믿는 것은 나에게 얼마나 큰 위로와 격려가 되겠습니까? 이 모든 것에서 강조되는 것은 **하나님**과 **하나님**께서 행하신 일입니다. 아르미니우스주의자들은 "나는 내 힘으로 해낼 것이다."라고 말합니다. 하지만 개혁교회는 하나님께서 말씀하신 대로, '모든 것은 **하나님**께 달려 있다'고 믿습니다. 그러므로 나는 항상 안전합니다.

이렇게 6조까지에서 조상들은 이생에서 신자가 연약한 상태로 남아 있고 죄에 빠지려는 성향이 있지만[2,4,5조] 하나님께서 그들이 무슨 죄에 빠졌든지 상관없이 당신의 소유된 백성을 붙드신다[3,6조]고 고백했습니다. 7조에서는 성도들을 붙들어서 영원히 타락하지 않도록 하시는 분이 바로 **하나님**이시라는 사실을 강조합니다.

7조

하나님께서는 택자들을 다시 새롭게 하사 회개하게 하십니다

그 이유는 첫째로 그들이 타락했을 때에도 하나님께서는 썩지 않는 중생의 씨를 그들 안에 보존하시어 그 씨가 소멸되거나 밖으로 내던져지지 않도록 하시기 때문입니다.^{벧전1:23;요일3:9} 또한 하나님께서는 말씀과 성령을 통하여 그들을 분명하고도 효과적으로 다시 새롭게 하여 회개하게 하십니다. 그 결과로 그들은 마음속으로 자신이 범한 죄들로 인하여 경건한 슬픔을 가지고 슬퍼합니다.^{고후7:10;시32:5;51:19} 그들은 죄를 깊이 뉘우치는 마음을 가지고 중보자의 피로 용서해 주실 것을 믿으며 구하고 또 얻습니다. 그리하여 그들은 다시 화해하시는 하나님의 호의를 경험하고 하나님의 자비와 신실하심을 찬양합니다. 그들은 앞으로 더욱 부지런히 두렵고 떨림으로 자기 자신의 구원을 이루어 갈 것 입니다.^{빌2:12}

하나님께서는 성도들 안에서 썩지 않는 중생의 씨를 보존 하십니다

6조에서 신앙고백은 '긍휼이 풍성하신 하나님'에 대해 고백했습니다. 6조에서는 이 하나님에 대해 "선택의 변하지 않으시는 목적에 따라 심지어 당신의 소유된 백성이 통탄할 만한 타락 가운데 있다 할지라도 그들로부터 당신의 성령을 거두지 않으십니다. 마찬가지로 하나님께서는 택자들이 …영원한 파멸에 빠지는 것을 허락지 않으십니다."라고 말했습니다. 7조에서는 왜 이 일이 이루어지는지를 서술하고 있습니다. 조상들은 7조에서 이르기를, "그 이유는 첫째로 그들이 타락했을 때에도 하나님께서는 썩지 않는 중생의 씨를 그들 안에 보존하시어, 그 씨가 소멸되거나 밖으로 내던져지지 않도록 하시기 때문입니다."라고 말합니다. 조상들은 다음 성경 본문들에서 '씨'라는 단어를 이끌어 내었습니다.

요일 3:9

"하나님께로부터 난 자마다 죄를 짓지 아니하나니 이는 하나님의 씨가 그의 속에 거함이요 그도 범죄하지 못하는 것은 하나님께로부터 났음이라."

요한은 여기서 신자가 결코 죄를 범하지 않는다고 말하는 것이 아니라 신자가 타락하여 자기 죄 가운데 영원히 **머물러 있지** 않는다는 사실을 말하고 있습니다. 신자는 계속해서 죄 가운데 살지 않습니다. 왜냐하면 하나님의 씨가 그 속에 거하기 때문입니다. 신자는 하나님께로서 났습니다. 하나님은 신자의 마음 속에서 역사하시고, 그의 씨를 그 마음속에 두십니다.

벧전 1:22,23

"너희가 진리를 순종함으로 너희 영혼을 깨끗하게 하여 거짓이 없이 형제를 사랑하기에 이르렀으니 마음으로 뜨겁게 서로 사랑하라 너희가 거듭난 것은 썩어질 씨로 된 것이 아니요 썩지 아니할 씨로 된 것이니 살아 있고 항상 있는 하나님의 말씀으로 되었느니라."

썩어질 씨는 콩과 감자와 밀의 씨처럼 죽을 운명입니다. 심은 씨로부터 식물이 자라지만 씨 그 자체는 소멸됩니다. 그러나 사도는 신자에 대해 언급하면서, 씨가 소멸됨 없이 식물로 자라서 열매를 맺는 씨에 대해 기록합니다. 이 썩지 아니할 씨, 다시 태어난 중생의 씨는 하나님께서 신자들 안에서 일으키신 것입니다. 이 썩지 아니할 씨는 새로운 생명의 시작을 나타냅니다. 만약 신자가 타락할 경우 신자는 그의 타락 가운데서 죽거나 영원히 멸망당하지 않습니다. 왜냐하면 그는 소멸되지 아니할 씨로부터 났기 때문입니다. 비록 신자의 삶 속에서 주님의 사역이 감추어져 있을지라도, 신자 안에서 당신의 사역을 시작하신 하나님께서는 그 사역을 유지하시고 완성하십니다. 하나님께서 심으신 씨는 결코 소멸되지 않습니다.

그런데 아르미니우스주의자들은 그렇게 가르치지 않습니다. 그들은 이렇게 말합니다. "자신의 첫 번째 중생을 상실한 사람이 다시 그리고 심지어 종종 새롭게 태어난다는 것은 불합리하지 않습니다."^{잘못들에 대한 반박, 8–잘못, 찬송가 p.574} 아르미니우스주의자들에 따르면, 다시 태어난 신자라 하더라도 하나님으로부터 완전히 변절하여 이전에 하나님께서 그의 마음속에 일으키신 중생의 씨가 소멸될 수 있다고 합니다. 여기서 덧붙여서 그들은 이 일이 반복해서 일어날 수 있다고 말합니다. 이런 이유로 조상들은 7조에서, 비록 신자가 이생에서 타락할지라도 신자 안에서 거듭나게 하시는 하나님의 사역은 항상 있고 유지되며 결코 반복될 필요가 없음을 성경에 근거하여 지적할 필요성이 있다고 보았습니다.

하나님께서는 말씀과 성령으로
성도들을 다시 새롭게 하여 회개하게 하십니다.

하나님께서는 죄에 빠진 신자를 죄 가운데 버려두지 않으십니다. 하나님께서는 당신께서 정하신 때에 그를 일으키시고 회복시키십니다. 하나님의 말씀은 효력이 있어서 신자의 삶 속에서 열매를 맺어 신자가 회개하게 합니다. 이런 말씀의 효력 있는 사역은 다윗의 삶에서 분명히 나타났습니다. 삼하 11장에는 성경은 다윗이 밧세바와 간음하고 우리아를 살인한 죄가 기록되어 있습니다. 그리고 삼하 12장에는 나단이 다윗에게 보냄을 받아 그에게 가서 오직 어린 양 한 마리만을 소유한 가난한 사람과 '극히 큰 양무리'를 소유했으나 가난한 사람의 양을 훔쳐서 죽인 부자에 관한 비유를 말한 것을 기록하고 있습니다. 7절에서 우리는 하나님의 말씀이 어떻게 이 특별한 상황에 처한 다윗에게 임하여 다윗의 마음을 찌르는지를 보게 됩니다. "당신이 바로 그 사람이다!" 하나님께서는 당신이 정하신 때에 다윗에게 행하십니다. 나단이 말한 결과로 하나님은 다윗을 회개와 고백으로 이끄시어 다윗이 나단에게 "내가 야웨께 죄를 범하였노라."라고 말하게 하셨습니다. 13절 7조에서 조상들이 했던 말을 사용하면 "말씀과 성령을 통하여 …효과적으로 ^{다윗을} 다시 새롭게 하여 회개하게 하셨습니다."

하이델베르크 교리문답 33주일 88-90문답은 회개가 무엇이며 신자가 어떻게 회개를 증거 하는지를 설명합니다. "한 사람이 참다운 회개 혹은 회심을 한다는 것은 … 옛 본성을 죽이고, 새로운 본성을 살리는 것입니다. ^{옛 본성을 죽인다는 것은} 하나님을 진노하게 만든 우리 죄를 진심으로 슬퍼하고 탄식하며, 더욱 그런 죄를 미워하고 피하는 것을 말합니다. ^{새로운 본성을 살린다는 것은} 그리스도를 통하여 하나님 안에서 진정으로 기뻐하며, 사랑과 기쁨으로 모든 선을 행함으로 하나님의 뜻에 따라 살아가는 것을 말합니다." 신자의 마음속에서 회개하도록 역사하시는 하나님의 중생 사역은 조상들이 다음과 같이 말하게 하는 결과를 가져옵니다. "그 결과로 그들은 자신이 범한 죄들로 인하여 마음속으로 경건한 슬픔을 가지고 슬퍼합니다." 신자의 경건한 슬픔이란 자기가 죄로 인해 하나님께 상처를 입혔다는 것을 예민하게 느끼고 이것 때문에 진심으로 슬퍼하는 것입니다. 다음 성경 본문들은 회개하는 신자들에게 있는 그런 경건한 슬픔을 나타내고 있습니다.

시 51:8,17

"내게 즐겁고 기쁜 소리를 들려 주시사 주께서 꺾으신 뼈들도 즐거워하게 하소서. 하나님께서 구하시는 제사는 상한 심령이라 하나님이여 상하고 통회하는 마음을 주께서 멸시하지 아니하시리이다."

시 51편에는 다윗이 밧세바에게 저지른 죄를 회개한 내용이 나옵니다. 이 시편은 다윗의 회개가 일반적인 죄악 됨의 고백이 아니라 자신이 범한 간음과 살인으로 하나님께 손상을 입힌 것에 대해 마음이 상한 것임을 분명히 합니다. 다윗이 '꺾으신 뼈'에 대해 말한 것은 정말로 자기 뼈가 죄로 인해 물리적으로 꺾였다는 뜻이 아니라 하나님과 이웃에게 범한 특정한 죄가 자기 마음 중심을 너무나도 괴롭게 한다는 뜻이었습니다. 다윗은 그저 미안하게 생각한 정도가 아니라 내적으로 상함을 느꼈습니다.

마 26:74,75

"그가 저주하며 맹세하여 이르되 나는 그 사람을 알지 못하노라 하니 곧

닭이 울더라 이에 베드로가 예수의 말씀에 닭 울기 전에 네가 세 번 나를 부인하리라 하심이 생각나서 밖에 나가서 심히 통곡하니라."

베드로는 죄에 빠졌지만, 하나님은 타락 가운데 있는 그를 보존하시어 타락 후에 곧바로 회개하도록 하셨습니다. 닭이 울자 곧바로 베드로는 자기 주님의 말을 기억했습니다. 자기 죄를 알게 된 그의 슬픔의 깊이는 그가 그저 '통곡한' 정도가 아니라, '심히' 통곡했다는 사실을 통해 느낄 수 있습니다. 이것은 피상적인 회개가 아니었습니다!

세상 슬픔은 사망을 이룹니다

고후 7:9-10을 보면, 고린도 교회 성도들은 그들 가운데서 범죄로 인해 두 가지 중 하나의 방식으로 근심을 할 가능성이 있었습니다. 즉 다윗과 바울이 그러했던 것과 같은 '경건한 슬픔'을 가질 수도 있었고 사망을 이루는 세상 슬픔을 가질 수도 있었습니다. 바울은 이렇게 말합니다. "내가 지금 기뻐함은 너희로 근심하게 한 까닭이 아니요 도리어 너희가 근심함으로 회개함에 이른 까닭이라 너희가 하나님의 뜻대로 근심하게 된 것은 우리에게서 아무 해도 받지 않게 하려 함이라 하나님의 뜻대로 하는 근심은 후회할 것이 없는 구원에 이르게 하는 회개를 이루는 것이요 세상 근심은 사망을 이루는 것이니라."

세상 슬픔을 보여 주는 성경 본문들

마 27:3-5

"그 때에 예수를 판 유다가 그의 정죄됨을 보고 스스로 뉘우쳐 그 은 삼십을 대제사장들과 장로들에게 도로 갖다 주며 이르되 내가 무죄한 피를 팔고 죄를 범하였도다 하니 그들이 이르되 그것이 우리에게 무슨 상관이냐 네가 당하라 하거늘 유다가 은을 성소에 던져 넣고 물러가서 스스로 목매어 죽은지라."

유다가 자기가 저지른 배반을 자책하고 나서 자살한 것은 세상 슬픔을 보여 주는 좋은 예입니다. 그것은 하나님께서 불쾌하게 여기시는 슬픔이라는 점에서 회개가 아니며, 따라서 세상 슬픔입니다. 아무튼 우리는 여기서 자기 연민을 말할 수 있을 따름입니다.

히 12:16,17

…"한 그릇 음식을 위하여 장자의 명분을 판 에서와 같이 망령된 자가 없도록 살피라. 너희가 아는 바와 같이 그가 그 후에 축복을 이어받으려고 눈물을 흘리며 구하되 버린 바가 되어 회개할 기회를 얻지 못하였느니라."

에서는 눈물을 흘렸습니다. 그러나 그가 후회한 것은 자기가 하나님을 불쾌하게 한 것에 대해 슬퍼한 것이 아니었기 때문에, 그 눈물은 회개의 눈물이 아니었습니다. 따라서 그의 슬픔은 사망에 이르는 것이었습니다.

하나님께서 일으키시는 회개는 먼저 경건한 슬픔에 이르고 난 후 진정한 기쁨이 따라옵니다.

하나님께서 신자의 마음속에서 일으키시는 회개는 먼저 하나님께 죄를 범한 것에 대한 경건한 슬픔을 이룰 뿐만 아니라 '그리스도를 통하여 하나님 안에서 진정으로 기뻐하며, 사랑과 기쁨으로 모든 선을 행함으로 하나님의 뜻에 따라 살도록'합니다. 하이델베르크 교리문답 33주일 90문답.

이것이 우리가 다윗의 삶에서 배운 것입니다. 시 32편에서 다윗은 자기를 누르시는 하나님의 무거운 손을 느껴서 회개에까지 이르게 되었다고 말합니다. 하나님께서 그의 안에서 이 회개를 일으키신 결과로, 다윗은 1절과 11절에서 이렇게 말합니다. "허물의 사함을 얻고 그 죄의 가리움을 받은 자는 복이 있도다. … 너희 의인들아, 야웨를 기뻐하며 즐거워할지어다. 마음이 정직한 너희들아, 다 즐거이 외칠지어다." 다윗은 하나님께서 자기 삶 속에서 역사하심으로써 자신을 죄로부터 회개로 이끄신 것에 대한 기쁨을 표현한 것입니다. 비록 신자가 타락할지라도, 하나님께서는 그를 보존하시고 경건한 근심과 슬픔을 이루는 회개로 인도하시고, 그 후에 다시 당신의 호의를 경험하게 하십니다. 하나님의 호의로 다시 돌아온 신자는 시 32편에서 말하는 진정한 기쁨을 경험하게 하십니다. 그 결과로 회개한 신자는 하나님의 말씀을 배우고 싶어 합니다.

7조의 말을 인용하면, 자기 죄 때문에 경건한 슬픔으로 슬퍼하고 그리스도의 피 안에서 용서를 구하는 신자는 "다시 화해하시는 하나님의 호의를 경험하고, 하나님의 자비와 신실하심을 찬양합니다. 그들은 앞으로 더욱 부지런히 두렵고 떨림으로 자기 자신의 구원을 이루어갈 것입니다."

8조

삼위일체 하나님의 은혜는 보존 됩니다

그들이 믿음과 은혜로부터 완전히 떨어져 나가지도 않고 그들 자신의 타락 가운데 머물러 마침내 버림당하지도 않는 것은 그들 자신의 공로나 힘이 아니라 하나님의 무한하신 자비를 통해서입니다. 그들 자신을 생각해 보면 그러한 완전한 타락은 쉽게 일어날 뿐만 아니라 확실히 일어날 것입니다. 그러나 하나님을 생각해 보면 이 일은 도저히 일어날 수 없습니다. 왜냐하면 하나님의 경영은 변할 수 없고 시33:11, 그분의 약속은 실패할 수 없으며, 히 6:17 그분의 목적에 따른 부르심은 철회될 수 없고 롬 8:30,34; 롬 9:11 그리스도의 공로와 중보와 보존하심은 무효화될 수 없으며 눅 22:32 성령의 인치심은 헛되이 되거나 파기될 수 없기 때문입니다. 엡 1:13

아르미니우스주의자들은 신자의 견인이 선택이나 그리스도께서 당신의 죽음을 통하여 획득하신 것에 달려 있지 않고 오직 사람의 자유의지, 즉 사람이 믿는지 안 믿는지에 달려 있다고 강조합니다. 이 점에서 혼란을 제거하기 위해서 조상들은 심지어 타락 가운데서도 신자가 보존되는 것은 오직 하나님의 행하심이고, 사람의 그 어떤 공적과도 관련이 없다는 성경 교리를 방어하기 위해서 또 다른 조항을 만들었습니다.

아르미니우스주의자들은 다음과 같이 말합니다.

"참된 신자들의 견인은 선택의 열매나 그리스도의 죽음으로 획득된 하나님의 선물이 아니라, 새 언약에서 사람이 자신의 소위 결정적인 선택과 칭의 이전에 자유의지를 통하여 성취하여야 하는 조건입니다." *잘못들에 대한 반박 1–잘못, 찬송가 p.570*

"하나님께서는 정말로 신자에게 견인할 충분한 힘을 제공하시며, 만일 그가 자기 의무를 다하려고 하기만 한다면 그의 안에서 이 일을 계속하실 준비가 되어 있으십니다. 그러나 믿음 안에서 견인해 나아가는 데에 필요한 모든 것들과 또 하나님께서 신앙을 보존하시기 위해서 사용하실 모든 것들이 다 갖추어져 있다 할지라도 그가 견인해 나갈 것이냐 아니냐 하는 것은 여전히 항상 인간 의지의 결단에 달려 있습니다." *잘못들에 대한 반박 2–잘못, 찬송가 p.571*

아르미니우스주의자들은 모든 강조점을 신자에게 두고 있습니다. 그들에 따르면, 타락한 신자는 오직 **자신이 결정하겠다고 결정하는 경우에만** 회복될 수 있다고 합니다. 그들은 말하기를, 하나님께서 타락한 신자를 도우시려고 손을 펴시지만 신자의 회복과 견인은 궁극적으로 하나님께서 제공하신 도움을 받아들이는 신자에게 달려 있다, 즉 사람이 자기 '본분을 다 해야' 회복되고 견인될 수 있다고 합니다.

그러므로 조상들은 8조의 서두에서 1–7조에서 이미 언급했던, 신자의 연약함과 신자의 견인이 전적으로 하나님께 의존한다는 내용을 다시 진술합니다. "그들이 믿음과 은혜로부터 완전히 떨어져 나가지도 않고 그들 자신의 타락 가운데 머물러 결국 버림당하게 되지도 않는 것은 그들 자신의 공로나 힘이 아니라 하나님의 무한하신 자비를 통해서입니다." 조상들은 신자의 견인을 위해서는 오직 하나님만 신뢰해야 한다고 말하고 있습니다. 이 겸손하게 하는 진리는 다음에 이어지는 진술에서 더욱 분명하게 강조되고 있습니다. "신자들을 생각해 보면 그러한 완전한 타락믿음과 은혜로부터 떨어지거나 배교 가운데 거하여 영원히 잃어버린 바 되는 일은 쉽게 일어날 뿐만 아니라 확실히 일어날 것입니다." 우리는 하이델베르크 교리문답 52주일 127문답의 말로 "우리 자신만으로는 너무나 연약하여 우리는 스스로의 힘으로 한순간도 서 있을 수 없습니다."라고 고백합니다. 만일 하나님께서 나를 붙들어 주시지 않으시면, 나는 가장 확실하게 타락하고 말 것입니다. 그것은 우리를 겸손하게 하는 현실입니다. 만일 나의 보존이 나에게 달려 있다면, 나는 영원히 잃어버린 바 될 것입니다. 이 사실은 그 다음의 진술을 놀랍도록 부요하게 만들고 있습니다. "그러나 하나님을 생각해 보면 이 일은 도저히 일어날 수 없습니다…" 이 진술이 갖는 부요함은 우리 조상들이 이 조항의 후반부에서 신자의 보존에 관한 삼위 하나님의 사역을 고백함으로써 나타내고 있습니다.

성부 하나님의 사역

신자는 타락 가운데서도 보존됩니다. 왜냐하면 "하나님을 생각해 보면 …하나님의 경영은 변할 수 없고, 그분의 약속은 실패할 수 없으며, 그분의 목적에 따른 부르심은 철회될 수 없기 때문입니다…"

1) 하나님의 경영은 변할 수 없습니다

아르미니우스주의자들은 성도의 견인이 누군가를 선택하시는 하나님께 달려 있지 않다고 말했습니다. 그러나 성경은 다르게 말합니다. 성경에서 하나님은 일부 사람들이 구원을 받고 영광의 면류관을 받도록 당신께서 친히 창세전에 정하셨다고 가르치십니다. 누구도 아버지의 손으로부터 그들을 빼앗을 수 없습니다. 왜냐하면 '야웨의 경영이 영원히 설 것이기' 때문입니다.시 33:11 바울은 롬 11:7에서 '은혜의 선택'을 언급함으로, '택하심을 입은 자가 그것을 얻는다.'라고 기록합니다. 택하심을 입은 자일부가 아니라 그들 모두가 은혜의 선택을 받게 된 것은 오로지 하나님의 행하심입니다. 하나님의 경영은 계속될 것입니다. 하나님께서 선택하셨기 때문에 우리는 안전합니다.

2) 하나님의 약속은 실패하지 않습니다

"주는 미쁘사 너희를 굳건하게 하시고 악한 자에게서 지키시리라"살후 3:3. '무리無理하고 악한 사람들'이 공격해 왔지만2절. 주님께서는 여전히 신실하십니다. 내가 당신의 소유라고 하신 주님의 약속은 흔들리지 않습니다. "산들은 떠나며 작은 산들은 옮길지라도 나의 인자는 네게서 떠나지 아니하며, 화평케 하는 나의 언약은 옮기지 아니하리라. 너를 긍휼히 여기는 야웨의 말이니라."사 54:10 비록 사탄이 나를 하나님의 손으로부터 빼앗으려고 온갖 시도를 다할지라도, 나는 요 10:28-30에 있는 하나님의 약속이 실패할 수 없다는 것을 신뢰해야 합니다. 거기서 예수님은 이렇게 말씀하십니다. "내가 그들에게 영생을 주노니 영원히 멸망하지 아니할 것이요 또 그들을 내 손에서 빼앗을 자가 없느니라 그들을 주신 내 아버지는 만물보다 크시매 아무도 아버지 손에서 빼앗을 수 없느니라 나와 아버지는 하나이니라 하신대."

3) 하나님의 목적에 따른 부르심은 철회될 수 없습니다

"…미리 정하신 그들을 또한 부르시고 부르신 그들을 또한 의롭다 하시고, 의롭다 하신 그들을 또한 영화롭게 하셨느니라."롬 8:30 하나님께서는 특정한 수를 선택하셨습니다. 이 특정한 사람들은 모두 믿음으로 부르심을 받습니다. 그 결과로 그들은 모두 믿고 의롭게 됩니다. 또한 이 특정한 사람들은 떨어져 나가지 않습니다. 왜냐하면 "하나님께서 또한 그들을 영화롭게 하셨기 때문입니다." 바울은 택자들=부르심을 받은 자들=의롭게 된 자들이 영화롭게 될 것을 너무도 확신하였기 때문에 과거 시제를 사용합니다. "하나님께서 그들을 영화롭게 하셨습니다." 여기에 택자들의 예정과 칭의와 영화 사이의 끊을 수 없는 관계가 있습니다. 택자들의 수와 의롭게 된 자들의 수와 영화롭게 된 자들의 수는 모두 같습니다. 누구도 잃어버린 바 될 수 없습니다. 왜냐하면 하나님의 목적에 따른 부르심은 철회될 수 없기 때문입니다. 예수님도 이렇게 말씀하셨습니다. "아무도 그들을 내 아버지 손에서 빼앗을 수 없느니라." 바울도 또한 다른 곳에서 이렇게 말했습니다. "하나님의 은사와 부르심에는 후회하심이 없느니라." 하나님의 자녀들이 죄에 빠졌을 때, 그들은 잃어버린바 되지 않습니다. 오히려 그들은 하나님의 하나님 되심으로 인해 확실히 그들의 목적지에 이를 것입니다.

성자 하나님의 사역

신자는 타락 가운데서도 보존됩니다. 왜냐하면 "…그리스도의 공로와 중보와 보존하심은 무효화될 수 없기 때문입니다. …"

1) 그리스도의 공로

그리스도의 공로는 그리스도께서 택자들을 위하여 죄의 용서와 의와 영원한 생명을 획득하신 십자가의 사역을 지칭하는 것입니다. 갈보리에서 나를 위하여 구주께서 흘리신 피를 통해 내 죄가 용서를 받았습니다. 그러므로 내가 죄에 빠진다고 이제 모든 것을 잃었다고 좌절할 필요는 없습니다. 그리스도의 피 안에 용서가 있기 때문입니다. 십자가에서 행하신 그리스도의 사역은 나의 모든 죄를 덮습니다. 그 이유는 다음과 같습니다. "그리스도께서 장래 좋은 일의 대제사장으로 오사 손으로 짓지 아니한, 곧 이 창조에 속하지 아니한 더 크고 온전한 장막으로 말미암아 염소와 송아지의 피로 아니하고 오직 자기 피로 영원한 속죄를 이루사 단번에 성소에 들어가셨느니라."히 9:11,12 그리스도께서는 자신의 피를 가지고 하나님의 존전에 들어가셨습니다. 내가 범한 죄가 제아무리 엄청날지라도, 다윗처럼 간음이나 살인을 범했거나 혹은 베드로처럼 불경함과 주를 부인하는 죄를 범했을지라도, 그리스도의 구속 사역은 충분히 그 죄들을 덮습니다. 성부 하나님께서는 나를 영원한 생명으로 택하셨으며 그러므로 나의 죄가 그리스도 사역의 공로를 무가치하게 만들지 않게 하십니다.

2) 그리스도의 중보

요일 2:1로부터 우리는 그리스도께서 하늘에서 아버지 앞에서 우리를 위하여 중보 하신다는 것을 배웁니다. "나의 자녀들아 내가 이것을 너희에게 씀은 너희로 죄를 범치 않게 하려 함이라. 만일 누가 죄를 범하면 아버지 앞에서 우리에게 대언자가 있으니, 곧 의로우신 예수 그리스도시라." 지금도 그리스도께서는 하늘에서 아버지께 당신이 위하여 죽으신 자들의 유익을 위하여 부지런히 탄원하십니다. 말하자면, 그리스도께서는 우리의 죄에 관하여 아버지께 당신이 우리를 위하여 죽으셨고 그로 인해 하나님이 이미 우리를 당신 앞에서 의로운 자로 받아주셨다는 사실을 생각나게 하십니다. 슥 3:1-5를 보십시오. 바울은 롬 8:34에서 창조물 가운데 그 어떤 것도 더 이상 우리를 정죄할 수 없다, 심지어 하나님 당신 자신조차도 정죄할 수 없다고 환성을 지릅니다. 바울은 자신의 확신에 대해 이렇게 설명합니다. "누가 정죄하리요? 죽으실 뿐 아니라 다시 살아나신 이는 그리스도 예수시니 그는 하나님 우편에 계신 자요 우리를 위하여 간구하시는 자시니라."

우리의 죄를 위하여 당신의 생명을 내어 놓으신 그 구주께서 오늘 하나님 우편에서 우리의 유익을 위하여 대변자로 일하십니다! 진실로 "그리스도께서는 …그 하늘로 들어가사 이제 우리를 위하여 하나님 앞에 나타나시고…"히 9:24; 하이델베르크 교리문답 18주일 49문답 오늘 우리는 그리스도께서 하늘에 계시다는 사실로부터 엄청난 유익을 얻습니다! 현재의 죄가 하나님의 소유된 백성에게서 아버지의 호의를 빼앗아갈 수 없습니다! 그것은 벨직 신앙고백 26조에서 우리가 고백하는 바와 같습니다. "그러므로 우리가 다른 중보자를 찾는다면, 우리는 심지어 우리가 당신의 원수가 되었을 동안도 우리를 위하여 당신의 생명을 내어주신 그분보다 우리를 더 사랑하는 분을 찾을 수 있겠습니까? 만일 우리가 권세와 능력을 가진 분을 찾는다면, 성부의 오른 편에 앉아 계시고 하늘과 땅에서 모든 권세를 가지신 그분 외에 누가 더 있겠습니까? 또한 하나님 당신의 가장 사랑하시는 아들보다 누가 더 빨리 누가 그 음성을 들을 수 있겠습니까?" 비록 내가 연약함으로 인해 죄에 빠질지라도, 나는 좌절할 필요가 없습니다. 왜냐하면 그리스도의 중보사역은 무효화되지 않기 때문입니다.

눅 22:31,32에서 나는 그리스도의 중보가 어떻게 효력 있게 역사하는지를 배웁니다. 주님께서 베드로에게 말씀하셨습니다. "시몬아, 시몬아, 보라 사탄이 너희를 밀 까부르듯 하려고 요구하였으나 그러나 내가 너를 위하여 네 믿음이 떨어지지 않기를 기도하였노니 너는 돌이킨 후에 네 형제를 굳게 하라." 하나님의 존전에서 그리스도께서는 베드로를 위하여 기도하셨습니다. 베드로는 아주 확실하게 타락하여 불경스러운 말을 하고 구주를 부인했습니다. 그러나 베드로를 위한 그리스도의 중보 사역이 너무나 효과적이었기 때문에, 닭이 울자 바로 베드로는 예수님이 자기에게 하셨던 말씀이 기억나서 밖에 나가서 심히 통곡하였습니다. 마 26:74,75을 보십시오

그리스도의 중보 사역은 모든 신자들에게 효력이 있습니다. 롬 8:1에서 바울은 이렇게 말합니다. "그러므로 이제 그리스도 예수 안에 있는 자에게는 결코 정죄함이 없나니" 조금 전에 인용했던 34절에서 바울은 그 이유를 제시합니다. "누가 정죄하리요 죽으실 뿐 아니라 다시 살아나신 이는 그리스도 예수시니 그는 하나님 우편에 계신 자요 우리를 위하여 간구하시는 자시니라." 바울은 하늘에서 자기를 위하여 행하시는 그리스도 사역이 효력 있음을 너무 확신한 나머지 38, 39절에서 갑자기 노래하기 시작합니다. "내가 확신하노니 사망이나 생명이나 천사들이나 권세자들이나 현재 일이나 장래 일이나 능력이나 높음이나 깊음이나 다른 어떤 피조물이라도 우리를 우리 주 그리스도 예수 안에 있는 하나님의 사랑에서 끊을 수 없으리라." 하나님께서는 그리스도 안에서 나를 사랑하십니다. 그러므로 그 무엇도 나를 하나님으로부터 혹은 하나님을 나로부터 분리시킬 수 없습니다.

3) 그리스도께서 보존하심

요 10:28에서 그리스도께서는 당신께서 우리를 영원히 붙드시기 때문에 우리가 결코 멸망당하지 않을 것임을 우리로 하여금 확신하게 하십니다. "내가 그들에게 영생을 주노니 영원히 멸망하지 아니할 것이요 또 그들을 내 손에서 빼앗을 자가 없느니라." 이 지식은 신자를 위한 풍부한 위로의 원천입니다. 그러므로 하이델베르크 교리문답 1주

일에서 나는 삶과 죽음에 있어서 나의 유일한 위로를 이렇게 고백합니다. "사나 죽으나 나는 나의 것이 아니고, 몸과 영혼이 모두 나의 신실하신 구주 예수 그리스도의 것입니다. 구주 예수 그리스도께서는 당신의 보배로운 피로 나의 모든 죄의 값을 완전히 치르시고, 나를 마귀의 모든 권세로부터 자유하게 하셨습니다." 나의 삶의 환경이 어떠할지라도, 내가 믿음 안에 굳게 서 있든지 죄에 빠져 있든지 간에, 나의 위로는 내가 나의 구주의 소유라는 사실입니다. 그분은 나의 모든 죄, 심지어 나의 간음과 살인과 주를 부인하는 불경죄에 대해서까지 모든 값을 지불해 주신 그리스도 나의 구주이십니다. 나는 하늘 아버지의 뜻이 아니고는 심지어 죄에 빠질 수조차 없습니다. 심지어 내가 죄에 빠지고 날마다 죄를 범하는 것조차도 나의 구원을 위해 함께 작용합니다. 하이델베르크 교리문답 1주일이 계속해서 이렇게 말하는 바와 같습니다. 나의 죄에 직면하여 내게 주어진 위로는 이런 것입니다. 즉 나의 구주 예수 그리스도께서 "또한 나의 하늘 아버지의 뜻이 아니고는 나의 머리털 하나도 상함이 없게 하시는 그런 방식으로 나를 지켜 주십니다. 실로 이 모든 것이 나의 구원을 위하여 함께 일하게 하십니다."

성령 하나님의 사역

8조는 또한 '성령의 인치심'에 대해 말합니다. 우리는 이 말씀을 엡 1:13,14에서 발견할 수 있습니다. "그 안에서 너희도 진리의 말씀 곧 너희의 구원의 복음을 듣고 그 안에서 또한 믿어 약속의 성령으로 인치심을 받았으니 이는 우리 기업의 보증이 되사 그 얻으신 것을 속량하시고 그의 영광을 찬송하게 하려 하심이라." 증명서나 다른 공식 문서들에 도장을 찍은 것이 그 내용이 확실하다고 하는 보증이 되는 것처럼 성령의 인치심은 하나님께서 우리에게 주신 약속이 우리에게 **참되다**는 것을 보증하는 것입니다. 하이델베르크 교리문답 18주일 49문답 참조. 조상들은 이 성령의 인치심이 "실패하거나 소멸될 수 없다."라고 말했습니다. 비록 신자가 타락할지라도, 성령의 인치심은 여전히 남아 있습니다.

성부, 성자, 성령 삼위일체 하나님께서는 당신의 백성을 붙드시어 멸망당하지 않게 하십니다. 아르미니우스주의자들은 자기들이 믿고 싶은 대로 참으로 중생한 신자들도 '자기 의무를 행하지 않으면' 타락하여 영원한 파멸에 이를 수 있고, 종종 그렇게 된다고 믿으라고 합니다. 하지만 우리는 하나님께서 당신의 말씀 속에서 말씀하시고 성령께서 인치신 것 위에 굳게 설 것입니다. 그것은 우리의 삶 속에서 무슨 일이 일어날지라도, 우리가 제아무리 깊이 타락할지라도 우리는 항상 그분과 함께 안전하다는 사실입니다. 우리는 종종 타락하기도 하지만 결코 영원한 파멸에 이르지는 않습니다. 왜냐하면 우리 **하나님**께서 결코 우리를 놓지 않으시기 때문입니다. 우리가 보존되는 것은 오직 **하나님**의 행하심입니다. 그러므로 모든 감사와 영광을 하나님께 돌립시다.

이 보존하심에 대한 확신

신자들은 구원에 이르도록 하는 택자들에 대한 이 보존하심과 믿음 안에서 참된 신자들에 대한 보존하심에 대해 스스로 확신할 수 있습니다. 롬 8:31-39 그리고 그들은 정말로 자신의 믿음의 정도에 따라 확신하고, 그 믿음에 의해서 자신이 항상 교회의 참되고 살아 있는 회원이고 회원으로 남아 있을 것이고, 죄의 용서와 영원한 생명을 소유할 것이라는 사실을 확고하게 믿습니다. 딤후 4:8,18

18조에서는 신자가 죄에 쉽게 빠질 수 있다는 사실을 말했고, 심지어 반복적으로 죄에 빠진다고 해도 하나님께서는 당신의 소유된 백성을 항상 붙드신다고 주장합니다. 이 조항들은 신자의 연약함과 하나님의 강하심을 지적했으며, 그 두 가지 사실로 인해 신자가 하나님의 손 안에서 안전하고 안심할 수 있다는 것을 말했습니다. 이 사실은 변하지 않고 변할 수 없습니다. 왜냐하면 하나님은 하나님이시기 때문입니다. 9조에서 조상들은 신자가 어떻게 이 기쁜 복음을 **경험할 수 있는가**라는 새로운 주제로 초점을 옮깁니다.

신자는 하나님께서 택하신 자들이 항상 안전하다는 것을 알면서도 그 안전을 항상 경험하지는 못할 수도 있습니다. 우리는 인간이기 때문에 의심과 의문을 가집니다. 그렇다면 우리는 우리가 의심한다는 것으로 인해 걱정해야 할까요? 9-13조에서 조상들은 1-8조의 부요한 내용에 대한 우리 인간의 반응과 응답들로 초점을 이동시킵니다.

자신의 견인에 대한 신자의 확신이라는 이 요소를 언급하게 된 이유는 다음과 같은 아르미니우스주의자들의 잘못 때문이었습니다. "특별한 계시가 없는 한, 우리는 이생에서 미래의 견인에 대한 확신을 가질 수 없습니다."잘못들에 대한 반박 5-잘못, 찬송가 p.572 이 잘못을 반박함에 있어서, 조상들은 '교황의 추종자들'에 대해 언급하였습니다. 왜냐하면 아르미니우스주의자들은 신자가 어떤 종류의 특별한 계시를 받지 않고는 자신의 견인을 확신할 수 없다고 하는 로마 카톨릭의 가르침을 다시 들여오고 있었기 때문입니다. 비록 9조에서 신자의 확신에 대한 근거를 상세히 설명하지는 않고 있지만이것은 10조에 나오는 내용입니다. 조상들은 9조에서 신자가 확신**할 수 있다**고 단순하게 진술합니다. "신자들은 구원에 이르도록 하는, 택자들에 대한 이 보존하심과 믿음 안에서 참된 신자들에 대한 이 보존하심에 대해 스스로 확신할 수 있습니다."

하나님의 약속의 확실성은 우리가 어떻게 느끼는가에 달려 있지 않습니다. 내가 하나님의 약속이 참되다고 **느끼**는지 아닌지는 그 약속들이 참**되다**는 사실과 무관합니다. 하나님의 은혜로 인해 우리는 하나님께서 당신의 말씀과 약속들에 신실하시다고 확신하게 됩니다. 요 10:28에서 예수님은 당신의 소유된 백성이 당신의 손 안에서 영원히 안전하기 때문에 그들은 결코 멸망당하지 않을 것이라는 확신을 주십니다. 그리고 롬 8:39에서 바울은 하나님의 사랑으로부터 우리를 분리시킬 수 있는 것이 절대적으로 아무것도 없다고 말합니다. 바울은 하나님께서 자신을 위해 정하신 목적에 도달하리라고 너무나 확신했기 때문에, 딤후 4:7,8,18에서 이렇게 기록합니다. "나는 선한 싸움을 싸우고 나의 달려갈 길을 마치고 믿음을 지켰으니 이제 후로는 나를 위하여 의의 면류관이 예비되었으므로 주 곧 의로우신 재판장이 그 날에 내게 주실 것이며 내게만 아니라 주의 나타나심을 사모하는 모든 자에게도니라. 주께서 나를 모든 악한 일에서 건져내시고 또 그의 천국에 들어가도록 구원하시리니 그에게 영광이 세세무궁도록 있을지어다 아멘.[2]…" 여기에서 바울은 확신을 가지고 말합니다. 바울은 자신이 그곳에 있게 될 것을 단 한 번도 의심하지 않았습니다. 왜냐하면 그는 **성경으로부터 하나님께서 당신의 소유된 백성을 붙드신다**는 것을 배웠기 때문입니다.

"이 확신은 그들의 믿음의 분량에 따른 것입니다.…" 어떤 사람은 바울처럼 어떤 의심도 없이 주 안에서 강하지만 또 다른 사람은 어떤 때는 확신한다고 느끼다가 다음 날은 확신하지 않는다고 느낄 수도 있습니다. 그런 것이 그리스도인의 실제 생활이 아니겠습니까? 엡 4장에서 우리는 주님께서 '성도를 온전케 하며, 봉사의 일을 하게 하며, 그리스도의 몸을 세우기 위하여' 직분자들을 주셨다는 것을 읽습니다. 그 목적은 다음과 같습니다. "이는 성도를 온전하게 하여 봉사의 일을 하게 하며 그리스도의 몸을 세우려 하심이라 우리가 다 하나님의 아들을 믿는 것과 아는 일에 하나가 되어 온전한 사람을 이루어 그리스도의 장성한 분량이 충만한 데까지 이르리니 이는 우리가 이제부터 어린 아이가 되지 아니하여 사람의 속임수와 간사한 유혹에 빠져 온갖 교훈의 풍조에 밀려 요동하지 않게 하려 함이라 오직 사랑 안에서 참된 것을 하여 범사에 그에게까지 자랄지라 그는 머리니 곧 그리스도라 그에게서 온 몸이 각 마디를 통하여 도움을 받음으로 연결되고 결합되어 각 지체의 분량대로 역사하여 그 몸을 자라게 하며 사랑 안에서 스

---

[2] 역주: 원문에는 한글개역성경의 '구원하실 것이라'가 '보존하실 것이라'로 되어 있습니다.

스로 세우느니라."^(엡4:12-16) 여기서 바울은 에베소 성도들을 주 안에서 **자라야 할 필요**가 있는 아이들로 묘사합니다. 직분자들이 주어진 이유는 하나님의 자녀들이 유아에서 성년으로 자라가면서, 예수 그리스도 안에서 행하신 하나님의 사역이 다른 사람들의 유익뿐만 아니라 나 자신의 유익을 위한 것이었다는 사실에 대한 확신이 점점 강해지도록 하기 위한 것이었습니다.

너무 지나치게 의심한 나머지 나에게는 참된 믿음이 전혀 없다고 생각하게 되지 않으려면, 나는 내가 이생의 불안정한 상황에 영향을 계속 받고 있기 때문에 나의 믿음도 오르락내리락 할 수 있다는 사실에 주의해야 합니다. 나는 믿음과 확신을 키워가야 합니다. 하지만 나는 결코 이생에서 이 부분의 완전한 성장에 이를 수 없을 것입니다. 많은 시편들이 성도들의 확신이 흔들리는 모습을 담고 있습니다. 예를 들어, 시 13편을 보십시오. 하나님의 마음에 합하였고, 주님을 사랑하는 사람이었던 다윗은 풀이 죽은 채로 이 시편을 시작합니다. "여호와여 어느 때까지니이까? 나를 영원히 잊으시나이까? 주의 얼굴을 나에게서 어느 때까지 숨기시겠나이까?"^(1절) 확실히 여기에는 기쁨의 표현이 없습니다. 오히려 다윗은 의심으로 인해 괴로워합니다. 하나님이 멀게 느껴지고 이제 곧 자포자기할 것 같은 상황입니다. "여호와 내 하나님이여 나를 생각하사 응답하시고 나의 눈을 밝히소서 두렵건대 내가 사망의 잠을 잘까 하오며 두렵건대 나의 원수가 이르기를 내가 그를 이겼다 할까 하오며 내가 흔들릴 때에 나의 대적들이 기뻐할까 하나이다."^(3,4절) 그런데 다윗은 거기서 곧바로 훨씬 더 긍정적인 어조로 나아갑니다. "나는 오직 주의 인자하심을 의뢰하였사오니 내 마음은 주의 구원을 기뻐하리이다." 하나님께서 친히 침체되어 있는 다윗을 붙드시어 앞으로 다시 더 큰 확신을 가지게 하셨습니다. 그래서 의심이 기쁨으로 바뀌게 되었습니다. "나는 오직 주의 사랑을 의지하였사오니 나의 마음은 주의 구원을 기뻐하리이다." 의심과 확신이 어떻게 함께 밀접하게 놓여 있는지 주목하시기 바랍니다. 그것은 그리스도인들이 경험하는 일반적인 경험이지 않습니까?

나는 하나님께서 나를 붙드신다는 것을 확신할 수 있습니다. 하지만 그 확신은 나의 믿음의 정도에 따라 강화되기도 하고 약화되기도 하며, 날마다, 그리고 상황마다 변할 수 있습니다. 그러므로 이 확신을 강화하기 위해, 나는 항상 하나님의 약속을 붙들어야 합니다. 하나님께서는 제아무리 위급한 상황에 처하게 될지라도 당신께서 나를 붙드신다는 약속에 내가 밀착되어 있기를 원하십니다. 하나님의 약속이 확실하다는 것은 나의 느낌에 달린 것이 아니라 약속을 주신 분께 달려 있습니다. 하나님은 항상 신실하시므로, 하나님의 약속의 말씀은 심지어 내가 죄에 빠졌을 때에라도 하나님께서 항상 나를 붙드실 것이라는 가장 귀한 확신입니다. 그 약속은 하나님께서 이미 오늘 나를 위해 예비하신 의의 면류관을 받게 될 하늘의 왕국을 위하여 나를 보존하실 것이라는 확신입니다.

9조에서 조상들은 신자가 이 땅에 사는 동안 하나님께서 끝까지 자신을 보존해 주실 것이라고 확신할 수 있으며, 또한 확신한다고 고백했습니다. 신자는 자신이 영원한 구원을 받을 것이라는 사실을 의심할 필요가 없습니다. 오히려 신자는 오늘 새 땅에서 영광 중에 주님과 함께 살 것이라는 사실을 오늘 이미 확신할 수 있습니다. 이 확신은 그리스도인들에게 실재입니다. 10조에서는 이 고백에 대한 근거를 제공해 줍니다.

10조

이 확신의 근거

❖

이 확신은 말씀에 덧붙여서, 혹은 말씀 밖에서 행해지는 어떤 신적 계시에 의해서 생기는 것이 아니라, 하나님께서 우리의 위로를 위하여 당신의 말씀 안에 가장 풍성하게 계시하신 그 하나님의 약속을 믿음으로써, 그리고 우리가 하나님의 자녀이고 상속자라는 사실을 우리 영으로 더불어 증거하시는 성령의 증거를 통해 롬 8:16,17; 요일 3:1,2 마지막으로 깨끗한 양심과 선한 행위들을 진지하고 거룩하게 추구함으로써 생깁니다. 행 24:16 그리고 만일 이 세상에서 하나님의 택자들이 최후의 승리에 대한 확실한 위로와 이 영원한 영광에 대한 확실한 보증을 가지지 못했다면, 그들은 모든 사람들 중에 가장 비참한 자들일 것입니다. 롬 8:37; 고전 15:19

아르미니우스주의자들은 "특별한 계시가 없는 한, 우리는 이생에서 미래의 견인에 대한 확신을 가질 수 없습니다."라고 가르쳤습니다. 잘못들에 대한 반박 5—잘못, 찬송가 p.572 그들의 주장에 따르면, 만일 당신이 내일까지 보존될 것인지를 오늘 알고 싶다면, 우리는 하나님으로부터 오는 이런 취지의 특별한 계시를 받아야 할 필요가 있다는 것입니다. 그들이 말하는 특별한 계시란 꿈이나 누군가가 당신에게 그렇게 말하는 것이나 성경의 특정 본문을 펼쳐보는 것을 통해서 당신이 구원받을 것이라고 확신하게 되는 그런 사건이나 일들을 의미합니다.

이 잘못된 사상은 반복해서 교회 역사에 등장해 왔습니다. 그리고 로마교회는 이 이설을 매우 분명한 언어로 고백했습니다. 16세기에 종교개혁의 흐름을 막기 위해 로마 카톨릭이 개최한 트렌트 공의회Council of Trent; 1545-1562는 특별한 계시를 갖지 못하면서 자신이 구원받았음을 확신할 수 있다고 말하는 사람에게 저주를 선언했습니다. 이 이설은 19세기에 신비주의라는 옷을 입고 다시 등장했습니다. 성경이 말하는 것으로는 충분하지 않다는 것이 이 이설이 가지고 있는 생각입니다. 신비주의자들은 고후 3:6과 같은 구절에 호소했는데, 그 구절에서 사도가 기록한 내용은 이렇습니다. "그가 또한 우리를 새 언약의 일꾼 되기에 만족하게 하셨으니 율법 조문으로 하지 아니하고 오직 영으로 함이니 율법 조문은 죽이는 것이요 영은 살리는 것이니라." 신비주의자들은 이 구절을 '성경문자은 죽은 것이다. 그러므로 사람은 성령을 필요로 하고, 성령이 없다면 사람은 그 어떤 것도 확신할 수 없다'는 말이라고 해석했습니다. 이는 이 구절에 대한 좋지 못한 해석입니다. 이 구절은 '문자가 죽었다'는 말이 아니라 '문자가 죽이는 것'이라는 말입니다. 살아 있는 자만이 다른 이를 죽일 수 있습니다! 성경은 대단히 '생명력이 있고', 그 내용은 권위가 있습니다.

특별한 계시가 아니라 오로지 하나님의 말씀

아르미니우스주의자들은 신자가 확신하기 위해서 특별한 계시가 필요하다고 말했습니다. 그들의 말이 옳은 것이었습니까? 나는 성경 안에 포함된 것과 동떨어진 다른 특별한 계시를 하나님께 받을 필요가 있습니까? 이 점에 있어서 성경은 그 자체만으로 매우 절대적입니다. 우리는 시 119:105에서 다음과 같은 말씀을 읽습니다. "주의 말씀은 내 발에 등이요 내 길에 빛이니이다." 또 다음과 같은 말씀도 있습니다. "모든 성경은 하나님의 감동으로 된 것으로 교훈과 책망과 바르게 함과 의로 교육하기에 유익하니 이는 하나님의 사람으로 온전하게 하며 모든 선한 일을 행할 능력을 갖추게 하려 함이라."딤후 3:16,17 나는 내가 필요로 하는 모든 계시를 성경에서 발견할 수 있습니다. 오직 성경을 통해서만, 나는 내가 하늘로 갈 것이라는 사실을 알게 됩니다. 이것은 조상들이 10조에서 "이 확신은 말씀에 덧붙여서 혹은 말씀 밖에서 행해지는 어떤 사적 계시에 의해서 생기는 것이 아니라…"고 기록하면서 고백하는 바입니다.

하나님의 말씀에 포함된 확신을 얻는 세 가지 방편

조상들은 하나님의 말씀에 포함된 이 확신을 얻는 세 가지 방법을 열거합니다. "이 확신은 말씀에 덧붙여서 혹은 말씀 밖에서 행해지는 어떤 사적 계시에 의해서 생기는 것이 아니라, 하나님께서 우리의 위로를 위하여 당신의 말씀 안에 가장 풍성하게 계시하신 그 하나님의 약속을 믿음으로써, 그리고 우리가 하나님의 자녀이고 상속자라는 사실을 우리 영으로 더불어 증거하시는 성령의 증거를 통해롬 8:16,17; 요일 3:1,2 마지막으로 깨끗한 양심과 선한 행위들을 진지하고 거룩하게 추구함으로써 생깁니다."

1) 믿음으로

하나님께서 말씀에서 견인에 관해 약속하신 것은 무엇입니까? 사도 바울은 빌 1:6에서 넘치는 확신으로 이렇게 기록합니다. "너희 안에서 착한 일을 시작하신 이가 그리스도 예수의 날까지 이루실 줄을 우리는 확신하노라." 사도는 '이런 분이 너희의 하나님이시다'고 말합니다. 만일 하나님께서 너희 안에서 그 일을 시작하셨다면, 그때 하나님께서 그 일을 완성할 것이라고 말합니다.

비슷한 확신이 롬 8:38-39에서도 나타납니다. 바울은 이 세상에 있는 **그 어느 것도** 우리를 하나님의 사랑으로부터 끊어 놓을 수 없다고 확신합니다. "내가 확신하노니 사망이나 생명이나 천사들이나 권세자들이나 현재 일이나 장래 일이나 능력이나 높음이나 깊음이나 다른 어떤 피조물이라도 우리를 우리 주 그리스도 예수 안에 있는 하나님의 사랑에서 끊을 수 없으리라." 사도 바울은 우리를 하나님으로부터 끊을 수 있는 것이 아무것도 없다고 말합니다. 이것은 그 자신에게나 로마교회 성도들에게나 또 나에게도 참으로 진리입니다. 하나님께서는 나를 사랑하시는 것을 결코 멈추지 않으시겠다고 약속하셨습니다.

내가 견인할 것이라는 사실을 어떻게 알 수 있습니까? 그것은 하나님의 약속입니다. 하나님께서는 나와 은혜 언약을 맺으셨고, 믿음의 선물을 주심으로써 이 언약을 확정하셨습니다. 하나님께서는 나의 마음속에서 구원을 실행하시기 시작하셨으며, 그분은 자신이 시작하신 일을 그만두지 않으십니다. 하나님의 변치 않으시는 성품은 나로 하여금 내가 살아가는 동안 그 어떠한 일이 생긴다 하더라도 하나님께서 나를 붙드실 것을 확신하게 합니다.

본질적으로 믿음과 확신은 분리될 수 없습니다. 확신은 믿음의 일부분**입니다**. '믿음을 가진다'는 것, '믿는다'는 것은 당신 자신에 관해 계시하신 것을 포함하여 하나님께서 말씀하신 모든 것을 붙드는 것입니다. 하나님의 성품으로 인해, 신자는 자신이 마지막 날에 완전함에 이를 것을 확신할 수 있고 확신할 것입니다. 믿음의 확신은 하나님께서 성경에서 말씀하신 대로 행하고 믿고 받아들이는 것입니다. 하나님께서 말씀하신 것을 받아들이는 것은 하나님께서 말씀하신 것이 참되다고 확신하는 것입니다. 하나님께서 나를 붙드실 것입니다. 하나님께서는 끝까지 신실하십니다. 확신은 특별한 계시에 의해서가 아니라 하나님께서 당신의 말씀에서 말씀하신 것을 믿음으로써 생깁니다.

2) 성령의 증거로

이 말은 롬 8:14-17에 대한 직접적인 언급입니다.

> "무릇 하나님의 영으로 인도함을 받는 사람은 곧 하나님의 아들이라 너희는 다시 무서워하는 종의 영을 받지 아니하고 양자의 영을 받았으므로 우리가 아빠 아버지라고 부르짖느니라 성령이 친히 우리의 영과 더불어 우리가 하나님의 자녀인 것을 증언하시나니 자녀이면 또한 상속자 곧 하나님의 상속자요 그리스도와 함께 한 상속자니 우리가 그와 함께 영광을 받기 위하여 고난도 함께 받아야 할 것이니라."

사도가 여기서 제시하고자 하는 요점은 성령께서 하나님을 '아버지'라고 부르라고 우리에게 가르치신다는 것입니다. 아이가 자라는 동안, 엄마는 아이에게 자기 남편을 '아빠'라고 가르치고, 아이에게 '아빠'라고 말하도록 가르칩니다. 이런 교육의 결과로, 아이는 언젠가 '아빠!'라는 사랑스러운 외침으로 집 안으로 들어오는 아빠를 환영할 것입니다. 말하자면, 아이는 이 사람이 아빠라는 사실을 인정하거나 시인하고 고백하는 것입니다. 성령께서는 우리를 다루시는 방식도 마찬가지입니다. 성령께서는 하나님이 우리 아버지시라는 사실을 가르쳐

주실 뿐만 아니라, 우리 입술에 이 고백을 두시고 역사하시어 우리가 기도 중에 "하늘에 계신 우리 아버지"라고 말하게 하십니다. 이 고백은 우리가 본래 가졌던 마음으로부터 나오는 것이 아니라 성령께서 내 안에서 "아바 아버지"라고 부르짖게 하시는 것입니다. "성령이 친히 우리 영으로 더불어 우리가 하나님의 자녀인 것을 증거하시나니, 자녀이면 또한 후사 곧 하나님의 후사이니라."

3) 깨끗한 양심과 선행에 대한 진지하고 거룩한 추구로

나는 왜 주님께서 원하시는 대로 행하려고 해야 합니까? 갈 5장에서는 내가 행할 수 있는 두 종류의 행위로서 육신의 행위와 성령의 행위에 대해 말하고 있습니다. 육신의 행위에는 음행과 더러운 것과 미움과 분쟁과 이단과 투기 등이 포함됩니다.[19-21절] 그러나 "오직 성령의 열매는 사랑과 희락과 화평과 오래 참음과 자비와 양선과 충성과 온유와 절제니 이같은 것을 금지할 법이 없느니라."[22-23절] 나는 나의 삶 속에서 무엇을 봅니까? 육신의 행위입니까? 성령의 열매입니까? 마 12:33에서 예수님은 바리새인들에게 "그 실과로 나무를 아느니라."라고 말씀하셨습니다. 이것은 모든 사람들에게 참된 것입니다. 나는 내가 행하는 행동을 봄으로써 내가 누구인지를 알 수 있습니다. 하이델베르크 교리문답 32주일 86문답에서 나는 '믿음의 열매를 통하여 나의 믿음을 증거하기 위해' 선행을 행해야 한다고 고백합니다. 내가 사는 방식을 통해서, 성령께서 내 안에서 일하시고 나는 하나님의 것이며 하나님께서 나를 구원하셨고 나는 하늘가는 길에 서 있다는 그 고백들이 내게 확증됩니다.

확신은 하나님의 약속을 믿는 것에 달려 있습니다

이 세 가지 방편 중에 믿음이 가장 중요합니다. 그러나 또한 내가 하나님의 자녀라고 하는 성령의 증거도 받고, 내가 나의 삶 속에서 하나님의 자녀로서 행동하고 있다는 사실도 알게 된다면, 그때 나는 내가 장차 주님과 함께 새 땅에 있게 될 것임을 지금부터 진정으로 확신할 수 있습니다. 그러면 더 이상 마음 속의 의심이나 최선을 다했지만 아직 완전이라는 목표에 이르지 못했다는 사실이 문제가 되지 않을 것입니다. 나의 삶 속에서 일을 시작하신 하나님은 또한 그 일을 완성하실 것입니다. 그래서 나는 편안할 수 있습니다. 하나님께서는 내가 주님과 함께 영원히 살 것이라는 확신을 지금부터 가질 수 있는 특권을 허용해 주셨습니다. 이것은 이루 말할 수 없는 평강과 만족을 줍니다. 하나님께서 신실하시기 때문에, 나는 나의 구원을 확신할 수 있습니다. 그러므로 조상들은 다음과 같이 이 조항을 결론짓고 있습니다. "그리고 만일 이 세상에서 하나님의 택자들이 최후의 승리에 대한 확실한 위로와 이 영원한 영광에 대한 확실한 보증을 가지지 못했다면, 그들은 모든 사람들 중에 가장 비참한 자들일 것입니다." 나는 얻을 수 없는 것을 바라고 있는 것이 아닙니다. 하나님께서는 나를 비할 데 없이 부요하게 하셨습니다. 왜냐하면 내가 장차 하나님과 함께 거할 것임을 지금부터 확실히 알고 있기 때문입니다.

11조

이 확신을 항상 느낄 수 있는 것은 아닙니다

한편 성경은 신자들이 이생에서 여러 가지 육신의 의심과 투쟁하며 심각한 시험 아래 있을 때에는 이러한 믿음의 확신과 견인의 확실성을 늘 충만히 느끼지는 못한다는 사실을 증거합니다. 그러나 모든 위로의 아버지 하나님께서 신자들이 감당치 못할 시험 당함을 허락지 아니하시고 시험 당할 즈음에 또한 피할 길을 제공해 주시어 성령에 의해서 다시 신자들에게 견인의 확실성을 회복시켜 주실 것입니다. 고후 1:3; 고전 10:13

1조에서 우리는 하나님께서 우리에게 견인에 대한 확신을 주실 것이라는 사실이 우리를 얼마나 부요하게 하는지를 고백했습니다. 그러나 현실을 보면, 이 땅의 상한 인생길을 걷는 그리스도인들은 그들이 보존될 것임을 언제나 그리 분명하게 느끼는 것은 아닙니다. 그리스도인들은 종종 의심으로 가득차곤 합니다. 이 의심을 언급함으로써 성경적이면서도 실제적인 자들이 되었습니다. 그들은 '땅에 두 발'을 딛고 서 있었으며 우리도 마찬가지입니다. 성경은 분명히 우리에게 하나님께서 우리를 붙드실 것이라고 말합니다. 그러나 그 성경은 또한 우리에게 이 진리에 대한 확신이 그리스도인들의 삶 속에서 항상 나타나는 것은 아니라고 말합니다.

의심: 성경적이면서도 실제적인 것

시 73편은 믿음의 형제인 아삽의 시입니다. 아삽은 날마다 성전에서 일했습니다. 그래서 그는 매일 구원의 복음을 설교하는 것을 보고 들었습니다. 항상 확신으로 가득 차 있어야 할 사람을 예를 들어보라면 아삽이 그런 사람일 것입니다. 그러나 아삽은 그렇지 못했습니다. 아삽은 2절에서 이렇게 말합니다. "나는 거의 넘어질 뻔하였고 나의 걸음이 미끄러질 뻔하였으니… " 왜 그랬습니까? "이는 내가 악인의 형통함을 보고 질투하였고 …그들은 죽을 때에도 고통이 없고 …그들의 눈이 솟아나며 그들의 소득은 마음의 소원보다 많으며 …볼지어다 이들은 악인들이라도 항상 평안하고 재물은 더욱 불어나도다. 내가 내 마음을 깨끗하게 하며 내 손을 씻어 무죄하다 한 것이 실로 헛되도다. … 내 마음이 산란하며 내 양심이 찔렸나이다." 아삽은 실제 자기 주변의 삶 속에서 일어나는 일들을 보았을 때 주님께 대한 신뢰를 느낄 수 없었습니다. 우리도 그런 일을 보았을 때 같은 생각을 할 수 있을 것입니다. 우리가 우리 주변 세상 속에서 일어나는 일들을 살펴볼 때, 우리의 지성으로는 전혀 이해할 수 없는 일들을 많이 보게 됩니다. 그런 일들은 우리의 믿음을 뒤흔들어 놓습니다.

또한 시 77:7-9에서 아삽은 이렇게 말합니다. "주께서 영원히 버리실까, 다시는 은혜를 베풀지 아니하실까? 그의 인자하심은 영원히 끝났는가? 그의 약속하심도 영구히 폐하였는가? 하나님이 그가 베푸실 은혜를 잊으셨는가, 노하심으로 그가 베푸실 긍휼을 그치셨는가 하였나이다(셀라)?" 우리는 전체 시편들에서 이와 같은 의심과 좌절의 울

부짖음을 많이 볼 수 있습니다.

　욥은 믿음이 강한 자였고, 주님께로부터 부와 번영의 복을 받은 사람입니다. 그런데 어느 날 욥은 모든 것을 잃었습니다. 심지어 욥의 아내는 욥에게 하나님을 저주하고 죽으라고 충고했습니다. 분명히 욥은 심하게 시험을 받았습니다. 욥은 확실히 이른바 '영적으로 높은 위치 spiritual high'에 머물러 있지 않았습니다. 반대로, 욥은 영적으로 깊이 추락했습니다. 이러한 욥의 삶도 마찬가지로 그리스도인의 현실을 보여 주는 것입니다.

　조상들은 이 사실을 알았습니다. 그래서 조상들은 11조에서 이렇게 기록했습니다. "한편 성경은 신자들이 이생에서 여러 가지 육신의 의심들과 투쟁해야 하며, 심각한 시험을 받을 때에는 이러한 믿음의 확신과 견인의 확실성을 늘 충만히 느끼지는 못한다는 사실을 증거합니다." 의심과 불확실성은 아삽과 욥이 아주 실감나게 경험한 것이었으며 오늘날에도 그와 같은 느낌들이 그리스도인들을 끈질기게 괴롭힙니다.

　그러므로 의심은 얼마나 현실적인 문제입니까? 아르미니우스주의자들은 "의심하는 것은 칭찬할만한 일이다."라고 말합니다. 잘못들에 대한 반박 6-잘못-찬송가 p.573 아르미니우스주의자들에 따르면, 하나님의 신실하심에 대한 확신이 없이 몸부림치는 것은 칭송을 받을 일이라고 하였습니다. 조상들이 11조에서 기록한 것은 그들의 주장과 대조됩니다. 의심은 정말로 현실적인 문제입니다. 그리스도인들은 삶의 순간순간마다 나타나는 여러 가지 의심과 투쟁해야 합니다. 의심은 곧 투쟁입니다. 하지만 의심이 선한 것입니까? 그 답은 '아니오'입니다. 의심은 죄입니다.

의심은 죄입니다

히브리서에서 사도는 히브리인 출신의 그리스도인들로 하여금 예수 그리스도와 그분이 십자가 위에서의 희생 제사에서 그들을 위해 이루신 일을 주목하게 함으로써, 박해에 직면한 그들이 믿음 안에서 용기를 낼 수 있게 해 주었습니다. 10:19, 22에서, 사도는 이렇게 기록했습니다. "그러므로 형제들아 우리가 예수의 피를 힘입어 성소에 들어갈 담력을 얻었나니 … 참 마음과 온전한 믿음으로 하나님께 나아가자…" 달리 말하면, 우리는 떨리는 무릎으로, 하나님께서 우리의 기도를 들어주실지 안 들어주실지 확신하지 못하면서 하나님께 나아가지 않아야 합니다. 우리는 그리스도를 바라보아야 합니다. 그리스도께서는 승리하시어 지금 하나님 오른 편에 좌정해 계십니다. 그러므로 우리는 충분한 믿음의 확신을 가지고 기도할 수 있습니다. 하나님께서 말씀하시기를, 그리스도께서는 우리를 위하여 죽으셨고 우리를 위해 중보하신다고 하셨습니다. 그러므로 우리는 기도하면서 의심할 필요가 없으며, 확신있게 기도할 수 있습니다.

하나님은 어떤 분이십니까? 하나님은 전능하신 창조주이십니다. 하나님께서 나를 만드셨습니다. 내가 죄에 빠졌을 때, 하나님께서 나에게, 죄악되고 죽을 수밖에 없는 나에게 오셔서 말씀하시기를, "나의 자녀여, 내가 너의 죄를 위하여 나의 아들을 내어주었다."라고 하셨습니다. 하나님이 이런 분이시라면 나는 이 복음에 대해 어떻게 반응해야 합니까? "내가 당신이 하시는 말씀을 정말로 있는 그대로 인정한다고 해도 당신이 주님인지는 모르겠습니다."라고 말하는 것이 옳은 태도입니까? 하나님의 하나님 되심은 나의 의심이 잘못임을 말해 줍니다. 내가 무엇이기에 하나님께서 나에게 말씀하신 것에 대해 도전하겠습니까? 그러므로 오직 내 편에서 합당한 반응은 하나님이 말씀하신 것을 받아들이는 것뿐입니다. 빌 1:6; 롬 8:38,39을 보십시오.

그렇다면 나는 의심할 수 있습니까? 나는 내가 의심하고 있음을 압니다. 내가 의심하는 것은 죄가 계속해서 나에게 붙어 있기 때문입니다. "우리가 율법은 신령한 줄 알거니와 나는 육신에 속하여 죄 아래에 팔렸도다. … 내가 원하는 바 선은 행하지 아니하고 도리어 원하지 아니하는 바 악을 행하는도다." 롬 7:14,19 의심은 매우 실제적이고 사실적인 것입니다. 그러나 그 말은 의심이 받아들여질 수 있다는 의미가 아닙니다. 만일 하나님이 하나님이시라면, 그때 나는 하나님이 말씀하신 것을 받아들여야 합니다. 우리는 연약하고 사탄은 강합니다. 그리고 우리는 살아가면서 사탄의 공격을 분명히 경험합니다. 그러나 그 사실로 인해 의심을 용납할 수는 없습니다. 의심은 이 눈물의 골짜기를 지나가는 우리 인생의 일부입니다. 그러나 정말로 우리는 의심이 칭찬할 만한 것이 아님을 알아야 합니다. 하나님의 말씀은 확실합니다. 그래서 나는 그 말씀에 굳게 붙어 있을 수 있습니다.

모든 위로의 하나님께서 내가 시험 당할 즈음에 나에게 피할 길을 주십니다

성경은 내가 의심과 불확실성을 경험할 때 하나님께서 무슨 일을 행하시는지에 대해서도 나에게 가르쳐 줍니다. 11조에서 고백하는 바와 같이, 내가 의심할 때도 하나님은 여전히 나의 하나님이십니다. 이 하나님은 어떤 하나님이십니까? 나는 고후 1:3,4에서 이 하나님은 '자비의 아버지시요 …우리의 모든 환난 중에서 우리를 위로하사 우리로 하여금 하나님께 받는 위로로써 모든 환난 중에 있는 자들을 능히 위로하게 하시는 이'라는 사실을 알게 됩니다.

여기서 '위로'라는 말을 반복해서 사용하고 있음을 주목하시기 바랍니다. 하나님은 모든 위로의 하나님이십니다. 내가 환난 중에 있고 의심에 빠지며, 내 안의 많은 연약함들을 자각하고, 내가 정말로 지금 하나님께 속한 자인지 혹은 내가 정말로 마지막 날에 하나님과 함께 할 것인지를 확신하지 못할 때, 그때 조상들은 이렇게 말했습니다 "모든 위로의 아버지 하나님께서 내가, 나의 감당치 못할 시험당함을 허락지 아니하시고 시험 당할 즈음에 또한 피할 길을 제공해 주십니다." 이 부분은 고전 10:13으로부터 직접적으로 인용한 것입니다. 고린도의 교회는 시련과 환난 중에 있었습니다. 그래서 바울은 고린도교회 성도들에게 7-10절에서 "우상 숭배하는 자가 되지 말라", "간음하지 말라", "그리스도를 시험하지 말라.", "원망하지 말라."고 경고했습니다. 고린도 교회 성도들은 우상숭배와 음란과 불평에 빠질 수 있는 유혹에 직면해 있었기 때문에 이러한 교훈이 필요했습니다. 사탄의 구체적인 공격에 직면하여, 사도는 고린도교회 성도들에게 그들 자신의 힘을 의지하지 말라고 경고했습니다. "그런즉 선 줄로 생각하는 자는 넘어질까 조심하라"12절. 그리고 나서 바울은 엄청난 위로의 말씀에 도달합니다. "사람이 감당할 시험 밖에는 너희가 당한 것이 없나니 오직 하나님은 미쁘사 너희가 감당하지 못할 시험 당함을 허락하지 아니하시고 시험 당할 즈음에 또한 피할 길을 내사 너희로 능히 감당하게 하시느니라."13절 이스라엘 백성들은 우리에게 거울이 됩니다. 출애굽기, 레위기, 민수기를 읽어보아도, 이스라엘 백성들이 얼마나 자주 하나님을 의심하고 시험에 빠졌는지를 읽을 수 있습니다. 우리도 그들과 다르지 않습니다. 그러나 고전 10:13에서는 우리에게 시험당할 즈음에 피하게 될 것에 대해 확신하게 합니다. 모든 그리스도인들은 시험당합니다. 그러나 하나님은 신실하십니다.

사탄의 공격은 아주 실제적입니다. 우리는 반복적으로 시험과 의심들을 경험합니다. 그렇다고 해서 내가 이런 시험과 의심들을 당할 때에 좌절할 필요가 있습니까? 그럴 필요는 없습니다. 왜냐하면 사도가 말하기를, 하나님이 허용하셨으므로 시험이 내게 다가오는 것이라고 말하기 때문입니다. 사탄은 욥을 시험하기 원했지만, 하나님의 허용 없이는 욥을 시험할 수 없었습니다. 눅 22장에서 우리는 사탄이 베드로를 시험하기 위해서 어떻게 하나님께 청구하는지를 읽습니다. [31절] 그러나 사탄은 하나님의 허용 없이는 베드로를 체질할 수 없었습니다. 하나님께서 허용하심 없이는 시험이 나에게 오지 않습니다. 하나님께서 나를 시험하도록 사탄에게 허용하신다고 해도, 사탄은 하나님이 정하신 한계를 넘어서서 나를 시험할 수 없습니다. 하나님은 사탄이 시험할 수 있는 강도와 기간을 한정해 주십니다. 또한 하나님은 이 시험들을 견딜 수 있도록 힘을 주십니다. 이 슬픈 삶 속에서 나를 괴롭히는 의심과 불확실성에 직면하여, 하나님은 나로 하여금 내가 항상 하나님의 손 안에서 안전하다는 것을 알게 하실 것입니다.

이 사실은 하나님의 자녀에게 정말로 안심이 되는 것입니다! 예레미야는 하나님께서 자기 어깨 위에 지워 주신 사역의 압력으로 자신이 짓눌린다고 느낄 때 그런 안정을 경험했습니다. 렘 20:7-10에서 예레미야는 불평을 토로했습니다. "여호와여 주께서 나를 권유하시므로 내가 그 권유를 받았사오며 주께서 나보다 강하사 이기셨으므로." 그래서 예레미야는 선지자로 부름 받았습니다. [렘 1:4이하 참고] 그러나 이스라엘은 예레미야의 사역에 대해 반응을 보이지 않았습니다. 이스라엘은 예레미야가 말하는 것을 듣는 데 관심이 없었습니다. 이스라엘은 예레미야를 조롱했습니다. "내가 말할 때마다 외치며 파멸과 멸망을 선포하므로 여호와의 말씀으로 말미암아 내가 종일토록 치욕과 모욕거리가 됨이니이다." 이런 반대에 직면하여, 예레미야는 하나님께서 자신에게 말하라고 명령하신 것을 더 이상 말하지 않으려고 하는 유혹을 심하게 받았습니다. 그러나 예레미야는 그렇게 할 수 없었습니다. "내가 다시는 여호와를 선포하지 아니하며 그의 이름으로 말하지 아니하리라 하면 나의 마음이 불붙는 것 같아서 골수에 사무치니 답답하여 견딜 수 없나이다." 그래서 예레미야는 점점 더 조롱당하고 보복을 당하게 되었습니다. 심지어 친구들도 예레미야를 반대했습니다. 예레미야는 엄청난 협박과 압력을 받게 되었습니다.

그때 예레미야가 주님께 계속해서 말하는 것에 주목하십시오. 그는 "주님, 그것은 너무 심합니다"라고 하지 않고, 자기 안에서 그 일을 시작하신 분이 하나님이시기 때문에 그 하나님께서 자기 주변에서 일어나는 시험들로부터 자신을 구원할 것이라고 확신했습니다. 그러므로 예레미야는 11-13절에서 주님에 대한 자기 신앙과 신뢰를 고백하는 방향으로 나아가고 있습니다. "그러하오나 여호와는 두려운 용사 같으시며 나와 함께 하시므로 나를 박해하는 자들이 넘어지고 이기지 못할 것이오며 … 여호와께 노래하라 너희는 여호와를 찬양하라 가난한 자의 생명을 행악자의 손에서 구원하셨음이니라." 예레미야는 하나님의 손 안에서 자기 자신이 안전하다는 것을 알았습니다. 비록 엄청난 압제가 가해진다고 해도 그리스도인은 오히려 더욱 안전할 것입니다!

하이델베르크 교리문답 16주일 44문답에서 왜 '그리스도께서 음부에 내려가셨다'는 고백이 덧붙여져 있습니까? "내가 극도의 슬픔과 유혹을 당하는 중에도, 나의 주 예수 그리스도께서 모든 고난을 받으시는 동안에, 특히 십자가에서 고난 받으시는 동안 말할 수 없는 고통과 아픔과 공포와 고뇌를 겪으심으로써 음부의 고통과 슬픔으로부터 나를 구원하셨음을 확신하고 위로를 얻도록 하기 위함입니다." 내가 결코 거부당하지 않도록 하기 위해서 그리스도께서 거부당하셨습니다. 그렇습니다. 나는 때때로 하나님께 버림당했다고 느낄 수도 있고, 변치 않고 보호하시겠다고 하신 하나님의 약속을 의심할 수 있습니다. 그러나 나는 그 어떤 유혹과 고독과 압제가 있음에도 불구하고 내가 하나님의 손 안에서 안전하다는 것을 알게 될 것입니다. 나는 내가 완전하여질 그 날이 이를 것을 확신할 수 있습니까? 그렇습니다. 하나님께서 신실하시기 때문에 확신할 수 있습니다. 내가 어떻게 느끼는지는 중요하지 않습니다. 중요한 것은 나의 하나님이 누구신가 하는 것입니다.

이 확신은 자기만족으로
인도하지 않습니다

그러나 이 견인의 확실성은 참된 신자들을 거만하게 하거나 세속적인 안일함을 갖게 하지 않으며, 도리어 겸손과 어린아이 같은 공경, 참된 경건과 모든 투쟁 가운데서 인내하는 것, 뜨거운 기도, 고난 중에 변치 않고 진리를 고백하는 것, 그리고 하나님 안에서 지속적인 기쁨과 같은 것들의 참된 근원이 됩니다.롬 12:1 또한 이 유익을 고려하는 것은 신자들로 하여금 진정으로 항상 감사하며 착한 일들을 계속해 나가게 합니다.시 56:12,13;116:12 이 사실은 성경의 증언들과 성도들의 모범으로부터 증거되는 바입니다.딛 2:11-14; 요일 3:3

조상들은 '신자들이 구원을 확신할 수 있다'고 주장했을 때, 아르미니우스주의자들은 이 교리가 신자들로 하여금 '어쨌든 구원받았으므로' 이생의 방식에 따라 살고 이생의 죄를 즐기도록 부추긴다고 응수했습니다. 아르미니우스주의자들은 이렇게 말했습니다. "견인과 구원의 확신에 대한 교리는 그 성격상 거짓된 안정을 얻게 하고, 경건과 선한 양심과 기도 등과 같은 거룩한 삶을 살게 하는 데에 방해가 됩니다."잘못들에 대한 반박 6-잘못, 찬송가 p.573 달리 말하면, "만일 여러분이 어쨌든 하늘로 간다면, 왜 경건한 삶을 살려고 괴로워해야 합니까?"라는 말입니다. 아르미니우스주의자들은 말하기를, 우리는 하늘에 가기 위해서 노력해야 하고 하늘나라를 쟁취해야 한다고 합니다. 그런 교리라야 거룩한 생활 방식을 독려하게 된다는 것입니다.

조상들은 구원의 확신을 가지는 것이 자기만족적인 삶의 방식을 낳는다는 이런 개념을 거부했습니다. 실제로 하이델베르크 교리문답에서 이와 같은 오류를 거부하고 있습니다. 하이델베르크 교리문답 23주일 60문답에서 '나는 내가 오직 은혜로 구원받았으며 구원은 하나님의 값없이 주시는 선물'이라고 고백합니다. 그러므로 하이델베르크 교리문답 24주일에서는 나의 선행이 구원을 얻는 데 있어서 나에게 도움이 안 된다고 고백하게 됩니다. 이 사실은 다음과 같은 질문으로 인도합니다. "이런 가르침은 사람들을 무관심하고 사악하게 만들지 않겠습니까?" 교리문답은 이 질문에 대한 답을 이렇게 요약합니다. "그렇지 않습니다. 참된 믿음으로 그리스도께 접붙여진 사람들이 감사의 열매를 맺지 않는 것은 불가능합니다."_{하이델베르크 교리문답 24주일 64문답} 이것은 정확하게 조상들이 12조에서 기록한 것입니다. "그러나 이 견인의 확실성은 참된 신자들을 거만하게 하거나 세속적인 안일함을 갖게 하지 않으며, 도리어 겸손과 어린아이 같은 공경, 참된 경건과 모든 투쟁 가운데서 인내하는 것, 뜨거운 기도, 고난 중에 변치 않고 진리를 고백하는 것, 그리고 하나님 안에서 지속적인 기쁨과 같은 것들의 참된 근원이 됩니다."

견인에 대한 확신은 감사와 선행을 유발시킵니다

하나님께서 나를 구원하셨고 나에게 값없이 구원을 주셨다면, 나의 반응은 어떠해야 합니까? 그 반응은 불경스러운 것일 수 있습니까? 그럴 수 없습니다. 성경에서는 하나님의 자녀가 그런 방식으로 반응하지 않고 죄와 싸우고 믿음의 열매를 맺어야 한다고 말합니다. "좋은 나무가 나쁜 열매를 맺을 수 없다."마 7:18 만일 우리가 그리스도께 접붙여져 있다면, 그때 우리는 그리스도께서 원하시는 열매를 맺을 것입니다. 그리스도께서 이렇게 말씀하셨습니다. "나는 포도나무요 너희는 가지라 그가 내 안에, 내가 그 안에 거하면 사람이 열매를 많이 맺나니 나를 떠나서는 너희가 아무 것도 할 수 없음이라."요 15:5 그리스도께서는 하나님의 자녀가 열매를 맺을 것이라는 사실을 진술하셨습니다. 그러므로 조상들은 이렇게 기록했습니다. "또한 이 유익을 고려하는 것은 신자들로 하여금 진정으로 항상 감사하며 착한 일들을 계속해 나가게 합니다. 이 사실은 성경의 증언들과 성도들의 모범으로부터 증거되는 바입니다."

아르미니우스주의자들이 믿는 바와 반대로, 그리스도 안에 자기 소망을 가진 자는 거만하거나 방탕하게 살지 않고 도리어 자기 자신을 정결하게 합니다. "사랑하는 자들아 우리가 지금은 하나님의 자녀라 장래에 어떻게 될지는 아직 나타나지 아니하였으나 그가 나타나시면 우리가 그와 같을 줄을 아는 것은 그의 참모습 그대로 볼 것이기 때문이니 주를 향하여 이 소망을 가진 자마다 그의 깨끗하심과 같이 자기를 깨끗하게 하느니라."요일 3:2,3 이 구절은 거룩이 구원으로 인도한다고 가르치지 않고, 구원이 거룩으로 인도한다는 사실을 가르칩니다.

시 116편은 또한 하나님께서 값없이 주신 구원의 선물에 대해 감사하는 그리스도인의 전형적인 반응을 묘사하고 있습니다. 시편 기자는 이 구원에 대해 말하면서 다음과 같이 기록합니다. "주께서 내 영혼을 사망에서, 내 눈을 눈물에서, 내 발을 넘어짐에서 건지셨나이다 내가 생명이 있는 땅에서 여호와 앞에 행하리로다."⁸,⁹절 그리고 나서 시편 기자는 야웨께서 구원하신 것에 대해 자신이 어떻게 반응해야 할지를 묻습니다. "내게 주신 모든 은혜를 내가 여호와께 무엇으로 보답할까?"¹²절 하나님께서는 값없이 나에게 구원을 주셨습니다. 내가 하나님께 어떻게 감사할 수 있습니까? "내가 구원의 잔을 들고 여호와의 이름을 부르며 여호와의 모든 백성 앞에서 나는 나의 서원을 여호와께 갚으리로다."¹³,¹⁴절 여기에는 자기만족이나 부주의함이나 방탕하게 사는 것이나 자랑 같은 것들이 전혀 없습니다. 오히려 겸손과 감사만이 있습니다. "주여, 내가 당신께 감사합니다."라고 하는 마음이 있습니다. 이 반응은 아르미니우스주의자들이 말한 것과 전적으로 다른 것입니다. 하나님의 구속받은 자녀들은 열심히 주님을 위하여 살아갑니다. "그가 우리를 대신하여 자신을 주심은 모든 불법에서 우리를 속량하시고 우리를 깨끗하게 하사 선한 일을 열심히 하는 자기 백성이 되게 하려 하심이라."딛 2:14

그렇습니다. 견인의 확신은 아르미니우스주의자들이 말하는 것처럼 자기만족으로 인도하지 않고 겸손으로 인도합니다. 마 11:28,29에서 예수님은 우리를 당신께 배우도록 초청하셨습니다. "수고하고 무거운 짐 진 자들아 다 내게로 오라 내가 너희를 쉬게 하리라 나는 마음이 온유하고 겸손하니 나의 멍에를 메고 내게 배우라 그리하면 너희 마음이 쉼을 얻으리." 그리스도인들이 구주께로부터 가장 확실하게 배워야 할 한 가지는 겸손입니다. "주님, 당신은 나를 구원하신 겸손하신 주님이십니다."

또한 그런 지식은 틀림없이 나로 하여금 존경과 경건과 인내와 열심 있는 기도와 진리에 대한 충성과 기쁨을 반드시 드러내게 할 것입니다. 조상들이 열거한 이런 태도는 하나님의 구속하심을 받은 자들의 마음속에서 하나님께서 값없이 주신 것에 대한 반응으로 생깁니다. 만일 하나님을 향한 그런 태도가 내 안에 있음을 알게 된다면, 그때 나는 나의 삶 속에서 하나님께서 나를 위하여 행하신 그 구원에 대해 확신하고 있다는 증거를 볼 수 있습니다.

13조

이 확신은 무관심으로
인도하지 않습니다

❖

이 새로워진 확신은 타락 후에 회복된 자들 안에서 부주의함을 낳거나 경건을 태만히 하게 하지 않고^{고후 7:10} 오히려 더욱 주의하며 주님의 길을 분별하기를 힘쓰게 합니다.^{엡 2:10} 그래서 그 길을 따라 걸어 나감으로써 견인의 확실성을 계속 유지하기 위해서 그들은 주의합니다. 따라서 그들이 하나님의 아버지 같은 선하심을 남용함으로 말미암아 이렇게 행하지 않으면, 이전에 화해하셨던 하나님께서 다시 그들에게서 당신의 얼굴을 돌이키실 것입니다. 하나님이 얼굴을 비추심은 경건한 자들에게는 생명보다 더 달콤하고, 하나님이 얼굴을 돌리심은 죽음보다 더 비참합니다. 그리고 그들은 영혼의 더 비참한 고통에 빠질 것입니다.^{시 63:4; 사 64:7; 렘 33:5}

4조에서 조상들은 하나님의 선택된 자녀들이 심각한 범죄에 빠질 수 있다는 사실을 고백했습니다. 6조에서 조상들은 더 나아가서 하나님을, 택함 받은 성도들이 심지어 타락 중에 있을 때에라도 계속해서 붙드시어 그들을 일으키시고 그들을 은혜의 자리로 다시 회복시키시는 그런 자비의 하나님으로 고백했습니다. 하나님께서는 신자들을 영원히 보존하십니다. 13조에서는 이 가르침에 대한 아르미니우스주의

자들의 반응을 다루고 있습니다.

하나님의 자녀는 죄를 가지고 '불장난'을 하지 않습니다

아르미니우스주의자들은 개혁교회가 가르치는 성도의 견인의 교리가 하나님의 자녀들을 부주의하고 방탕하게 살도록 만들 뿐이라고 주장하였습니다. 아르미니우스주의자들은 말하기를, 만일 하나님께서 어떤 사람을 생명으로 선택하셔서 그가 타락할 때마다 하나님이 그 사람을 회복시키시는 것이 확실하다면, 이 선택된 사람은 어차피 하나님이 항상 다시 회복시켜 주실 것이므로 죄와 열심히 싸우려고 하지 않을 것이라고 했습니다. 아르미니우스주의자들에 따르면, 하나님께서 택자들을 보존하신다는 교리는 오직 택자들을 방탕하게 만들 뿐이라는 것입니다.

그런 생각에 반응하여, 조상들은 13조를 기록했습니다. "이 새로워진 확신은 타락 후에 회복된 자들 안에서 부주의함을 낳거나 경건을 태만히 하게 하지 않고, 오히려 더욱 주의하며 주님의 길을 분별하기를 힘쓰게 합니다. 따라서 그 길을 따라 걸어 나감으로써 그들은 확실한 견인을 유지하게 됩니다." 달리 말하면, 하나님의 자녀는 주님께서 자신에게 원하시는 바를 더 신중하고 더 조심스럽게 행합니다.

우리는 이 상태를 높이 솟아오른 빌딩의 꼭대기에서 떨어졌지만 구조되어 안전하게 옮겨진 사람에 비유할 수 있습니다. 구조되고 난 후에 이 사람은 자기가 두 번째로 떨어지더라도 길에 부딪히기 전에 구조될 것이라고 확신하면서 난간 끝에 위험하게 바짝 붙어 서 있을 수 있을까요? 물론 그렇게 할 수 없습니다. 그 추락사건을 통해서 그는 난간이 위험하기 때문에 멀찍이 거리를 두어야 한다는 것을 배웠을 것입니다. 마찬가지로, 죄에 빠졌었지만 하나님께서 일으키시고 다시 회복시키신 하나님의 자녀도 다시 위험한 난간 위를 걷지 않으려 할 것입니다. 그리스도인은 자기가 죄를 범하기 쉬우므로 더욱더 열심히 "아버지여, 시험에 들게 하지 마옵시고, 다만 악한 자에게서 나를 구하여 주소서."라고 기도할 것입니다. 회복된 하나님의 자녀는 하이델베르크 교리문답 52주일 127문답의 내용을 고백할 것입니다. "우리 자신만으로는 너무나 연약하여서 우리는 스스로의 힘으로 한순간도 서 있을 수 없습니다. 또한 우리의 불구대천의 원수인 마귀와 세상과 우리 자신의 육신이 끊임없이 우리를 공격하나이다. 그러므로 주님께서 성령의 능력으로 우리를 붙드시고, 강하게 하셔서 이 영적 전쟁에서 최종적으로 승리를 얻을 때까지 패하지 않고 항상 우리의 원수를 확고하게 격퇴하게 하시옵소서."

이 사실은 또한 성경이 가르치는 바입니다. 시 32:3,4에서 우리는 다윗이 죄에 빠지고 자기 죄를 인정하기를 거부한 후에 자기가 어떤 상태에 있는지를 발견하고 진술한 말을 읽을 수 있습니다. "내가 입을 열지 아니할 때에 종일 신음하므로 내 뼈가 쇠하였도다 주의 손이 주야로 나를 누르시오니 내 진액이 빠져서 여름 가뭄에 마름 같이 되었나이다 (셀라)."

하나님께서는 다윗을 그대로 두지 않으셨습니다. 당신의 무거운 손으로 다윗을 눌러서 죄를 고백하게 하여 다시 다윗을 회복시키려고 하신 분은 바로 하나님이셨습니다. "내가 이르기를 내 허물을 여호와께 자복하리라 하고 주께 내 죄를 아뢰고 내 죄악을 숨기지 아니하였더니 곧 주께서 내 죄악을 사하셨나이다 (셀라)."5절 그 결과는 무엇이었습니까? 다윗은 어차피 하나님께서 다시 구해주실 것이니 마음대로 죄를 지어도 되겠다고 느꼈습니까? 다윗이 자기를 따르는 이스라엘 백성들에게 한 충고를 들어 봅시다. "내가 네 갈 길을 가르쳐 보이고 너를 주목하여 훈계하리로다 너희는 무지한 말이나 노새 같이 되지 말지어다 그것들은 재갈과 굴레로 단속하지 아니하면 너희에게 가까이 가지 아니하리로다."8,9절 만일 다윗이 이스라엘 백성들에게 이 말씀대로 충고했다면, 어떻게 그런 그가 어차피 하나님께서 자신을 일으키시고 회복시켜 주실 것이라고 믿으면서 다시 난간으로 돌아갈 수 있겠습니까? 확실히 다윗은 그렇게 하지 않았습니다. 다윗은 자신이 제시한 충고대로 행한 것입니다!

하나님께서 죄로부터 구원하신 자들이 쉽게 자신을 방탕한 생활에 내어주지 않으려고 한다는 것은 고후 7:10과 같은 구절에서 지적하는 바입니다. "하나님의 뜻대로 하는 근심은 후회할 것이 없는 구원에 이르게 하는 회개를 이루는 것이요 세상 근심은 사망을 이루는 것이니라." 사도는 말하기를, 회개는 부주의함을 낳지 않고 도리어 구원에 이르게 합니다. 하나님께서는 우리가 타락할 때 우리를 건져내어 회복시켜 주십니다. 그러나 우리가 죄를 멀리하도록 하는 근본적인 힘은 우리의 타락 때문에 우리 안에서 하나님께서 일으키시는 경건한 슬픔입니다. 이런 슬픔과 그저 다시 죄에 빠지고 사망에 이르게 할 뿐인 세상 슬픔을 대조해 보십시오. 성경은 회복된 자들이 사는 방식에 있어서 주의하게 된다고 가르칩니다.

회복된 하나님의 자녀는 하나님께서 당신의 얼굴을 돌이키시는 것을 두려워합니다

우리 조항의 두 번째 부분은 두려움을 언급합니다. 회복된 자들은 주의깊게, 그리고 부지런히 주님의 길을 살피고 그 가운데 걷습니다.

"그들이 하나님의 아버지 같은 선하심을 남용함으로 말미암아 이렇게 행하지 않으면, 이전에 화해하셨던 하나님께서 그들에게서 다시 당신의 얼굴을 돌이키실 것입니다. 하나님이 얼굴을 비추심은 경건한 신자들에게는 생명보다 더 달콤하고, 하나님이 얼굴을 돌리심은 죽음보다 더 비참합니다. 그리고 그들은 영혼의 더 비참한 고통에 빠집니다." 타락한 결과로써 오는 두려움은 하나님께서 당신의 얼굴을 돌리실 것이라는 데에 있습니다.

하나님의 얼굴이 우리를 향하여 비추어진다는 표현은 하나님의 복을 의미합니다. 아론과 그의 아들들은 이스라엘 자손들에게 축복할 때 다음과 같이 말하도록 명령받았습니다. "여호와는 네게 복을 주시고 너를 지키시기를 원하며 여호와는 그의 얼굴을 네게 비추사 은혜 베푸시기를 원하며 여호와는 그 얼굴을 네게로 향하여 드사 평강 주시기를 원하노라 할지니라 하라."민 6:24-26 하나님은 당신께서 복을 주시는 것을 당신의 백성에게 얼굴을 비추시는 것으로 연상하게 하셨습니다. 성경은 반대로도 가르칩니다. 곧 하나님께서 얼굴을 돌이키신다는 말은 하나님께서 당신의 복을 철회하신다는 뜻이라는 것입니다. 시 80:3,7과 19에서, 아삽은 하나님께 애원했습니다. "하나님이여, 우리를 돌이키시고 주의 얼굴빛을 비추사 우리가 구원을 얻게 하소서." 이 후렴구는 하나님께서 당신의 얼굴을 돌리신 결과로써 일어난 일들이 다음과 같이 열거되는 동안 반복해서 언급하고 있습니다. "만군의 하나님 여호와여, 주의 백성의 기도에 대하여 어느 때까지 노하시리이까? 주께서 그들에게 눈물의 양식으로 먹이시며 많은 눈물을 마시게 하셨나이다. 우리를 우리 이웃에게 다툼거리가 되게 하시니 우리 원수들이 서로 비웃나이다."4-6 아삽은 하나님께서 당신의 얼굴을 당신의 백성을 향하여 비추실 때에만, 당신의 백성들이 구원받고, 복 받을 수 있다는 사실을 시인합니다.

만일 하나님께서 당신의 얼굴을 돌리신다면 사람이 무엇을 하든지 실패할 것입니다. 신 28:15-68에서는 불순종에 대한 하나님의 저주에 대해 말합니다. 이 말씀에서 선포된 저주는 삶의 모든 영역에 고루 미치는 것입니다. "네가 만일 네 하나님 여호와의 말씀을 순종하지 아니하여 내가 오늘 네게 명령하는 그의 모든 명령과 규례를 지켜 행하지 아니하면 이 모든 저주가 네게 임하며 네게 이를 것이니 네가 성읍에서도 저주를 받으며 들에서도 저주를 받을 것이요, 또 네 광주리와 떡 반죽 그릇이 저주를 받을 것이요 네 몸의 소생과 네 토지의 소산과 네 소와 양의 새끼가 저주를 받을 것이며 네가 들어와도 저주를 받고 나가도 저주를 받으리라 네가 악을 행하여 그를 잊으므로 네 손으로 하는 모든 일에 여호와께서 저주와 혼란과 책망을 내리사 망하며 속히 파멸하게 하실 것이며."[15-20]

그리고 나서 21-68에서는 이 저주들이 어떻게 느껴지고 경험되는지를 다음과 같이 상세히 다루고 있습니다. "여호와께서 너를 멸하실 것이요 … 네 시체가 공중의 모든 새와 땅의 짐승들의 밥이 될 것이나. … 맹인이 어두운 데서 더듬는 것과 같이 네가 백주에도 더듬고 네 길이 형통하지 못하여 항상 압제와 노략을 당할 뿐이리니 너를 구원할 자가 없을 것이며, 네가 여자와 약혼하였으나 다른 사람이 그와 같이 동침할 것이요. 집을 건축하였으나 거기에 거주하지 못할 것이요 포도원을 심었으나 네가 그 열매를 따지 못할 것이라.…" 이 저주의 목록은 계속되고 마지막에 이렇게 끝납니다. "여호와께서 너를 배에 싣고 전에 네게 말씀하여 이르시기를 네가 다시는 그 길을 보지 아니하리라 하시던 그 길로 너를 애굽으로 끌어 가실 것이라 거기서 너희가 너희 몸을 적군에게 남녀 종으로 팔려 하나 너희를 살 자가 없으리라."

불순종할 경우에 하나님께서는 당신의 얼굴을 돌이키시고 당신의 무거운 손으로 당신의 백성을 누를 것이라고 약속하셨습니다. 하나님의 복을 빼앗기는 것은 하나님의 자녀가 상상할 수 있는 가장 무서운 경험입니다. 타락함으로 인해 하나님께서 자신에게서 얼굴을 돌이키신 것처럼 느꼈던 하나님의 자녀는 회복시켜 주시는 하나님께 감사하게 되며 결코 다시 하나님께 버림 받았다고 느끼기를 원하지 않습니다.

시 22편은 하나님께서 당신의 얼굴을 돌리신 하나님께 버림 당한 사람에 의해서 기록되었습니다. "내 하나님이여, 내 하나님이여 어찌 나를 버리셨나이까? 어찌 나를 멀리 하여 돕지 아니하시오며, 내 신음 소리를 듣지 아니하시나이까? 내 하나님이여 내가 낮에도 부르짖고 밤에도 잠잠하지 아니하오나 응답하지 아니하시나이다." 다윗은 하나님으로부터 응답받지 못했습니다. 14절과 15절에서 다윗은 이 느낌이 어떠한지를 묘사했습니다. "나는 물 같이 쏟아졌으며 내 모든 뼈는 어그러졌으며 내 마음은 밀랍 같아서 내 속에서 녹았으며 내 힘이 말라 질그릇 조각 같고 내 혀가 입천장에 붙었나이다 주께서 또 나를 죽음의 진토 속에 두셨나이다." 이에 대한 이유가 19절에 나와 있습니다. "여호와여 멀리 하지 마옵소서 나의 힘이시여 속히 나를 도우소서!" 다윗이 경험한 바에 따르면, 하나님께서 다윗을 완전히 버리셨고 다윗으로부터 당신의 얼굴을 돌리신 것이었습니다.

이 시편에서 언급된 버림 당함은 예수 그리스도 안에서 성취되었습니다. 예수 그리스도께서 십자가에 달리셔서 흑암에 둘러싸여 있었을 때 하나님께서는 예수 그리스도에게서 얼굴을 돌리셨습니다. 그리스도께서는 고통 중에 이렇게 외치셨습니다. "나의 하나님, 나의 하나님, 어찌하여 나를 버리셨나이까?"[마 27:46] 선택받은 자들은 하나님께서 당신의 얼굴을 돌리심보다 더 나쁜 상황을 아무것도 생각할 수 없습니다.

다윗이 시 22편에서 기록한 것에 비해 시 4편은 정말로 다릅니다!

"여러 사람의 말이 우리에게 선을 보일 자 누구뇨 하오니 여호와여 주의 얼굴을 들어 우리에게 비추소서 주께서 내 마음에 두신 기쁨은 그들의 곡식과 새 포도주가 풍성할 때보다 더하니이다 내가 평안히 눕고 자기도 하리니 나를 안전히 살게 하시는 이는 오직 여호와이시니이다." 무엇이 이런 차이를 가져왔습니까? 다른 점이 무엇입니까? 시 4편에서는 다윗이 자신에게로 향한 하나님의 얼굴을 경험하고 있습니다. 즉 다윗은 하나님의 복을 경험하고 있는 것입니다. 우리는 신 28:1-14에서 우리가 하나님께 순종할 때에만 하나님의 복들을 바랄 수 있다는 것을 배우게 됩니다. "네가 네 하나님 여호와의 말씀을 삼가 듣고 내가 오늘 네게 명령하는 그의 모든 명령을 지켜 행하면 네 하나님 여호와께서 너를 세계 모든 민족 위에 뛰어나게 하실 것이라. … 여호와께서 너를 머리가 되고 꼬리가 되지 않게 하시며 위에만 있고 아래에 있지 않게 하시리니 오직 너는 내가 오늘 네게 명령하는 네 하나님 여호와의 명령을 듣고 지켜 행하며…."

14조

방편의 사용이 포함됩니다

✦

하나님께서 복음의 설교로 우리 안에서 이 은혜의 사역을 시작하시기를 기뻐하신 것처럼, 하나님께서는 당신의 말씀을 듣고 읽음으로, 말씀을 묵상함으로, 말씀의 권면과 위협과 약속으로, 성례의 사용으로 그 은혜의 사역을 유지하시고 계속하시고 완성하십니다. 신 6:20-25; 딤후 3:16,17; 행 2:42.

하나님의 말씀이라는 방편

1장 3조에서는 하나님께서 예수 그리스도 안에서 구원으로 선택하신 자들에게 구원의 복음을 전할 사자를 보내신다는 사실을 고백합니다. 하나님께서 그렇게 행하시는 이유는 설교가 없이는 아무도 예수 그리스도를 믿을 수 없기 때문입니다. 이 고백은 바울이 다음과 같이 기록한 롬 10:14,15에 근거하여 작성한 것입니다. "그런즉 그들이 믿지 아니하는 이를 어찌 부르리요? 듣지도 못한 이를 어찌 믿으리요? 전파하는 자가 없이 어찌 들으리요? 보내심을 받지 아니하였으면 어찌 전파하리요 기록된 바 아름답도다 좋은 소식을 전하는 자들의 발이여 함과 같으니라" III/IV장 17조에서도 유사한 고백을 합니다. 즉 "복음은 하나님께서 중생을 일으키기 위하여 사용하시기를 기뻐하시는 방편이다."라고 고백합니다.

　이 내용은 V장 14조에서 다시 나옵니다. 그러나 이 조항에서는 이미 고백된 것을 단순히 반복하는 것으로 끝나지 않습니다. 14조에서 조상들은 하나님께서 방편을 사용하신다는 것을 성도의 견인이라는 문맥에서 고백합니다. 택자들은 타락**할 수도** 있지만 하나님께서는 그들이 타락에 빠진 동안에도 그들을 보존하십니다. 9조에서 고백한 것처럼, 택자들은 자신들의 구원과 선택을 확신할 수 있습니다. 그들은 자신들이 새 땅에서 영광중에 주님과 또 다른 택자들과 함께 살 것임을 지금부터 확신할 수 있습니다. 비록 택자들이 이 확신을 항상 느낄 수 있는 것은 아니지만[11조] 그들은 견인을 확신할 수 있습니다.[9조] 어떻게 그들은 견인에 대해 더욱더 확신하게 됩니까? 하나님께서 주신 방편을 사용함으로 견인을 더욱더 확신하게 됩니다. 그리고 하나님께서 사용하시기를 기뻐하시는 방편은 하나님의 말씀입니다.

　"하나님께서 복음의 설교로 우리 안에서 이 은혜의 사역을 시작하시기를 기뻐하신 것처럼, 하나님께서는 당신의 말씀을 듣고 읽음으로… 그 은혜의 사역을 유지하시고 계속하시고 완성하십니다." 하나님께서는 당신의 말씀을 통해 우리 안에서 시작하신 그 은혜의 사역을 당신의 말씀을 통해 우리 안에서 유지시키시고, 또 완성하십니다. 믿음의 확신과 믿음 안에서 성장을 확고히 하기 위해서, 하나님께서는 방편을 사용하십니다. 우리가 태어났을 때 어머니가 우리에게 주는 음식들이 우리가 그 작은 몸에서 점점 성장해 갈 수 있게 하는 방편이 되었습니다. 즉 어머니가 우리를 먹임으로써 우리가 자란 것입니다. 마찬가지로 하나님께서는 당신의 자녀들 안에 영적 생명이 있게 하시고,

또한 그 생명이 자라게 하십니다. 하나님께서는 당신의 말씀을 영적 성장의 원천으로 정하셨습니다. "그러므로 믿음은 들음에서 나며, 들음은 그리스도의 말씀으로 말미암았느니라."[롬 10:17]

하나님의 자녀가 하나님의 말씀으로 양육되어야 할 필요는 성경에서 거듭거듭 표현됩니다. 이스라엘 백성들이 약속의 땅에 들어가기 전에 요단강 가에서 기다리고 있는 동안 모세는 그들에게 이렇게 말했습니다. "이는 곧 너희의 하나님 여호와께서 너희에게 가르치라고 명하신 명령과 규례와 법도라 너희가 건너가서 차지할 땅에서 행할 것이니 곧 너와 네 아들과 네 손자들이 평생에 네 하나님 여호와를 경외하며 내가 너희에게 명한 그 모든 규례와 명령을 지키게 하기 위한 것이며 또 네 날을 장구하게 하기 위한 것이라."[신 6:1,2] 모세는 창세기, 출애굽기, 레위기, 민수기에서 언급된 명령과 규례와 법도들 즉 이스라엘이 그 당시에 가지고 있었던 성경을 언급하고 있습니다. 그런데 이 계명들은 백성들에게 **가르쳐져야** 할 뿐만 아니라 백성들의 마음에 새겨져야 했습니다. "오늘 내가 네게 명하는 이 말씀을 너는 마음에 새기고 네 자녀에게 부지런히 가르치며 집에 앉았을 때에든지 길을 갈 때에든지 누워 있을 때에든지 일어날 때에든지 이 말씀을 강론할 것이며."[6,7절] 이 계명들은 선반 위에 올려놓는 것이 아니라 백성들의 마음에 있어야 합니다. 부모들은 부지런히 성경을 공부해야 합니다. 부모들은 하루가 시작될 때부터 마칠 때까지 항상 자기 자녀들에게 하나님의 명령과 규례들에 대해 말해야 합니다. 왜 그렇게 해야 합니까? 자녀들이 하나님을 알고 선택에 대한 하나님의 약속을 믿도록 하기 위해서입니다. 자녀들은 믿음을 가지기 위해서 믿어야 할 뿐만 아니라 믿음 안에서 성장해야 했습니다. 성장은 한 번의 식사로 되는 것이 아니라 계속적인 식사로 되는 것입니다.

다윗은 하나님의 율법을 너무나 사랑하여 그것을 '종일 묵상하였습니다.'시 119:97 다윗은 하나님의 명령들을 부지런히 묵상했습니다. 이런 빛 가운데서 우리는 롬 10:14-17을 읽어야 하는데, 그곳에 믿음에 이르기 위해서 하나님의 말씀을 들어야 한다고 강조하고 있습니다. 그러므로 바울은 디모데에게 "말씀을 전파하라!"라고 책임을 부과합니다. 딤후 4:2 믿음과 믿음 안에서 성장은 설교에 의해서 생깁니다. "이 예언의 말씀을 읽는 자와 듣는 자와 그 가운데에 기록한 것을 지키는 자는 복이 있나니 때가 가까움이라." 부지런히 그 말씀을 공부하고 듣고 읽음으로써 하나님의 약속을 더욱더 확신하게 되고 그 결과로 믿음 안에서 더욱더 든든하게 서게 됩니다. 그렇기 때문에 히 10:24, 25에서는 교회에 모이고 믿음 안에 서 있도록 상호 격려하라고 권고하는 것입니다. "서로 돌아보아 사랑과 선행을 격려하며 모이기를 폐하는 어떤 사람들의 습관과 같이 하지 말고 오직 권하여 그 날이 가까움을 볼수록 더욱 그리하자." 그러므로 14조에서는 하나님께서 말씀의 방편을 사용하시기를 기뻐하셨다고 고백합니다. 그래서 우리가 말씀을 듣고 또 읽음으로써 하나님 안에서 더욱더 성장해 나갈 것입니다.

하나님의 말씀이 우리의 묵상의 주제가 되어야 합니다

조상들이 기록한 바와 같이, 우리는 하나님의 말씀을 듣고 읽을 뿐만 아니라 그 말씀을 묵상해야 합니다. 우리의 묵상은 마리아가 눅 2:19에서 묵상했다고 읽는 그런 방식으로 행해져야 합니다. "마리아는 이 모든 말을 마음에 새기어 생각하니라." 우리는 열심히 하나님이 말씀하신 것에 관해 생각하고 하나님이 말씀하신 것을 통하여 생각해야 하며 그 말씀을 묵상하고 말씀 속에서 하나님이 말씀하시는 것을 이해하기 위해서 노력해야 합니다.

조상들은 또한 하나님께서 말씀의 '권면과 위협'으로 우리 안에서 당신의 사역을 완성하신다고 기록했습니다. 하나님의 말씀에서 우리는 복에 대한 약속들과 저주에 대한 약속들을 읽을 수 있습니다. 우리는 우리를 어루만져 주는, 즐겁고 위안이 되는 그런 부분만 읽지 않아야 합니다. 왜냐하면 우리가 그런 것들을 필요로 한다는 것을 아시는 하나님께서 우리에게 날카로운 경고와 위협의 말씀도 주시기 때문입니다. 믿음이 우리 안에서 생기고 자라게 하는 것은 복과 저주에 대한 하나님의 약속에 의해서입니다.

성례라는 방편들

우리는 하나님께서 은혜로 말씀의 본문을 예증하시기 위해서 은혜로 우리에게 주신 성례들의 사용도 역시 게을리하지 않아야 합니다. 성례들의 내용은 하나님의 말씀의 내용과 일치합니다. 왜냐하면 성례들은 십자가에 못 박히신 그리스도의 유익들을 죄인들에게 설명하기 때문입니다. 성례들을 사용할 때 우리는 성례들이 상징하는 바에 의해서 교훈을 받습니다. 하나님께서는 우리에게 들리는 말씀과 보이는 말씀을 주셨습니다. 그래서 우리는 이 두 가지를 다 사용해야 합니다.

이 교리는 사탄에게 미움을 받으나
교회에게 사랑을 받습니다

하나님께서는 이러한 참된 신자들과 성도들의 견인의 교리와 이 견인의 확실성에 대한 교리를 당신의 이름의 영광과 경건한 자들의 위로를 위하여 당신의 말씀 안에 가장 풍성하게 계시해 주셨고, 신자들의 마음속에 각인시켜 주십니다.^{계 14:12} 그러나 육신으로써는 이 교리를 이해할 수 없습니다. 이 교리는 사탄이 미워하고 세상이 조롱하고 무지하고 외식하는 자들이 남용하고 이단자들이 공격하는 것입니다. 반면 그리스도의 신부는 항상 이 교리를 매우 아끼고 사랑해 왔으며 더할 나위 없이 소중한 가치를 가진 보화처럼 확고부동하게 이 교리를 방어해 왔습니다.^{엡 5:32} 또한 아무도 대항하여 경영을 이룰 수도 없고 힘을 발휘할 수도 없는 하나님께서는 교회가 마지막까지 계속해서 그렇게 행하도록 붙드실 것입니다.^{시 33:10,11} 오직 성부, 성자, 성령 하나님께만 존귀와 영광을 세세토록 돌릴지어다.^{벧전 5:10,11} 아멘.

이 교리는 사탄에게 미움을 받고 공격 받습니다

도르트 신경을 끝맺고 있는 이 항목은 사탄 편에서 하나님을 향한 엄청난 미움이 이 땅에 존재하는 중에도 하나님을 찬양하고 있습니다.

하나님께서 특정한 사람들을 생명으로 선택하시고 반드시 완성에 이르게 한다는 사실과 죄인들이 자신이 하나님의 손 안에서 안전하다는 것을 알고 오늘 무슨 일이 있을지라도 장차 주님과 함께 할 것임을 확신한다는 사실은 사탄이 지독하게 미워하는 복음입니다. 이 복음이 모든 찬양을 주님께 돌리기 때문에, 사탄은 이 복음을 미워합니다. 선택하신 분도 하나님이시고, 그리스도 안에서 구원하신 분도 하나님이시며, 당신이 택하신 자들 가운데 믿음을 일으키신 분도 하나님이시고, 무슨 일이 있든지 택자들을 붙드시는 분도 하나님이십니다. 이 복음은 전적으로 하나님 중심적입니다. 이렇게 하나님께 모든 영광이 돌려지는 것은 사탄이 미워하는 것입니다.

에덴동산에서 인류가 죄에 빠진 사건은 사탄의 승리를 나타냅니다. 그러나 에덴동산에서 타락 이후에 하나님께서는 사탄에 대항하여 승리에 승리를 거두셨습니다. 사탄은 이 사실을 알고 있으며, 이 사실을 증오하여 하나님의 영광을 실추시키는 일을 계속해서 합니다. 하나님께서는 다음과 같은 말씀으로 우리에게 경고하십니다. "근신하라 깨어라 너희 대적 마귀가 우는 사자 같이 두루 다니며 삼킬 자를 찾나니."벧전 5:8 마찬가지로 계 12:12에서도 우리는 경고의 말씀을 듣습니다. "그러므로 하늘과 그 가운데에 거하는 자들은 즐거워하라 그러나 땅과 바다는 화 있을진저 이는 마귀가 자기의 때가 얼마 남지 않은 줄을 알므로 크게 분내어 너희에게 내려갔음이라 하더라."

사탄은 자신이 이미 진 싸움을 싸우고 있는 것을 잘 알기 때문에 분노하고 있습니다. 그러므로 사탄은 하나님이 받으실 영광을 실추시키기 위해, 또 하나님의 백성들에게서 사탄에 대한 하나님의 승리를 믿고 확신함에서 오는 위로를 빼앗아가기 위해 자기가 할 수 있는 모든 일을 하는 것입니다.

사탄은 도르트 신경의 **내용들**을 혐오합니다. 사탄은 선택과 성도의 견인에 관한 교리를 혐오합니다. 그러므로 교회 역사 속에서, "하나님께 택함 받는 것은 **너희**에게 달려 있다. 하나님께 너희의 마음을 여는 것은 **너희**에게 달려 있다."라고 선포한 복음 설교자들이를테면 아르미니우스주의자들이 계속 있어 왔습니다. 도르트 총회 당시에는 전 유럽으로부터 온 교회들이 참석했었습니다. 그러나 오늘날의 상황을 보면 스스로를 개혁교회라 칭하고 칼빈의 추종자들이라고 고백하는 많은 교회들이 실제로는 아르미니우스주의자들의 추종자들처럼 행동하고 있습니다. 아르미니우스주의 이설은 오늘날 광범위하게 받아들여지고 있으며, 그렇게 된 데에는 도르트 신경의 교리에 대한 사탄의 증오가 아주 중요한 역할을 하고 있습니다.

 복음주의의 특징들 중 하나는 하나님의 '하나님 되심'과 인간의 '인간됨'을 함께 손상시키는 것입니다. 하나님과 사람 사이의 차이가 줄어들었습니다. 이는 하나님께서 신자의 구원에 필요한 모든 일을 하시는 것은 아니며 사람도 구원에 어느 정도 기여한다는 믿음을 가질 수 있는 길을 넓게 열어 놓았습니다. 이 개념은 사탄이 좋아하는 교리입니다. 도르트 신경의 내용에 관하여, 조상들은 이렇게 기록했습니다. "사탄이 미워하고, 세상이 조롱하며 무지하고 외식하는 자들이 남용하고, 이단자들이 공격하는 것입니다." 교회 역사는 도르트 신경에서 고백된 교리에 대항하여 퍼부어진 이 증오와 비난과 남용과 반대에 대해 잘 보여 주고 있습니다. 따라서 우리와 우리 자녀들이 하나님께서 말씀에 계시하신 것과 우리가 믿는 바를 잘 알기 위해 시간을 들여 도르트 신경을 연구하는 것은 시기적절한 일입니다.

교회는 이 교리를 소중히 여기고 끊임없이 방어해 왔습니다

이에 반하여 교회는 도르트 신경에서 고백하는 교리를 사랑하고 방어합니다. 교회는 그 교리에서 위로를 발견합니다. 우리가 이 신경에서 고백한 것은 우리가 하이델베르크 교리문답 1주일 1문답에서 고백하는 것과 동일합니다. "사나 죽으나 당신의 유일한 위로는 무엇입니까? 사나 죽으나, 나는 나의 것이 아니고, 몸과 영혼이 모두 나의 신실하신 구주 예수 그리스도의 것입니다." 하나님께서 나를 선택하셨고, 그리스도께 나를 주셨습니다. "예수 그리스도께서는 당신의 보배로운 피로 나의 모든 죄의 값을 완전히 치르시고, 나를 마귀의 모든 권세로부터 자유하게 하셨습니다." 나는 아무것도 하지 않았으나, **그리스도**께서 모든 것을 해 주셨습니다. "또한 나의 하늘 아버지의 뜻이 아니고는 나의 머리털 하나도 상함이 없게 하시는 그런 방식으로 주는 나를 지켜 주십니다. 실로 이 모든 것이 나의 구원을 위하여 함께 일하게 하십니다." 여기에 절대적인 안전, 성도의 견인 교리에 대한 확신이 있습니다. "그러므로 그리스도께서는 또한 성령으로 말미암아 나로 영원한 생명을 확신하게 해 주시고, 나로 진심으로 자원하게 하시고, 이제부터 당신을 위하여 살게 하십니다." 나는 내가 그리스도께 속했다는 것에 대한 감사의 반응으로 **그리스도**를 위하여 살아갑니다.

이 신경의 내용은 "그리스도의 신부가 항상… 매우 아끼고 사랑해 왔으며, 더할 나위 없이 소중한 가치를 가진 보화처럼 확고부동하게… 방어해 온… "것입니다. **하나님께서**는 교회가 이 신앙고백을 붙들게 하시고, 그 가운데 포함된 교리가 오랜 세월 동안 대대로 계속해서 확실히 보존되어 오게 하셨습니다. 하나님께 감사합시다. 이 값없는 구원의 복음은 언제까지나 지속될 것입니다. "아무도 대항하여 경영을 이룰 수도 없고 힘을 발휘할 수도 없는 하나님께서는 ^교회가^ 마지막까지 계속 ^복음을 매우 아끼고 사랑하며 방어하도록^ 붙드실 것입니다." 음부의 문들이 하나님의 교회를 이길 수 없을 것입니다.

베드로는 그의 서신에서 "마귀가 우는 사자처럼 두루 행한다."라고 경고하면서 우리에게 "믿음을 굳게 하여 저를 대적하라."라고 권고합니다. 여기에 베드로는 기도와 **약속**을 추가합니다. "너희는 믿음을 굳건하게 하여 그를 대적하라 이는 세상에 있는 너희 형제들도 동일한 고난을 당하는 줄을 앎이라 모든 은혜의 하나님 곧 그리스도 안에서 너희를 부르사 자기의 영원한 영광에 들어가게 하신 이가 잠깐 고난을 당한 너희를 친히 온전하게 하시며 굳건하게 하시며 강하게 하시며 터를 견고하게 하시리라."^벧전 5:9,10^ 하나님께 부름 받은 택자들인 우리는 다음과 같은 하나님의 약속을 가지고 있습니다. "…또 미리 정하신 그들을 또한 부르시고 부르신 그들을 또한 의롭다 하시고 의롭다 하신 그들을 또한 영화롭게 하셨느니라."^롬 8:30^ 우리가 견인할 것이라는 사실은 하나님의 **약속**입니다. 마귀의 공격이 제아무리 맹렬할지라도, 그리고 우리가 이 공격 때문에 고난당할지라도, 하나님께서는 우리를 완전하게 **하실 것이고,** 당신께서 우리 안에서 시작하신 은혜의 사역을 완성**하실 것입니다.**

"오직 성부, 성자, 성령 하나님께만 존귀와 영광을 세세토록 돌리지어다. 아멘."

결론

이 신경은 네덜란드 교회 안에서 논의된 다섯 조항에 관하여 정통 교리를 바르고 간단명료하게 선언한 것이며, 동시에 한동안 교회들을 혼란하게 한 잘못들에 대한 반박이기도 합니다. 총회는 이 해설과 반박문을 정할 때에 하나님의 말씀에서 그 근거를 가져왔으며, 개혁교회의 신앙고백들과 일치되게 정하였습니다. 이로써 일부 사람들이 다음과 같은 말로 사람들을 설득시켜 모든 진리와 공평과 부족한 자에 대한 사랑에 대항하여 매우 부적절하게 행하였다는 사실이 명백해졌습니다.

− 예정과 그 관련 주제들에 대한 개혁교회의 교리는 그 교리의 성격과 경향으로 인해 사람들의 마음을 모든 경건과 신앙으로부터 떠나게 합니다.

− 이 개혁교회들의 교리는 마귀에 의해 지배당하는 육신을 위한 아편이요, 사탄의 요새입니다. 사탄은 이 요새에 숨어서 모든 사람들을 기다리며 많은 이들에게 해를 입히며, 절망과 거짓 안전이라는 화살로 많은 사람들을 치명적으로 관통시킵니다.

− 이 교리는 하나님을 죄의 조성자와 폭군과 위선자로 만드는 것이며, 스토아 철학, 마니교, 자유주의, 마호메트교를 새롭게 고친 것에 불과합니다.

− 이 교리는 죄악된 부주의함으로 인도합니다. 왜냐하면 이 교리는 사람들로 하여금 택자들이 어떻게 살든 간에 그들의 구원을 방해할 수 있는 것은 없다고 믿게 하여, 결국 가장 흉악한 죄도 아무렇지도 않게 범하게 할 것이기 때문입니다. 반면에 유기자들에 대하여는, 심지어 그들이 성도로서의 모든 일을 행

한다 해도 이 교리는 그들의 구원에 대해 아무것도 해 줄 수가 없습니다.

또한 이 교리는 하나님께서 어떠한 죄도 염두에 두지 않고 단지 자신의 뜻에 따라 임의적으로 행하심으로써 세상의 대부분이 영원한 정죄를 받도록 예정하시고 창조하셨다고 가르칩니다.

- 동일한 방식으로 선택은 믿음과 선행의 원천이고 이유이며, 유기는 불신앙과 불경건의 이유입니다.

- 신자들의 많은 흠 없는 자녀들이 엄마들과 그 엄마의 품으로부터 잡아채어져 무자비하게 지옥으로 던져집니다. 그래서 그들의 세례나 세례 때에 드려졌던 교회의 기도도 그들에게 아무런 도움이 안 됩니다.

그리고 개혁교회들이 고백하지 않을 뿐만 아니라 심지어 진정으로 혐오하기까지 하는 이런 종류의 가르침은 얼마든지 더 많이 있습니다.

그러므로 이 도르트 총회는 우리 구주 예수 그리스도를 경건하게 부르는 모든 자들에게 그들이 여기저기서 모은 비방을 가지고 개혁 교회들의 신앙을 판단하지 않도록 주님의 이름으로 명령하였습니다. 또한 그들이 일부 고대나 현대 교사들의 개인적인 진술들을 종종 정직하지 못하게 인용하거나 문맥에서 떼어내서 본래의 의미와 어긋나게 해석함으로써 개혁교회의 신앙을 판단하지 않도록 명하였습니다. 개혁교회의 신앙은 이 교회들이 행하는 공적 신앙고백들과 전체 총회 회원들이 만장일치로 정한 이 정통 교리의 선언문, 즉 도르트 신경을 가지고 판단해야 합니다. 또한 총회는 비방하는 자들에게, 그들이 수많은 교회의 신앙고백들에 대항하여 거짓 증거를 하고 연약한 자들의 양심을 혼란스럽게 하며 참된 신자들의 공동체를 많은 의심에 빠뜨리려고 하기 때문에, 하나님의 엄한 심판이 그들을 기다리고 있다는 것을 생각하라고 그들에게 경고합니다.

마지막으로, 총회는 그리스도의 복음 안에서 함께 섬기는 모든 사역자들에게 그들이 학교와 교회에서 이 교리를 다룰 때에 하나님을 경외하며 경건한 방식으로 행하도록 권고합니다. 말과 기록된 글을 가지고 그 교리를 가르치면서, 그들은 하나님의 이름의 영광과 거룩한 삶과 괴로워하는 영혼에게 주어지는 위로를 추구해야 합니다. 그들이 이 교리에 대해 생각하고 말하는 것은 믿음의 유추에 따라 성경과 일치해야 합니다. 그리고 그들은 성경의 참된 의미의 정해진 한계를 넘어서서 뻔뻔스러운 궤변가들에게 개혁교회들의 교리를 공격하거나 심지어 조롱할 좋은 기회를 주는 모든 표현들을 삼가야 합니다.

아버지의 오른 편에 좌정하시어 사람들에게 선물들을 주시는 하나님의 아들 예수 그리스도께서 우리를 진리 안에서 거룩하게 하시고, 방황하는 자들을 진리로 인도하시며, 건전한 교리를 비방하는 자들을 침묵하게 만드시고, 지혜와 분별의 영으로 말씀 사역자를 신실하게 무장시키시어, 그들이 말하는 모든 것이 하나님의 영광과 듣는 자들을 세우기 위한 것이 되기를 바라옵니다. 아멘.

아르미니우스주의자들의 잘못들에 대해 반박하기를 마친 후에 조상들은 도르트 신경에 대한 결론을 채택했습니다. 이 결론은 주로 이 신경의 조항들을 요약한 것입니다. 특별히 첫 번째 단락과 마지막 단락과 관련하여 두 가지 요점만 주목해 보려고 합니다.

도르트 신경은 하나님의 말씀으로부터 취한 것이고 개혁교회들의 신앙고백들과 일치하는 것입니다

결론에서, 조상들은 아르미니우스주의자들이 가르친 이설들의 목록을 기술하기 전에 다음과 같이 말하고 있습니다. "총회는 이 해설과 반박문을 정할 때에 하나님의 말씀에서 그 근거를 가져왔으며, 개혁교회의 신앙고백들과 일치되게 정하였습니다." 어떤 사람은 이렇게 질문하기도 할 것입니다. "몇 개의 조항들을 기록하고 난 다음에 이 조항들이 하나님의 말씀과 명확히 일치한다는 그런 대담한 진술을 하는 것은 약간 오만하게 들리지 않겠습니까?"

오만이란 무엇입니까? 분명하고 솔직하게 말하는 것은 오만이 아닙니다. 오만은 우리 자신을 하나님의 말씀보다 우위에 두는 것입니다. 조상들은 하나님의 말씀을 주의 깊게 들었고, 그 들은 바를 그 시대의 의문점들과 연관하여 기록했습니다. 그렇게 함으로써 조상들은 의식적으로 그들의 신앙고백을 하나님의 말씀 아래 두었습니다. 우리는 도르트 신경을 가지고 지금까지 공부해 오면서, 자주 성경을 들고는 하나님께서 성경에서 선택과 유기의 교리나 그리스도의 죽음과 인간의 구속, 인간의 타락과 하나님께로의 회심, 인간이 회심하는 방식, 성도의 견인에 관하여 계시하신 것이 무엇인지를 읽고는 하였습니다. 도르트 신경을 우리가 공부한 것은 실제적으로는 하나님의 말씀을 공부한 것이었습니다. 그 결과로, 우리는 또한 도르트 신경의 말을 가지고 이 주제들에 대한 하나님의 말씀을 요약할 수 있습니다. 하나님의 말씀이 아닌 것을 가지고 아르미니우스주의자들의 질문에 답을 공식적으로 표명하는 것은 심지어 하나님께서 말씀하신 것이 받아들이기 어렵고, 우리의 자존심을 손상시키는 것일지라도 오만입니다. 하나님께서 우리에게 계시하신 것을 정확하게 반향하는 것이 겸손입니다. 조상들이 도르트 신경의 결론에서 진술한 내용을 간단히 말하면, 조상들이 하나님께서 말씀에서 기록하신 것을 참된 것으로 받아들인다는 것과 도르트 신경의 각 조항들은 다만 하나님의 말씀을 정확하게 반향하고 요약하기 위해서 기록되었다는 것입니다. 조상들은 도르트 신경을 하나님의 말씀 **아래** 두었습니다. 그렇기 때문에 위와 같은 조상들의 진술은 오만하게 행하는 것이 아니라 믿음의 겸손을 나타내는 것입니다. 우리는 이러한 관점을 고수해야 합니다. 왜냐하면 그렇게 하지 않을 때 우리는 전체로서 이 신앙고백을 이해하는 데 실패할 것이기 때문입니다.

진리의 말씀을 방어하기 위하여 하나님께 기도 함

15조는 하나님 중심적인 복음에 대해 하나님께 찬양하는 노래라고 일컬어져 왔습니다. 이 신경 전반에 걸쳐 하나님의 위대하심을 지적하였습니다. 즉 죽은 죄인들을 값없이 구원하신 분은 바로 주권적인 하나님이시라는 것입니다. 그러므로 하나님께 모든 찬양을 돌려야 합니다. 그렇다면 이 신경에서 고백된 교리를 공격하고 항의하는 자들에게는 어떻게 대항해야 합니까? 하나님의 말씀에 반대되게 가르치는 자들예를 들면, 아르미니우스주의자들과 하나님의 말씀의 진리를 훼손하는 자들이나 계속해서 회개하기를 거부하며 하나님의 말씀의 진리를 훼손하는 자들에게 어떻게 대항할 수 있습니까? 진리의 말씀에 대한 사탄의 공격에 대항하는 그리스도인의 무기는 기도입니다. 그래서 조상들은 참으로 적절하게 다음과 같은 기도로 이 신경의 결론을 맺었습니다.

"아버지의 오른 편에 좌정하시어 사람들에게 선물을 주시는 하나님의 아들 예수 그리스도께서 우리를 진리 안에서 거룩하게 하시고, 방황하는 자들을 진리로 인도하시며, 건전한 교리를 비방하는 자들을 침묵하게 만드시고, 지혜와 분별의 영으로 말씀 사역자를 신실하게 무장시키시어, 그들이 말하는 모든 것이 하나님의 영광과 그들에게 듣는 자들을 세우기 위한 것이 되기를 바라옵니다. 아멘."

부록[3]
도르트 신경
Canons of Dort

우리 교리표준의 세 번째는 '도르트 신경' 즉 '항의자들에 반대하는 다섯 조항'이라고 부릅니다. 이 조항들은 1618-1619년에 열린 개혁교회의 위대한 총회인 도르트 총회에 의해 채택된 교리의 진술입니다. 이 총회는 국제적인 중요성이 있습니다. 왜냐하면 이 총회는 화란 개혁교회의 대표자들로만 구성된 것이 아니라 27개의 다른 나라의 교회들의 대표자들도 참석했기 때문입니다.

도르트 총회는 아르미니우스주의의 생성과 확장으로 인해 개혁교회들 내부에서 일어난 심각한 논란을 고려하여 개최되었습니다. 레이던Leyden 대학의 신학 교수인 아르미니우스와 그의 추종자들은 다섯 가지 중요한 요점에 대한 그들의 가르침에 있어서 개혁교회의 신앙에서 이탈했습니다. 즉 그들은 미리 아신 믿음에 근거한 조건적인 선택, 보편적인 속죄, 부분적 타락, 저항할 수 있는 은혜, 은혜로부터 타락할 수 있는 가능성을 가르쳤습니다. 이 견해들은 총회에서 거부되었고, 이 견해의 반대자들의 입장은 현재 '도르트 신경' 혹은 '항의자들에 반대하는 다섯 조항'이라고 불리는 것에 구체적으로 표현되어 있습니다. 이 총회는 항의자들에 반대하여 개혁교회의 교리 즉 무조건적인 선택,

---

[3] 역주: 이 부록은 원서에는 없지만, 도르트 신경에 대해 거의 들어보지 못한 한국 기독교인 독자들을 위하여 역자가 추가했습니다. 역자는 이 도르트 신경 번역을 신언개혁교회에서 사용하고 있는 교리표준에서 그대로 가져왔습니다.

제한 속죄, 전적 타락, 불가항력적 은혜, 성도의 견인을 이 신경에서 고백했습니다.

이 신경은 각각 긍정적인 면과 부정적인 면이 있는데, 긍정적인 면은 그 각각의 주제에 관한 개혁 신앙의 교리를 설명하는 것이요 부정적인 면은 이에 대한 아르미니우스주의의 잘못을 지적하고 거부하는 것입니다. 비록 그 형태에 있어서는 세 번째 단락과 네 번째 단락이 하나로 되어 단지 네 장이지만, 우리는 마땅히 다섯 개의 신경이라고 말해야 하고, 제Ⅲ장은 항상 Ⅲ/Ⅳ장이라고 불러야 합니다. 우리 교회들의 모든 직분자들은 벨직 신앙고백서와 하이델베르크 교리문답뿐만 아니라 이 신경에도 서명하도록 요청 받습니다.

제Ⅰ장

하나님의 선택과 유기

모든 인류는 하나님 앞에서 정죄 받아야 마땅합니다

사도의 말씀에 따르면, 모든 사람이 아담 안에서 죄를 범하여 저주 아래 놓이게 되었고, 영원한 죽음을 당해야 마땅하기 때문에, 롬 5:12 하나님께서는 모든 사람을 죄 가운데 그리고 저주 아래 버려두시고 그 죄 때문에 정죄하는 것이 당신의 뜻이라고 할지라도, 어느 누구도 하나님께서 행하시는 일을 불공평하다고 할 수 없습니다. 사도의 말씀은 이러합니다. 온 세상이 하나님의 심판 아래 있게 되었다. 모든 사람이 죄를 범하였으매 하나님의 영광에 이르지 못하더라. 롬 3:19,23 죄의 삯은 사망이요. 롬 6:23

하나님의 아들을 보내심

그러나 이런 가운데서 하나님의 사랑이 나타난 바 되었으니 요일 4:9 하나님께서 당신의 독생자를 세상에 보내셔서, 그를 믿는 사람마다 멸망치 않고 영생을 얻게 하셨습니다. 요 3:16

복음의 설교

하나님께서는 자비롭게도 사람들이 믿도록 하기 위하여, 당신이 원하시는 때에 그리고 당신이 원하시는 사람에게 이 가장 즐거운 소식을 전하는 사자를 보내 주십니다. 사 52:7 이 사자들의 사역으로, 사람들은 회개와 십자가에 못 박히신 그리스도를 믿는 신앙으로 부름 받습니다. 고전 1:23,24 그런즉 그들이 믿지 아니하는 이를 어찌 부르리요 듣지도 못한 이를 어찌 믿으리요 전파하는 자가 없이 어찌 들으리요 보내심을 받지 아니하였으면 어찌 전파하리요 기록된 바 아름답도다 좋은 소식을 전하는 자들의 발이여 함과 같으니라 롬 10:14,15

이중의 결과

하나님의 진노가 이 복음을 믿지 않는 모든 사람들 위에 머무를 것입니다. 요 3:36 그러나 이 복음을 받고 참되고 살아있는 믿음으로 구주 예수를 받아들이는 모든 사람들은 구주 예수로 인하여 하나님의 진노와 파멸로부터 구원을 받고 영생을 얻게 됩니다. 막 16:16; 롬 10:9

불신앙의 원인, 믿음의 원천

다른 모든 죄들과 마찬가지로 이 불신앙의 원인과 책임은 하나님께 있지 않고, 인간 그 자신에게 있습니다. 히 4:6 그러나 다음의 말씀과 같이, 예수 그리스도를 믿는 믿음과 그분을 통한 구원은 하나님께서 값없이 주신 선물입니다. 너희가 그 은혜에 의하여 믿음으로 말미암아 구원을 받았으니 이것이 너희에게서 난 것이 아니 하나님의 선물이라.엡 2:8 그리스도를 위하여 너희에게 은혜를 주신 것은 다만 그를 믿을 뿐 아니라 또한 그를 위하여 고난도 받게 하려 하심이라.빌 1:29

하나님의 영원하신 작정

하나님께서는 때를 맞춰 일부 사람들에게 믿음의 선물을 주시고, 다른 사람들에게는 믿음의 선물을 주시지 않으시는데, 이는 영원하신 작정으로부터 진행하십니다.행 13:48; 벧전 2:8 왜냐하면 하나님께서는 영원으로부터 당신의 모든 사역을 아시고 당신의 뜻의 경륜에 따라 모든 일을 성취하시기 때문입니다.엡 1:11 택자들이 제아무리 완고하다고 할지라도 이 작정에 따라 하나님께서는 은혜롭게 그들의 마음을 부드럽게 하시어 믿도록 해 주십니다. 그러나 하나님께서는 택하지 않은 자들을 공정한 판단으로 그들 자신의 사악함과 완고함 가운데 내버려 두십니다. 특별히 여기에서 심오하고 자비로우심이 드러나고 동시에 정죄받아 마땅한 사람들 사이에 공정한 구별 즉 하나님의 말씀에서 계시된 선택과 유기의 작정이 나타납니다. 비록 사악하고 불순하고 변하기 쉬운 사람들이 이 작정을 그들 자신의 파멸로 왜곡시킬지라도 이 작정은 거룩하고 하나님을 경외하는 영혼들에게는 말할 수 없는 위로입니다.

제한된 선택

선택은 하나님께서 세상의 기초가 놓이기 전에 원래 완전한 상태에서 그들 자신의 잘못으로 죄와 파멸로 떨어지게 된 전체 인류로부터 당신의 뜻의 주권적인 선하신 기쁨에 따라 오직 은혜로 제한된 특정한 수의 사람들 곧 다른 사람들보다 더 나은 사람이거나 가치 있는 사람이 아니라 다른 사람들과 같은 비참 가운데 있는 자들을 그리스도 안에서 구원으로 택하신 하나님의 변하지 않으시는 목적입니다.엡 1:4,11; 요

17.2,12,24 하나님께서는 또한 영원으로부터 그리스도를 중보자와 모든 택자들의 머리와 구원의 근거가 되도록 임명하셨습니다. 이렇게 하여 하나님께서는 구원받을 모든 자들을 그리스도께 주시기로 작정하셨고, 실제로 당신의 말씀과 성령을 통하여 당신의 교통으로 그들을 부르시고 끌어 들이십니다. 요 6:37,44; 고전 1:9 하나님께서는 그들에게 그리스도를 믿는 참 믿음을 주시고, 의롭게 하시고, 거룩하게 하시고, 당신의 아들과의 교제 안에서 능력있게 지키시고, 마지막으로 영화롭게 하십니다. 이는 하나님의 자비를 드러내고 당신의 영광스러운 은혜의 부요함을 찬양하게 하기 위함입니다. 이는 성경에 다음과 같이 기록되어 있습니다. 곧 창세 전에 그리스도 안에서 우리를 택하사 우리로 사랑 안에서 그 앞에 거룩하고 흠이 없게 하시려고 그 기쁘신 뜻대로 우리를 예정하사 예수 그리스도로 말미암아 자기의 아들들이 되게 하셨으니 이는 그가 사랑하시는 자 안에서 우리에게 거저 주시는 바 그의 은혜의 영광을 찬송하게 하려는 것이라. 엡 1:4-6 성경 다른 곳에는 이렇게 기록되어 있습니다. 또 미리 정하신 그들을 또한 부르시고 부르신 그들을 또한 의롭다 하시고 의롭다 하신 그들을 또한 영화롭게 하셨느니라. 롬 8:30

선택에 대한 하나의 작정

이 선택에는 다양한 작정이 있지 않고 구약과 신약 모두에서 구원받을 모든 사람들에 관한 하나의 동일한 작정이 있습니다. 왜냐하면 성경에서는 하나님의 선하신 기쁨과 목적과 뜻의 경륜이 하나라고 선언하기 때문입니다. 신 7:7; 9:6 이 목적에 따라 하나님께서는 은혜와 영광에 이르도록, 구원과 구원의 길에 이르도록 영원으로부터 우리를 선택하셨습니다. 엡 1:4,5 이 길은 하나님께서 우리로 그 가운데 걷도록 우리를 위하여 준비하신 것입니다. 엡 2:10

선택은 미리 아신 믿음에 근거하지 않습니다

이 선택은 사람 안에 있는, 선택되는 데 필요한 원인 혹은 조건으로서의 미리 아신 믿음, 믿음의 순종, 거룩, 혹은 사람 안에 있는 어떤 선한 기질에 근거하는 것이 아니라, 사람들이 선택되어 믿음과 믿음의 순종과 거룩함 등등에 이르는 것입니다. 그러므로 선택은 모든 구원을 이루는 선의 원천이고, 그 선택의 열매와 효력으로서 믿음과 거룩과 다른 구원의 은사들, 그리고 최종적으로 영원한 생명 그 자체가 흘러나옵니다.[롬 8:30] 사도가 말할 때 사도는 우리 때문이 아니라 하나님께서 우리로 당신 앞에서 거룩하고 흠이 없게 하시려고 우리를 선택하셨다고 가르칩니다.[엡 1:4]

선택은 하나님의 선하신 기쁨에 근거합니다

이 은혜로우신 선택의 이유는 오직 하나님의 선하신 기쁨입니다. 이 선하신 기쁨은 하나님께서 모든 가능한 조건들 중에서 사람들의 어떤 특정한 자질들과 행위들을 구원의 조건으로 선택하심에 있는 것이 아니라, 하나님께서 모든 죄인들로부터 특별한 사람들을 당신 자신의 소유로 택정하심에 있는 것입니다. 다음과 같이 성경에 기록된 바와 같습니다. 그 자식들이 아직 나지도 아니하고 무슨 선이나 악을 행하지 아니한 때에 택하심을 따라 되는 하나님의 뜻이 행위로 말미암지 않고 오직 부르시는 이로 말미암아 서게 하려 하사 리브가에게 이르시되 "큰 자가 어린 자를 섬기리라" 하셨나니 기록된 바 "내가 야곱은 사랑하고 에서는 미워하였다" 하심과 같으니라.[롬 9:11-13; 창 25:23; 말 1:2,3] 그리고 다른 곳에서 이렇게 말합니다. 영생을 주시기로 작정된 자는 다 믿더라.[행 13:48]

변하지 않는 선택

하나님 당신께서 가장 지혜로우시고 변하지 않으시고 전지하시고 전능하신 것처럼, 하나님의 선택도 파기되거나 고쳐지거나 변경되거나 철회되거나 무효화되지 않습니다. 마찬가지로 택자들도 버림받거나 그 수가 줄어들지 않습니다. 요 6:37; 10:28

선택의 확신

택자들은 비록 시기가 다양하고 그 정도가 다르다 할지라도 때가 되면 자신이 구원에 이르는 영원하고 변하지 않는 선택을 받았음을 확신하게 됩니다. 그러나 그들이 이 확신을 얻는 것은 하나님의 감추어져 있고 깊은 것들을 호기심으로 엿봄으로서가 아닙니다. 신 29:29, 고전 2:10,11 그들은 영적인 기쁨과 거룩한 즐거움을 가지고 자신 안에서 하나님의 말씀이 지시하는 선택의 확실한 열매들, 예를 들면 그리스도를 믿는 참된 믿음, 어린아이처럼 하나님을 경외함, 죄에 대한 경건한 슬픔, 의에 주리고 목마름같은 것을 발견함으로써 이 확신을 얻습니다. 고후 13:5;7:10; 마 5:6

이 확신의 가치

하나님의 자녀들이 이 선택을 깨닫고 확신할 때, 그들은 날마다 하나님 앞에서 겸손하고 하나님의 깊은 자비를 찬양하며 자기 자신을 정결하게 하고, 자신을 먼저 지극히 사랑하신 분을 열렬하게 사랑해야 할 더 큰 이유를 가지게 됩니다. 요일 3:3;4:19 그러므로 이 선택의 교리와 그 교리를 숙고하는 것이 택자로 하여금 하나님의 계명들을 지키는 일을 게을리 하고 거짓된 안정을 추구하게 만든다고 하는 것은 잘못된 생각입니다. 하나님의 공정한 심판 안에서 이런 일은 선택의 은혜를 경솔하게 생각하는 사람들에게 또는 이 교리에 대해 빈둥거리며 대담하게 조잘거리지만 택자들의 길로 걷기를 거부하는 자들에게 일어납니다.

선택이 가르쳐져야 하는 방식

하나님의 가장 지혜로우신 경륜에 따라 이 하나님의 선택 교리를 선지자들이 설교하였고, 그리스도께서 친히 설교하셨고, 사도들이 설교했고, 신약뿐만 아니라 구약 시대에도 이 선택의 교리가 성경에 기록되었습니다. 그러므로 만약 지극히 존귀하신 분의 길을 호기심으로 엿보는 것이 아니라 욥 36:23-26; 롬 11:33;12; 고전 4:6 경건하고 거룩한 자세로 분별의 영을 가지고 가르친다면, 하나님의 가장 거룩하신 이름의 영광을 위해 그리고 그의 백성들에게 살아있는 위로를 주기 위해 오늘도 이 교리는 하나님의 교회 안에서 때와 장소를 적절히 하여 가르쳐져야 합니다. 행 20:27 이 교리는 특별히 교회를 위해서 준비된 것입니다.

유기가 기술되었습니다

특별히 성경에서 모든 사람들이 선택받은 것이 아니라 일부 사람들은 선택받지 못하고 하나님의 영원하신 선택에서 제외되었다는 사실을 선언할 때에, 성경은 이 영원하고 값없이 주시는 은혜인 우리의 선택에 대해 우리에게 설명해 주고 권고합니다. 롬 9:22; 벧전 2:8 하나님께서는 당신의 가장 자유로우시고 가장 공의로우시고 흠없으시고 변치 않으시는 선하신 기쁨으로, 버림받은 자들이 스스로 자기 잘못으로 인해 빠지게 된 공통의 비참함에 머물러 있게 하시고, 그들에게 구원하는 믿음과 회심의 은혜를 제공하지 않으시기로 작정하셨다고 선언하십니다. 하나님께서는 자기 자신의 길을 다니고 행 14:16 하나님의 심판 아래 있는 이 사람들을 그들의 불신앙뿐만 아니라 그들의 다른 모든 죄 때문에 하나님의 공의를 나타내도록 하기 위해서 최종적으로 정죄하시고 영원히 심판받았다고 선언하십니다. 이는 유기의 작정입니다. 이

부록 455

유기는 하나님을 죄의 조성자로 만들지 않으며, 그런 생각은 모독적인 것입니다! 하나님을 크고 흠이 없으시며 공의로운 심판주와 보수자로 선언하는 것입니다.

유기의 교리에 대한 반응

일부 사람들은 그들 자신에게서 아직 그리스도를 믿는 산 믿음, 마음의 확고한 확신, 양심의 평강, 아이처럼 순종하는 열심, 그리스도를 통하여 하나님을 자랑하는 것을 분명하게 발견하지 못합니다.^{약 2:26; 고후 1:12; 롬 5:11; 빌 3:3} 그럼에도 불구하고, 그들은 하나님께서 우리 안에서 이 일들을 행하시리라 약속하신 방편을 사용합니다. 그들은 유기가 언급될 때 불안해하지 않아야 하며, 자신을 유기자들로 간주하지도 말아야 합니다. 오히려 그들은 이 방편들을 열심히 계속해서 사용하고 열정적으로 더 풍성한 은혜의 때를 바라며 경외와 겸손함으로 바라보아야 합니다. 또 어떤 사람들은 하나님께로 돌아서고 오직 하나님만을 기뻐하고 사망의 몸으로부터 구원받기를 간절히 바랍니다.^{롬 7:24} 그러나 그들은 경건과 믿음의 길에서 자신들이 사모하는 지점에까지 이를 수 없습니다. 그들은 유기의 교리에 대해 조금도 두려워할 필요가 없습니다. 왜냐하면 자비로우신 하나님께서 꺼져가는 심지를 끄지 않으시고 상한 갈대를 꺾지 않으시겠다고 약속하셨기 때문입니다.^{사 42:3; 마 12:20} 그러나 또 다른 사람들은 하나님과 구주 예수 그리스도를 무시하고 세상의 염려와 육신의 정욕에 자기 자신을 전적으로 내어줍니다.^{마 13:22} 그들에게 있어서 이 유기의 교리는 그들이 하나님께로 진지하게 돌아서지 않는 한 마땅히 두려운 것입니다.^{히 12:29}

유아 때에 죽은 신자들의 자녀들

우리는 하나님의 말씀을 가지고 하나님의 뜻에 대해 판단해야 하는

데, 그 말씀에서는 신자의 자녀들이 본성으로가 아니라 은혜 언약으로 인하여 거룩하고 그 언약 안에서 자기 부모들에게 포함된다고 말합니다. 창 17:7; 사 59:21; 행 2:39; 고전 7:14 그러므로 하나님을 경외하는 부모들은 하나님께 유아 때에 이 세상에서 불러 가신 자기 자녀들의 선택과 구원을 의심하지 않아야 합니다.

항의하지 말고 찬양하라

우리는 이 분에 넘치는 선택의 은혜와 공의로운 유기의 엄격함에 대해 불평하는 자들을 34:34-37에게 다음과 같은 사도의 말씀으로 항변합니다. 이 사람아 네가 누구이기에 감히 하나님께 반문하느냐?롬 9:20 내 것을 가지고 내 뜻대로 할 것이 아니냐 내가 선하므로 네가 악하게 보느냐?마 20:15고 하시는 우리 주님의 말씀로 항변할 수 있습니다.

오히려 우리는 이 신비에 대해 경건한 찬양으로 사도와 함께 이렇게 외쳐야 합니다. 깊도다 하나님의 지혜와 지식의 풍성함이여, 그의 판단은 헤아리지 못할 것이며 그의 길은 찾지 못할 것이로다 누가 주의 마음을 알았느냐 누가 그의 모사가 되었느냐 누가 주께 먼저 드려서 갚으심을 받겠느냐 이는 만물이 주에게서 나오고 주로 말미암고 주에게로 돌아감이라 그에게 영광이 세세에 있을지어다 아멘. 롬 11:33-36

잘못들에 대한 반박

총회는 선택과 유기의 참된 교리를 설명함으로써 다음과 같은 잘못들을 거부했습니다.

1

잘못: 믿음과 순종 안에서 믿고 견인하는 자들을 구원하시려는 하

나님의 뜻은 구원으로 선택하시는 작정의 전부이고 전체입니다. 이 작정에 관한 다른 어떤 것도 하나님의 말씀에 계시되어 있지 않습니다.

반박: 이 잘못은 속이는 것이고 분명히 성경과 모순됩니다. 성경에서는 하나님께서 믿는 자들을 구원하신다는 것뿐만 아니라 하나님께서 영원으로부터 선택하신 특별한 사람들이 있다고 선언합니다. 시간이 흐름에 따라 하나님께서는 다른 사람들과 달리 이 택자들에게 그리스도를 믿는 믿음과 견인을 허락하십니다. 세상 중에서 내게 주신 사람들에게 내가 아버지의 이름을 나타내었나이다. 요 17:6 영생을 주시기로 작정된 자는 다 믿더라. 행 13:48 곧 창세 전에 그리스도 안에서 우리를 택하사 우리로 사랑 안에서 그 앞에 거룩하고 흠이 없게 하시려고. 엡 1:4

2

잘못: 영원한 생명에 이르도록 하는 하나님께서 하신 다양한 선택이 있습니다. 하나는 일반적이고 불명확한 선택이며, 또 다른 것은 특별하고 명확한 선택입니다. 거기에서 후자는 다시 불완전하고 폐지할 수 있으며 결정적이지 않고 조건적인 선택과 완전하고 취소할 수 없고 결정적이고 절대적인 선택이 있습니다. 동일한 방식으로 믿음에 이르는 선택과 구원에 이르는 선택이 있습니다. 그러므로 선택은 결정적으로 구원 여부를 결정하지 않고도, 의롭게 하는 믿음에 이르는 선택이 있을 수 있습니다.

반박: 이 모든 주장은 성경에 어떤 근거도 두지 않은 인간 지성이 만든 고안물입니다. 이런 식의 선택의 교리는 오염된 것이고 우리 구원의 귀중한 연결 고리를 끊어버리는 것입니다. 또 미리 정하신 그들을 또한 부르시고 부르신 그들을 또한 의롭다 하시고 의롭다 하신 그들을 또한 영화롭게 하셨느니라. 롬 8:30

3

잘못: 성경이 선택의 교리를 말하는 하나님의 선하신 기쁨과 목적은 하나님께서 어떤 특별한 사람들을 선택하시고 다른 사람들은 선택하지 않으신 것이 아니라 하나님께서 모든 가능한 조건들(예를 들면 율법의 행위와 같은)에서부터 그 자체로는 공로가 없는 믿음의 행위들뿐만 아니라 믿음의 불완전한 순종도 선택하거나 선정하셔서 구원의 조건이 되게 하신다는 것입니다. 하나님께서는 당신의 은혜로 그런 믿음을 완전한 순종과 영원한 생명의 보상을 얻을 가치 있는 것으로 간주하기를 원하십니다.

반박: 이런 무례한 잘못은 하나님의 선하신 기쁨과 그리스도께서 이루신 모든 효력의 은덕들을 빼앗아가고 사람들로 하여금 은혜로운 칭의의 진리로부터 그리고 성경의 단순함으로부터 벗어나게 만듭니다. 이런 잘못은 다음과 같은 사도의 말씀과도 모순됩니다. 하나님이 우리를 구원하사 거룩하신 소명으로 부르심은 우리의 행위대로 하심이 아니요 오직 자기의 뜻과 영원 전부터 그리스도 예수 안에서 우리에게 주신 은혜대로 하심이라. 딤후 1:9

4

잘못: 믿음으로의 선택은 사람이 본성의 빛을 합당하게 사용하는가 하는 것과 경건하고 겸손하며 온유하고 영생을 얻기에 적합한가 하는 조건들에 달려 있습니다.

반박: 만일 이 잘못이 참된 것이라면, 선택은 사람에게 달린 것입니다. 이 잘못은 펠라기우스로부터 전해진 가르침의 냄새가 납니다. 이 잘못은 다음과 같은 엡 2:3-9에서 사도의 가르침과 바로 충돌합니다. 전에는 우리도 다 그 가운데서 우리 육체의 욕심을 따라 지내며 육체와 마음의 원하는 것을 하여 다른 이들과 같이 본질상 진노의 자녀

이었더니 긍휼이 풍성하신 하나님이 우리를 사랑하신 그 큰 사랑을 인하여 허물로 죽은 우리를 그리스도와 함께 살리셨고 (너희는 은혜로 구원을 받은 것이라) 또 함께 일으키사 그리스도 예수 안에서 함께 하늘에 앉히시니 이는 그리스도 예수 안에서 우리에게 자비하심으로써 그 은혜의 지극히 풍성함을 오는 여러 세대에 나타내려 하심이라 너희는 그 은혜에 의하여 믿음으로 말미암아 구원을 받았으니 이것은 너희에게서 난 것이 아니요 하나님의 선물이라 행위에서 난 것이 아니니 이는 누구든지 자랑하지 못하게 함이라.

5

잘못: 특정한 사람들을 구원에 이르게 하는 불완전하고 결정적이지 않은 선택은 방금 시작했거나 잠시 동안 계속되는 믿음, 회심, 거룩함, 경건을 미리 아심으로써 이루어졌습니다. 그러나 완전하고 결정적인 선택은 믿음, 회심, 거룩함, 경건에 있어서 마지막 때까지 계속되는 견인을 미리 아심으로 이루어졌습니다. 이것은 선택된 사람이 선택되지 않은 사람보다 더 가치가 있기 때문에 은혜롭고 복음적인 가치가 있다는 것을 말합니다. 그러므로 믿음의 순종, 거룩함, 경건, 견인은 영광에 이르도록 변치 않을 선택의 열매가 아니라 완전히 선택될 자들에게 필요한 조건이며 그들에게 요구되고 성취될 것으로 미리 아신 근거들입니다.

반박: 이 잘못은 우리에게 계속해서 강조하는 다음과 같은 성경의 모든 말씀들을 반대하는 것입니다. 선택은 행위로 말미암지 않고 오직 부르시는 이로 말미암아 서게 하려 하사.롬 9:11 영생을 주시기로 작정된 자는 다 믿더라.행 13:48 곧 창세 전에 그리스도 안에서 우리를 택하사 우리로 사랑 안에서 그 앞에 거룩하고 흠이 없게 하시려고.엡 1:4 너희가 나를 택한 것이 아니요 내가 너희를 택하여 세웠나니.요 15:16 만일 은혜로

된 것이면 행위로 말미암지 않음이니 그렇지 않으면 은혜가 은혜 되지 못하느니라. 롬 11:6 사랑은 여기 있으니 우리가 하나님을 사랑한 것이 아니요 하나님이 우리를 사랑하사 우리 죄를 속하기 위하여 화목 제물로 그 아들을 보내셨음이라. 요일 4:10

6

잘못: 구원에 이르는 모든 선택이 변치 않는 것은 아닙니다. 택자들 중 일부는 하나님의 작정에도 불구하고 영원히 멸망 받을 수 있고 실제로 멸망 받습니다.

반박: 이 엄청난 잘못은 하나님을 변할 수 있는 분으로 만들고, 신자들이 선택의 확실성으로부터 얻는 위로를 파괴시키며 성경과 모순됩니다. 택자들은 타락으로 길을 잃어버릴 수 없습니다. 마 24:24 나를 보내신 이의 뜻은 내게 주신 자 중에 내가 하나도 잃어버리지 아니하고 마지막 날에 다시 살리는 이것이니라. 요 6:39 또 미리 정하신 그들을 또한 부르시고 부르신 그들을 또한 의롭다 하시고 의롭다 하신 그들을 또한 영화롭게 하셨느니라. 롬 8:30

7

잘못: 이 세상 삶 속에서 영광에 이르는 변치 않는 선택의 열매나 자각이나 확실성 같은 것이 없고, 다만 불확실한 조건에 근거한 것들만 있습니다.

반박: 불확실한 확실성에 대해 말하는 것은 불합리할 뿐만 아니라 신자들의 경험과도 반대되는 것입니다. 선택을 자각한 결과로 그들은 사도들과 함께 이 하나님의 은혜에 영광을 돌립니다. 엡 1 그들은 그리스도의 제자들과 함께 하늘에 자신들의 이름이 기록된 것을 기뻐합니다. 눅 10:20 그들은 마귀의 끊임없는 공격에 대항하여 자신들의 선택을

깨닫습니다. 그때 그들은 누가 능히 하나님의 택하신 자들을 송사하리요라고 말합니다. 롬 8:33

8

잘못: 하나님께서는 단지 당신의 의로우신 뜻에 따라 어떤 사람을 아담 안에서 타락 이후 지속된 공통적인 죄와 저주 아래 그냥 버려두시기로 결정하신 것도 아니고, 믿음과 회심을 위해서 필요한 은혜를 허용하심에 있어서 어떤 사람을 고려하지 않으시기로 결정하신 것도 아닙니다.

반박: 그러나 성경에서는 이렇게 진술합니다. 그런즉 하나님께서 하고자 하시는 자를 긍휼히 여기시고 하고자 하시는 자를 완악하게 하시느니라. 롬 9:18 성경에서는 또한 이렇게 선언합니다. 천국의 비밀을 아는 것이 너희에게는 허락되었으나 그들에게는 아니되었나니. 마 13:11 또한 성경에서는 이렇게 말합니다. 천지의 주재이신 아버지여 이것을 지혜롭고 슬기 있는 자들에게는 숨기시고 어린 아이들에게는 나타내심을 감사하나이다 옳소이다 이렇게 된 것이 아버지의 뜻이니이다. 마 11:25,26

9

잘못: 하나님께서는 오직 당신의 뜻의 선하신 기쁨 때문만이 아니라, 한 사람이 복음이 설교되는 것을 듣지 못한 다른 사람보다 더 낫고, 더 가치 있는 사람이기 때문에, 다른 사람이 아닌 그 사람에게 복음을 보내신 것입니다.

반박: 모세는 이스라엘 백성들에게 다음과 같이 말함으로 이 잘못을 부인했습니다. 하늘과 모든 하늘의 하늘과 땅과 그 위의 만물은 본래 네 하나님 여호와께 속한 것이로되 여호와께서 오직 네 조상들을

기뻐하시고 그들을 사랑하사 그들의 후손인 너희를 만민 중에서 택하셨음이 오늘과 같으니라.^{신 10:14,15} 그리고 그리스도께서도 이렇게 말씀하셨습니다. 화 있을진저 고라신아 화 있을진저 벳새다야 너희에게 행한 모든 권능을 두로와 시돈에서 행하였더라면 그들이 벌써 베옷을 입고 재에 앉아 회개하였으리라.^{마 11:21}

제 Ⅱ 장

그리스도의 죽으심과 그 사역을 통한 사람의 구속

하나님의 공의가 요구하는 형벌

하나님께서는 한없이 자비로우실 뿐만 아니라 한없이 공의로우십니다.^{출 34:6,7; 롬 5:16; 갈 3:10} 또한 하나님께서 친히 당신의 말씀에 계시하신 것처럼, 하나님의 공의는 하나님의 무한하신 위엄에 대항하여 우리가 범한 죄들이 이 세대뿐만 아니라 오는 세대에 몸과 영혼 둘 다 심판받아야 할 것을 요구합니다. 하나님의 의가 만족되지 않는다면 우리는 이 형벌을 피할 수 없습니다.

그리스도께서 이루신 만족하게 하심

그러나 우리 스스로는 이 만족하게 하심을 이룰 수 없고 하나님의 진노로부터 자유롭게 될 수 없습니다. 그러므로 하나님께서는 무한하신 자비로써 당신의 독생자를 우리의 보증으로 주셨습니다.^{요 3:16} 이 독생자께서 우리를 위하여 또 우리를 대신하여 십자가에서 죄를 담당하시고 저주를 받으심으로써 우리를 대신하여 만족케 하심을 이루셨습니다.^{롬 5:8; 고후 5:21; 갈 3:13}

그리스도의 죽으심의 무한한 가치

이 하나님의 아들의 죽으심은 우리 죄를 위한 유일하고 가장 완전한 희생 제사와 만족하게 하심이며, 히 9:26,28; 10:14 무한한 가치가 있고 전 세상의 죄를 속죄하기에 흘러넘칠 정도로 충분합니다. 요일 2:2

그리스도의 죽으심이 무한한 가치가 있는 이유

이 죽으심이 그런 무한한 가치가 있는 이유는 복종하신 그 분이 참되고 완전하신 거룩한 사람일 뿐만 아니라 독생하신 하나님의 아들이시고 아버지와 성령과 동일한 영원하시고 무한하신 본질을 가지신 분이시기 때문입니다. 히 4:15;7:26; 요일 4:9 왜냐하면 이런 조건들은 우리 구주가 되시기 위해서 필요한 것이기 때문입니다. 또한 이 죽으심이 그렇게 위대하고 가치가 있는 이유는 우리 죄로 인해 우리가 마땅히 받아야 할 하나님의 진노와 저주의 의미를 가지고 있기 때문입니다. 마 27:46

복음의 보편적 선포

복음은 십자가에 못 박히신 그리스도를 믿는 사람은 누구나 멸망치 않고 영생을 얻는다고 약속합니다. 요 3:16; 고전 1:23 이 약속은 회개하고 믿으라는 명령행 2:38;16:31과 더불어서, 하나님께서 당신의 선하신 기쁨으로 복음을 보내시기로 하신 모든 민족과 모든 사람들에게 차별이나 예외 없이 선포되고 공포되어야 합니다. 마 2:19

일부 사람들이 믿지 않는 이유

그러나 복음을 통하여 부름받은 많은 사람들이 회개하지도 않고 그리스도를 믿지도 않고 불신앙으로 멸망 받을 수밖에 없게 되는 것은 그리스도께서 십자가에서 제공해 주신 희생 제사에 결점이나 부족이 있기 때문이 아니라 그들 자신의 잘못 때문입니다. 마 22:14; 시 95:11; 히 4:6

다른 일부 사람들이 믿는 이유

그러나 진실로 믿고 그리스도의 죽음으로 인해 죄로부터 자유롭게 되며 파멸로부터 구원받은 자들에게 있어서, 이 은덕은 오직 그리스도 안에서 영원으로부터 그들에게 주어진 하나님의 은혜를 통해서만 옵니다.^{고후 5:18; 엡 2:8,9} 하나님께서는 누구에게도 이 은혜의 공로를 돌리지 않으십니다.

그리스도의 죽으심이 갖는 효력

그리스도께서 죽으심은 성부 하나님의 최상의 자유로우신 경영이므로, 생명을 주시고 구원하시는 하나님의 아들의 가장 값진 죽으심의 효력은 모든 택자들에게 주어져야 합니다.^{요 17:9; 엡 5:25-27} 모든 택자들에게만 오직 믿음으로 의롭게 됨이 주어지고 그로 인하여 그들에게 확실히 구원이 임하게 된 것은 하나님의 최고의 은혜로우신 뜻과 목적입니다. 이것이 의미하는 바는 이러합니다. 하나님께서는 십자가의 피를 통하여 그리스도께서 이 십자가의 피를 통하여 그리스도께서는 새 언약을 확정하셨다. 모든 백성, 지파, 민족, 방언으로부터 모든 택자들 곧 영원으로부터 구원으로 택하시고 성부에 의해서 당신께 주어진 자들만 효력있게 구속하시도록 의도하셨습니다.^{눅 22:20; 히 8:6; 계 5:9} 더욱이 하나님께서는 그리스도께서 당신의 죽으심으로 그들을 위하여 획득하신 믿음을 성령님의 다른 구원의 선물들과 함께 그들에게 주시고,^{빌 1:29} 당신의 피로 그들을 모든 죄들 곧 원죄와 자범죄, 믿은 후에 범한 죄와 믿기 전에 범한 죄들로부터 깨끗하게 하시며,^{요일 1:7} 마지막까지 신실하게 그들을 지키시어 마지막에 티나 주름 잡힌 것이 없이 영광스러운 가운데 그들을 당신 앞에 두시려고 의도 하셨습니다.^{요 10:28; 엡 5:27}

하나님의 경영의 성취

택자들을 향한 영원한 사랑에서 시작된 이러한 경영은 세상의 처음부터 지금까지 능력 있게 성취되었고, 또한 계속해서 성취될 것입니다. 비록 음부의 문이 헛되이 이 경영을 무너뜨리려 할지라도 말입니다. 마 16:18 때가 되면 택자들은 하나로 함께 모여서 그리스도의 피에 기초를 세운 신자들의 교회로 항상 있게 될 것 입니다. 요 11:52; 왕상 19:18 이 교회는 변함없는 사랑과 신실함으로 그리스도를 신랑으로서 당신의 신부를 위하여 당신의 생명을 십자가에서 내어 놓으신 구주로 섬기고, 엡 5:25의 말씀처럼 지금 그리고 영원무궁토록 신랑이신 그리스도를 찬양할 것입니다.

잘못들에 대한 반박

총회는 그리스도의 죽으심과 이 죽으심으로 말미암은 사람의 구속에 대한 참된 교리를 설명함으로써 다음과 같은 잘못들을 거부했습니다.

1

잘못: 성부 하나님께서는 누군가를 구원하시려는 특별하고 분명한 작정 없이 당신의 아들을 십자가에서 죽도록 정하셨습니다. 심지어 그리스도께서 획득하신 구속이 실제로 결코 어떤 사람에게도 적용되지 않는다고 할지라도, 그리스도께서 당신의 죽으심으로 획득하신 구속은 필수적이고, 유익하고, 귀중하고, 모든 면에 있어서 완전합니다.

반박: 이 교리는 성부의 지혜와 그리스도의 공로를 공격하는 것이고 성경을 반대하는 것입니다. 우리 구주께서 이렇게 말씀하셨습니다. 나는 양을 위하여 목숨을 버리노라. 나는 저희를 안다. 요 10:15,27 그리고 이사야 선지자는 구주에 대해 이렇게 말했습니다. 여호와께서 그에게 상함을 받게 하시기를 원하사 질고를 당하게 하셨은즉 그의 영혼을 속건 제물로 드리기에 이르면 그가 씨를 보게 되며 그의 날은 길 것

이요 또 그의 손으로 여호와께서 기뻐하시는 뜻을 성취하리로다.사 53:10
마지막으로, 이 잘못은 보편 기독교회에 대한 신앙의 조항을 부정하는
것입니다.

2

잘못: 그리스도의 죽으심의 목적은 당신의 피로써 새로운 은혜 언약을 확정하시려는 것이 아니었습니다. 그 목적은 다만 성부 하나님으로 하여금 사람과 은혜 언약이든 행위 언약이든 간에 당신이 기뻐하시는 언약을 한 번 더 세울 수 있는 권리를 얻도록 하는 것일 뿐이었습니다.

반박: 이 주장은 성경과 다릅니다. 성경에서는 그리스도께서 더 나은 곧 새 언약의 보증과 중보자가 되셨다는 것과, 유언은 유언한 자가 죽어야만 효력을 나타낸다는 것을 가르칩니다.히 7:22, 9:15,17

3

잘못: 그리스도께서는 당신의 만족하게 하심을 통하여 실제로 어느 누구에게도 구원 그 자체를 위한 공로나, 구원을 위한 그리스도의 만족하게 하심을 자신의 것으로 만드는 믿음을 받을만한 공로가 되시지 않으셨습니다. 그리스도께서는 오직 성부께서 다시 사람과 교제하시고 당신의 원하시는 새로운 조건들을 정하기 위한 권위와 완전한 뜻만을 획득하셨습니다. 그러나 이 조건들을 이루는 것은 사람의 자유로운 뜻에 달려있습니다. 그러므로 아무도 그 조건들을 이루지 못할 수도 있고, 모든 사람들이 그 조건들을 이룰 수도 있습니다.

반박: 이런 잘못을 가르치는 자들은 그리스도의 죽으심을 오만방자하게 생각하고, 그리스도의 죽으심의 열매나 은덕들을 전혀 인정하지 않으며 지옥으로부터 펠라기우스의 잘못을 가지고 돌아온 것입니다.

4

잘못: 성부 하나님께서 그리스도의 죽음의 중재를 통하여 사람과 맺으신 새로운 은혜 언약은 우리가 믿음으로 그리스도의 공로를 받아들임으로써 하나님 앞에서 의롭게 되고 믿음으로 구원받았다는 사실에 있지 않습니다. 오히려 새로운 은혜 언약은 하나님께서 율법에 대한 완전한 순종의 요구를 폐지하시고 믿음을 율법에 대한 순종으로 간주하시며, 믿음의 순종이 불완전할지라도 율법에 대한 완전한 순종으로 간주하신다는 사실에 있습니다. 하나님께서는 은혜롭게도 그 믿음의 순종을 영원한 생명의 보상을 받을 가치가 있는 것으로 여기셨습니다.

반박: 이 교리는 성경과 모순됩니다. 그들은 그리스도 예수 안에 있는 속량으로 말미암아 하나님의 은혜로 값 없이 의롭다 하심을 얻은 자 되었느니라. 이 예수를 하나님이 그의 피로써 믿음으로 말미암는 화목 제물로 세우셨으니라. 롬 3:24,25 이 잘못들을 가르치는 자들은 불경건한 소시니우스가 그랬던 것처럼 전체 교회가 동의하는 교리에 대항하여 하나님 앞에서 사람의 새롭고 이상한 칭의를 선포하고 있습니다.

5

잘못: 모든 사람은 화해의 상태와 언약의 은혜에 받아들여졌음으로 누구도 원죄로 인한 정죄를 받을 필요가 없고, 앞으로도 원죄 때문에 정죄받지 않을 것입니다. 오히려 모든 사람은 원죄의 죄책감으로부터 벗어날 것입니다.

반박: 이 주장은 우리가 본질상 진노의 자녀들이다 엡 2:3라고 가르치는 성경과 모순됩니다.

6

잘못: 하나님께서는 모든 사람들에게 동등하게 그리스도의 죽으심

의 은덕들을 주기 원하십니다. 그러나 일부 사람들은 죄의 용서와 영원한 생명을 얻고 다른 사람들은 죄의 용서와 영원한 생명을 얻지 못합니다. 이런 차이는 차별 없이 제공되는 은혜에 그들 자신을 내어놓는 각자의 자유의지에 달려 있는 것이지, 그들 안에서 능력 있게 역사하여 다른 이들이 아닌 그들에게 이 은혜가 적용되게 하는 자비의 특별한 선물에 달려 있는 것이 아닙니다.

반박: 이렇게 가르치는 자들은 구원의 획득과 구원의 적용 사이의 차이점을 오용하여 경솔하고 미숙한 사람들의 마음을 혼란스럽게 합니다. 그들은 건전한 의미에서 이런 구별을 제시하는 것처럼 가장하면서, 사람들의 마음 속에 펠라기우스주의의 치명적인 독을 주입시키려고 합니다.

7

잘못: 그리스도께서는 하나님께서 가장 사랑하시고 영원한 생명으로 선택하신 자들을 위하여 죽으실 수도 없었고 죽으실 필요도 없으셨으며 죽으시지도 않으셨습니다. 왜냐하면 이런 자들에게는 그리스도의 죽으심이 필요하지 않기 때문입니다.

반박: 이 교리는 사도들과 모순됩니다. 사도들은 이렇게 선언합니다. 하나님의 아들이 나를 사랑하시어 나를 위하여 자기 몸을 주셨다. 갈 2:20 또한 이렇게 선언합니다. 누가 능히 하나님의 택하신 자들을 고발하리요? 누가 정죄하리요? 죽으실 뿐 아니라 다시 살아나신 이는 그리스도 예수시니, 롬 8:33,34 즉 그들을 위하여 죽으신 자는 그리스도이십니다. 그리고 구주께서 우리에게 확실하게 해 주십니다. 나는 양을 위하여 목숨을 버리노라. 요 10:15 내 계명은 곧 내가 너희를 사랑한 것 같이 너희도 서로 사랑하라 하는 이것이니라 사람이 친구를 위하여 자기 목숨을 버리면 이보다 더 큰 사랑이 없나니. 요 15:12,13

III장과 IV장

사람의 타락, 하나님께로의 회심, 그 회심이 이루어지는 방식

타락의 결과

태초에 사람은 하나님의 형상으로 창조되었습니다.^{창 1:26,27} 사람의 지성은 자신의 창조주와 모든 영적인 것들에 대한 참되고 건전한 지식을 가지고 있었습니다. 사람의 의지와 마음은 의로웠고, 사람의 모든 감정은 순전했습니다. 그러므로 사람은 전적으로 거룩했습니다.

그러나 마귀의 선동과 자신의 자유의지로 인해 하나님께 반역함으로써 사람은 이 탁월한 선물들을 상실하고,^{창 3:1-7} 스스로 소경이 되어 무서운 어두움과 무익함에 빠졌고 그의 지성이 왜곡된 판단에 이르렀고, 그의 의지와 마음은 악함과 반역과 완고함에 이르렀으며, 그의 모든 감정은 불순해졌습니다.^{엡 4:17-19}

타락의 확장

사람이 타락한 후에 부패하게 되었기 때문에, 타락한 아버지로서 사람은 타락한 자녀들을 낳았습니다.^{욥 14:4; 시 51:7} 이렇게 타락은 오래 전의 펠라기우스의 주장처럼 모방에 의해서가 아니라, 하나님의 의로운 심판에 따른 왜곡된 본성의 전달에 의해서, 오직 예수 그리스도만 제외하고, 아담으로부터 그의 모든 세대들에게로 확장되었습니다.^{롬 5:12; 히 4:15}

사람의 전적 무능력

그러므로 모든 사람은 죄 가운데 잉태되어, 어떤 구원하는 선도 행할 수 없고, 악으로 기울어져 있으며, 죄 가운데 죽은 진노의 자녀와 죄의 종으로 태어납니다.^{엡 2:1,3; 요 8:34; 롬 6:16,17} 그리고 그들은 성령님의 중생시키시는 은혜가 없이는, 하나님께로 돌아오거나 자신의 타락한 본성을 고치거나 본성을 고치기 위해서 스스로 준비하려고 하지도 않고 할 수도 없습니다. 요 3:3-6; 딛 3:5

본성의 빛은 불충분합니다

확실히, 타락 후에도 사람 안에 본성의 빛이 조금 남아 있고, 그것에 의해서 사람은 하나님에 대해, 자연 만물에 대해, 명예로운 것과 수치스러운 것의 다른 점에 대해 약간의 개념을 가지고 있고, 도덕과 외적 질서에 대해 어느 정도나마 존중을 보여줍니다. 롬 1:19,20;2:14,15 그러나 이 본성의 빛은 사람으로 하금 하나님의 구원에 관한 지식과 참된 회개에 이르게 하기는커녕, 자연적 문제와 사회적인 문제들에 있어서 조차도 합당하게 사용하지 못하게 합니다. 더욱이 이 빛이 무엇이든지 간에, 사람은 자신의 죄악으로 인하여 이 본성의 빛을 억누르고 있으며 여러 면에서 이 빛을 완전히 더럽히고 있습니다. 롬 1:18,20 그렇게 함으로써, 사람은 스스로 하나님 앞에서 핑계할 수 없게 되었습니다.

율법의 불충분함

본성의 빛에 관한 이러한 사실은 또한 하나님께서 모세를 통하여 특별히 유대인들에게 주신 십계명에도 적용됩니다. 왜냐하면 비록 십계명이 죄가 얼마나 큰지를 나타내고 사람으로 하여금 자기 범죄를 점점 더 깨닫게 할지라도, 십계명은 사람에게 이 비참에서 벗어날 힘을 주거나 치료책을 지적해 주지 못하고, 롬 3:19,20, 7:10,1 오히려 육신으로 말미암아 연약하여 범죄자들을 저주 아래 남겨 두고 있기 때문입니다. 롬 8:3 그러므로 사람은 율법을 통하여 구원의 은혜를 획득할 수 없습니다. 고후 3:6,7

복음의 필요

그러므로 본성의 빛이나 율법으로는 할 수 없는 것을 하나님께서 말씀 곧 화해의 사역을 통한 성령의 능력으로 행하십니다. 고후 5:18,19 그것은 메시야의 복음으로서, 그 복음을 통해서 옛 시대와 새 시대에 믿는 자들을 구원하시는 것이 하나님께서 기뻐하시는 것입니다. 고전 1:21

복음이 일부 사람들에게는 전해지고 다른 사람들에게는 전해지지 않는 이유

옛 제도 하에서 하나님께서는 당신의 이 비밀스러운 뜻을 소수의 사람들에게만 계시하셨지만 새로운 제도 하에서는 사람들 사이의 구분을 제거하시고 당신의 이 비밀스러운 뜻을 다수의 사람들에게 계시하셨습니다. 엡 1:9;2:14; 골 3:11 이렇게 복음을 나누주신 이유는 한 사람이 다른 사람보다 더 가치가 있어서도 아니고 본성의 빛을 더 잘 사용해서도 아니며 하나님의 주권적인 선하신 기쁨과 무한하신 사랑에 기인한 것입니다. 롬 2:11 그러므로 우리는 우리가 마땅히 받아야 할 모든 것에도 불구하고 무한하신 은혜를 허락하신 분께 겸손과 감사의 마음으로 그 사실을 인정해야 합니다. 마 11:26 그러나 이 은혜를 받지 못한 자들에 대해서도 우리는 사도들이 그랬듯이 하나님의 심판의 엄격함과 의로움에 대해 경의를 표해야 하며, 결코 그 심판에 대해 호기심으로 따지지 않아야 합니다. 롬 11:22,23; 계 16:7; 신 29:29

복음을 통한 진정한 부르심

그러나 복음을 통하여 부르심을 받은 사람들은 모두 진정으로 부르심을 받습니다. 사 55:1; 마 22:4 왜냐하면 하나님께서 부르심을 받은 자들이 당신께로 나아오는 것이 당신을 기쁘시게 한다는 사실을 당신의 말씀 안에 진지하고도 아주 신실하게 계시하셨기 때문입니다. 계 22:17; 요 6:37 하나님께서는 또한 당신께로 나아와서 믿는 모든 자들에게 그들의 영혼

에 대한 안식과 영생을 진정으로 약속하셨습니다. 마 11:28,29

부르심을 받은 일부 사람들이 나아오지 않는 이유

복음을 통하여 부르심을 받은 많은 사람들이 나아와서 회심하지 않는 것은 복음의 결함이나 복음에 제시된 그리스도의 잘못도 아니고, 복음을 통하여 사람들을 부르시고, 심지어 여러 가지 선물들을 주시기까지 하신 하나님의 잘못도 아닙니다. 그 잘못은 그들 자신에게 있습니다. 그들 중 일부 사람들은 생명의 말씀에 주의하지도 않고, 그 말씀을 받아들이지도 않습니다. 마 11:20-24; 22:1-8; 23:37 다른 사람들은 실로 생명의 말씀을 받아들이기는 하지만, 진심으로 받아들이지 않습니다. 그러므로 일시적인 믿음에서 오는 기쁨이 사라지고 나면, 그들은 돌아서게 됩니다. 또 다른 사람들은 근심과 이 세상의 기쁨이라는 가시가 말씀의 씨를 억눌러서 열매를 맺지 못합니다. 이것은 우리 구주께서 씨의 비유에서 가르치신 바입니다. 마 13장

부르심을 받은 다른 사람들이 나아오는 이유

복음의 사역을 통하여 부르심을 받은 다른 사람들은 나아와서 회심합니다. 이것은 사람에 기인한 것이 아닙니다. 그런 사람은 거만한 펠라기우스 이단이 주장했던 것처럼 자유의지라는 것을 가지고 믿음과 회심을 이루기에 동일한 혹은 충분한 은혜를 부여받은 다른 사람들보다 자기 자신을 우위에 두어 구하지 않습니다. 그것은 하나님께 기인한 것입니다. 롬 9:16 하나님께서는 영원 전부터 그리스도 안에서 당신의 소유를 택하셨고 적당한 때에 효력있게 부르십니다. 하나님께서는 그들에게 믿음과 회개를 주십니다. 하나님께서는 흑암의 권세로부터 그들을 구원하시어 당신의 아들의 나라로 옮기십니다. 골 1:13; 갈 1:4 이 모든 것들로 하나님께서는 그들이 자신들을 흑암으로부터 당신의 놀라운

빛으로 인도하신 당신의 놀라운 행동을 선언하고 여러 곳에서 사도들의 증거에 따라 자기 자신을 자랑하지 않고 오직 주님 당신만 자랑하게 하십니다. 벧전 2:9; 고전 1:31; 고후 10:17; 엡 2:8,9

하나님께서 회심을 일으키시는 방법

하나님께서 택자들 안에서 당신의 선하신 기쁨대로 행하시고 다음과 같은 방식으로 그들 안에서 참된 회심을 일으키십니다. 하나님께서는 택자들에게 복음이 설교되고, 성령에 의해 그들의 지성에 능력있게 비추어져서 그들이 하나님의 성령의 일을 올바르게 이해하고 분별할 있도록 돌보십니다. 히 6:4,5; 고전 2:10-14 중생하게 하시는 동일한 성령의 효력 있는 사역에 의해서 하나님께서는 사람의 가장 깊은 곳에 침투하십니다. 하나님께서 닫힌 마음을 여시고 굳어진 마음을 부드럽게 하시고 할례 받지 못한 마음에 할례를 베푸시어 그의 의지에 새로운 자질들을 주입시키십니다. 히 4:12; 행 16:14; 신 30:6; 겔 11:19; 겔 36:26. 하나님께서는 죽어 있던 의지를 살리시고, 나쁜 의지를 선하게 만드시며, 하기 싫어하는 의지를 기꺼이 하려는 마음으로 바꾸시고, 완고한 의지를 순종하는 마음으로 만드십니다. 하나님께서 의지를 변화시키시고 강하게 하사 좋은 나무처럼 그 의지가 선행의 열매를 맺을 수 있게 하십니다. 마 7:18

중생은 오직 하나님의 사역입니다

이 회심은 성경에서 강력하게 말하는 바와 같이, 중생이며, 새 창조이며, 죽은 자 가운데서의 부활이며 살리는 것입니다. 그리고 이 중생은 하나님께서 우리 없이 홀로 우리 안에서 역사하신 것입니다. 요 3:3; 고후 4:6;5:17; 엡 5:14 그러나 이 중생은 외적인 가르침이나 도덕적 설득만으로 일어나지 않으며, 하나님께서 당신 편에서 하실 일을 다 행하신 후에 중생할지 안 할지 회심할지 안 할지를 사람의 능력 안에 남겨 두시는 그런 방식으로 일어나지도 않습니다. 그러나 중생은 분명히 초자연적이고, 가장 능력 있고, 동시에 가장 즐겁고 놀랍고 신비스럽고 형언할 수 없는 사역입니다. 이 사역의 창조자에 의해서 영감된 성경에 따르면, 중생은 창조에서나 죽은 자들의 부활에서 나타난 능력보다 더 열등하지 않습니다.요 5:25; 롬 4:17 따라서 하나님께서 이런 놀라운 방식으로 마음속에 역사하시는 모든 자들에게는 확실하고 틀림없이 중생의 효력이 있게 되며 또 실제로 믿음에 이르게 됩니다.빌 2:13 그래서 그렇게 새로워진 의지는 하나님에 의해서 행하고 움직일 뿐만 아니라, 하나님에 의해서 행하게 된 의지 자체가 행하는 것입니다. 그러므로 사람은 받은 은혜를 통해서 믿고 회개한다고 말하는 것 역시 옳은 것입니다.

중생은 이해할 수 없는 것입니다

이생에서 신자들은 하나님께서 이 중생의 사역을 행하시는 방식을 충분히 이해할 수 없습니다.요 3:8 그러나 이 땅에 사는 동안 이 하나님의 은혜로 말미암아 신자들이 구주를 진정으로 믿고 사랑한다는 것을 알고 경험하는 것만으로도 그들에게는 충분합니다.롬 10:9

믿음이 하나님의 선물이 되는 방식

그러므로 믿음은 하나님의 선물입니다.엡 2:8 왜냐하면 믿음은 하나님께서 단순히 사람의 자유의지에 제공해주시는 것이 아니라, 참으로 사람에게 주어져서 사람 속에 스며들어 주입되는 것이기 때문입니다. 믿음이 선물이라는 것은, 하나님께서는 다만 믿을 능력만 주시고, 그 후에는 사람이 자유지로 믿는데 동의하거나 믿는 행동을 하는 것을 기다리신다는 의미가 아닙니다. 그렇지만 믿음이 선물이 되는 이유는, 사람의 의지와 행위 속에 역사하시는 하나님께서 사람 안에 믿으려는 의지와 믿는 행위 그 두 가지 모두를 일으키시기 때문입니다.빌 2:13

하나님의 분에 넘치는 은혜에 대한 그리스도인의 태도

하나님께서는 누구에게도 이 은혜를 베푸실 책임이 없으십니다. 하나님께서 사람에게 빚지실 것이 뭐가 있겠습니까? 누가 주께 먼저 드려서 갚으심을 받겠습니까?롬 11:35 하나님께서 죄와 거짓 외에 아무것도 없는 자에게 무엇을 빚지시겠습니까? 그러므로 이 은혜를 받은 사람은 오직 하나님께만 빚 것이며, 영원한 감사를 하나님께 돌리게 됩니다. 그러나 이 은혜를 받지 못한 사람은 이런 영적인 일들에 대해 전혀 관심이 없이 자기가 가진 것들로 만족하든지, 혹은 거짓된 안전 가운데서 공허하게 자기가 가지지 않은 것을 가진 것으로 자랑합니다.암 6:1; 렘 7:4 게다가 우리는 사도들의 모범을 따라서, 외적으로 자기 신앙을 고백하고 자기 삶을 고치는 사람들에 대해 가장 호의적인 방식으로 판단하고 말해야 합니다. 왜냐하면 마음의 깊은 곳은 우리에게 알려져 있지 않기 때문입니다.롬 14:10 우리는 아직 부르심을 받지 않은 자들에 관해서는, 존재하지 않는 것을 존재하는 것으로 부르시는 하나님께 기도해야 합니다.롬 4:17 그러나 우리는 마치 우리가 그들과 구별되는 것처럼 오만하게 행하지 않아야 합니다.고전 4:7

사람의 의지는 제거되지 않고 살아 있습니다

사람은 타락 이후에도 지성과 의지를 부여받은 사람으로 계속 남아 있었고, 전체 인류에게 퍼져 있는 죄가 사람에게서 그의 인간적인 본성을 박탈하지는 않았지만, 사람에게 타락과 영적 죽음을 가져왔습니다.롬 8:2; 엡 2:1 그래서 또한 중생을 주시는 이 하나님의 은혜는 사람들을 나무와 돌들처럼 다루지 않고, 의지와 특성을 빼앗거나 억지로 강요하지도 않으며, 그 대신에 영적으로 소생시키고 치료해주고 바르게 하고, 즐거이 그리고 동시에 능력 있게 굴복하게 합니다.시 51:12; 빌 2:13 그 결과로 이전에 육신의 반역과 저항이 완전히 지배하던 곳에 이제는 성령님의 신속하고 신실한 순종이 우세해지기 시작하고, 그 안에서 우리 의지는 참되고, 영적으로 회복되고 자유롭게 됩니다. 만일 모든 선의 놀라운 조성자께서 이런 방식으로 우리를 다루지 않으셨다면, 사람은 그가 아직 죄가 없을 때에도 그를 파멸로 던져 넣었던 이 자유의지를 통해서는 타락에서 일어설 아무런 소망도 없을 것입니다.

방편의 사용

하나님께서는 당신의 전능하신 사역으로 이런 우리의 자연적인 생명을 생기게 하시고 유지하심에 있어서, 방편의 사용을 배제하지 않으시고 요청하십니다. 하나님께서는 그 방편으로 당신의 무한하신 지혜와 선하심에 따라 당신의 능력을 실행하시기로 결정하셨습니다. 그래서 또 하나님께서는 앞서 말한 당신의 초자연적인 사역으로 우리를 중생시키시는 데 있어서, 복음의 사용을 배제하거나 취소시키지 않으셨습니다. 가장 지혜로우신 하나님께서는 복음을 중생의 씨와 영혼의 양식이 되도록 정하셨습니다. 사 55:10,11; 고전 1:21; 약 1:18; 벧전 1:23,25;2:2 이런 이유로 사도들과 그들의 뒤를 이은 교사들은 주님을 경외하는 가운데 사람들에게 이런 하나님의 은혜에 관하여 가르침으로써 사람들이 하나님께 영광을 돌리고 또 모든 자랑을 버리게 하였습니다. 그러나 동시에 그들은 말씀, 성례, 권징의 집행 하에 복음의 거룩한 훈계를 통하여 사람들을 지키는 일을 게을리하지 않았습니다. 행 2:42; 고후 5:11-21; 딤후 4:2 그러므로 오늘날 교회 안에서 가르치는 사람이나 가르침을 받는 사람들은 감히 하나님께서 당신의 선하신 기쁨 안에서 밀접하게 함께 결합시켜 놓기로 정하신 것을 분리시킴으로써 하나님을 시험하려 하지 않아야 합니다. 왜냐하면 은혜는 훈계를 통하여 전해지고, 우리가 우리의 의무를 다할수록 더욱더 우리 안에서 역사하는 이 하나님의 호의는 늘 그 빛을 더욱 잘 드러내어 하나님의 사역이 최상으로 진행되기 때문입니다. 롬 10:14-

¹⁷ 방편과 방편의 구원하는 열매와 효력에 관하여, 모든 영광이 처음부터 끝까지 오직 하나님께만 영원히 돌려져야 할 것입니다. 유 24,25 아멘.

잘못들에 대한 반박

총회는 사람의 타락과 사람의 하나님께로의 회심에 대한 참된 교리를 설명함으로 다음과 같은 잘못들을 거부하였습니다.

1

잘못: 정확히 말하면, 원죄와 같은 것을 가지고서 전체 인류를 정죄하거나 현세의 형벌과 영원한 형벌을 받도록 하기에 충분하다고 말하는 것은 부적절합니다.

반박: 이 주장은 다음과 같은 사도의 말씀들과 모순이 됩니다. 그러므로 한 사람으로 말미암아 죄가 세상에 들어오고 죄로 말미암아 사망이 들어왔나니 이와 같이 모든 사람이 죄를 지었으므로 사망이 모든 사람에게 이르렀느니라. 롬 5:12 심판은 한 사람으로 말미암아 정죄에 이르렀으나. 롬 5:16 죄의 삯은 사망이요. 롬 6:23

2

잘못: 사람이 처음 창조되었을 때에 영적 선물들 혹은 선한 자질들과 덕들, 예를 들면 선, 거룩, 의와 같은 것은 사람의 의지에 속한 것이라고 할 수 없으므로 사람이 타락했을 때도 그의 의지로부터 분리될 수 없었습니다.

반박: 이 잘못은 사도가 엡 4:24에서 제시하는 하나님의 형상에 대한 묘사와 반대되는데, 거기서 사도가 의와 거룩함을 하나님의 형상과 연결시킬 때, 그것은 확실히 의지에 속한 것입니다.

3

잘못: 영적 죽음의 상태에서 영적 선물들은 사람의 의지와 분리되지 않았는데, 왜냐하면 의지 그 자체는 결코 타락하지 않았으며, 이해력이 우둔해지고 정욕이 제어되지 않음으로 인해 훼방을 받을 뿐이기 때문입니다. 만일 이런 장애물이 제거된다면, 의지는 그 본래의 충분한 능력을 발휘할 수 있습니다. 의지는 자신 앞에 놓인 모든 것들을 스스로 원하여 선택하든지 원하지 않아 선택하지 않든지 할 수 있습니다.

반박: 이것은 예레미야 선지자가 렘 17:9에서 만물보다 거짓되고 심히 부패한 것은 마음이라고 말한 것과 반대되는 새로운 사상이고 잘못된 생각이며 자유의지의 능력을 칭송하는 것입니다. 그리고 사도 바울도 이렇게 기록합니다. 우리도 다 그 가운데서 우리 육체의 욕심을 따라 지내며 육체와 마음의 원하는 것을 하여[엡 2:3]

4

잘못: 중생하지 않은 사람은 죄 가운데 확실히 또는 완전히 죽은 것도 아니며, 영적 선을 행할 능력들을 모두 **빼앗긴** 것도 아닙니다. 그런 사람은 여전히 의와 생명을 갈망하고 목말라하며 하나님께서 기뻐하시는 통회하고 상한 심령의 제사를 드릴 수 있습니다.

반박: 이런 주장은 다음과 같은 성경의 분명한 증거들과 충돌됩니다. 여러분은 여러분의 허물과 죄로 죽었습니다.[엡 2:1,5] 사람의 마음의 생각의 모든 계획이 항상 악할 뿐입니다.[창 6:5; 8:21] 또한 오직 중생하고 복 있는 자라고 불리는 자들만이 비참으로부터의 구원과 생명을 갈급하여 주리고 목 말라 할 것이고, 상한 심령의 제사를 하나님께 드릴 것입니다.[시 51:19; 마 5:6]

5

잘못: 타락한 자연인은 일반 은혜^{아르미니우스주의자들이 말하는 본성의 빛}를 잘 사용할 수 있으며, 또한 타락 이후에도 여전히 남아 있는 선물들을 잘 사용할 수 있으며, 그리하여 그는 도구들을 잘 사용함으로써, 더 좋은 은혜 곧 복음적 은혜 혹은 구원하는 은혜와 구원 그 자체를 점차적으로 얻을 수 있습니다. 이런 방식으로 하나님께서는 당신 편에서 모든 사람들에게 그리스도를 계시하기 위해서 준비하고 계심을 나타내 보이십니다. 왜냐하면 하나님께서 그리스도를 아는 지식과 믿음과 회개를 위해 필요한 도구들을 충분히 그리고 효력있게 모든 사람들에게 집행하시기 때문입니다.

반박: 성경과 모든 세대들의 경험은 이 주장이 거짓임을 증거합니다. 하나님께서는 그 말씀을 야곱에게 보이시며 그 율례와 규례를 이스라엘에게 보이시는도다. 아무 나라에게도 이같이 행치 아니하셨나니 저희는 그 규례를 알지 못하였도다. ^{시 147:19,20} 하나님이 지나간 세대에는 모든 족속으로 자기의 길들을 다니게 묵인하셨도다. ^{행 14:16} 그리고 바울과 그의 동료들은 성령님에 의해서 아시아에서 말씀을 전하는 것을 금지 당했습니다. 그리고 그들이 무시아 앞에 이르렀을 때, 그들은 비두니아로 가고자 애쓰되 예수의 영이 허락하지 아니하시는지라. ^{행 16:6,7}

6

잘못: 사람의 참된 회심에 있어서 하나님께서 새로운 자질, 능력, 혹은 선물들을 사람의 의지에 주입하실 수 없습니다. 그러므로 우리로 하여금 먼저 회심하게 하고 신자로 불리게 하는 믿음은 하나님께서 주입하신 자질 혹은 선물이 아니라 사람의 행위입니다. 그것은 믿음에 이르는 능력과 연관된 것을 제외하고는 선물이라고 칭할 수 없습니다.

반박: 이 가르침은 성경과 모순됩니다. 성경은 하나님께서 우리 마

음 속에 믿음과 순종과 당신의 사랑에 대한 깨달음이라는 새로운 자질들을 불어넣으신다고 선언합니다. 내가 나의 법을 그들의 속에 두며 그들의 마음에 기록하여.렘 31:33 나는 목마른 자에게 물을 주며 마른 땅에 시내가 흐르게 하며.사 44:3 하나님의 사랑이 우리 마음에 부은바 됨이니.롬 5:5 이 주장은 또한 다음과 같이 선지자의 말을 빌려서 기도하는 교회의 계속적인 행위와도 충돌합니다. 나를 이끌어 돌이키소서 그리하시면 내가 돌아오겠나이다.렘 31:18

7

잘못: 우리를 하나님께로의 회심하게 하는 은혜는 점잖은 충고일 뿐입니다. 충고라고 하는 것은 사람을 회심시키는 가장 고상한 방식이고 사람의 본성과 아주 잘 어울립니다. 이 충고하시는 정도의 은혜만으로도 본성적인 사람을 영적으로 만들기에 충분합니다. 정말로 하나님께서는 이렇게 양심에 권고하지 않고서는 의지가 동의하도록 하지 않으십니다. 하나님께서는 영원한 것들을 약속하시는 반면에 사탄은 일시적인 것들을 약속한다는 점에서 하나님의 일하심의 능력은 사탄의 사역을 능가합니다.

반박: 이 주장은 완전히 펠라기우스주의이고 전체 성경과 반대됩니다. 성경은 사람의 회심에 있어서 이 도덕적 권고 이상의 다른 것, 곧 성령님의 더욱더 능력 있고 신적인 방식을 가르칩니다. 또 새 영을 너희 속에 두고 새 마음을 너희에게 주되 너희 육신에서 굳은 마음을 제거하고 부드러운 마음을 줄 것이며.겔 36:26

8

잘못: 사람을 중생시킬 때 하나님께서는 사람의 의지가 믿음과 회심으로 효력있게 그리고 확실하게 돌이키도록 하기 위해 당신의 전능

하신 능력을 사용하지는 않으십니다. 만일 하나님께서 사람을 회심시키기 위해 사용하시는 모든 은혜의 사역이 성취되었고, 그 사람의 중생을 의도하시며, 중생시키려고 결정하실지라도, 여전히 그 사람은 하나님과 성령님께 저항할 수 있고, 실제로 종종 그렇게 저항함으로써 완전히 중생을 막을 수도 있습니다. 그러므로 중생하거나 중생하지 않는 것은 사람의 능력에 달려 있습니다.

반박: 이런 주장은 하나님의 은혜가 우리의 회심에 미치는 모든 효력에 대해 그리고 전능하신 하나님의 일하심이 사람의 의지를 지배한다는 사실에 대해 부인하는 것이나 마찬가지입니다. 이런 주장은 사도들과도 반대됩니다. 사도들은 우리가 그의 힘의 강력으로 역사하심을 따라 믿는다고 가르치고,[엡 1:19] 우리 하나님이 모든 선을 기뻐함과 믿음의 역사를 능력으로 이루시기를 기도하고,[살후 1:11] 그의 신기한 능력으로 생명과 경건에 속한 모든 것을 우리에게 주셨다고 선언합니다.[벧후 1:3]

9

잘못: 은혜와 자유의지는 각각 회심을 일으키는 부분적인 원인들로서 서로 협력합니다. 이 원인들의 순서에 있어서 은혜가 의지의 행함보다 우선되지 않습니다. 하나님께서는, 사람의 의지가 스스로 움직여서 결단하기 전에는, 회심에 이르도록 사람의 의지를 효력 있게 돕지 않습니다.

반박: 오래 전 초대교회는 다음과 같은 사도들의 말씀에 따라 펠라기우스주의자들의 교리를 정죄했습니다. 그런즉 원하는 자로 말미암음도 아니요 달음박질하는 자로 말미암음도 아니요 오직 긍휼히 여기시는 하나님으로 말미암음이니라.[롬 9:16] 또한, 누가 너를 구별하였느뇨? 네게 있는 것 중에 받지 아니한 것이 무엇이뇨? 네가 받았은즉 어찌하여 받지 아니한 것같이 자랑하느뇨?[고전 4:7] 그리고 너희 안에서 행하시는 이는 하나님이시니 자기의 기쁘신 뜻을 위하여 너희로 소원을

두고 행하게 하시느니라.^{빌 2:13}

V장

성도의 견인

중생한 사람이라도 자기 속에 거하는 죄에서 해방된 것은 아닙니다

하나님께서 당신의 목적에 따라 당신의 아들 우리 주 예수 그리스도의 교제 안으로 부르시고 당신의 성령으로 중생하게 하신 자들에게, 하나님은 죄의 통치와 죄의 종됨으로부터는 완전한 해방을 주시지만^{요 8:34} 죄의 육신과 몸으로부터 완전한 해방을 주시는 않습니다.^{롬 6:17;7:21-24}

날마다 연약함으로 인해 범하는 죄들

그러므로 날마다 연약함으로 인해 죄를 범하며, 심지어 성도의 가장 선한 행위에도 오점이 있습니다.^{요일 1:8} 이 죄와 오점들은 중생한 사람들이 스스로 하나님 앞에 겸손하고, 십자가에 달리신 그리스도께로 피하며, 기도의 영을 통하여 그리고 경건의 거룩한 실행에 의해서 더욱 육신을 죽여야 할 분명한 이유가 됩니. 또한 이 죄와 오점들은 신자들이 마침내 이 사망의 몸으로부터 구원받아서 하나님의 어린양과 함께 하늘에서 통치하기까지 완전함에 이르기를 열망하고 투쟁해야 할 확고한 이유입니다.^{골 3:5; 딤전 4:7; 빌 3:12,14; 계 5:6,10}

하나님께서는 당신 자신의 소유를 보존하십니다

이렇게 자신 안에 남아 있는 죄의 잔재들과 세상과 사탄의 유혹 때문에, 회심한 사람들은 그 은혜 안에 계속 거하는 것이 마치 그들 자신의 힘에 달린 것처럼 행할 수 없습니다.^{롬 7:20} 그러나 하나님께서는 신실하시고, 자비롭게도 한 번 그들에게 주신 그 은혜 안에서 확증해 주며, 끝까지 그 은혜 안에서 그들을 지켜 주십니다. 고전 10:13; 벧전 1:5

성도들도 심각한 죄에 빠질 수 있습니다

비록 하나님께서 당신의 능력으로 참된 신자들을 은혜 안에서 확증하시고 보존하심이 너무나 엄청나서 그것이 육신에 의해서 정복될 수 없다고 할지라도, 회심한 사람들도 여전히 항상 하나님께 인도함을 받고 감동을 받지 못하여 어떤 특별한 행동에서 자신의 잘못으로 인해 은혜의 인도로 돌아설 수 없고, 육신의 소욕에의해서 유혹을 받고 굴복하기도 합니다. 엡 1:19 그러므로 그들은 끊임없이 유혹에 빠지지 않도록 깨어 기도해야 합니다. 마 26:41; 살전 5:6,17 그들이 깨어 기도하지 않을 때, 그들은 육신과 세상과 사탄에 의해서 심각하고 극한 죄에 빠질 뿐만 아니라 하나님의 공의로우신 허용으로 때때로 실제적으로 내버려지기도 합니다. 성경에 기록된 다윗과 베드로와 다른 성도들의 그런 슬픈 타락은 이 사실을 증거합니다. 삼하 11; 마 26

그런 심각한 죄의 결과

그러나 그런 심각한 죄로 인해, 그들이 참으로 회개하고 바른 길로 돌아섬으로써 하나님의 아버지같은 얼굴 빛이 다시 그들에게 비추어질 때까지, 민 6:25 그들은 하나님께 심히 반역하고, 죽어 마땅한 죄를 범하고, 성령을 근심하게 하고, 믿음의 역사를 방해하고, 양심에 심각한 상처를 입고, 때로는 잠시 안 하나님께서 은혜를 베푸신다는 감각마저 상실하기도 합니다. 삼하 12; 엡 4:30; 시 32:3-5

하나님께서는 당신의 택한 자들이 잃어버린 바 되는 것을 허용하지 않으십니다

긍휼이 풍성하신 하나님께서는 선택의 변치 않는 목적에 따라 심지어 당신의 소유된 백성이 통탄할 만한 타락 가운데 있다 할지라도 그들에게서 성령을 거두지 않으십니다. 엡 1:11;2:4; 시 51:13 마찬가지로 하나님께서는 택자들이 너무나 깊이 타락한 나머지 양자됨과 은혜와 칭의의 지위를 저버리거나, 사망에 이르는 죄 혹은 성령을 훼방하는 죄를 범하고 하나님께 완전히 버림당하여 영원한 파멸에 빠지는 것을 허락지 않으십니다. 갈 4:5; 요일 5:16-18; 마 12:31,32

하나님께서는 택자들을 다시 새롭게 하사 회개하게 하십니다

그 이유는 첫째로 그들이 타락했을 때에도 하나님께서는 썩지 않는 중생의 씨를 그들 안에 보존하시어 그 씨가 소멸되거나 밖으로 내던져지지 않도록 하시기 때문입니다. 벧전 1:23; 요일 3:9 또한 하나님께서는 말씀과 성령을 통하여 그들을 분명하고도 효과적으로 다시 새롭게하여 회개하게 하십니다. 그 결과로 그들은 마음 속으로 자신이 범한 죄들로 인하여 경건한 슬픔을 가지고 슬퍼합니다. 고후 7:10; 시 32:5;51:19 그들은 죄를 깊이 뉘우치는 마음을 가지고 중보자의 피로 용서해 주실 것을 믿으며 구하고 또 얻습니다. 그리하여 그들은 다시 화해하시는 하나님의 호의를 경험하고 하나님의 자비와 신실하심을 찬양합니다. 그들은 앞으로 더욱더 부지런히 두렵고 떨림으로 자기 자신의 구원을 이루어 갈 것입니다. 빌 2:12

삼위일체 하나님의 은혜는 보존됩니다

그들이 믿음과 은혜로부터 완전히 떨어져 나가지도 않고 그들 자신의 타락 가운데 머물러 마침내 버림당하지도 않는 것은 그들 자신의 공로나 힘이 아니라 하나님의 무한하신 자비를 통해서입니다. 그들 자신을 생각해 보면 그러한 완전한 타락은 쉽게 일어날 뿐만 아니라 확실히 일어날 것입니다. 그러나 하나님을 생각해 보 이 일은 도저히 일어날 수 없습니다. 왜냐하면 하나님의 경영은 변할 수 없고, 시 33:11 그분의 약속은 실패할 수 없으며,^{히 6:17} 그분의 목적에 따른 부르심은 철회될 수 없고,^{롬 8:30,34; 롬 9:11} 그리스도의 공로와 중보와 보존하심은 무효화될 수 없으며,^{눅 22:32} 성령의 인치심은 헛되이 되거나 파기될 수 없기 때문입니다.^{엡 1:13}

이 보존하심에 대한 확신

신자들은 구원에 이르도록 하는 택자들에 대한 이 보존하심과 믿음 안에서 참된 신자들에 대한 보존하심에 대해 스스로 확신할 수 있습니다.^{롬 8:31-39} 그리고 그들은 정말로 자신의 믿음의 정도에 따라 확신하고, 그 믿음에 의해서 자신이 항상 교회의 참되고 살아 있는 회원이고 회원으로 남아 있을 것이고 죄의 용서와 영원한 생명을 소유할 것이라는 사실을 확고하게 믿습니다.^{딤후 4:8,18}

이 확신의 근거

이 확신은 말씀에 덧붙여서 혹은 말씀 밖에서 행해지는 어떤 사적 계시에 의해서 생기는 것이 아니라, 하나님께서 우리의 위로를 위하여 당신의 말씀 안에 가장 풍성하게 계시하신 그 하나님의 약속을 믿음으로써, 그리고 우리가 하나님의 자녀이고 상속자라는 사실을 우리 영으로 더불어 증거하시는 성령의 증거를 통해,^{롬 8:16,17; 요일 3:1,2} 마지막으로 깨끗한 양심과 선한 행위들을 진지하고 거룩하게 추구함으로써 생깁니다.^{행 24:16} 그리고 만일 이 세상에서 하나님의 택자들이 최후의 승리에 대한 확실한 위로와 이 영원한 영광에 대한 확실한 보증을 가지지 못했다면, 그들은 모든 사람들 중에 가장 비참한 자들일 것입니다.^{롬 8:37; 고전 15:19}

이 확신을 항상 느낄 수 있는 것은 아닙니다

한편 성경은 신자들이 이생에서 여러 가지 육신의 의심과 투쟁하며 심각한 시험 아래 있을 때에는 이러한 믿음의 확신과 견인의 확실성을 늘 충만히 느끼지는 못한다는 사실을 증거합니다. 그러나 모든 위로의 아버지 하나님께서 신자들이 감당치 못할 시험 당함을 허락지 아니하시고 시험 당 즈음에 또한 피할 길을 제공해 주시어 성령에 의해서 다시 신자들에게 견인의 확실성을 회복시켜 주실 것입니다. 고후 1:3; 고전 10:13

이 확신은 자기만족으로 인도하지 않습니다

그러나 이 견인의 확실성은 참된 신자들을 거만하게 하거나 세속적인 안일함을 갖게 하지 않으며, 도리어 겸손과 어린아이 같은 공경, 참된 경건과 모든 투쟁 가운데서 인내하는 것, 뜨거운 기도, 고난 중에 변치 않고 진리를 고백하는 것, 그리고 하나님 안에서 지속적인 기쁨과 같 것들의 참된 근원이 됩니다. 롬 12:1 또한 이 유익을 고려하는 것은 신자들로 하여금 진정으로 항상 감사하며 착한 일들을 계속해 나가게 합니다. 시 56:12,13; 116:12 이 사실은 성경의 증언들과 성도들의 모범으로부터 증거되는 바입니다. 딛 2:11-14; 요일 3:3

이 확신은 무관심으로 인도하지 않습니다

이 새로워진 확신은 타락 후에 회복된 자들 안에서 부주의함을 낳거나 경건을 태만히 하게 하지 않고, 고후 7:10 오히려 더욱 주의하며 주님의 길을 분별하기를 힘쓰게 합니다. 엡 2:10 그래서 그 길을 따라 걸어 나감으로써 그들은 확실한 견인을 유지하게 됩니다. 따라서 그들이 하나님의 아버지 같은 선하심을 남용함으로 말미암 이렇게 행하지 않으면, 이전에 화해하셨던 하나님께서 다시 그들에게서 당신의 얼굴을 돌이키실 것입니다. 하나님이 얼굴을 비추심은 경건한 신자들에게는 생명보다 더 달콤하고, 하나님이 얼굴을 돌리심은 죽음보다 더 비참합니다. 그리고 그들은 영혼의 더 비참한 고통에 빠질 것입니다. 시 63:4; 사 64:7; 렘 33:5

방편의 사용이 포함됩니다

하나님께서 복음의 설교로 우리 안에서 이 은혜의 사역을 시작하기를 기뻐하신 것처럼, 하나님께서는 당신의 말씀을 듣고 읽음으로, 말씀을 묵상함으로, 말씀의 권면과 위협과 약속으로, 성례의 사용으로 그 은혜의 사역을 유지하시고 계속하시고 완성하십니다. 신 6:20-25; 딤후 3:16,17; 행 2:42

이 교리는 사탄에게 미움을 받으나 교회에게 사랑을 받습니다

하나님께서는 이러한 참된 신자들과 성도들의 견인의 교리와 이 견인의 확실성에 대한 교리를 당신의 이름의 영광과 경건한 자들의 위로를 위하여 당신의 말씀에 가장 풍성하게 계시해 주셨고, 신자들의 마음속에 각인시켜 주십니다. 계 14:12 그러나 육신으로써는 이 교리 이해할 수 없습니다. 이 교리는 사탄이 미워하고 세상이 조롱하고 무지하고 외식하는 자들이 남용하고, 이단자들이 공격하는 것입니다. 반면 그리스도의 신부는 항상 이 교리를 매우 아끼고 사랑해 왔으며 더할 나위 없이 소중한 가치를 가진 보화처럼 확고부동하게 이 교리를 방어해 왔습니다. 엡 5:32 또한 아무도 대항하여 경영을 이룰 수도 없고 힘을 발휘할 수도 없는 하나님께서는 교회가 마지막까지 계속해서 그렇게 행하도록 붙드실 것입니다. 시 33:10,11 오직 성부, 성자, 성령 하나님께만 존귀와 영광을 세세토록 돌릴지어다. 벧전 5:10,11 아멘.

잘못들에 대한 반박

성도의 견인에 대한 참된 교리를 설명하고 난 후에, 총회는 다음과 같은 잘못을 거부하고 있습니다.

1

잘못: 참된 신자들의 견인은 선택의 열매나 그리스도의 죽음으로 획득된 하나님의 선물이 아니라, 새 언약에서 사람이 자신의 소위 결정적인 선택과 칭의 이전에 자유의지를 통하여 성취하여야 하는 조건입니다.

반박: 성경은 선택으로부터 견인이 따라 나오며 그리스도의 죽음과 부활과 중보에 의해서 택자들에게 주어진다고 증거합니다. 택하심을 입은 자가 얻었고, 그 남은 자들은 완악하여졌느니라.롬 11:7 또한 자기 아들을 아끼지 아니하시고 우리 모든 사람을 위하여 내주신 이가 어찌 그 아들과 함께 모든 것을 우리에게 주시지 아니하겠느냐 누가 능히 하나님께서 택하신 자들을 고발하리요 의롭다 하신 이는 하나님이시니 누가 정죄하리요 죽으실 뿐 아니라 다시 살아나신 이는 그리스도 예수시니 그는 하나님 우편에 계신 자요 우리를 위하여 간구하시는 자시니라 누가 우리를 그리스도의 사랑에서 끊으리요 환난이나 곤고나 박해나 기근이나 적신이나 위험이나 칼이랴?롬 8:32-35

2

잘못: 하나님께서는 정말로 신자에게 견인할 충분한 힘을 제공하시며 만일 그가 자기 의무를 다하려고 하기만 하다면 그의 안에서 이 일을 계속하실 준비가 되어 있으십니다. 그러나 믿음 안에서 견인해 나아가는 데에 필요한 모든 것들과 또 하나님께서 신앙을 보존하시기 위해서 사용하실 모든 것들이 다 갖추어져 있다 할지라도 그가 견인해 나갈 것이냐 아니냐 하는 것은 여전히 항상 인간 의지의 결단에 달려 있습니다.

반박: 이 개념에는 철저하게 펠라기우스주의가 포함되어 있습니다. 이 개념은 사람들을 자유롭게 만들기를 원하지만, 사람들로 하여금 하나님의 영광의 탈취자가 되게 합니다. 이 개념은 복음의 일관된 가르침, 즉 모든 자랑할 이유를 제거하게 하고 이 유익에 관하여 모든 찬양

을 오직 하나님의 은혜에만 돌리게 하는 가르침과 충돌합니다. 이 개념은 또한 사도의 증거와도 반대됩니다. 주께서 너희를 우리 주 예수 그리스도의 날에 책망할 것이 없는 자로 끝까지 견고케 하시리라 고전 1:8

3

잘못: 참으로 중생한 신자도 의롭다함을 받은 것으로부터 그리고 그 은혜와 구원으로부터 타락할 수 있을 뿐만 아니라, 자주 정말로 타락하고 영원히 잃어버린 바 되기도 합니다.

반박: 이 견해는 칭의와 중생의 은혜와 그리스도에 의한 계속되는 견인을 무효화시키고, 사도 바울이 다음과 같이 말한 것과 반대됩니다. 우리가 아직 죄인 되었을 때에 그리스도께서 우리를 위하여 죽으심으로 하나님께서 우리에 대한 자기의 사랑을 확증하셨느니라 그러면 이제 우리가 그의 피로 말미암아 의롭다 하심을 받았으니 더욱 그로 말미암아 진노하심에서 구원을 받을 것이니 롬 5:8,9 또한 사도 요한이 다음과 같이 말한 것과도 반대됩니다. 하나님께로부터 난 자마다 죄를 짓지 아니하나니 이는 하나님의 씨가 그의 속에 거함이요 그도 범죄하지 못하는 것은 하나님께로부터 났음이라 요일 3:9 또한 예수님께서 다음과 같이 말씀하신 것과도 반대됩니다. 내가 그들에게 영생을 주노니 영원히 멸망하지 아니할 것이요 또 그들을 내 손에서 빼앗을 자가 없느니라 그들을 주신 내 아버지는 만물보다 크시매 아무도 아버지 손에서 빼앗을 수 없느니라 요 10:28,29

4

잘못: 참으로 중생한 신자들도 죄를 범하여 사망 혹은 성령을 거스르는 죄로 이끌릴 수 있습니다.

반박: 사도 요한은 요일5:16-17에서 사망에 이르는 죄를 범한 자들

에 대해 말하고 그들을 위하여 기도하는 것을 금지한 후에 즉시 다음과 같은 말씀을 추가합니다. 하나님께로서 난 자마다 범죄치^{즉 일종의 죄를 가짐} 아니하는 줄을 우리가 아노라. 하나님께로서 나신 자가 저를 지키시매 악한 자가 저를 만지지도 못하느니라. ^{요일 5:18}

5

잘못: 특별한 계시가 없는 한, 우리는 이생에서 미래의 견인에 대한 확신을 가질 수 없습니다.

반박: 이 교리로 인해, 이생에서 참된 신자들의 확실한 위로는 제거되고 교황의 추종자들이 가지는 의심들이 다시 교회 안으로 들어오게 됩니다. 그러나 성경은 이 확신을 특별하고 비범한 계시로부터가 아니라 하나님의 자녀에게 주어지는 참된 표지들과 하나님의 변치 않는 약속들로부터 이끌어 냅니다. 그래서 특별히 사도 바울은 다른 아무 피조물이라도 우리를 우리 주 그리스도 예수 안에 있는 하나님의 사랑에서 끊을 수 없다고 선언했습니다. ^{롬 8:39} 그리고 요한은 이렇게 기록합니다. 그의 계명을 지키는 자는 주 안에 거하고 주는 그의 안에 거하시나니 우리에게 주신 성령으로 말미암아 그가 우리 안에 거하시는 줄을 우리가 아느니라. ^{요일 3:24}

6

잘못: 견인과 구원의 확실성에 대한 교리는 그 성격상 사람들에게 거짓된 안정을 불러일으키고, 경건과 선한 양심과 기도 등과 같은 거룩한 삶을 살게 하는 데에 방해가 됩니다. 반대로, 의심하는 것은 칭찬할만한 일입니다.

반박: 이 잘못은 하나님의 은혜의 효력있는 능력과 우리 안에 거하시는 성령의 역사하심을 무시하는 것입니다. 이 잘못은 다음과 같이

분명한 말씀을 가지고 정반대로 가르친 사도 요한의 말을 부정하는 것입니다. 사랑하는 자들아 우리가 지금은 하나님의 자녀라 장래에 어떻게 될지는 아직 나타나지 아니하였으나 그가 나타나시면 우리가 그와 같을 줄을 아는 것은 그의 참모습 그대로 볼 것이기 때문이니 주를 향하여 이 소망을 가진 자마다 그의 깨끗하심과 같이 자기를 깨끗하게 하느니라.^요일 3:2,3 게다가 이 잘못은 견인과 구원이 확실함에도 불구하고 기도와 그 외에 경건한 삶을 지속했던 구약과 신약 성도들의 모범을 볼 때 반박될 수 있습니다.

7

잘못: 잠시 동안만 믿는 자들의 신앙은, 그 기간에 관한 것을 제외하고는, 의롭게 되고 구원받는 믿음과 다르지 않습니다.

반박: 마 13:20-23과 눅 8:13-15에서 그리스도께서는 잠시 동안만 믿는 자들과 참된 믿음을 가진 사람들 사이에 이 기간에 관한 것 외에도 다른 점이 삼중으로 더 있다는 것을 친히 분명히 지적하셨습니다. 그리스도께서는 선언하시기를, 전자는 바위 위에 있는 땅에 떨어진 씨이고 후자는 좋은 땅 혹은 좋은 마음에 떨어진 씨이며, 그래서 전자는 뿌리가 없고 후자는 뿌리가 확고하며, 전자는 열매가 없고 후자는 끊임없이 그리고 확고부동하게 많은 열매를 맺는다고 선언하십니다.

8

잘못: 자신의 첫 번째 중생을 상실한 사람이 다시 그리고 심지어 종종 새롭게 태어난다는 것은 불합리하지 않습니다.

반박: 이 교리는 우리를 다시 태어나게 하는 하나님의 씨가 영속적이라는 것을 부인하고, 사도 베드로의 다음과 같은 증거를 반대하는 것입니다. 너희가 거듭난 것은 썩어질 씨로 된 것이 아니요 썩지 아니할 씨

로 된 것이니 살아 있고 항상 있는 하나님의 말씀으로 되었느니라. 벧전 1:23

9

잘못: 그리스도께서는 그 어디에서든 신자들의 믿음이 확실하게 지속되도록 기도하신 적이 전혀 없습니다.

반박: 이 주장은 그리스도께서 친히 내가 너^{시몬}를 위하여 네 믿음이 떨어지지 않기를 기도하였노라고 말씀하신 것과 모순됩니다. 눅 22:32 이 주장은 또한 사도 요한이 그리스도께서 사도들을 위하여 기도할 뿐만 아니라 그들을 통하여 믿게 될 모든 자들을 위하여 기도하신다고 선언하신 말씀과도 모순됩니다. 거룩하신 아버지여 내게 주신 아버지의 이름으로 그들을 보전하사, 내가 비옵는 것은 그들을 세상에서 데려가시기를 위함이 아니요 다만 악에 빠지지 않게 보전하시기를 위함이니이다. 요 17:11,15,20

결론

신경은 네덜란드 교회 안에서 논의된 다섯 조항에 관하여 정통 교리를 바르고 간단명료하게 선언한 것이며, 동시에 한동안 교회들을 혼란하게 한 잘못들에 대한 반박이기도 합니다. 총회는 이 해설과 반박문을 정할 때에 하나님의 말씀에서 그 근거를 가져왔으며, 개혁교회의 신앙고백들과 일치되게 정하였습니다. 이로써 일부 사람들이 다음과 같은 말로 사람들을 설득시켜 모든 진리와 공평과 부족한 자에 대한 사랑에 대항하여 매우 부적절하게 행하였다는 사실이 명백해졌습니다.

– 예정과 그 관련 주제들에 대한 개혁교회의 교리는 그 교리의 성격과 경향으로 인해 사람들의 마음을 모든 경건과 신앙으로부터

떠나게 합니다.

– 이 개혁교회들의 교리는 마귀에 의해 지배당하는 육신을 위한 아편이요, 사탄의 요새입니다. 사탄은 이 요새에 숨어서 모든 사람들을 기다리며 많은 이들에게 해를 입히며, 절망과 거짓 안전이라는 화살로 많은 사람들을 치명적으로 관통시킵니다.

– 이 교리는 하나님을 죄의 조성자와 폭군과 위선자로 만드는 것이며, 스토아 철학, 마니교, 자유주의, 마호메트교를 새롭게 고친 것에 불과합니다.

– 이 교리는 죄악된 부주의함으로 인도합니다. 왜냐하면 이 교리는 사람들로 하여금 택자들이 어떻게 살든 간에 그들의 구원을 방해할 수 있는 것은 없다고 믿게 하여, 결국 가장 흉악한 죄라도 아무렇지도 않게 범하게 할 것이기 때문입니다. 반면에 유기자들에 대하여는, 심지어 그들이 성도로서의 모든 일을 행한다 해도 이 교리는 그들의 구원에 대해 아무것도 해 줄 수가 없습니다.

– 또한 이 교리는 하나님께서 어떠한 죄도 염두에 두지 않고 단지 자신의 뜻에 따라 임의적으로 행하심으로써 세상의 대부분이 영원한 정죄를 받도록 예정하시고 창조하셨다고 가르칩니다.

– 동일한 방식으로 선택은 믿음과 선행의 원천이고 이유이며, 유기는 불신앙과 불경건의 이유입니다.

– 신자들의 많은 흠 없는 자녀들이 엄마들과 그 엄마의 품으로부터